Samati

(Duydum)

ISBN: 978-1-77228-071-5

Şamati

Derleyen
Rav Yehuda Ashlag (Baal HaSulam)

Copyright © 2007 MICHAEL LAITMAN
Copyright © 2023
Türkiye'de Alter Yayıncılık Ltd. Şti.
(Alter Publishing House)
Kaynak gösterilmeden alıntı yapılamaz, izin almadan çoğaltılamaz.

No part of this book may be used or reproduced in any manner without written permission of the publisher, except in the case of brief quotations embodied in critical articles or reviews.

Kapak / Cover
İç Tasarım / Interior Design
Alter Grafik

Birinci Baskı / First Edition: Alter Yayıncılık (2023)

Alter Yayıncılık Ltd Şti / Alter Publishing House
Yayıncı Sertifika / Publisher Certificate No: 44885

www.kabala.info.tr
www.kabbalahbooks.info

İÇİNDEKİLER TABLOSU

1. O'ndan Başkası Yok..3
2. Şehina (Kutsallık) Sürgünde...8
3. Manevi Edinim Meselesi...9
4. Manevi Çalışmada Kişinin Kendisini Yaradan'ın Önünde İlga Ederken Hissettiği Ağırlığın Sebebi Nedir?............................14
5. Lişma, Yukarıdan Gelen Bir Uyanıştır ve Neden Aşağıdan Bir Uyanışa İhtiyacımız Vardır?..15
6. Çalışmada, Tora'dan Destek Nedir?...20
7. Çalışmada Alışkanlık İkinci Doğa Olur Ne Demektir?............25
8. Keduşa'nın Gölgesi İle Sitra Ahra'nın Gölgesi Arasındaki Fark Nedir?26
9. Manevi Çalışmada Kişinin Aklını Geliştiren Üç Şey Nedir?...28
10. Çalışmada 'Acele Et Sevgilim' Ne Demektir?........................30
11. Titreten Bir Sevinç..30
12. Kişinin Çalışmasının Özü...31
13. Nar...31
14. Yaradan'ın Yüceliği Nedir?..33
15. Çalışmada "Diğer Tanrılar" Nedir?..34
16. Çalışmada Efendi'nin Günü ve Efendi'nin Gecesi Nedir?.....37
17. Sitra Ahra'ya "Taçsız Malhut" Denmesi Ne Anlama Gelir?...42
18. Ruhum Gizlice Ağlayacak - 1...44
19. Çalışmada 'Yaradan Bedenlerden Nefret Eder' Ne Demektir?.........45
20. Lişma (O'nun Rızası İçin)...57
21. Kişi Kendini Yükseliş Koşulunda Hissettiği Zaman..............59
22. Tora Lişma..61
23. Siz Efendi'yi Sevenler, Kötülükten Nefret Edin.....................62
24. Onları Günahkârın Elinden Kurtaracak..................................63

25. Kalpten Gelen Şeyler...65
26. Kişinin Geleceği Geçmişe Duyduğu Minnete Dayanır ve Bağlıdır..66
27. "Efendi Yücedir ve Alçakta Olan Görecek" - 1 Nedir?..............67
28. Ölmeyeceğim Ama Yaşayacağım..68
29. Kişiye Düşünceler Gelince..69
30. En Önemlisi Yalnız İhsan Etmeyi İstemektir............................69
31. İnsanların Ruhunu Memnun Eden Kişi..................................70
32. Yukarıdan Bir Kısmet Uyanması..71
33. Haman ile Kefaret Günlerinin (Yom Kippurim) Kuraları............72
34. Toprağın Avantajı...81
35. Keduşa'nın Yaşam Gücüne Dair..88
36. İnsandaki Üç Beden Nedir?...93
37. Purim Üzerine Bir Makale...95
38. Yaradan Korkusu O'nun Hazinesidir...................................105
39. Ve Onlar İncir Yapraklarını Diktiler....................................109
40. Rav'a Olan İnancın Ölçüsü Nedir?......................................111
41. İnancın Büyüklüğü ve Küçüklüğü Nedir?.............................114
42. Çalışmada ELUL Kısaltması Nedir?....................................115
43. Gerçek ve İnanca Dair..122
44. Akıl ve Kalp..124
45. Tora'da ve Çalışmada İki Farkındalık..................................124
46. İsrail'in Klipot Üzerindeki Hâkimiyeti.................................126
47. O'nun Yüceliğini Bulduğun Yerde......................................127
48. Temel Unsur...128
49. En Önemlisi Akıl ve Kalptir...129
50. İki Koşul..130

51. Eğer Bu Hain İle Karşılaşırsan..133
52. Bir Günah Bir Mitzva'yı İptal Etmez...133
53. Kısıtlama Meselesi..137
54. Çalışmanın Amacı-1...138
55. Tora'daki Haman, Nereden?...140
56. Tora'ya Gösterge Denir..141
57. O'nun Arzusuna Yaklaştıracak...144
58. Neşe İyi İşlerin Bir "Yansımasıdır"...146
59. Asa ve Yılan Hakkında..149
60. Günah Yoluyla Gelen Mitzva...160
61. Onun Etrafında Şiddetli Fırtına Olur..153
62. Düşüşler ve Teşvikler, Yükselişler ve Şikâyetler....................155
63. Ödünç Aldım ve Geri Ödüyorum...156
64. Lo Lişma'dan Lişma'ya Geliriz..157
65. İfşa Olan ve Gizli Olan Hakkında..159
66. Tora'nın Verilmesine Dair-1..161
67. Kötülükten Uzak Dur...163
68. İnsanın Sefirot'la Bağlantısı...166
69. Önce Dünyanın Islahı Olacak..170
70. Güçlü Bir El ve Taşkın Bir Gazapla..171
71. Ruhum Gizlice Gözyaşı Döker..173
72. Güven, Işığın Kıyafetidir...174
73. Tzimtzum'dan Sonra..176
74. Dünya, Yıl, Ruh...177
75. Bir Gelecek Dünya Anlayışı Vardır ve Bir De Bu Dünya Anlayışı Vardır..178
76. Tüm Adaklarınızda Tuz Sunacaksınız.....................................179

77. Kişi Kendi Ruhundan Öğrenir..180
78. Tora, Yaradan ve İsrail Birdir..180
79. Atzilut ve BYA...181
80. Arka Arkaya (Sırt Sırta) İle İlgili..182
81. MAN Yükseltmek Hakkında...183
82. Kişinin Daima Etmesi Gereken Dua.....................................184
83. Sağ Vav ve Sol Vav'a Dair...185
84. "Adamı Hayat Ağacından Almasın Diye Cennet Bahçesinden Kovdu." Ne Demektir?...187
85. Çalışmada, Narenciye Ağacının Meyvesi Nedir?.................188
86. Ve Onlar Ambar Şehirler İnşa Ettiler...................................190
87. Şabat Şekalim...199
88. Tüm Çalışma Sadece İki Yolun Olduğu Yerdedir...............202
89. Zohar'ın Sözlerini Anlamak..203
90. Zohar'da, Bereşit...203
91. Değiştirilebilen Hakkında...204
92. Kader Anlayışının Açıklanması..205
93. Yüzgeçler ve Pullar Hakkında..205
94. Ve Ruhlarınızı Koruyacaksınız...207
95. Sünnet Derisinin Çıkarılmasına Dair....................................207
96. Çalışmada Ahır ve Şaraphane Atığı Nedir?.........................209
97. Ahır ve Şaraphane Atığı...213
98. Maneviyat Asla Kaybolmayacak Olana Denir....................215
99. Günahkâr veya Erdemli Demedi...216
100. Yazılı Tora ve Sözlü Tora101. "Gülleri Kazanan İçin" İlahisinin Yorumu..222
101. "Gülleri Kazanan İçin" İlahisinin Yorumu..........................223

102. Ve Sen De Narenciye Ağacının Bir Meyvesini Alacaksın..............225

103. Kimin Kalbi Onu İstekli Yapar..............227

104. Sabotajcı Oturuyordu..............227

105. Piç Bilge Bir Öğrenci, Sıradan Bir Başrahipten Önce Gelir..........228

106. Şabat'ta On İki Hala Neyi İma Eder?..............231

107. İki Melek Hakkında..............232

108. Eğer Beni Bir Gün Terk Edersen, Ben Seni İki Gün Terk Ederim.233

109. İki Çeşit Et..............237

110. Efendimizin Kutsadığı Bir Alan..............239

111. Nefes, Ses ve Konuşma..............240

112. Üç Melek..............242

113. On Sekiz Dua..............250

114. Dua..............252

115. Cansız, Bitkisel, Hayvansal, Konuşan..............253

116. "Mitzvot Niyet Gerektirmez" Diyen Kişi..............255

117. Çaba Sarf Ettim ve Bulamadım, İnanma..............256

118. Baal'a Diz Çökme Konusunu Anlamak..............258

119. Gizlilikte Öğrenen Öğrenci..............259

120. Roş HaŞana'da Kabuklu Yemiş Yememenin Sebebi..............260

121. O, Ticaret Gemileri Gibidir..............261

122. Şulhan Aruh'ta Yazılanların Anlaşılması..............263

123. Onun Boşanması ve Eli Bir Olur..............265

124. Yaratılışın ve Altı Bin Yılın Şabat'ı..............266

125. Şabat'ı Hoşnut Eden Kişi..............267

126. Şehre Bir Bilge Gelir..............269

127. Çekirdek, Öz ve Artan Bereket Arasındaki Fark..............271

128. Galgalta'dan Zer Anpin'e Çiy Damlar.................273
129. Şehina Tozun İçinde.................275
130. Bilgelerimizin Tiberias'ı, Görüşün Ne Güzel.................276
131. Arınmaya Gelen.................276
132. Ekmeğini Alnının Teriyle Yiyeceksin-1.................277
133. Şabat'ın Işıkları.................277
134. Sarhoşluğa Neden Olan Şarap.................278
135. Temiz ve Erdemli Olan Öldürmez.................278
136. İlk Mektuplar ve Son Mektuplar Arasındaki Fark.................279
137. Selofhat Odun Topluyordu.................280
138. Bazen Kişiye Gelen Korkuya Dair.................281
139. Altı Çalışma Günü ve Şabat Arasındaki Fark.................282
140. Senin Tora'nı Nasıl Da Seviyorum.................283
141. Pesah Bayramı.................283
142. Savaşın Özü.................284
143. Sadece İsrail'e İyidir.................285
144. Orada Belirli Bir Halk Var.................286
145. Özellikle Bilgelere Bilgelik Verecektir Nedir?.................287
146. Zohar Üzerine Bir Yorum.................289
147. Alma ve İhsan Etme Çalışması.................289
148. Acı ve Tatlı, Doğru ve Yanlışın Dikkatle İncelenmesi.................290
149. Hohma'yı Neden Yaymamız Gerekiyor.................291
150. Kibir Yaptığı İçin Efendi'ni Buda.................292
151. Ve İsrail Mısırlıları Gördü.................293
152. Çünkü Rüşvet Bilgenin Gözlerini Kör Eder.................294
153. Düşünce Arzunun Sonucudur.................295

154. Dünyada Boş Bir Yer Olamaz......296
155. Bedenin Temizliği......296
156. Hayat Ağacından Almasın Diye......297
157. Ben Uyumaktayım Ama Kalbim Uyanık......298
158. Pesah Bayramında Birbirinizin Evinde Yemek Yememenizin Nedeni300
159. Ve O Günlerde Gerçekleşti......301
160. Matzot'u Gizlemenin Nedeni......302
161. Tora'nın Verilişine Dair - 2......303
162. Seriyi Tamamlandıktan Sonra Okuduğumuz Hazak Hakkında....305
163. Zohar'ın Yazarlarının Söyledikleri......306
164. Maddesellik ve Maneviyat Arasında Bir Fark Vardır......307
165. Elişa'nın İlyas'tan Talebine Bir Açıklama......307
166. Edinimdeki İki Anlayış......308
167. Şabat Teşuva Denmesinin Sebebi......309
168. İsrail'in Gelenekleri......310
169. Erdemi Tam Olana Dair......311
170. Cebinde Büyük Bir Taş Olmayacak......312
171. Zohar'da, Emor - 1......313
172. Engeller ve Gecikmeler Konusu......316
173. Neden Lehaym Diyoruz......317
174. Gizlilik......318
175. Ve Eğer Yol Size Çok Uzaksa......319
176. Havdala Sonrası Konyak İçerken......320
177. Kefaretler......321
178. İnsandaki Üç Ortak......322
179. Üç Çizgi......323

180. Zohar'da, Emor -2 326
181. Onur 327
182. Musa ve Süleyman 327
183. Mesih Anlayışı 327
184. İnanç ve Akıl Arasındaki Fark 328
185. Eğitimsiz, Şabat'ın Korkusu Onun Üzerindedir 329
186. Şabat'ınızı Hafta İçi Yapın Ve İnsanlara İhtiyaç Duymayın 329
187. Çaba Göstermeyi Seçmek 330
188. Tüm Çalışma Sadece İki Yolun Olduğu Yerdedir - 2 331
189. Eylem Düşünceyi Etkiler 332
190. Her Eylem Bir İz Bırakır 333
191. Düşüş Zamanı 336
192. Kura 337
193. Tek Duvar Her İkisine De Hizmet Eder 339
194. Tamamlanmış Yedi 340
195. Ödüllendirildi - Hızlandıracağım 342
196. Dışsal Olanlar İçin Bir Tutuş 343
197. Kitap, Yazar ve Hikâye 343
198. Özgürlük 344
199. İsrail'in Her Adamına 344
200. Masah'ın Hizdakhut'u 345
201. Maneviyat ve Maddesellik 346
202. Ekmeğini Alnının Teri İle Yiyeceksin - 2 347
203. İnsanın Gururu Onu Alçaltır 348
204. Çalışmanın Amacı - 2 349
205. Bilgelik Sokaklarda Haykırır 351

206. İnanç ve Haz...352
207. İhsan Etmek İçin Almak...353
208. Emek...354
209. Duadaki Üç Koşul...355
210. İçindeki Dikkate Değer Kusur...356
211. Kral'ın Huzurunda Duruyormuş Gibi..................................357
212. Sağın Benimsenmesi, Solun Benimsenmesi.........................358
213. Arzunun Tanınması...359
214. Kapılarda Bilinen..361
215. İnanca Dair..363
216. Sağ ve Sol...364
217. Ben Kendim İçin Değilsem, Kim Benim İçin?.....................365
218. Tora ve Yaradan Birdir..366
219. Adanmışlık..367
220. Izdırap..368
221. Çoklu Otorite...368
222. Sitra Ahra'ya Onu Keduşa'dan Ayırmak İçin Verilen Parça...369
223. Kıyafet, Çuval, Yalan, Badem...371
224. Yesod de Nukva ve Yesod de Dehura................................372
225. Kendini Yükseltmek..372
226. Yazılı Tora ve Sözlü Tora - 2..373
227. Mitzva İçin Bir Ödül - Mitzva...373
228. Etten Önce Balık..374
229. Haman'ın Cepleri...375
230. Efendi Yücedir Ve Alçakta Olan Görecektir - 2..................376
231. Alma Kaplarının Arılığı...377

232. Çabayı Tamamlamak...378
233. Af, Bağışlama ve Kefaret...379
234. Tora'nın Sözlerini Bırakan Ve Çene Çalmakla...381
235. Kitaba Tekrar Bakmak...381
236. Düşmanlarım Bütün Gün Beni Lanetler...382
237. Çünkü İnsan Beni Görmeyecek ve Yaşamayacak...383
238. Ne Mutlu Seni Unutmayan Ve Oğlu Senin İçin Çabalayan Adama 384
239. Şavuot'un Mohin'i İle Minha'daki Şabat Arasındaki Fark...385
240. Senin Yüzünü Aradıklarında Seni Arayanları Ara...386
241. Yakın Olduğu Zaman O'nu Çağır...388
242. Çalışmada, İyi Günde Fakirin Hoşnut Edilmesi Meselesi Nedir?.390
243. Hoşana Raba Gecesinde Gölgenin İncelenmesi...391
244. Tüm Dünyalar...392
245. Yeni Doğanın Yaratılışından Önce...396
246. Şans Hakkında Bir Açıklama...400
247. Düşünce, Besin Olarak Kabul Edilir...401

Şamati

(Duydum)

Samati

1. O'ndan Başkası Yok

Paraşat Yitro'da duydum, 12 Şevat, 6 Şubat 1944

"O'ndan başkası yoktur." diye yazılmıştır. Bunun anlamı, dünyada O'na karşı bir şey yapabilecek başka hiçbir gücün var olmadığıdır. Kişi bu dünyada, yukarıdaki mekânı inkâr eden şeyler görür çünkü O, böyle ister.

Bu ıslah sayılır ve buna "sol reddeder, sağ yaklaştırır" denir yani solun reddedişi, ıslah kabul edilir. Bu, başlangıçta, kişiyi bu dünyada doğru yoldan saptırmayı amaçlayan şeyler olduğu anlamına gelir ve kişi bunlar nedeniyle Keduşa'dan (Kutsallık) çıkar.

Bu reddedilmelerin faydası, bunlar yoluyla kişinin, Yaradan'ın kendisine yardım etmesi için tam bir ihtiyaç ve arzu edinmesidir; aksi takdirde kaybolacağını görür. Kişi çalışmada yalnızca ilerlemediğini görmekle kalmaz, gerilediğini de görür. Yani *Lo Lişma*'da (O'nun rızası için değil) bile *Tora* ve *Mitzvot*'u[1] (emirler) yerine getirme gücünden yoksundur. Kişi gerçekten, yalnızca tüm engellerin üstesinden gelerek, *Tora* ve *Mitzvot*'u mantık ötesi yerine getirebilir. Ancak kişinin her zaman mantık ötesi ilerleyecek gücü yoktur, aksi takdirde Tanrı korusun, *Lo Lişma*'da bile Yaradan'ın yolundan sapmaya zorlanır.

Her zaman kırılmış olanın bütünden daha büyük olduğunu yani yükselişten daha çok düşüş olduğunu ve bu durumun bir sonu olmadığını hisseden kişi, sonsuza dek kutsallığın dışında kalır, zira mantık ötesi ilerlemedikçe, en ufak bir şeyi yerine getirmenin bile onun için zor olduğunu görür. Ancak, kişi her zaman bunun üstesinden gelemez. Peki, sonunda ne olur?

O zaman, kişi, Yaradan'ın Kendisinden başka, ona hiç kimsenin yardım edemeyeceği sonucuna varır. Bu, kişinin, Yaradan'ın gözlerini ve kalbini açmasını ve onu gerçekten Yaradan ile sonsuz Dvekut'a (bütünleşme) yaklaştırmasını yürekten talep etmesine neden olur. Dolayısıyla, bugüne kadar deneyimlediği tüm reddedişler Yaradan'dan gelmiştir.

---
[1] Manevi çalışma ve ıslahlar

Bu, kişinin bunların üstesinden gelememesinin, kendi hatası olmadığı anlamına gelir. Aksine gerçekten Yaradan'a yaklaşmak isteyenlere, azla yetinmesinler yani bilinçsiz çocuklar gibi kalmasınlar diye yukarıdan yardım edilir ki böylece kişi "Tanrı'ya şükür, Tora, Mitzvot ve iyi eylemlerim var, başka neye ihtiyacım var ki?" diyemesin.

Kişi ancak gerçek bir arzuya sahipse yukarıdan yardım alır ve ona her zaman, mevcut durumundaki yanlışlarının ne olduğu gösterilir. Yani kişiye, çalışmaya karşı düşünceler ve görüşler gönderilir. Bu, kişinin Yaradan'la bütünlük içinde olmadığını görmesi içindir. Kişi bunların üstesinden geldikçe, kendisinin, Yaradan'la bütünlük içinde olduğunu hisseden diğerlerine göre her zaman kutsallıktan daha uzak olduğunu görür.

Ancak diğer yandan, kişinin her zaman şikâyetleri ve talepleri vardır ve Yaradan'ın ona olan tavrını ve davranış şeklini haklı çıkaramaz. Bu, kişiye acı verir. Kişi neden Yaradan'la bir değildir? Sonuç olarak, kişi, kendisinin kutsallıkta hiçbir şekilde yer almadığını hissetmeye başlar.

Kişi, yukarıdan zaman zaman kendisini bir an için canlandıran uyanışlar alsa da hemen ardından aşağılık bir yere düşer. Ancak bu, ona yalnız Yaradan'ın yardım edebileceğini ve onu gerçekten yakınlaştırabileceğini anlamasını sağlar.

Kişi her zaman çaba göstermeli ve Yaradan'a tutunmalıdır yani tüm düşünceleri, O'nunla ilgili olmalıdır. Bu demek oluyor ki, kişi daha büyük bir düşüşün olamayacağı en kötü durumda bile olsa, O'nun hükmünden ayrılmamalı yani Keduşa'ya (Kutsallık) girmesini engelleyen ve ona fayda veya zarar getirebilecek başka bir otorite olduğunu düşünmemelidir.

Yani kişi, insanın iyi eylemler yapmasına ve Yaradan'ın yolunda yürümesine izin vermeyenin, Sitra Ahra'nın (diğer taraf) gücü olduğunu düşünmemelidir. Aksine, her şeyin Yaradan tarafından yapıldığını düşünmelidir.

Baal Şem Tov'un söylediği gibi, dünyada başka bir güç yani

Klipot (kabuklar) olduğunu söyleyen kişi, "Başka tanrılara hizmet etme" durumundadır. Günah, yalnızca inancı olmayanların düşüncelerinden ibaret değildir. Eğer kişi, Yaradan'dan başka bir otorite ve güç olduğunu düşünüyorsa, günah işliyor demektir.

Üstelik kişi kendi otoritesi olduğunu söylediğinde yani dün Yaradan'ın yolunu izlemek istemeyenin kendisi olduğunu söylediğinde, bu da inançsızlığın günahını işlemek olarak kabul edilir; bu da kişinin dünyanın liderinin yalnızca Yaradan olduğuna inanmadığı anlamına gelir.

Ancak, kişi günah işlediğinde kesinlikle pişman olmalı, günah işlediği için üzülmelidir. Fakat burada da acıyı ve ızdırabı doğru bir şekilde düzenlemeliyiz. Kişi günahın sebebini nereye koymaktadır? Çünkü pişman olunması gereken nokta budur.

Bu durumda, kişi vicdan azabı çekmeli ve "O günahı işledim, çünkü Yaradan beni kutsallıktan alıp pisliğin içine, pislik çukuruna attı" demelidir. Bu demek oluyor ki, Yaradan kişiye kendisini eğlendirmesi ve pis kokulu bir yerde nefes alması için bir özlem ve arzu verdi.

(Kitaplarda, kişinin bazen bir domuz olarak yeniden dünyaya geldiğinin yazılı olduğunu söyleyebilirsiniz. Bunu onun dediği gibi yorumlamalıyız, kişi daha önce çöp olarak belirlediği şeylerden canlılık almak için arzu ve özlem duyar, artık onlardan beslenmek ister.)

Ayrıca, kişi yükselişte olduğunu ve çalışmadan bir miktar tat aldığını hissettiğinde de "Şimdi Yaradan'ın hizmetkârı olmanın değerli olduğunu anladığım bir koşuldayım." dememelidir. Daha doğrusu, şimdi Yaradan tarafından kendisine lütfedildiğini, bu nedenle Yaradan'ın onu daha da yakınlaştırdığını ve bu nedenle çalışmadan tat aldığını bilmelidir. Kişi Keduşa'nın hükmünden asla ayrılmamaya ve Yaradan dışında, işleyen başka bir gücün etkisi olduğunu söylememeye dikkat etmelidir.

(Ancak bu demek oluyor ki, Yaradan tarafından lütfedilip edilmeme konusu, kişinin kendisine değil, yalnızca Yaradan'a bağlıdır ve insan, dünyevi aklıyla, Yaradan'ın kendisine neden şimdi lütfettiğini ve daha sonra lütfetmediğini anlayamaz.)

Benzer şekilde, kişi, Yaradan'ın kendisini yakınlaştırmadığına üzüldüğünde de bunun kendisiyle ilgili olmadığına, Yaradan'dan uzak olmanın kendisini endişelendirmemesine dikkat etmelidir, çünkü bununla kendi çıkarı için fayda sağlayan bir alıcı haline gelir ve alan kişi Yaradan'dan ayrılır. Aksine kişi, Şehina'nın (Kutsallık) sürgünde oluşuna yani Şehina'nın kederine sebep olduğu için üzülmelidir.

Kişi, bunu küçük bir organı ağrıyormuş gibi hayal etmelidir. Bununla birlikte acı, öncelikle akılda ve kalpte hissedilir. Kalp ve akıl, insanın bütünüdür ve kişinin tek bir organındaki acı hissi, tüm bir bedenin acı içinde olduğu duruma kesinlikle benzemez.

Kişinin Yaradan'dan uzakken hissettiği acı da buna benzer. Bunun nedeni, insanın, Şehina'nın tek bir organı olmasıdır. Zira Şehina, İsrail'in ortak ruhudur. Bu nedenle tek bir organın hissi, genel acının hissine benzemez. Bu, organları ondan ayrı olduğunda Şehina ızdırap çekiyor ve organlarını besleyemiyor anlamına gelir.

(Bilgelerimiz şöyle söylemiştir; "Kişi pişman olduğunda Şehina ne der? '; O, başımdan daha hafiftir.'") Kişi uzaklaştırılmanın acısını kendisi ile ilişkilendirmeyerek, kutsallıktan ayrılma olarak kabul edilen, kendisi için alma arzusunun tuzağına düşmekten kurtulur.

Aynı şey, kişi Keduşa'ya biraz yakınlık hissettiğinde, Yaradan tarafından lütfedildiği için sevinç duyduğunda da geçerlidir. O zaman da öncelikle kişi bu sevincin, Şehina'da olduğunu, özel organını yakınlaştırabildiği, onu uzaklaştırmak zorunda kalmadığı için yukarıda sevinç olduğunu söylemelidir.

Kişi, Şehina'yı memnun etmekle ödüllendirilmekten mutluluk duyar. Bu yukarıdaki hesapla uyumludur yani parça için haz ve mutluluk olduğunda, bu bütünün mutluluğunun yalnızca bir parçasıdır. Bu hesaplamalar vasıtasıyla kişi bireyselliğini kaybeder ve kendisi için alma arzusu olan *Sitra Ahra*'nın tuzağına düşmekten kaçınmış olur.

Alma arzusu gereklidir çünkü insanın bütünü budur. Alma arzusu dışında kişide var olan her şey, yaratılana değil, Yaradan'a ait kabul edilir. Ancak haz alma arzusu, ihsan etmek için çalışmak amacıyla ıslah edilmelidir.

Demek ki, yaratılan varlıklar mutlu olduğunda, alma arzusunun aldığı haz ve mutluluk, yukarıya sevinç verme niyetiyle olmalıdır çünkü yarattıklarına iyilik yapmak olan yaratılışın amacı budur. Buna, yukarıdaki Şehina'nın mutluluğu denir.

Bu nedenle, kişi yukarıyı nasıl memnun edebileceği ile ilgili tavsiye aramalıdır. Şüphesiz, kişi haz alırsa, yukarıda memnuniyet olacaktır. Bu nedenle, kişi her zaman Kral'ın sarayında olmaya ve Kral'ın hazineleriyle oynayabilmeye özlem duyar ve bu, yukarıyı kesinlikle memnun eder. Dolayısıyla kişinin tüm özlemi, yalnızca Yaradan'ın rızası için olmalıdır.

2. Şehina (Kutsallık) Sürgünde

1942'de duydum

Zohar'da şöyle yazar: "O (erkek) *Şohen*'dir (İkâmet eden) ve O (kadın) *Şehina*'dır (Kutsallık)." Bu sözleri şu şekilde yorumlamalıyız: Bilinir ki, üst ışıkla ilgili olarak, üst ışıkta hiçbir değişikliğin olmadığı söylenir; şöyle yazıldığı gibi, 'Ben, Efendiniz değişmem.' Tüm isimler ve unvanlar, yalnızca yaratılışın kökü olan *Malhut*'ta yer alan alma arzusu olan *Kelim* (kaplar) ile ilgilidir. Oradan bu dünyaya, yaratılanlara iner."

Dünyaların yaratılışının kökü olan *Malhut* ile başlayıp, yaratılanlara kadar devam eden tüm bu farkına varışlara, Şehina denir. Genel ıslah, üst ışığın mutlâk bir bütünlük içinde onlara parlamasıdır.

Kelim'in içinde parlayan ışık, Şohen diye adlandırılır, Kelim'e ise çoğunlukla Şehina denir. Başka bir deyişle, ışık, *Şehina*'nın içinde ikâmet eder. Bu demektir ki, Kelim'in içinde ikamet ettiği için ışığa, Şohen denir, yani Kelim'e genel olarak *Şehina* denir.

Işığın tam bir bütünlükle parlamasından önceki zamana, "Islah zamanı" deriz. Bu, ışığın eksiksiz bir biçimde parlayabilmesi için ıslahlar yaparız anlamına gelir. O zamana kadarki bu koşula, "Kutsallık (Şehina) Sürgünde" denir.

Bu, üst dünyalarda henüz bir bütünlüğün olmadığı anlamına gelir. Aşağıda, bu dünyada, üst ışığın, alma arzusunun içinde olduğu bir koşul olmalıdır. Bu ıslah, ihsan etmek için almak sayılır.

Bu arada, cennetin ihtişamının ortaya çıkabileceği bir yer yoktur, çünkü alma arzusu bayağı ve budalaca şeylerle doludur. Bu demektir ki, kalp, Yaradan'ın ışığını barındıran bir tapınak olması gerekirken, artıklar ve pislikler yeri haline gelmiştir. Başka bir deyişle, bayağılık kalbin tamamını ele geçirmiştir.

Buna "Şehina tozun içinde" denir. Bu demektir ki, o alçaltılmıştır, herkes Keduşa (kutsallık) konularından tiksiniyordur ve onu tozun içinden kaldırmak için hiçbir arzuları yoktur. Bunun yerine, bayağı şeyleri seçerler ve bu kişinin kalbinde, Yaradan'ın ışığı için tapınak olacak bir yerin açılmaması *Şehina*'nın acı çekmesine neden olur.

3. Manevi Edinim Meselesi
Duydum

Dünyalarda birçok derece ve anlayış olduğunu görüyoruz. Bilmeliyiz ki, anlayışlar ve derecelerle ilgili olan her şey, ruhların dünyalardan aldıklarına ilişkin edinimlerden bahseder. Bu, *"Edinmediğimize isim vermeyiz."* kuralının sonucudur. Bu böyledir çünkü "isim" sözcüğü, bir nesneyi onun hakkında bir şey elde ettikten sonra, edinimine göre adlandıran bir kişide olduğu gibi edinimi ifade eder.

Dolayısıyla realite, manevi edinimle ilgili olarak genellikle üç anlayışa ayrılır:

1. Atzmuto (O'nun Özü)
2. Eyn Sof (Sonsuzluk)
3. Ruhlar

1. Yaratılan varlıkların yeri ve kökü, yaratılışın düşüncesinde başladığından, "Eylemin sonu başlangıçtaki düşüncededir." ifadesinde olduğu gibi, onların dahil edildikleri yer olan *Atzmuto*'dan hiçbir zaman bahsetmeyiz.

2. *Eyn Sof,* "Yarattıklarına iyilik yapma arzusu" olan yaratılış düşüncesi ile ilgilidir. Bu, *Eyn Sof* olarak kabul edilir ve *Atzmuto* ile ruhlar arasında var olan bağlantıdır. Biz bu bağı, "yaratılanlara memnuniyet verme arzusu" olarak algılarız.

Eyn Sof başlangıçtır. Buna "Kli'si (kap) olmayan ışık" denir, hatta burada yaratılanların kökü, yani "Yarattıklarına iyilik yapma arzusu" olarak adlandırılan Yaradan ve yaratılanlar arasındaki bağ vardır. Bu arzu, *Eyn Sof* dünyasında başlar ve Asiya dünyasına kadar uzanır.

3. O'nun yapmayı dilediği iyiliğin alıcıları olan ruhlar.

Ona, *Eyn Sof* denir çünkü bu, *Atzmuto* ve ruhlar arasındaki bağdır, biz bunu "Yarattıklarına iyilik yapma arzusu" olarak algılarız. Haz alma arzusunun bu bağlantısı dışında hiçbir ifademiz yoktur ve bu, bağın başlangıcıdır ve buna "Kli'si olmayan ışık" denir.

Üstelik yaratılanların kökü yani Yaradan ile yarattıkları arasındaki "Yarattıklarına iyilik yapma arzusu" denen bağ, orada başlar. Bu arzu, Eyn Sof dünyasında başlar ve Asiya dünyasına kadar uzanır.

Kendi içlerinde ve kendi başlarına tüm dünyalar, orada hiçbir ifadenin olmadığı Kli'si olmayan ışık olarak kabul edilirler. Onlar, Atzmuto olarak algılanırlar ve onlarda hiçbir edinim yoktur.

Orada birçok anlayış olduğuna şaşırmayın. Zira bu anlayışlar potansiyel olarak oradadır. Sonrasında ruhlar geldiğinde, bu anlayışlar, ıslah ettikleri ve düzenledikleri şeye göre üst ışıkları alan ruhların içinde ifşa olur. Böylelikle, ruhların her biri kendi niteliğine ve yeteneğine göre onları alabilir. O zaman, bu anlayışlar fiilen ortaya çıkar. Bununla birlikte ruhlar üst ışığı henüz edinmemişken, kendi içlerinde *Atzmuto* olarak kabul edilirler.

Dünyalardan alan ruhlar açısından, dünyalar Eyn Sof kabul edilir. Bunun nedeni, ruhlar ve dünyalar arasındaki bu bağlantının yani dünyaların ruhlara verdiği şeyin, Atzmuto ve ruhlar arasındaki ilişki olan yaratılışın düşüncesinden uzanmasıdır.

Bu bağlantıya *Eyn Sof* denir. Yaradan'a dua ettiğimizde, O'ndan bize yardım etmesini ve istediğimiz şeyi vermesini talep ettiğimizde, Eyn Sof anlayışıyla ilişki kurarız. Orada, onlara haz ve memnuniyet vermek isteyen yaratılanların kökü vardır, buna "Yarattıklarına iyilik yapma arzusu" denir.

Dua, bizi yaratan Yaradan'adır ve O'nun adı "Yarattıklarına iyilik yapma arzusu"dur. Kısıtlama öncesinden bahsettiği için, O'na *Eyn Sof* denir. Kısıtlamadan sonra bile, ışıkta hiçbir değişiklik olmadığı için, O'nda da bir değişim olmaz ve O daima bu isimle kalır.

İsimlerin çoğalması, yalnızca alıcılarla ilgilidir. Dolayısıyla, ortaya çıkan ilk isme yani yaratılan varlıkların köküne, *Eyn Sof* denir. Bu isim değişmeden kalır ve tüm kısıtlamalar ve değişiklikler sadece alıcılarla ilgili olarak ortaya çıkar, ancak O her zaman "Yarattıklarına iyilik yapma arzusu" denilen ilk isimde sonsuza kadar parlar.

Bu nedenle, bizler kısıtlama ya da sonu olmaksızın parlayan, Eyn Sof olarak adlandırılan Yaradan'a dua ediyoruz. Sonradan ortaya çıkan son, alıcıların O'nun ışığı alabilmeleri için ıslahlardır.

Üst ışık iki anlayıştan oluşur: 'Edinmek ve edinilen.' Üst ışık hakkında söylediğimiz her şey yalnızca edinenin, edinilenden nasıl etkilendiğiyle ilgilidir. Ancak, kendi içlerinde, sadece edinmekten veya yalnızca edinilenden söz edersek, buna *Eyn Sof* denmez. Daha ziyade, edinilene *Atzmuto* denir ve edinmeye, bütünün parçası olan yeni bir anlayış, "ruhlar" denir. Bu, içine alma arzusu damgalanmış olmasıyla yenidir. Bu anlamda, yaratılış "yokluktan varoluş" olarak adlandırılır.

Kendileri için, tüm dünyalar basit bir bütünlük olarak kabul edilir ve Tanrısallıkta hiçbir değişiklik yoktur. Bu "Ben, Efendiniz değişmem" cümlesinin anlamıdır. Tanrısallıkta *Sefirot* veya *Behinot* (izlenimler) yoktur. En ince adlandırmalar bile ışığın kendisinden bahsetmez çünkü bu, orada hiçbir edinimin olmadığı *Atzmuto*'nun idrakidir. Daha ziyade, tüm Sefirot ve izlenimler yalnızca kişinin edindiği şeyden bahseder. Bu nedenle, Yaradan bizden "Yarattıklarına iyilik yapma arzusu" ifadesinde olduğu gibi, bolluğu edinmemizi ve anlamamızı istemiştir.

O'nun edinmemizi ve anlamamızı istediği "Yaratılanlarına iyilik yapma arzusunu" edinmemiz ve anlamamız için bu hisleri yaratmış ve bize vermiştir ve bu hisler Üst Işığın izlenimlerini edinirler.

Bundan dolayı, bizlere pek çok anlayış verilmiştir, çünkü "alma arzusu" denilen genel duyu, alıcıların alabilecekleri ölçüye göre birçok ayrıntıya ayrılmıştır. Bu yüzden, yükselişler ve düşüşler, genişleme ve ayrılma vs olarak adlandırılan birçok ayrım ve detay görüyoruz.

Alma arzusuna "yaratılan" ve "yeni bir anlayış" dendiğinden, dile getirme, tam olarak alma arzusunun izlenimler almaya başladığı yerden başlar. Dile getirme anlayışlardır, izlenimlerin parçalarıdır. Zira burada zaten ışık ve alma arzusu arasında bir ilişki vardır.

Buna '*Işık* ve *Kli*' denir. Ancak, **Kli** olmadan ışıkta hiçbir ifade yoktur, çünkü alıcı tarafından edinilmeyen bir ışık, *Atzmuto* olarak kabul edilir ve ondan söz etmek yasaklanmıştır. Edinilemeyen ve edinmediğimiz bir şeyi nasıl adlandırabiliriz ki?

Buradan, Yaradan'ın bize kurtuluş, şifa vb göndermesi için dua ettiğimizde, iki şeyi ayırt etmemiz gerektiğini öğreniyoruz: 1) Yaradan 2) O'ndan yayılan şey

Atzmuto olarak kabul edilen ilk anlayışta, yukarıda bahsettiğimiz gibi, dile getirmek yasaklanmıştır. O'ndan uzanan, ***Kelim***'imize, alma arzumuzun içine yayılan ışık olarak kabul edilen ikinci anlayışa, *Eyn Sof* diyoruz. Bu, Yaradan'ın yaratılanlarla bağlantısı, ***"Yarattıklarına iyilik yapma arzusu"***dur. Alma arzusu, nihayetinde alma arzusuna ulaşıp genişleyen ışık olarak kabul edilir.

Alma arzusu yayılan ışığı aldığında, yayılan ışık *Eyn Sof* olarak adlandırılır. Bu, alıcılara pek çok örtü aracılığıyla gelir ki böylece aşağıdakiler onları alabilsin.

Buradan, tüm anlayışlar ve değişimlerin, alıcının onlardan nasıl etkilendiğine bağlı olarak, özellikle alıcıda meydana geldiği ortaya çıkıyor. Ancak bahsettiğimiz konuyu anlamalıyız. Dünyalardaki izlenimlerden bahsettiğimizde, bunlar potansiyel anlayışlardır. Alıcı, bu anlayışları edindiğinde, onlara "gerçek" denir.

Manevi edinim, edinme ve edinilenin bir araya gelmesidir, edinme olmadan edinilecek bir form yoktur, zira edinilecek bir formu edinecek kimse yoktur. Bundan dolayı, bu anlayış, orada herhangi bir ifadeye yer olmayan Atzmuto olarak kabul edilir. Öyleyse, edinilenin kendi formu olduğunu nasıl söyleyebiliriz?

Bizler yalnızca yayılan ışığın duyularımızda bıraktığı izlenimlerden bahsedebiliriz; bu da *"O'nun yaratılanlara iyilik yapma arzusu,"* alıcıların gerçekte eline geçen, edindikleri şeydir.

Benzer şekilde, bir masayı incelediğimizde, dokunma duyumuz onu sert bir şey olarak algılar, uzunluğunu ve genişliğini duyularımıza göre algılarız. Ancak bu, başka duyulara sahip olan birisi için masanın aynı şekilde algılanacağı anlamına gelmez. Örneğin, bir meleğin gözünden masa incelendiğinde, bunu kendi duyularına göre görecektir. Bu nedenle, duyularını bilmediğimiz için, meleğe ilişkin herhangi bir form belirleyemeyiz.

Dolayısıyla, Yaradan hakkında hiçbir edinimimiz olmadığından, O'nun perspektifinden dünyaların hangi forma sahip olduklarını söyleyemeyiz. Bizler dünyaları yalnızca duyularımıza ve algılarımıza göre ediniriz, çünkü O'nu bu şekilde edinmemiz O'nun arzusudur.

"Işıkta hiçbir değişiklik yoktur." cümlesinin anlamı budur. Tüm değişimler daha ziyade Kelim'in içerisinde, yani bizim duyularımızdadır. Bizler her şeyi hayal gücümüze göre ölçeriz. Buradan çıkan sonuç şudur ki, eğer birçok insan tek bir manevi şeyi incelerse, herkes kendi hayal gücüne ve sezgisine göre edinecek, dolayısıyla farklı bir form görecektir.

Ayrıca, formun kendisi, kişinin düşüşlerine ve yükselişlerine göre değişir; yukarıda söylediğimiz gibi, ışık basit bir ışıktır ve tüm değişimler yalnızca alıcılardadır.

O'nun ışığını almayı, Yaradan'ın yollarını izlemeyi ve ödül almak için değil, Yaradan'a memnuniyet vererek, *Şehina*'yı (kutsallık) tozdan kaldırmak için O'na hizmet etmeyi hak edelim. Yaradan ile *Dvekut* (bütünleşme) ile ve O'nun Tanrısallığının yaratılanlara ifşası ile ödüllendirilelim.

4. Manevi Çalışmada Kişinin Kendisini Yaradan'ın Önünde İlga Ederken Hissettiği Ağırlığın Sebebi Nedir?

Şevat'ın 12. Günü, 1944'te duydum

Kişinin, Yaradan'ın önünde kendisini ilga etmek için çalışmak istediğinde ve kendi menfaati için endişe etmediğinde hissettiği ağırlığın sebebini bilmeliyiz. Kişi, sanki tüm dünya durmuş, görünüşte kendisi bu dünyada yokmuş ve kendisini Yaradan'ın önünde ilga etmek uğruna, ailesini ve arkadaşlarını terk etmiş gibi hissettiği bir koşula gelir.

Bunun "inanç eksikliği" denen basit bir nedeni vardır. Bu demektir ki, kişi kendisini kimin karşısında ilga ettiğini bilmiyor, yani Yaradan'ın varlığını hissetmiyor. Bu, kişiye ağırlık hissi verir.

Ancak, kişi Yaradan'ın varlığını hissetmeye başlayınca, kişinin ruhu, hemen ilga olmaya ve bir mumun bir meşaleye dahil olduğu gibi, O'na dahil olabilmek için, hiçbir düşünce ve sebep olmaksızın köküyle bütünleşebilmeye özlem duyar. Ancak, bu, mumun meşalenin önünde iptal olması gibi doğal olarak gelen bir koşuldur.

Dolayısıyla kişinin çalışmasının özü, Yaradan'ın varlığını hissetmeye gelmek, yani Yaradan'ın varlığını, 'Tüm dünyanın Onun ihtişamıyla dolu olduğunu' hissetmektir; kişinin tüm çalışması budur. Yani kişinin çalışmaya verdiği tüm güç, başka bir şey için değil, yalnızca bunu edinmek için olacaktır.

Kişi bir şey elde etmek zorunda olduğu yanılgısına düşmemelidir. Aksine kişinin sadece bir tek şeye ihtiyacı vardır: 'Yaradan'a olan inanç.' Kişi, başka hiçbir şey düşünmemeli, yani çalışması için istediği tek ödül, Yaradan'a olan inanç ile ödüllendirilmek olmalıdır.

Bilmeliyiz ki, kişinin edindiği küçük bir aydınlanma ile büyük bir aydınlanma arasında fark yoktur, zira ışıkta hiçbir değişiklik yoktur. Aksine tüm değişiklik, bolluğu alan Kelim'dedir (kaplar); şöyle yazıldığı gibi: "Ben, Efendiniz, değişmem." Dolayısıyla kişi Kelim'ini büyütebilirse, aydınlanmayı da o ölçüde büyütür.

Ancak soru, kişinin kaplarını ne ile büyütebileceğidir. Cevap, kişinin Yaradan'ı, kendisini Ona yakınlaştırdığı için övdüğü ve şükrettiği ölçüdedir ki böylece Onu biraz olsun hissedecek ve meselenin önemini yani Yaradan'la bir bağa sahip olmakla ödüllendirildiğini düşünecektir.

Tahayyül ettiği önem ölçüsünde, kişinin içindeki aydınlanma büyür. Kişi, gerçek değerini belirleyemediği için, insan ile Yaradan arasındaki bağın öneminin gerçek ölçüsünü bilmeye asla gelemeyeceğini bilmelidir. Bunun yerine kişi bunu takdir ettiği ölçüde, bunun erdemini ve önemini edinir. Bunda bir Segula (güç/şifa/erdem) vardır, zira kişi bununla, içinde daimî olarak kalacağı bu aydınlanmayla ile ödüllendirilebilir.

5. Lişma, Yukarıdan Gelen Bir Uyanıştır ve Neden Aşağıdan Bir Uyanışa İhtiyacımız Vardır?

1945'te duydum

Lişma'yı (O'nun rızası için) edinmek, kişinin elinde değildir, zira dünyada böyle bir şeyin var olabileceğini insan aklı kavrayamaz. Bu böyledir çünkü kişiye onu kavrama izni, sadece Tora ve *Mitzvot*'a (emirler) bağlanırsa verilir ve kişi bir şey edinebilir. Burada kişisel fayda olmalıdır, aksi takdirde kişi hiçbir şey yapamaz. Daha doğrusu, bu yukarıdan gelen bir aydınlanmadır ve bunu ancak tadan bilip, anlayabilir. Bununla ilgili şöyle yazılmıştır, "Tat ve gör ki Efendi iyidir."

Dolayısıyla, kişinin *Lişma*'yı nasıl edineceği konusunda neden tavsiye ve öğüt araması gerektiğini anlamalıyız. Nihayetinde, hiçbir tavsiye ona yardımcı olmayacak ve Yaradan kişiye ikinci doğa olan "ihsan etme arzusunu" vermezse, hiçbir çaba, Lişma meselesini edinmesine yardım etmeyecektir.

Bunun cevabı, bilgelerimizin dediği gibidir (Avot, Bölüm 2,21): "Çalışmayı tamamlamak sana düşmez ve bu işte tembellik yapmakta da özgür değilsin." Bu demektir ki, kişi aşağıdan bir uyanış sağlamalıdır, zira bu bir dua olarak kabul edilir.

Dua, bir eksiklik olarak kabul edilir ve eksiklik olmadan doyum olmaz. Dolayısıyla kişinin *Lişma*'ya ihtiyacı olduğunda, doyumu yukarıdan gelir ve duanın cevabı yukarıdan gelir yani kişi, eksikliğini karşılayacak doyumu alır. Dolayısıyla, Yaradan'dan *Lişma*'yı almak üzere kişinin çalışması için duyduğu ihtiyaç, sadece bir eksiklik ve **Kli** (kap) formundadır. Ancak, kişi bu doyumu asla kendi başına edinemez, bu daha çok Yaradan'dan bir armağandır.

Ancak, dua kalbin derinliğinden gelen bütün bir dua olmalıdır. Bu demektir ki, kişi dünyada kendisine Yaradan'dan başka yardımcı olacak hiç kimsenin olmadığını yüzde yüz bilir.

Peki, kişi bunu, Yaradan'dan başka hiç kimsenin kendisine yardımcı olamayacağını nasıl bilebilir? Kişi bu farkındalığı net olarak, ancak elindeki tüm gücü harcadıktan sonra, kendisine hiçbir şeyin yardımcı olmadığını görünce edinebilir. Dolayısıyla, kişi dünyada ***"Yaradan rızası için"*** koşulunu edinmek için elinden gelen her şeyi yapmalıdır. O zaman kişi tüm kalbiyle dua edebilir ve Yaradan duasını ancak o zaman duyar.

Ancak, kişi bilmelidir ki, *Lişma*'yı edinmek için çaba sarf ederken, tümüyle ihsan etmeyi yani hiçbir şey almadan sadece ihsan etmek için çalışmak istemeyi üstlenmelidir. Kişi ancak o zaman organlarının bu fikre karşı olduğunu görmeye başlar.

Kişi bundan net bir farkındalığa gelebilir ve bedenini tamamen iptal etmeye ikna edemediğini gördüğünden, bedeninin kendini koşulsuzca Yaradan'a teslim etmeyi kabul etmesini sağlamak adına, Yaradan'ın kendisine yardım etmesi için, Yaradan'a kalbini açmaktan başka bir çaresi olmadığını görür. Dolayısıyla kişi, bedeninin bu koşul altında kendiliğinden Yaradan için çalışmaya razı olacağına dair hiçbir ümit olmadığını görür, ancak o zaman kişinin duası kalbinin derinliklerinden olabilir ve böyle bir dua kabul görür.

Bilmeliyiz ki kişi *Lişma*'yı edinerek, kötü eğilimi ölüme mahkûm eder. Kötü eğilim, kişinin alma arzusudur ve ihsan etme arzusunu edinmek, alma arzusunu herhangi bir şey yapabilmekten alıkoyar. Bu, onu ölüme terk etmek olarak kabul edilir. Zira makamından kovulmuştur ve artık kullanılmadığı için yapacağı hiçbir şey yoktur ve fonksiyonu iptal edildiği için bu, onu ölüme terk etmek olarak kabul edilir.

Kişi "İnsanın güneşin altındaki çalışmasıyla ne elde edeceğini" düşündüğü zaman görür ki, iki nedenden dolayı kendisini O'nun adına teslim etmesi çokta zor değildir:

1. Kişi her halükârda yani ister gönüllü ister gönülsüz olsun bu dünyada çaba sarf etmelidir ve sarf ettiği onca çabadan geriye ne kalır?

2. Ancak eğer kişi *Lişma* çalışırsa, çalışmasından mutluluk da alır.

Şu ayetten bahseden Dubna'lı Sayer'in atasözünde olduğu gibi, "Beni çağırmadın, ey Yakup, sen de benim için kendini yormadın, ey İsrail." Bunun trenden inen ve küçük bir çantası olan zengin bir adama benzediğini söyler. Adam, tüm tüccarların çantalarını koyduğu yere bagajını koyar ve hamallar bu bagajı alıp, tüccarların kaldığı otele getirir. Hamal tüccarın böyle küçük bir çantayı kendisinin taşıyacağını düşünür ve bunun için bir hamala gerek yoktur, bu yüzden büyük bir paketi alır.

Tüccar ona her zamanki ödediği gibi küçük bir bahşiş vermek ister, ama hamal almak istemez. Şöyle der: "Otel'in deposuna büyük bir çanta getirdim ki bu beni çok yordu ve sizin çantanızı zorlukla taşıdım ve siz bana bunun için çok az mı ödemek istiyorsunuz?

Bundan alınacak ders, kişinin gelip Tora ve Mitzvot'u yerine getirmek için çok çaba harcadığını söylediğinde, Yaradan'ın ona şöyle karşılık vermesidir: *"Beni çağırmadın ey Yakup."* Başka bir deyişle, aldığın, Benim bagajım değildi, bu bagaj başka birine ait. Bana, *Tora* ve *Mitzvot* yolunda çok çaba sarf ettim dediğine göre, başka bir mülk sahibi için çalışıyor olmalısın, ona git ve ödemeni sana o yapsın.

"Benim için kendini yormadın ey İsrail" sözlerinin anlamı budur. Bu demektir ki, Yaradan için çalışan için zorluk yoktur, aksine, haz ve yükseliş vardır. Ancak, başka amaçlar için çalışan bir kişi Yaradan'a gelip, çalışmasında Yaradan'ın kendisine canlılık vermediği için şikâyette bulunamaz, zira Yaradan için çalışmamıştır ki ödemesini Yaradan yapsın. Aksine, kişi kendisine haz ve canlılık vermeleri adına onlar için çalıştığı diğer kişilere şikâyette bulunabilir.

Lo Lişma'da (O'nun rızası için değil) birçok amaç olduğundan, kişi amaçtan, çalıştığı ödülü yani haz ve canlılık verilmesini talep etmelidir. Onlarla ilgili şöyle yazar: "Onları yapanlar onlar gibi olacak, onlara güvenen herkeste."

Ancak, bu yazılanlar biraz kafa karıştırıcıdır. Nihayetinde görüyoruz ki, kişi cennet krallığının yükünü, başka hiçbir niyet olmadan kendi üstüne aldığında bile, yine de hiçbir canlılık hissetmez, bu canlılığın, kendisini cennetin krallığının yükünü üstlenmeye zorladığını söyler. Kişinin bu yükü üstlenmesinin tek sebebi mantık ötesi inançtır.

Başka bir deyişle, kişi istemeyerek, zorlayarak üstesinden gelir. Dolayısıyla şöyle sorabiliriz, Kişi, çalışmada hiçbir canlılık hissetmezken, beden sürekli bu çalışmadan kurtulabileceği anı kollarken, bu çalışmada neden çaba hisseder? Yukarıda yazılanlara göre, kişi alçakgönüllülükle ve sadece ihsan edebilmek amacıyla çalıştığı zaman, Yaradan bu çalışmada kişiye neden tat ve canlılık vermez?

Bunun cevabı, bunun çok büyük bir ıslah olmasıdır. Bu olmasaydı, yani kişi cennetin krallığının yükünü üstlenmeye başladığında, ışık ve canlılık hemen aydınlatsaydı, kişi çalışmada canlılığa sahip olacaktı. Başka bir deyişle, alma arzusu da bu çalışmaya razı olacaktı.

Kişi böyle bir koşulda elbette hemfikir olur zira arzusunu tatmin etmek ister, yani kişisel menfaati için çalışıyor olur. Eğer koşul böyle olsaydı, *Lişma*'ya (O'nun rızası için) ulaşmak asla mümkün olmazdı. Zira kişi Yaradan çalışmasından, maddesel arzulara kıyasla daha fazla haz alacağından kendi menfaati için çalışmaya zorlanacaktı. Dolayısıyla kişi *Lo Lişma* (O'nun rızası için değil) koşulunda kalmak zorunda kalacak, zira çalışmadan tatmin olacaktı; tatminin olduğu yerde ise kişi hiçbir şey yapamaz, çünkü kâr olmadan çalışamaz. Dolayısıyla eğer kişi bu Lo Lişma çalışmasından tatmin olsaydı, o koşulda kalması gerekecekti.

Bu, insanların bir hırsızı yakalamak için kovalarken, hırsızın da koşarak *"Hırsızı yakalayın"* diye bağırmasına benzer. O halde gerçek hırsızın kim olduğunu anlamak, onu yakalamak ve çaldığını elinden almak için imkânsızdır.

Ancak, hırsız, yani alma arzusu, cennet krallığının yükünü üstlenmekten hiçbir tat ve canlılık almadığı zaman, kişi bu koşulda kendisini zorlayarak mantık ötesi çalışırsa, o zaman beden alma arzusuna karşı bu çalışmayı yapmaya alışır ve bu durumda kişi Yaradan'ına memnuniyet getirmek amacıyla çalışmaya başlayacak araçlara sahip olur. Zira kişinin ilk gereksinimi, çalışması aracılığıyla *Yaradan* ile *Dvekut*'a (bütünlük) gelmektir ki bu kişinin tüm eylemlerinin ihsan etmek için olduğu form eşitliği olarak kabul edilir.

Şöyle yazıldığı gibi; *"O zaman Efendiden haz alacaksın."* "O zaman" sözünün anlamı, ilk başta, kişinin çalışmanın başında, haz almamış olmasıdır. Bunun yerine çalışmasını zorla yapıyordu.

Ancak, daha sonra, kişi kendisini ihsan etmek için çalışmaya ve kendisini incelememeye alıştırdığında, eğer çalışmasından iyi bir tat alıyor ancak çalışmasıyla onu Yapan'a memnuniyet vermek için çalıştığına inanıyorsa, Yaradan'ın, çalışmalarının nasıl ve hangi formda olduğuna bakmaksızın, alçakta olanların yaptığı çalışmayı kabul ettiğine inanmalıdır. Yaradan her şeyde niyeti inceler ve bu Yaradan'a memnuniyet verir. O zaman kişi "Efendiden haz almak" ile ödüllendirilir.

Kişi, Yaradan çalışması sırasında bile haz ve memnuniyet hisseder, zira artık gerçekten Yaradan için çalışıyordur, çünkü zorlayıcı olan bu çalışma sırasında gösterdiği çaba, kişiye Yaradan için gerçekten çalışabilme yeterliliği kazandırmıştır. Öyle görünüyor ki, bu durumda kişinin aldığı haz, Yaradan'la ilgilidir, yani özellikle Yaradan içindir.

6. Çalışmada, Tora'dan Destek Nedir?

1944'te duydum

Kişi, *Tora* çalıştığında ve tüm eylemlerinin ihsan etmek için olmasını istediğinde, Tora'dan daima destek almaya çalışmalıdır. Destek, beslenmek olarak kabul edilir ki bu sevgi, korku, yükseliş, tazelenme vb. dir. Kişi bunların hepsini *Tora*'dan çekmeli yani Tora kişiye, bu sonuçları vermelidir.

Ancak, kişi Tora çalışıyor ve bu sonuçları almıyorsa, bu Tora olarak kabul edilmez zira Tora, Tora'nın içinde kıyafetlenmiş olan ışığa işaret eder. Bilgelerimizin şöyle söylediği gibi: *"Kötü eğilimi ben yarattım ve buna şifa olarak da Tora'yı yarattım."* Bu, *Tora*'nın içindeki ışığa işaret eder çünkü içindeki ışık, ıslah eder.

Ayrıca *Tora*'nın iki anlayışa ayrıldığını bilmeliyiz: 1- *Tora*, 2- *Mitzva* (emir). Aslında, Yaradan'ın yolunda "Efendi'nin öğütleri O'ndan korkanlar içindir." yoluyla ilerlemekle ödüllendirilmeden önce, kişinin bu iki anlayışa gelmesi mümkün değildir. Bu böyledir çünkü kişi, Kral'ın sarayına girmek için hazırlık koşulunda olduğunda, hakikatin yolunu anlaması imkânsızdır.

Ancak, hazırlık dönemindeki bir kişinin bile, bir şekilde anlayabileceği bir örnek vermek mümkündür. Bilgelerimizin şöyle söylediği gibi (Sutah 21): "Rabbi Yusuf dedi ki, 'Bir Mitzva uygulandığında korur ve kurtarır. Tora ise hem uygulandığı hem de uygulanmadığı zamanlarda korur ve kurtarır.'"

Mesele şu ki, "Uygulandığı zaman", kişinin bir miktar ışığa sahip olduğu zamana işaret eder. Kişi, elde ettiği bu ışığı, yalnızca ışık hâlâ kendisiyle olduğunda kullanabilir. Çünkü şimdi kendisi için parlayan ışıktan dolayı, mutluluk içerisindedir. Bu bir Mitzva olarak algılanır yani kişi hala Tora ile ödüllendirilmemiş ancak ışıktan, Keduşa'nın (kutsallık) yaşamını almıştır.

Bu, *Tora*'da böyle değildir. Kişi çalışmada bir yol edindiği zaman, edindiği bu yolu, onu uygulamadığı yani kişi ışığa sahip olmadığı zaman bile kullanabilir. Bu böyledir çünkü yalnız aydınlatma onu terk etmiştir, ancak kişi çalışmada edindiği yolu, aydınlatma onu terk etse bile kullanabilir.

Yine de bir *Mitzva*'nın uygulandığı zaman, uygulanmayan *Tora*'dan daha önemli olduğunu bilmeliyiz. Uygulandığında demek, kişi şimdi ışık alıyor demektir. Kişi içindeki ışığı aldığında, buna "uygulama" denir.

Bu nedenle, kişi ışığa sahipken, bir *Mitzva*, ışığa sahip olmadığı yani *Tora*'nın canlılığının olmadığı zamandaki Tora'dan daha önemlidir. Bir yandan, Tora önemlidir çünkü kişi Tora'da edindiği yolu kullanabilir. Öte yandan, *"Işık"* denilen canlılıktan yoksundur. *Mitzva* zamanında kişi *"ışık"* adı verilen canlılık alır. Bu nedenle, bu açıdan bir *Mitzva* daha önemlidir.

Dolayısıyla, kişi canlılıktan yoksun olduğu zaman "günahkâr" olarak kabul edilir zira Yaradan'ın dünyayı *"İyi ve İyilik Yapan"* olarak yönettiğini söyleyemez. Bu durum içerisindeki kişiye, *"günahkâr"* denir çünkü onu Yapan'ı kınamaktadır çünkü şimdi, hiçbir canlılığı olmadığını, memnun olacağı hiçbir şeyi olmadığını hisseder, dolayısıyla kişi, Yaradan'a dönüp, kendisine verdiği haz ve memnuniyet için O'na teşekkür edemez.

Kişi, *Tora*'nın yolunu, organlarında bir his olarak algıladığından, Yaradan'ın iyi ve iyilik yapma yoluyla rehberlik ettiğine inandığını söyleyemez. Kişi haz ve memnuniyet hissetmiyorsa, başka birinin haz ve memnuniyet duyması ona ne verir?

Eğer kişi, gerçekten İlahi Takdir'in dostuna iyi ve iyilik yapan olarak ifşa edildiğine inanmış olsaydı, bu inancın ona, Yaradan'ın tüm dünyayı haz ve memnuniyetin rehberliği ile yönettiğine inanmaktan, haz ve memnuniyet getirmesi gerekirdi. Eğer bu durum kişiye neşe ve canlılık getirmiyor ise, Yaradan'ın dostunu iyi ve iyilik yapmanın rehberliği ile gözettiğini söylemenin ne faydası var?

En önemli olan şey, kişinin kendi bedeninde ne hissettiğidir - kendisini ya iyi ya da kötü hissediyordur. Bir kişi, ancak dostunun kazancından yararlanırsa, dostunun memnuniyetinden haz alır. Başka bir deyişle, bedenin hissiyatıyla ilgili sebeplerin önemli olmadığını öğreniyoruz. Sadece kişi kendini iyi hissediyorsa bu önemlidir. Bu durumda kişi, Yaradan "İyidir ve iyilik yapar." diyebilir. Eğer kendisini kötü hissediyorsa, kişi, Yaradan'ın kendisine iyi ve iyilik yapar şeklinde davrandığını söyleyemez. Dolayısıyla, kişi tam olarak dostunun mutluluğundan zevk ve bundan bir canlılık alıyorsa ve dostu iyi hissettiği için sevinç duyuyorsa, o zaman Yaradan'ın iyi bir lider olduğunu söyleyebilir.

Eğer kişinin neşesi yoksa kendini kötü hisseder. O zaman, nasıl Yaradan iyidir ve iyilik yapar diyebilir ki? Bu nedenle, kişinin canlılığının ve sevincinin olmadığı bir durum, yüce ve önemli bir Kral'a hizmet etme bahşedilen bir kişiye uygun olduğu gibi, Yaradan için bir sevgisinin ve Yaradan'ı haklı çıkarma ve mutlu olma yeteneğinin olmadığı bir durumdur.

Genel olarak üst ışığın tam bir dinlenme halinde olduğunu ve kutsal isimlerin tüm genişlemesinin aşağıdakiler tarafından gerçekleştiğini bilmeliyiz. Başka bir deyişle, üst ışığın sahip olduğu tüm isimler, aşağıdakilerin edinimlerinden gelir. Bu, üst ışık, onların edinimlerine göre adlandırılır demektir. Başka bir deyişle, kişi üst ışığı, onu edindiği biçimde kendi algısına göre adlandırır.

Eğer kişi, Yaradan'ın kendisine bir şey verdiğini hissetmiyorsa, O'ndan hiçbir şey almıyorsa, Yaradan'a ne isim verebilir? Daha ziyade kişi, Yaradan'a inandığında, hissettiği her koşulun Yaradan'dan geldiğini söyler. Bu durumda kişi, Yaradan'ı, kendi hissiyatına göre adlandırır.

Kişi eğer içinde bulunduğu koşuldan memnun ise, Yaradan için "İyilik Yapan İyi" dendiğini söyleyebilir çünkü hissettiği şey, O'ndan iyilik aldığıdır. Bu koşuldaki kişiye Tzadik (erdemli) denir. Zira kişi, onu Yapan'ı (Yaradan'ı), Matzdik (haklı çıkarma) durumundadır.

Eğer kişi içinde bulunduğu koşulda kendisini kötü hissediyorsa, Yaradan'ın kendisine iyilik gönderdiğini söyleyemez. Bu nedenle, o koşuldayken kişiye Raşa (günahkâr) denir çünkü onu Yapan'ı Marşiha (kınamak) tadır.

Ancak, arada olmak diye bir şey yoktur, şöyle ki kişinin içinde bulunduğu bir durumda, hem iyi ve hem de kötü hissediyorum dediği bir zaman yoktur. Kişi ya mutludur ya da mutsuz.

Bilgelerimizin sözlerinin anlamı budur (Berahot 61): "Dünya ya tümüyle günahkâr ya da tümüyle erdemli için yaratıldı." Bunun nedeni kişinin kendisini hem iyi hem de kötü hissettiği bir gerçekliğin olmamasıdır.

Bilgelerimiz, iki koşulun bir arası var dediklerinde, bu, zaman algısı olan varlıklar için, arası var denilebilir demektir; tıpkı iki zaman arasında, birbiri ardına, bir yükseliş ve iniş meselesi olduğunu söyleyebileceğiniz gibi. Bunlar iki zamandır; kişi bir günahkârdır ve bir de erdemli. Fakat aynı anda, kişinin hem iyi hem de kötü hissetmesi, bu mümkün değildir.

Dolayısıyla Tora, bir Mitzva'dan daha önemlidir dedikleri zaman, bu, tam olarak kişi bunu uygulamadığı yani kişinin canlılığının olmadığı zamandır. O zaman Tora, içinde hayat olmayan bir Mitzva'dan daha önemlidir.

Bu böyledir çünkü kişi, içinde hayat olmayan bir Mitzva'dan hiçbir şey alamaz. Ancak Tora'da, Tora'yı uygularken edindikleri vasıtasıyla kişinin çalışmada hala bir yolu vardır. Canlılık kişiden ayrılmasına rağmen, yol kişinin içinde kalır ve bunu kullanabilir. Mitzva'nın, Tora'dan daha önemli olduğu yani Mitzva da canlılığın olduğu ve Tora'da canlılığın olmadığı bir zaman vardır.

Dolayısıyla uygulanmadığı zaman yani kişi çalışmasında canlılık ve sevinç hissetmediğinde, kişinin dua etmekten başka çaresi yoktur. Ancak dua sırasında, kişi günahkâr olduğunu bilmelidir. Çünkü kişi, Yaradan'ın sadece iyilik verdiğine inanabileceği hesaplamalar yapmasına rağmen, dünyada var olan hazzı ve memnuniyeti hissetmez.

Yine de kişinin sahip olduğu düşüncelerin tümü, bu çalışmanın yolu için doğru değildir. Çalışmada, eğer düşünce, eyleme yani organlar, Yaradan'ın iyi ve iyilik yapan olduğunu hissetsin diye, organlarda bir hissiyata yol açıyorsa, organlar bundan canlılık almalı ve sevinç duymalıdır. Eğer kişide canlılık yoksa kişinin organları, kendilerine bolluk verdiği için, şimdi Yaradan'ı sevmiyorsa, kişinin tüm hesaplamaları ne işe yarar ki?

Bu nedenle kişi bilmelidir ki eğer çalışmasında canlılık ve sevinç yok ise bu, mutsuz olduğu için kişinin günahkâr olduğunun bir işaretidir. Eğer bu bir eyleme yol açmıyorsa yani O, yaratılanlara sadece haz ve memnuniyet verdiği için, organlarda, kişinin Yaradan'ı sevdiğine dair bir hissiyat uyandırmıyorsa, yapılan tüm hesaplamalar yanlıştır.

7. Çalışmada Alışkanlık İkinci Doğa Olur Ne Demektir?

1943'te duydum

Kendini bir şeye alıştırmakla, o şey, kişi için ikinci bir doğa haline gelir. Dolayısıyla, kişinin gerçekliğini hissedemeyeceği hiçbir şey yoktur. Bu demektir ki, kişi o şeye dair bir hissi olmasa da o şeye kendisini alıştırarak onu hissetmeye başlar.

Bilmeliyiz ki, *Yaradan ve yaratılanlar* arasında, duyular açısından bir fark vardır. Yaratılanlarda, hisseden ve hissedilen, edinen ve edinilen vardır. Bu, belli bir gerçekliğe bağlı bir hissediciye sahip olduğumuz anlamına gelir.

Bununla beraber, hissedenin olmadığı bir gerçeklik, ancak Yaradan'ın Kendisidir. O'nda "Hiçbir düşünce ve algı yoktur." İnsan söz konusu olduğunda bu böyle değildir; insanın tüm varoluşu, yalnızca gerçekliğin hissiyatı yoluyladır. Gerçekliğin geçerliliği bile, ancak gerçeği hisseden kişi açısından değerlendirilir.

Başka bir deyişle, hissedenin tattığı şey, onun hakikat olarak kabul ettiği şeydir. Eğer kişi, realiteden acı bir tat alırsa yani kendisini içinde bulunduğu koşulda kötü hisseder ve bu durumdan dolayı acı çekerse, çalışmada bu kişiye, 'günahkâr' denir. Çünkü Yaradan'ı kınamaktadır, zira Yaradan'a "İyilik Yapan İyi" denir ve Yaradan bu dünyaya, sadece ihsan eder. Ancak kişi duyguları açısından, Yaradan'dan bunun tam tersini aldığını yani içinde bulunduğu durumun kötü olduğunu hisseder.

Dolayısıyla bilgelerimizin yazdıklarını anlamalıyız (Berahot 61): "Dünya sadece ya tam günahkârlar ya da tam erdemliler için yaratılmıştır." Bunun anlamı şudur: "Kişi dünyadan ya iyi bir tat alır ve Yaradan'ı haklı çıkarır ve Yaradan'ın dünyaya sadece iyilik verdiğini söyler ya da dünyadan acı bir tat alır ve hisseder, bu durumda, Yaradan'ı kınadığı için günahkârdır."

Sonunda anlaşıldı ki, her şey kişinin hisleriyle tayin edilmektedir. Ancak, bu hislerin Yaradan ile hiçbir ilişkisi yoktur; "Bütünleşme Şiirinde" şöyle yazıldığı gibi: "O nasılsa Sen de öyle olacaksın; Sende eksiklik ve fazlalık olmayacak." Dolayısıyla tüm dünyalar ve tüm değişimler, sadece kişinin edinimine göre alıcılara yöneliktir.

8. *Keduşa*'nın Gölgesi İle *Sitra Ahra*'nın Gölgesi Arasındaki Fark Nedir?

Temmuz 1944'te duydum,

Şöyle yazılmıştır (Şarkıların Şarkısı, 2): *"Gün nefes alıp verene, gölgeler gözden kaybolana dek."* Çalışmada gölgelerin ve iki gölgenin ne olduğunu anlamalıyız. Mesele şu ki, kişi, O'nun rehberliğini, O'nun dünyayı *"İyi ve iyilik yapan"* olarak yönettiğini hissetmediği zaman, bu, güneşi gizleyen bir gölge olarak kabul edilir.

Bir başka deyişle, güneşi gizleyen maddesel gölgenin, güneşi hiçbir şekilde değiştirmemesinde ve güneşin tüm gücüyle parlamasında olduğu gibi, O'nun rehberliğinin varlığını hissetmeyen kişi, yukarıda herhangi bir değişikliğe neden olmaz. Daha doğrusu, yukarıda bir değişiklik yoktur, şöyle yazıldığı gibi: ***"Ben, Efendiniz değişmem."***

Bunun yerine, tüm değişimler alıcılardadır. Bu gölgedeki yani bu gizlilikteki iki anlayışı incelemeliyiz:

1) Kişi, hissettiği karanlığın ve gizliliklerin üstesinden gelme gücüne sahip olduğunda, Yaradan'ı haklı çıkarır ve hissettiği tüm gizliliğin, Yaradan'dan geldiğini yani O'na tutunmaya özlem duyması ve duasını bulması için, bütün bunları Yaradan'ın yaptığını görsün diye, gözlerini açması için Yaradan'a dua eder.

Bu böyledir çünkü kişi, yalnızca O'ndan aldığı ızdırap vasıtasıyla, sıkıntıdan kurtulmayı ve azaptan kaçmayı diler, ancak o zaman elinden gelen her şeyi yapar. Dolayısıyla, kişi gizlilik ve ızdırapları aldığında, bilinen şifayı alacağı, kişinin içinde bulunduğu koşuldan çıkmasına Yaradan'ın yardım etmesi için, daha çok dua edeceği kesindir. Bu durumda, kişi hala O'nun İlahi Takdir'ine inanır.

2) Kişi, artık üstesinden gelemediği bir duruma geldiğinde ve hissettiği tüm ızdırap ve acıların, derecelerde yükselmek için bir nedeni olsun diye, Yaradan'ın ona gönderdiğini söyleyemediğinde, kişi aykırılık durumuna gelir çünkü O'nun rehberliğine inanamaz. Doğal olarak, o zaman dua edemez.

Bundan, iki çeşit gölge olduğu sonucu ortaya çıkar ve "ve gölgeler gözden kaybolana dek" ifadesinin anlamı budur yani gölgeler dünyadan uzaklaşana dek.

Klipa'nın (kabuk) gölgesine, *"Başka bir tanrı kısırdır ve meyve vermez."* denir. *Keduşa*'da (Kutsallık) ise buna, *"Gölgesi altında oturmaya can atıyordum ve onun meyvesi damağıma tatlı geliyordu."* denir. Başka bir deyişle, kişi, hissettiği tüm gizlilik ve ızdırapları, mantık ötesi çalışacak bir alana sahip olması için, *Yaradan*'ın gönderdiğini söyler.

Kişinin, bunu, tüm bunları Yaradan'ın yaptığını söyleyecek gücü olduğunda, bu kişinin yararınadır. Bu demektir ki, kişi bu sayede kendi iyiliği için değil, ihsan etmek amacıyla çalışmaya gelebilir. O zaman kişi farkına varır yani Yaradan'ın, tamamen mantık ötesi inşa edilmiş bu çalışmadan özellikle keyif aldığına inanır.

Dolayısıyla o zaman kişi, Yaradan'a gölgelerin dünyadan uzaklaşması için dua etmez. Daha ziyade der ki, *"Görüyorum ki, Yaradan benim O'nunla bu şekilde yani tamamen mantık ötesi çalışmamı istiyor."* Böylelikle, yaptığı her şeyde, *"Yaradan kesinlikle bu çalışmadan keyif alıyor, öyleyse yüzün gizliliği durumunda çalışıp çalışmadığımı neden umursayayım ki?"* der.

Çünkü kişi, ihsan etmek için yani *Yaradan*'ın keyif alması için çalışmak ister, bu çalışmada hiçbir aşağılanma yani yüzün gizliliği durumunda olduğuna dair bir hissiyat, Yaradan'ın bu çalışmadan keyif almadığına dair bir duygu hissetmez. Bunun yerine, *Yaradan*'ın liderliğini kabul eder, bu demektir ki, Yaradan, çalışma esnasında, kişinin, *Yaradan*'ın varlığını nasıl hissetmesini istiyorsa, kişi bunu canıgönülden kabul eder. Bu böyledir çünkü kişi kendini neyin memnun edebileceğini değil, *Yaradan*'ı neyin memnun edebileceğini düşünür. Böylelikle, bu gölge ona hayat verir.

Buna, *"Gölgesi altında can atıyordum,"* denir yani kişi, biraz olsun mantık ötesi olarak üstesinden gelebildiği bir durumda olmaya can atar. Dolayısıyla, eğer kişi gizlilik durumunda, Yaradan'a kendisini yakınlaştırması, dua etmesi için halen yeri varken çaba göstermez ve bunda ihmalkâr davranırsa, bu nedenle ona dua bile edemeyeceği, ikinci bir gizlilik gönderilir. Bunun nedeni, bunun, kişinin *Yaradan*'a dua etmek için tüm gücüyle çaba sarf etmemesinin günah olmasıdır. Bundan dolayı, kişi böylesine alçak bir seviyeye düşer.

Ancak kişi bu duruma geldikten sonra, yukarıdan ona merhamet gösterilir ve yukarıdan başka bir uyanış verilir. Aynı süreç yeniden başlar, kişi nihayetinde duada kuvvetlenene, Yaradan onun duasını duyana, yakınına getirene ve onu ıslah edene kadar.

9. Manevi Çalışmada Kişinin Aklını Geliştiren Üç Şey Nedir?

Eylül'de duydum, Ağustos 1942

Zohar bilgelerimizin sözlerini şöyle yorumlar: *"Kişinin aklını üç şey geliştirir.* Bunlar, güzel bir kadın, güzel bir ev ve güzel bir *Kelim*'dir (kaplar)." Şöyle der, "Güzel bir kadın, *Şehina*'dır (Kutsallık). Güzel bir ev, kişinin kalbidir ve güzel *Kelim*, kişinin organlarıdır."

Kişi, kalpten uzanan organlar demek olan güzel Kelim'e sahip olmadığı sürece, *Şehina*'nın, gerçek formu olan, zarafet ve güzellik suretinde görünemeyeceğini açıklamalıyız. Bu demektir ki, kişi, göze hitap eden bir ikâmetgah olması için, öncelikle kendisi için alma arzusunu iptal ederek, kalbini arındırmalı ve kendisini, tüm eylemlerinin yalnızca ihsan etmek üzere olması için, çalışmaya alıştırmalıdır.

Bundan uzanan güzel *Kelim* yani Kelim denilen, kişinin arzuları, kendisi için almaktan arınır. Daha doğrusu arı olur ve buna 'ihsan etmek' denir.

Ancak, eğer kişinin ikâmetgahı göze hitap etmiyorsa, Yaradan şöyle der: *"O ve ben aynı yerde barınamayız."* Bu böyledir çünkü *ışık* ve *Kli* (kap) arasında, form eşitliği olmalıdır. Dolayısıyla, kişi inancı hem kalpte hem akılda, arılık içinde üstlendiğinde, ona güzel bir kadın verilir yani kişinin aklını geliştiren Şehina, kişiye zarafet ve güzellik olarak görünür.

Bir başka deyişle, kişinin o anda hissettiği haz ve mutluluk aracılığıyla, *Şehina*, organların içinde belirir, dış ve iç *Kelim*'i (kaplar) doldurur. Buna "aklın gelişmesi" denir.

Bu, kıskançlık, ihtiras ve onur ile olur ki, bunlar kişiyi bu dünyadan uzaklaştırır. Kıskançlık, *Şehina*'da kıskançlık yoluyla anlamına gelir ve kıskançlık *"Ev sahiplerinin Efendisinin çabası"* sözlerindeki çaba olarak kabul edilir. Onur, kişinin cennetin ihtişamını arttırmak istediği anlamına gelir. İhtiras, "Alçakgönüllülerin ihtirasını duydun" yoluyladır.

10. Çalışmada 'Acele Et Sevgilim' Ne Demektir?

Temmuz 1944'te duydum

Bilmeliyiz ki, kişi her şeyi Yaradan için yapmayı isteme yolunda yürümeye başladığında, yükseliş ve düşüş durumlarına gelir. Bazen, kişi öyle büyük bir düşüşe gelir ki, *Tora* ve *Mitzvot*'tan (emirler) kaçma düşüncesi içerisinde olur yani düşünceler kişiye gelir ve kişi *Keduşa*'nın (kutsallık) alanında olmayı arzu etmez.

Bu durumda kişi, bunun tam tersi olduğuna yani ondan kaçanın, *Keduşa* olduğuna inanmalıdır. Bunun nedeni, kişinin Keduşa'ya kusur bulmak istediği zaman, önce *Keduşa*'nın hareket etmesi ve ondan uzaklaşıp gitmesidir. Eğer kişi buna inanır ve kaçış sırasında bu koşulu aşarsa, o zaman *Brah* (kaçış), *Bareh* (kutsama) olur, şöyle yazıldığı gibi: "Efendi'yi ve O'nun gücünü kutsa ve O'nun ellerinin işini kabul et."

11. Titreten Bir Sevinç

1948'de duydum

Sevinç, varoluş demek olan sevgi olarak kabul edilir. Bu, duvarlarında delik açmadan, kendine bir ev inşa eden bir kişiye benzer. Evin duvarlarında, eve girmek için bir delik olmadığı için, kişinin eve giremeyeceğini görürsünüz. Dolayısıyla, kişinin eve girebilmesi için, duvarda boş bir alan bırakılmalıdır.

Bu nedenle, sevgi olan yerde, korku da olmalıdır çünkü korku, o deliktir. Başka bir deyişle, kişi, içinde sanki ihsan etmeye yönelemeyecekmiş korkusunu uyandırmalıdır.

Dolayısıyla, her ikisi de olduğunda bütünlük vardır. Aksi takdirde her biri, bir diğerini iptal etmek ister. Bu yüzden kişi her ikisini de aynı yerde bulundurmaya çalışmalıdır.

Sevgi ve korku ihtiyacının anlamı budur. Sevgiye varoluş, korkuya ise eksiklik ve delik denir. Ancak, ikisi bir arada olursa bütünlük vardır. Buna "iki bacak" denir ve kişi tam olarak iki bacağı olduğunda yürüyebilir.

12. Kişinin Çalışmasının Özü

5 Ekim 1948'de Roş Aşana'nın 2. gününde yemekte duydum.

Kişinin kendisi için yaptığı her şey, form eşitsizliği nedeniyle kendisini Yaradan'dan uzaklaştırdığı için, kişinin çalışmasının özü, Yaradan'a ihsan etmenin verdiği memnuniyetin tadına varmaya nasıl geleceği olmalıdır. Diğer taraftan, kişi Yaradan'a fayda sağlamak için hareket ederse, bu en küçük bir hareket dahi olsa, yine de *Mitzva* (sevap) olarak kabul edilir.

Bu nedenle kişinin birincil çabası, ihsan etmedeki tadı hissetme gücünü edinmek olmalıdır ki bu da kendisi için almada hissettiği tadın gücünü azaltmakla olur. O zaman kişi yavaş yavaş ihsan etmedeki tadı edinir.

13. Nar

Roş HaŞana'nın 2. gecesinde yemekte duydum, 5 Ekim 1948

Bir nar, bilgelerimizin şu sözlerini ima eder, dedi: "Aranızdaki boş olanlar bile tıpkı bir nar gibi *Mitzvot* ile doludur" (Iruvin 19). Dedi ki, *"**Rimon** (nar) kelimesi, mantık ötesi demek olan Romemut (yücelik) kelimesinden gelir."* Bunun anlamı, *"Aranızdaki boş olanlar, Mitzvot ile doludur"* olacaktır. Dolumun ölçüsü, kişinin ne ölçüde mantık ötesine çıkabileceğidir ve buna Romemut denir.

Varoluşun olmadığı bir yerde, yalnızca boşluk vardır, şöyle yazıldığı üzere: ***"Dünya hiçliğin üzerine asılıdır."*** Boş bir yeri doldurmanın ölçüsünün ne olduğunu nasıl bulursunuz? Cevap, kişinin kendini ne ölçüde mantık ötesine yükselttiğidir.

Bu, boşluğun yücelikle yani mantık ötesi ile doldurulmasını ve bu gücü vermesini *Yaradan*'dan istemek anlamına gelir. Bu, tüm bu boşluğun yaratılmış olduğu anlamına gelir yani kişi bu şekilde, Yaradan'ın *Romemut*'u ile doldurulmak için, boş olduğunu hissetmeye gelir. Başka bir deyişle, kişi her şeyi mantık ötesi almalıdır.

"Tanrı, O'ndan korkulsun diye öyle yaptı." sözlerinin anlamı budur. Bu demektir ki, bu boşluk hissi kişiye, mantık ötesi inanç durumunu üstlenmeye ihtiyaç duyması için gelir. Bunun için, *Yaradan*'ın yardımına ihtiyacımız vardır. Dolayısıyla, kişi o zaman mantık ötesi inanmak için, Yaradan'dan kendisine güç vermesini istemelidir.

Görünen o ki, tam da o zaman kişi, kendisine yardım etmesi için Yaradan'a ihtiyaç duyar, çünkü dışsal aklı, onun tersini algılamasına izin verir. Dolayısıyla o anda kişinin Yaradan'dan kendisine yardım etmesini istemekten başka seçeneği yoktur.

Bununla ilgili şöyle söylenmiştir: *"Kişinin arzusu, onu her gün yener ve Yaradan olmasaydı, kişi bunun üstesinden gelemezdi."* Dolayısıyla kişi, ancak o zaman Yaradan'dan başka kendisine yardım edecek kimsenin olmadığını anlar. "Tanrı, O'ndan korkulsun diye öyle yaptı." budur. Korku meselesi, inanç olarak anlaşılır ve ancak o zaman kişi, Yaradan'ın kurtarışına ihtiyaç duyar.

14. Yaradan'ın Yüceliği Nedir?

1948'de duydum

Yaradan'ın *Romemut*'u (yücelik/haşmet), kişi, mantık ötesi gitme gücünü Yaradan'dan istemelidir anlamına gelir. Bu demektir ki, Yaradan'ın *Romemut*'unun iki yorumu vardır:

A. Kişinin sorularına cevap verebileceği akıl demek olan, bilgiyle dolmak değildir. Aksine, kişi sorularını Yaradan'ın cevaplamasını ister. Buna *Romemut* denir çünkü tüm bilgelik, kişiden yani kişinin kendi sorularını cevaplayabilmesinden değil, yukarıdan gelir.

Kişinin cevaplayabileceği herhangi bir şey, her şeyi dışsal akıl ile cevaplamak olarak kabul edilir. Bu, alma arzusunun, Tora ve Mitzvot'un [emirler] yerine getirilmeye değer olduğunu anladığı anlamına gelir. Ancak, mantık ötesi kişiyi çalışmaya zorluyorsa, buna "alma arzusunun görüşüne aykırı" denir.

B. Yaradan'ın yüceliği, kişinin isteklerini kabul etmesi için Yaradan'a muhtaç hale gelmesi demektir. Bu sebeple:

1. Kişi mantık ötesi gitmelidir. Böylece kişi boş olduğunu görür ve Yaradan'a muhtaç hale gelir.

2. Kişiye mantık ötesi gidebilme gücünü, yalnızca Yaradan verebilir. Başka bir deyişle, Yaradan'ın verdiğine *"Yaradan'ın Romemut'u"* denir.

15. Çalışmada "Diğer Tanrılar" Nedir?

3 Ağustos 1945, Av 24'te duydum

"Benden başka tanrın olmayacak." diye yazılmıştır. *Zohar*, bunu, orada tartmak için taşlar olmalı diye yorumlar. Bu konuda şunu sorar, Çalışma, taşlarla nasıl ölçülür, Yaradan'ın yolunda, kişi kendi durumunu nasıl bilir? Şöyle cevaplar, Bilinir ki, kişi alıştığından daha fazla çalışmaya başladığı zaman, beden tüm gücüyle yakınmaya ve bu çalışmayı reddetmeye başlar zira ihsan etmek, beden için bir yük ve sıkıntıdır. Bu çalışmaya tahammül edemez ve bedenin direnci, kişide yabancı düşünceler şeklinde ortaya çıkar. Beden gelir ve "kim" ve "ne" sorularını sorar. Bu sorular aracılığıyla kişi, tüm bu soruların, *Sitra Ahra* (diğer taraf) tarafından kesinlikle çalışmasını engellemek için gönderildiğini söyler.

Denir ki, eğer o zaman kişi, bunların *Sitra Ahra*'dan geldiğini söylerse, yazılmış olan, "Benden başka tanrın olmayacak." sözünü ihlal eder. Bunun sebebi, kişinin, bunun ona *Şehina*'dan (Kutsallık) geldiğine inanmak zorunda olmasıdır, zira "O'ndan başkası yok"tur. Ancak *Şehina*, kişiye gerçek durumunu, Yaradan'ın yolunda nasıl yürüdüğünü gösteriyordur.

Bu demektir ki, "yabancı düşünceler" denen bu soruları kişiye göndererek yani bu yabancı düşünceler yoluyla, Şehina, "yabancı düşünceler" olarak kabul edilen, bu soruları kişinin nasıl cevapladığını görür. Bunların hepsi, kişinin ne yapacağını bilmek üzere çalışmada gerçek durumunu fark etmesi içindir.

Bu, dostunun, kendisini ne kadar sevdiğini bilmek isteyen bir kişiyle ilgili bir alegoriye benzer. Elbette, ne zaman yüz yüze gelseler, dostu utanç nedeniyle kendini ondan gizler. Bu nedenle, kişi, dostuna kendisi hakkında kötü şeyler söylemesi için birini gönderir. Böylece ondan uzakta iken dostunun tepkisini görür ve böylece kişi, dostunun sevgisinin gerçek ölçüsünü bilebilir.

Ders şudur ki, *Şehina*, kişiye yüzünü gösterdiği yani Yaradan kişiye canlılık ve sevinç verdiği zaman, bu durumda kişi, ihsan etmek ve kendi için hiçbir şey almadan çalışmak hakkında ne düşündüğünü söylemeye utanır. Ancak, onunla yüz yüze olmadığı zaman yani yüz yüze olmamak olarak kabul edilen, canlılık ve sevinç azaldığında, kişi ihsan etme amacına ilişkin gerçek durumunu görebilir.

Kişi, O'ndan başkası olmadığına ve bütün bu yabancı düşünceleri Yaradan'ın gönderdiğine yani idare edenin O olduğuna inanırsa, ne yapacağını ve bütün sorulara nasıl cevap vereceğini kesinlikle bilir. Bu, kişinin cennet krallığını nasıl kötülediğini görmek üzere kişiye elçiler gönderiyor gibi görünür ve yukarıdaki meseleyi bu şekilde yorumlayabiliriz.

Kişi bunu, her şeyin Yaradan'dan geldiğini anlamalıdır çünkü bilinir ki, beden kişiyi yabancı düşüncelerle döver, bu darbeler, kişiye, çalışmaya bağlanmadığı zaman gelmez ancak bu darbeler, kişinin aklını ezdiği, paramparça ettiği noktaya kadar tam bir algıda gelir, bunlar kişiye özellikle *Tora*'da ve çalışmada, her zamankinden daha fazla çalıştıktan sonra gelir. Buna tartılacak taşlar denir.

Bu, kişi bu soruları anlamak istediğinde, bu taşlar kişinin aklına düşer, anlamına gelir. Daha sonra kişi, çalışmasının amacını tartmaya başlar. İhsan etmek için çalışmak, bütün gücüyle ve ruhuyla çalışmak ve bütün özleminin, dünyevi meseleler için değil ama yalnız Yaradan'ını memnun etmek amacını edinmeyi ummak olması, gerçekten değerli midir?

İşte o zaman, acı bir tartışma başlar çünkü kişi, iki yönde de argümanlar olduğunu görür. Yazılar bu konuda **"Benden başka tanrın olmayacak."** diye uyarır. *"Benim huzurumda", başka bir tanrının, çalışmanı tartmak için bu taşları verdiğini söyleme.*

Bunun yerine, kişi bunun "Benim huzurumda" olarak kabul edildiğini bilmelidir. Bu, kişinin çalışmanın temelini ve üzerine inşa edilen yapının esasını ve gerçek formunu görebilmesi içindir.

Çalışmadaki ağırlık öncelikle, birbirini inkâr eden iki metin olmasından kaynaklanır. Bir yandan, kişi tüm çalışmasıyla Yaradan ile *Dvekut*'a (bütünleşmeye) erişmeye çalışmalıdır; kişinin tüm arzusu kendisine değil, ihsan ederek yalnız Yaratıcısına memnuniyet vermek olmalıdır.

Diğer taraftan, bunun öncelikli hedef olmadığını görürüz çünkü yaratılışın amacı, yaratılanların Yaradan'a ihsan etmesi değildir, zira O, yaratılanların O'na bir şeyler vermesine ihtiyaç duymaz. Tam tersine yaratılışın amacı, O'nun yarattıklarına iyilik yapma arzusundandır yani yaratılanların, O'ndan haz ve memnuniyet almaları içindir.

Bu iki konu, bir uçtan diğer uca birbiriyle çelişir. Çünkü bir yandan kişi ihsan etmeli, diğer yandan almalıdır. Diğer bir değişle, yaratılışın ıslahı, form eşitliği olarak algılanan *Dvekut*'a (bütünleşmeye) ulaşmak, tüm eylemlerin yalnız ihsan etmek için olması konusu vardır. Sonrasında, Yaradan'dan haz ve memnuniyet almak için, yaratılışın amacına ulaşmak mümkündür.

Dolayısıyla, kişi kendini ihsan etme yolunda yürümeye alıştırdığı zaman, artık alma kapları yoktur. Kişi alma yolunda yürüdüğünde ise, ihsan etme kapları yoktur.

Böylece, *"tartılacak taşlar"* aracılığıyla, kişi her ikisini de edinir zira çalışma sırasında yapmış olduğu müzakereden sonra, aklında ve kalbinde, ihsan etme formu içinde, bunun üstesinden geldiğinde ve Cennetin Krallığı'nın yükünü üstlendiğinde, üst bolluğu çekerken, her şeyin zaten ihsan etme formu içinde olması gerektiğine dair sağlam bir temele sahip olduğu için, biraz olsun aydınlanma aldığında bile, bu, onu ihsan etmek için almasına neden olur. Bunun nedeni, kişinin çalışmasının bütün temelinin, sadece ihsan etmek üzerine inşa edilmiş olmasıdır. Bu, "ihsan etmek için almak" olarak kabul edilir.

16. Çalışmada Efendi'nin Günü ve Efendi'nin Gecesi Nedir?

1941'de Kudüs'de duydum

Bilgelerimiz ayet hakkında şunları söylemiştir; *"Efendi'nin gününü arzulayanların vay haline! Siz Efendi'nin gününe neden ihtiyaç duyasınız? O karanlıktır ve ışık değildir."* (*Amos* 5). "Işığı bekleyen bir horoz ile yarasa hakkında bir alegori vardır. Horoz yarasaya şöyle sorar: *'Ben ışığı bekliyorum zira ışık benimdir. Ama senin, onun ışığına neden ihtiyacın var?'"* (*Sanhedrin* 98b). Yorum şudur ki, yarasa görmek için gözlere sahip olmadığından, güneş ışığından ne elde eder? Aksine, gözleri olmayan biri için, güneş ışığı sadece onu daha da karartır.

Bu alegoriyi yani gözlerin, metinde *"Efendi'nin günü"* denen, Yaradan'ın ışığına bakmakla nasıl bir bağlantısı olduğunu anlamamız gerekir. Onlar bir yarasayla, gözleri olmayan birinin karanlıkta kalmasıyla ilgili bir alegori verdiler.

Ayrıca, Efendi'nin Günü ve Efendi'nin Gecesi'nin ve aralarındaki farkın ne olduğunu da anlamalıyız. Biz, gün doğumundan insanların gününü anlarız ama Efendi'nin gününü ne olarak anlarız?

Cevap, güneşin görünmesi gibidir. Diğer bir deyişle, güneş toprak üzerinde parladığı zaman, ona "gün" diyoruz. Güneş parlamadığı zaman, "karanlık" olarak adlandırılır. Bu, Yaradan söz konusu olduğunda da aynıdır. Güne "ifşa" ve karanlığa "yüzün gizlenmesi" denir.

Bu demektir ki, yüz ifşa olduğunda, bu bir kişi için gün gibi açık olduğunda, buna "gün" denir. Bilgelerimiz bu ayetle (*Psahim* 2) ilgili şöyle dediler: "Katil, fakir ve muhtacı öldürmek için ışıkla kalkar ve gece bir hırsız gibidir." "Ve gece bir hırsız gibidir" dendiği için, bunu, ışık gündüzdür izler. Orada, eğer bu mesele senin için ruhların üzerine gelen ışık kadar netse, o bir katildir ve onu ruhunda kurtarmak mümkündür, der. Böylece gün ile ilgili olarak, Gemara'nın bunun gün kadar açık bir mesele olduğunu söylediğini görüyoruz.

Dolayısıyla Efendi'nin günü demek, Yaradan'ın dünyayı iyi ve iyilik yapan formunda yönettiğinin açık olması demektir. Örneğin, kişi dua ettiğinde, duası anında cevaplanır ve kabul edilir ve nereye dönerse dönsün başarıya ulaşır. Buna "Efendi'nin günü" denir.

Diğer taraftan, gece yani karanlık, yüzün gizlenmesi anlamına gelir. Bu, kişiye yabancı düşünceler ve iyi ve iyilik yapma rehberliği konusunda şüpheler getirir. Diğer bir deyişle, rehberliğin gizlenmesi, kişiye tüm bu yabancı görüş ve düşünceleri getirir. Buna "gece" ve "karanlık" denir, yani kişi, dünyanın karanlığa döndüğünü hissettiği bir koşulu deneyimlemektedir.

Artık, "Efendi'nin gününü arzulayanların vay haline! Siz Efendi'nin gününe neden ihtiyaç duyasınız? O karanlıktır ve ışık değildir." diye yazılanları yorumlayabiliriz. Mesele şu ki, Efendi'nin gününü bekliyor olanlar, mantık ötesi inancın verilmesini bekliyorlar demektir, bu inanç o kadar güçlü olur ki sanki gözleriyle görüyorlarmış gibidirler, yani Yaradan dünyayı iyi ve iyilik yapma yoluyla yönetiyordur.

Başka bir deyişle, onlar Yaradan'ın dünyaya iyilik yapan iyi şeklinde rehberlik ettiğini görmek istemezler çünkü görmek, inanca aykırıdır. Diğer bir deyişle, inanç, tam olarak mantığa karşıt olan yerdedir. Kişi, kendi mantığına karşı olanı yaptığında, buna "mantık ötesi inanç" denir.

Bu, onların Yaradan'ın yaratılanlar üzerindeki rehberliğinin, iyi ve iyilik yapan şeklinde olduğuna inanıyorlar anlamına gelir. Onlar kesin olarak bunu anlamamalarına rağmen, Yaradan'a "Biz mantık dâhilinde, bu iyi ve iyilik yapma niteliğini görmek istiyoruz" demezler. Daha ziyade, bunun mantık ötesi inanç olarak içlerinde kalmasını isterler, fakat Yaradan'dan kendilerine öyle bir güç vermesini isterler ki, bu, onlar sanki mantık dâhilinde görüyorlarmış gibi güçlü bir inanç olsun, inanç ile akıldaki bilgi arasında bir fark kalmasın. Bu, onların, Yaradan'a tutunmak isteyenlerin, "Efendi'nin günü" olarak adlandırdıkları şeydir.

Başka bir deyişle, eğer bunu bilgi olarak hissederlerse, o zaman "üst bolluk" adı verilen Yaradan'ın ışığı, "kırık/ayrılık kapları" adı verilen, alma kaplarına gidecektir. Onlar bunu istemezler, zira kişinin kendi menfaati için alma arzusuna karşı olan ve Keduşa'nın (Kutsallık) zıttı olan alma arzusuna gider. Bunun yerine, onlar Yaradan'a tutunmak isterler ve bu sadece form eşitliği yoluyla olabilir.

Ancak, kişi, bunu başarmak yani Yaradan'a bağlanmak için bir arzu ve özleme sahip olmalıdır, insan sadece kendi menfaati için alma doğasıyla doğduğuna göre, doğasına tamamen zıt olan bir şeyi başarması nasıl mümkün olur? Bu nedenle kişi, ihsan etme niyeti demek olan, ikinci bir doğayı edinene kadar büyük bir çaba sarf etmelidir.

Kişiye ihsan etme arzusu verildiği zaman, üst bolluğu almaya hak kazanır ve lekelemez çünkü tüm kusurlar, ona yalnız kendisi için alma arzusu yüzünden gelir. Başka bir deyişle, kişi ihsan etme niyetiyle bir şey yapıyorken bile, derinlerde, yaptığı bu ihsan etme eylemi karşılığında bir şeyler alacağı düşüncesi vardır.

Kısacası, kişi, eylemi karşılığında bir şeyler almayacaksa hiçbir şey yapamaz. Başka bir deyişle, kişi keyif almalıdır ve kişinin kendisi için aldığı her haz, ayrılık nedeniyle kişinin, Hayatların Hayatı'ndan ayrılmasına neden olmalıdır.

Bu durum, kişiyi Yaradan'a bağlanmaktan alıkoyar çünkü Dvekut (bütünleşme) konusu, form eşitliği ile ölçülür. Bu nedenle kişinin kendi gücünden alma arzusu ile bir karışım olmadan, saf ihsan etmeyi edinmesi imkânsızdır. Bundan dolayı, kişinin ihsan etme gücüne sahip olması için, ikinci bir doğaya ihtiyacı vardır, böylece kişi form eşitliğine ulaşma gücüne sahip olacaktır.

Diğer bir deyişle, Yaradan verendir ve hiçbir eksikliği olmadığı için hiçbir şey almaz. Bunun anlamı, O'nun verişi de bir eksiklik yani eğer verecek biri yoksa bunu bir eksiklik olarak hissetmesi nedeniyle değildir.

Daha ziyade, bunu bir oyun gibi algılamalıyız. Yani bu, O vermek istediği zaman, bu, O'nun ihtiyaç duyduğu bir şey olduğu için değildir. Bunun yerine, bunların hepsi bir oyun gibidir. Bilgelerimizin kraliçe ile ilgili şöyle söyledikleri gibi: Kraliçe, *"Dünyayı yarattıktan sonra Yaradan ne yapar?"* diye sordu. Cevap, *"O, oturur ve bir balinayla oynar."* idi; şöyle yazıldığı gibi: "Oynamak için yarattığın bu balina" (*Avoda Zarah* s.3).

Balina meselesi, *Dvekut* ve bağ kurmaya işaret eder (şöyle yazıldığı gibi "adamın açılışına ve bağlantılarına göre"). Bu demektir ki, Yaradan'ın yaratılanlarla bağ kurması olan amaç, sadece bir oyundur; bir arzu ve ihtiyaç meselesi değildir.

Oyun ve arzu arasındaki fark, arzudan gelen her şeyin bir gereklilik olmasıdır. Eğer kişi arzusunu elde etmezse, eksiktir. Ancak, oyunda, kişi bir şey elde etmese bile, bu bir eksiklik olarak kabul edilmez; şöyle söyledikleri gibi "Planladığımı alamamış olmam çok da kötü değil, çünkü o kadar da önemli değil." Bu böyledir çünkü kişinin, onun için hissettiği arzu, sadece bir oyundur ve ciddi değildir.

Dolayısıyla kişinin tüm amacı, çalışmasının tamamen ihsan etmek için olması ve bu çalışmasından haz almak için, bir arzu veya özleme sahip olmamasıdır.

Bu yüksek bir derecedir, Yaradan'da olan da budur. Buna *"Efendi'nin Günü"* denir. Efendi'nin günü "bütünlük" olarak adlandırılır, şöyle yazıldığı gibi: *"Bırak sabahın yıldızları kararsın; bırak ışığı arasın ama bulamasın."* çünkü ışık, bütünlük olarak kabul edilir.

Kişi, Yaradan'ın ona verdiği alma arzusu olan birinci doğadan sonra, ihsan etme arzusu olan ikinci doğayı edinince, ihsan etme arzusunu alır ve böylece kişi bütünlük içinde, Yaradan'a hizmet etme niteliğini kazanır. Bu "Efendi'nin günü" olarak kabul edilir.

Bu nedenle, Yaradan'a ihsan etme formunda hizmet etmesi

için, ikinci bir doğa ile ödüllendirilmeyen ve bununla yani ihsan etmeyle ödüllendirilmeyi bekleyen kişi, zaten çaba göstermiş ve bu gücü elde etmek için, elinden geleni yapmış demektir. Kişi, Yaradan'la form eşitliğine sahip olmak için, "Efendi'nin günü" nü bekliyor olarak kabul edilir.

Efendi'nin günü geldiğinde, kişi sevinir. Onu Yaradan'dan ayıran kendi için alma arzusunun kontrolünden çıktığı için mutludur. Şimdi kişi, Yaradan'a tutunur ve bunu zirveye yükseliş olarak kabul eder.

Çalışması, sadece kendi için almak olan kişi için, bu durum tam tersidir. O, çalışmasından bir ödül alacağını düşündüğü sürece mutludur. Alma arzusunun bu çalışmadan herhangi bir ödül almayacağını gördüğü zaman, kişi üzülür ve aylaklık eder. Bazen kişi, başlangıcı sorgular ve "Ben bunun üzerine yemin etmedim." der.

Üstelik, Efendi'nin Günü, ihsan etme gücünü edinmektir. Eğer kişiye *"Tora* ve *Mitzvot'*a bağlanmaktan kazancın bu olacak"* denseydi, bu bilgi, kişiyi karanlığa götüreceği için kişi, *"Ben onu karanlık olarak görüyorum, aydınlık olarak değil,"* derdi.

17. Sitra Ahra'ya "Taçsız Malhut" Denmesi Ne Anlama Gelir?

1941'de duydum, Kudüs

Taç, *Keter* anlamına gelir ve **Keter kaynak ve köktür**. *Keduşa* [Kutsallık] köke bağlıdır, yani Keduşa, kökü ile form eşitliğinde olmak olarak nitelendirilir. Bu demektir ki, Yaradan olarak adlandırılan kökümüz gibi, yalnızca ihsan etmek ister, şöyle yazıldığı gibi, "O'nun arzusu yaratılanlara iyilik yapmaktır." dolayısıyla Keduşa, sadece Yaradan'a ihsan etmektir.

Ancak *Sitra Ahra* (diğer taraf) böyle değildir. O yalnızca kendisi için almayı amaçlar. Bu nedenle de *Keter* olan kök ile bağlılık içinde değildir. *Sitra Ahra*'dan, Keter'i (taç) olmayan olarak bahsedilmesinin sebebi budur. Diğer bir deyişle, Keter'den ayrıldığından, Keter'i yoktur.

Şimdi, bilgelerimizin ne söylediğini anlayabiliriz (*Sanhedrin* 29), "Ekleyen herkes, çıkartır." Bu, eğer hesaba eklerseniz, çıkartır anlamına gelir. Şöyle yazılmıştır (*Zohar, Pekudei, Madde* 249): "Burada da aynıdır, içeride ne olduğuyla ilgili olarak şunu yazar: 'Dahası, tapınağı on perde ile yapmalısın.' Dışarıda ne olduğuyla ilgili olarak, harfleri ekleyerek 'on bir perde' yani on ikiye Ayin (eklenen İbranice harf) eklemek ve hesaptan çıkarmak yazar. Ayin on ikiye eklendiği için on iki sayısından bir çıkarır."

Hesaplamanın, sadece derecenin yüksekliğini hesaplayan (ondaki *Ohr Hozer* (Yansıyan Işık) vasıtasıyla) *Malhut*'ta uygulandığı bilinmektedir. Ayrıca, bilinir ki, *Malhut*'a "kendisi için alma arzusu" denir.

Kökün önünde alma arzusunu iptal ettiğinde ve almak istemeyip, ihsan etme arzusu olan kök gibi, yalnızca vermek istediğinde, o zaman Ani (Ben) olarak adlandırılan *Malhut*, *Alef* ile *Ein*'e [hiçlik] dönüşür. Ancak o zaman, *Partzuf*'unu inşa etmek için Keter'in ışığını yayar ve *Keduşa'nın on iki Partzufim'ine* dönüşür.

Ancak, kendisi için almak istediğinde, kem Ayin (göz) haline gelir. Başka bir ifadeyle, Keter olan kökün önünde iptal anlamına gelen, Ein'in bir birleşiminin olduğu yerde, Ayin'e (mantık dâhilinde görme ve bilmeye) dönüşür.

Buna, "eklemek" denir. Bu demektir ki, kişi, inanca, bilmeyi eklemek ve mantık dâhilinde çalışmak ister. Diğer bir deyişle, mantık dâhilinde çalışmanın daha değerli olduğunu ve o zaman alma arzusunun çalışmaya itiraz etmeyeceğini söyler.

Bu bir kusura neden olur yani bu onların, kök olan ve "ihsan etme arzusu" olarak adlandırılan, Keter'den ayrıldıkları anlamına gelir. Artık, Keter denilen kök ile form eşitliği meselesi yoktur. Bu yüzden, *Sitra Ahra'ya* *"Taçsız Malhut"* denilir. Bu demektir ki, *Sitra Ahra'nın Malhut'unun*, Keter ile Dvekut'u (bütünleşme) yoktur. Bundan dolayı, *Partzuf Keter* olmaksızın yalnızca on bir *Partzufim*'e sahiptirler.

Bilgelerimizin *"Doksan dokuzu kem gözden öldü."* demesinin anlamı budur yani Keter niteliğine sahip olmadıkları için. Bu demektir ki, içlerindeki *Malhut*, alma arzusu olduğundan, Keter denilen kökün önünde iptal olmak istemezler. Yani "alma arzusu" olarak adlandırılan *Ani*'yi (Ben), alma arzusunun iptali demek olan *Ein* [hiçlik] niteliğine dönüştürmek istemezler.

Bunun yerine, eklemek isterler. Buna *"Kem Ayin* (göz)" denir. Yani, Alef (Ein kelimesinin ilk harfi) ile birlikte Ein olması gereken yere, kem Ayin'i (göz, kelimesindeki ilk harf) eklerler. Dolayısıyla, kök ile Dvekut eksikliği yüzünden, derecelerinden düşerler.

Bilgelerimizin *"Her kim gururluysa, Yaradan, 'O ve Ben aynı yerde duramayız,' der."* sözlerinin anlamı budur çünkü kişi, iki otorite yaratır. Ancak, kişi, Ein durumunda olduğu ve kendini kökün önünde iptal ettiğinde yani kişinin tek arzusu, aynı kök gibi ihsan etmek olduğunda, orada tek bir otoriteyi, Yaradan'ın otoritesini bulursunuz. O zaman, kişinin bu dünyada aldığı her şey, sadece Yaradan'a ihsan etmek için olur.

"Tüm dünya yalnız benim için yaratıldı ve ben de beni Yapan'a hizmet etmek için yaratıldım." sözlerinin anlamı budur. Bu nedenle, dünyadaki tüm dereceleri almalıyım ki böylece her şeyi *"Beni Yapan'a hizmet etmek,"* olarak adlandırılan, Yaradan'a verebileyim.

18. Ruhum Gizlice Ağlayacak - 1

1940'da duydum, Kudüs

Gizlilik, kişinin gücünü aştığında ve kişi, çalışmanın tatsız hale geldiği bir koşula geldiğinde, herhangi bir sevgi veya korkuyu tahayyül edemediği veya hissedemediğinde ve Keduşa'da (kutsallık) hiçbir şey yapamadığında, işte o zaman, tek çaresi gözlerinden ve kalbinden perdeyi kaldırsın, kendisine merhamet etsin diye Yaradan'a dönüp ağlamaktır.

Ağlama meselesi çok önemlidir. Bilgelerimizin şöyle yazdığı gibi, *"Gözyaşı kapıları hariç tüm kapılar kilitlidir."* Dünya bununla ilgili şunu sorar: Gözyaşı kapıları kilitli değilse, kapılara ne gerek var ki? Bunun, arkadaşından ihtiyacı olan bir nesneyi isteyen bir kişi gibi olduğunu söyledi. Bu nesne, kişinin kalbine dokunur ve her türlü dua ve yakarışla bunu arkadaşından ister ve yalvarır. Ancak arkadaşı bu talebine hiç kulak asmaz. Kişi, dua ve yakarış için bir sebep kalmadığını görünce de ağlayarak sesini yükseltir.

Bununla ilgili şöyle denmiştir: *"Gözyaşı kapıları hariç, tüm kapılar kilitlidir."* Peki, gözyaşı kapıları ne zaman kilitli değildir? Tam olarak diğer tüm kapılar kilitlendiğinde. İşte o zaman gözyaşı kapıları için yer vardır ve o zaman kilitli olmadıklarını görürüz.

Ancak, dua kapıları açılınca, gözyaşı ve ağlama kapılarının bir önemi kalmaz. Gözyaşı kapıları kilitlenir, sözünün anlamı budur. Peki, gözyaşı kapıları ne zaman kilitlenmez? Tam olarak diğer tüm kapılar kilitlendiğinde, kişinin hala dua etme ve yakarma seçeneği olduğu için, gözyaşı kapıları açılır.

"Ruhum gizlice ağlayacak." sözlerinin anlamı budur yani kişi gizlilik koşuluna geldiği zaman, *"Ruhum ağlayacak"*tır çünkü başka bir seçeneği yoktur. *"Elinizden gelen ve gücünüzün yettiği her şeyi yapın"* sözlerinin anlamına budur.

19. Çalışmada 'Yaradan Bedenlerden Nefret Eder' Ne Demektir?

1943'te duydum, Kudüs

Zohar, "Yaradan, bedenlerden nefret eder", der. Bunu, *Guf* (beden) denen, alma arzusuna atıfta bulunarak yorumlamamız gerektiğini söyledi. Yaradan, O'nun dünyasını, O'nun ihtişamı için yarattı; şöyle yazıldığı gibi: "Benim adımla çağrılan herkesi, Benim ihtişamım için yarattım, ona şekil verdim ve onu Ben yarattım."

Bu nedenle, bu, Yaradan tam tersini, her şeyin Yaradan rızası için olması gerektiğini söylerken, her şeyin onun için yani yalnızca kendi menfaati için olduğunu söyleyen, bedenin argümanıyla çelişir. Bilgelerimizin bu nedenle Yaradan'ın, *"O ve ben aynı yerde barınamayız."* dediğini söylerler.

Bundan, Yaradan ile *Dvekut* (bütünleşme) içinde olmaktan birincil ayıranın, alma arzusu olduğu ortaya çıkar. Bu, kötülük geldiğinde yani kişinin kendisi için alma arzusu gelip, *"Neden Yaradan için çalışmak istiyorsun?"* diye sorduğunda anlaşılır. Biz onun insanların konuştuğu gibi konuştuğunu ve aklıyla anlamak istediğini sanıyoruz. Ancak gerçek bu değildir, zira kişinin kimin için çalıştığını sormaz. Bu kesinlikle rasyonel bir argümandır ve bu argüman, mantıklı bir kişide uyanır.

Buna karşılık günahkârın argümanı, bedensel bir sorudur. Yani şöyle sorar: "Bu çalışma nedir?" Diğer bir deyişle, sarf ettiğin bu çabadan senin kazancın ne olacak? Bu şunu soruyor demektir: *"Eğer kendi menfaatin için çalışmıyorsan, 'kendisi için alma arzusu' denen beden, bundan ne elde edecek?"*

Bu, bedensel bir argüman olduğu için, buna verilecek tek cevap, *"O, onun dişlerini köreltti ve orada olmasaydı, kişi kurtarılamazdı."* şeklindeki bedensel cevaptır. Neden? Çünkü kendisi için alma arzusunun kurtuluş zamanında bile kurtuluşu yoktur, zira kurtuluş, tüm kazançlar, alma kaplarına değil, ihsan etme kaplarına girdiği zaman olacaktır.

Kendisi için alma arzusu, her zaman eksiklik içerisinde kalmalıdır çünkü alma arzusunun doyumu, gerçek ölümdür. Bunun sebebi, yukarıda da söylendiği gibi, yaratılışın, öncelikle O'nun ihtişamı için olmasıdır (Bu, şu yazılanlara da bir cevaptır: "O'nun arzusu, Kendisine değil yarattıklarına iyilik yapmaktır).

Yorum, yaratılışın özünün, yaratılışın tüm amacının, O'nun yarattıklarına iyilik yapmak olduğunun ifşasıdır, şeklinde olacaktır. Bu özellikle kişinin, O'nu onurlandırmak için doğmuş olduğunu söylediği zamandır. İşte o zaman, bu kapların içerisinde O'nun yarattıklarına iyilik yapmak olan, yaratılışın amacı ortaya çıkar.

Bu nedenle, kişi her zaman kendisini, çalışmasının amacını yani Yaradan'la form eşitliği istediği için yerine getirdiği her eylemde, Yaradan'ın memnun olup olmadığını incelemelidir. Buna, "Tüm eylemlerin, Yaradan rızası için olacaktır" denir yani kişi yaptığı her şeyden, Yaradan'ın hoşnut olmasını ister, şöyle yazıldığı gibi: "Onu yapanı memnun etmek için."

Ayrıca, kişinin kendisini alma arzusuyla da idare etmesi ve şöyle demesi gerekir: "Hiçbir haz almak istemediğime karar verdim çünkü sen zevk almak istiyorsun. Senin arzun yüzünden, form eşitsizliği, Yaradan'dan ayrılığa ve uzaklığa sebep olduğu için, Yaradan'dan ayrı kalmaya zorlandım."

Kişinin umudu, alma arzusunun otoritesinden kurtulamadığı için, sürekli yükseliş ve düşüşlerde olmasıdır. Bu yüzden kişi, Yaradan tarafından gözlerinin açılmasıyla ödüllendirilmek ve üstesinden gelecek güce sahip olmak ve sadece Yaradan'ın rızası için çalışmak üzere, Yaradan'ı bekler. Şöyle yazıldığı gibi: "Efendi'den tek bir şey istedim; hep O'nun peşinde olayım." O, demek, *Şehina* (Kutsallık) demektir. Kişi şunu talep eder: *"Ömrümün tüm günlerinde, Efendi'nin evinde barınabileyim."*

Efendi'nin evi, Şehina'dır. Şimdi bilgelerimizin şu ayetle ilgili ne dediklerini anlayabiliriz: *"Ve ilk gün kendin için alacaksın,"* günahları sayılacak olan ilk. Eğer burada, günahların sayılması için yer varsa, orada neden sevinç olduğunu anlamalıyız. Yaradan ile birey arasında bir temas olduğu zaman, çabanın önemli bir mesele olduğunu anlamamız gerektiğini söyledi.

Bu demektir ki, kişi, çaba durumunda, kendisini bu koşuldan Yaradan dışında hiç kimsenin kurtaramayacağını gördüğünden, Yaradan'a ihtiyacı olduğunu hisseder. O zaman kişi, içinde bulunduğu ve içinden çıkamadığı durumdan kendisini kurtarabilecek olan "O'ndan başkası yok" koşulunu görür.

Buna, Yaradan ile yakın temasta olmak denir. Eğer kişi, bu teması nasıl takdir edeceğini bilirse, o zaman Yaradan ile bütünlük içinde olduğuna, bütün düşüncesinin Yaradan'la olduğuna yani Yaradan'ın ona yardım edeceğine, aksi takdirde kaybolacağına inanmalıdır.

Diğer taraftan, *İlahi Takdir* ile ödüllendirilen kişi, her şeyi Yaradan'ın yaptığını görür; şöyle yazıldığı gibi: *"Bütün eylemleri yalnızca O yapar ve O yapacaktır."* Doğal olarak da kişinin ekleyebileceği bir şey yoktur ve zaten kişinin Yaradan'ın yardımı için dua edecek yeri yoktur çünkü duası olmaksızın da Yaradan'ın her şeyi yapıyor olduğunu görür.

Dolayısıyla, o zaman kişinin iyi eylemler yapabilmesi için hiçbir yer yoktur, zira kişi görür ki, her şey, o olmadan da Yaradan tarafından yapılıyor. Bu nedenle kişinin, herhangi bir şey yapması için Yaradan'ın kendisine yardım etmesine ihtiyacı yoktur. Bu durumda, kişinin Yaradan ona yardım etmezse kaybolacağı ölçüde O'na ihtiyaç duymak için Yaradan'la hiçbir teması yoktur.

Sonuç olarak, çaba sırasında Yaradan ile olan teması artık yoktur. Kişi, bunun, ölüm ve yaşam arasında asılı kalmış bir insana benzediğini söyler ve dostundan kendisini ölümden kurtarmasını ister. Kişi dostundan nasıl talepte bulunur? Elbette dostunun ona merhamet göstermesini ve bütün gücüyle kendisini ölümden kurtarmasını talep etmeye çalışır. Kişi dostuna dua etmeyi asla unutmaz zira aksi hâlde hayatını kaybedeceğini görür.

Ancak, dostu için çok da gerekli olmayan lüks şeyler isteyen bir kişinin duası, dostunun istediği şey onun aklını çelecek ise, bu dua, dostuna bağlılık içinde değildir. Hayat kurtarmak ile ilgili olmayan şeyler için dua edenin, verene bağlılık içinde olmadığını görürsünüz.

Böylece kişi, Yaradan'dan kendisini ölümden kurtarmasını istemesi gerektiğini hissettiğinde, yani *"Günahkârlara yaşamlarında 'ölü' denir"* koşulundayken, Yaradan ile kişi arasındaki temas, yakın bir temastır. Bu nedenle, erdemli için çalışma yeri, Yaradan'ın yardımına ihtiyaç duymaktır. Aksi hâlde kişi kaybolur. Erdemlinin özlem duyduğu şey budur; çalışacak bir yer ki böylece Yaradan ile yakın temas kurabilsin.

Dolayısıyla eğer Yaradan, çalışmak için yer verirse, bu erdemliler çok mutlu olur. Bu yüzden *"Günahları sayılacak olan ilk"* dediler. Onlar için artık çalışacak bir yere sahip olmak yani Yaradan'a muhtaç hale gelmek ve Yaradan'la yakın temasa geçebilmek sevindiricidir zira kişi, Kral'ın sarayına sadece bir amacı varsa girebilir.

Bu, şu ayetin anlamıdır: *"Kendin için alacaksın."* Burada "kendin için" diye belirtilir çünkü cennet korkusu dışındaki her şey, cennetin elindedir. Diğer bir deyişle, ona sahip olduğu için, ışığın bolluğunu Yaradan verebilir. Fakat karanlığın, eksikliğin olduğu yer, O'nun alanı değildir.

Zira cennet korkusunun yalnız eksikliğin olduğu yerde olduğuna dair bir kural vardır ve eksikliğin olduğu yere "alma arzusu" denir. Bu demektir ki, sadece o zaman çaba için yer vardır. Neyin içinde? Karşı koyduğu yerde.

Beden gelir ve "Bu çalışma nedir?" diye sorar ve kişinin bu soruya verecek bir cevabı yoktur. Bu durumda kişi, cennet krallığının yükünü, mantık ötesinde, tıpkı bir öküzün yükü çektiği ve bir eşeğin yükü yüklendiği gibi, hiçbir tartışma olmaksızın üstlenmelidir. Bunun yerine, O dedi ve O'nun arzusu gerçekleştirildi. Buna "kendin için" denir yani bu çalışma, alma arzunun gerektirdiği çalışma, tamamıyla sana aittir, Bana değil.

Ancak eğer Yaradan, kişiye yukarıdan biraz aydınlanma verirse, alma arzusu teslim olur ve bir fenerin önündeki bir mum gibi kendini iptal eder. O zaman, kişinin hiçbir çabası kalmaz çünkü artık cennet krallığının yükünü kendi üzerine, tıpkı bir öküzün yükü çektiği ve bir eşeğin yükü yüklendiği gibi, zorla almasına ihtiyaç duymaz; şöyle yazıldığı gibi: *"Siz, Efendi'yi sevenler, kötülükten nefret edin."*

Bu demektir ki, Yaradan sevgisi, sadece kötülüğün bulunduğu yerden uzanır. Diğer bir deyişle, kişi, kötülükten nefret ettiği yani alma arzusunun, amacın tamamlanmasını nasıl da engellediğini gördüğü ölçüde, Yaradan sevgisinin verilmesine ihtiyaç duyar. Eğer kişi kötülüğe sahip olduğunu hissetmiyorsa, ona Yaradan sevgisi verilmez çünkü çalışmada zaten tatmin olduğu için, buna ihtiyacı yoktur.

Dediğimiz gibi, kişi alma arzusu ile yapacak işi olduğunda, çalışmada onu engellediği için kızmamalıdır. Eğer bedende alma arzusu olmasaydı yani beden kişiye kendi sorularını getirmeseydi, *Tora* ve *Mitzvot*'un (emirler) yerine getirilme çalışmasını engellemeseydi, elbette kişi çok daha memnun olurdu.

Ancak kişi çalışmada alma arzusunun engellerinin kendisine yukarıdan geldiğine inanmalıdır. Kişiye, alma arzusunu keşfetmesi için yukarıdan güç verilir çünkü tam olarak alma arzusu uyandığı zaman, çalışmak için yer vardır.

Böylece kişinin, alma arzusunu ihsan etmek üzere çalışmaya çevirmesine yardım etmesi için, Yaradan ile yakın teması olur. Kişi bundan, kişinin O'na duasından, Yaradan'ın memnuniyeti ölçüsünde, form eşitliği dâhilinde, alma arzusunun ihsan etmek üzere iptal edilmesi denen *Dvekut*'a (bütünleşme) doğru, onu yanına çektiğine inanmalıdır. Yaradan, bunun hakkında der ki: *"Oğullarım Beni yendi."* Bu, Ben size alma arzusu verdim ve siz Benden, bunun yerine size ihsan etme arzusunu vermemi istediniz demektir.

Şimdi, *Gemara*'nın (*Hulin* s.7) neyi göz önüne serdiğini yorumlayabiliriz: *"Rabbi Pinhas Ben Yair, esiri kurtaracaktı. Ginai (nehrin adı Ginai idi), nehrine rastladı. Ginai'ye dedi ki: 'Sularını ikiye böl, içinden geçeyim.' Nehir ona dedi ki: 'Sen, seni Yapan'ın arzusunu yerine getireceksin ve ben, beni Yapan'ın arzusunu yerine getireceğim. Sen, belki yapar belki de yapmazsın, oysa ben, kesinlikle yaparım.'"*

Onun, nehre yani alma arzusuna demek istediği şey, onun içinden geçmesine izin vermesi ve Yaradan'ın arzusunu yerine getirme aşamasına ulaşması yani her şeyi, onu Yapan'a memnuniyet ihsan etmek için yapmasıdır. Nehir yani alma arzusu, Yaradan onu haz ve memnuniyet almak isteyen bu doğayla yaratmış olduğu için, bu yüzden Yaradan'ın yaratmış olduğu bu doğayı değiştirmek istemediğini söyler.

Rabbi Pinhas Ben Yair, ona karşı savaş açtı yani onu ihsan etme arzusuna çevirmek istedi. Bu, Yaradan'ın doğada yaratmış olduğu, "alma arzusu" ve "yoktan varoluş" denen yaratılışın bütünü olan, yaratılışla savaşmak olarak kabul edilir.

Çalışma sırasında, alma arzusu kişiye kendi argümanları ile geldiği zaman, hiçbir argüman veya rasyonelleştirmenin ona yardımcı olmayacağını bilmeliyiz. Kişi, bunların sadece argümanlar olduğunu düşünse de bu onun kendi kötülüğünü yenmesine yardımcı olmaz.

Bunun yerine, yazıldığı gibi, *"Dişlerini köreltin."* Bu demektir ki, argümanlarla değil yalnızca eylemlerle ilerlenir. Bu, kişinin zorlayıcı bir şekilde güç eklemesi gerektiği anlamına gelir. Bilgelerimizin söylediklerinin anlamı budur: "O 'istiyorum' diyene kadar zorlanır." Diğer bir deyişle, süreklilik, ısrar yoluyla, alışkanlık ikinci bir doğa haline gelir.

Kişi, özellikle ihsan etme arzusunu edinmek ve alma arzusunun üstesinden gelmek için, çok güçlü bir arzuya sahip olmaya çalışmalıdır. Güçlü bir arzu, güçlü bir arzunun dinlenme ve durdurmaların yani her üstesinden gelmelerin arasındaki zaman boşluklarıyla ölçülmesi anlamına gelir.

Bazen kişi, tam ortada bir duraklama yani bir düşüş alır. Bu düşüş bir dakika, bir saat veya bir aylık bir duraklama olabilir. Daha sonra kişi, alma arzusunun üstesinden gelme çalışmasına ve ihsan etme arzusunu edinme girişimlerine devam eder. Güçlü bir arzu, duraklamanın uzun sürmemesi ve kişinin hemen çalışmaya yeniden uyanması anlamına gelir.

Bu, bir kişinin büyük bir kayayı kırmak istemesine benzer. Kişi büyük bir çekiç alır ve kayaya gün boyu, defalarca çekiçle vurur ancak bunlar zayıftır. Diğer bir deyişle, kişi kayayı tek vuruşta değil, büyük bir çekiçle yavaş yavaş vurarak kırar. Daha sonra, bu kayayı kırma işinin kendisine göre olmadığından, bu büyük kayayı kırmak için bir kahramanın gücüne sahip olmak gerektiğinden yakınır. Kendisinin bu kayayı kıracak güçte doğmadığını söyler.

Ancak, büyük çekici kaldıran ve kayaya büyük bir darbe ile vuran, yavaş değil, büyük bir güçle vuran kişiye, kaya hemen teslim olur ve kırılır. *"Kayayı parçalara ayıran güçlü bir çekiç gibi."* sözünün anlamı budur.

Benzer şekilde, alma kaplarını, *Keduşa*'ya (Kutsallık) getiren kutsal çalışmada, güçlü bir çekicimiz yani bizlere iyi öğütler veren Tora'nın sözleri vardır. Ancak eğer istikrar olmazsa, uzun aralıklar olursa, kişi mücadeleden kaçar ve bunun için doğmadığını, bu işin özel beceriler ile doğmuş birini gerektirdiğini söyler. Yine de kişi, herkesin amaca ulaşabileceğine inanmalı ancak çabasını, üstesinden gelmek için, her zaman arttırmaya çalışmalıdır. O zaman kişi, kayayı kısa bir sürede kırabilir.

Yaradan ile temas kurma çabasına dair bilmeliyiz ki, burada ağır bir koşul vardır. Çaba, süsleme formunda olmalıdır. "Süsleme" kişi için önemli bir şey anlamına gelir. Eğer verdiği emek önemli değilse kişi keyifle çalışamaz yani kişi şimdi Yaradan ile temas kurduğu için mutludur.

Bu konu, ağaç kavunuyla[2] ima edilir. *"Turunçgillerden bir ağacının meyvesi olan"* ağaç kavunu hakkında, burnunun yukarısının temiz olması gerektiği yazılmıştır. Bilinir ki üç izlenim vardır: A) Süs, B) Koku, C) Tat.

Tat, yukarıdan aşağıya yani damak ve tadın olduğu yere, *Peh*'nin (ağız) aşağısına akan ışıkları ifade eder. Bu, ışıkların alma kaplarına geldiği anlamına gelir.

Koku, ışıkların aşağıdan yukarıya geldiği anlamına gelir. Bu demektir ki, ışıklar damak ve boğazın aşağısından ihsan etme formunda değil, alma formunda, ihsan etme kaplarına gelir. Bu, Mesih hakkında söylenen, *"O, Efendi'nin korkusundan koklayacak."* şeklinde anlaşılır. Kokunun buruna atfedildiği bilinir.

Süsleme, güzelliktir, kişinin burnunun üstü yani kokusuz olarak anlaşılır. Bu demektir ki, orada ne tat ne de koku vardır. Öyleyse kişinin dayanabilmesi için orada ne vardır? İçinde sadece süsleme vardır ve onu ayakta tutan da budur.

Ağaç kavunu ile ilgili olarak görüyoruz ki, süsleme, tam yemeye uygun hale gelmeden önce onun içindedir. Ancak yemeye hazır olduğunda, içerisinde artık süsleme yoktur.

Bu bize günahları sayılan ilk kişinin çalışmasını anlatmak için gelir. Bu tam olarak kişinin "Ve sen, kendin için alacaksın." formu içerisinde çalıştığında yani cennet krallığının yükünün kabulü esnasındaki çalışma, beden bu çalışmaya karşı koyduğunda, o zaman süslemenin sevinci için bir yer vardır.

Bu demektir ki, bu çalışma esnasında, süsleme görünür durumdadır. Demek ki, kişi çalışmasından memnunsa, bunun sebebi, onun bu çalışmayı utanç olarak değil, süsleme olarak kabul etmesidir.

Diğer bir ifade ile kişi bazen Yaradan'ın dışında onu bu du-

[2] İbranice'de citrus (ağaç kavunu) *Hadar*'dır, *Hidur* (süs) kelimesinden gelir.

rumdan hiç kimsenin kurtaramayacağını gördüğünde, cennetin krallığının yükünü üstlenme çalışmasını hor görür, bu, karanlık bir hissiyatın zamanıdır. O zaman kişi, cennetin krallığını kendi üzerine bir öküzün yükü çektiği ve bir eşeğin yükü yüklendiği gibi, mantık ötesinde alır.

Kişi artık Yaradan'a verecek bir şeyi olduğu için memnun olmalıdır ve Yaradan, onun Yaradan'a verecek bir şeyi olmasından hoşlanır. Fakat kişi her zaman bunun süsleme denen hoş bir çalışma olduğunu söyleyecek güce sahip olmaz, bu çalışmayı küçümser.

Bu kişinin, beyazlığın çalışması yerine, bu çalışmayı seçtiğini yani çalışması esnasında karanlığın tadı olmadığını, ancak daha sonra çalışmada bir tat olduğunu söyleyebilmesi ağır bir koşuldur. Bu demektir ki, o zaman kişi, mantık ötesinde cennet krallığının yükünü kendi üzerine almak üzere, alma arzusuyla hemfikir olarak çalışmak zorunda değildir.

Eğer kişi kendini yenerse ve o an mantık ötesi inancın Mitzva'sını (emir) yerine getirdiğini, bu çalışmanın keyifli olduğunu söyleyebilirse ve bu çalışmayı güzellik ve süsleme olarak kabul ederse, buna "Mitzva'nın sevinci" denir.

Edilen duanın, bu duaya verilen karşılıktan daha önemli olmasının anlamı budur zira kişi duada çaba için bir yere sahiptir ve Yaradan'a muhtaçtır yani kişi cennetin merhametini bekler. O zaman kişi, Yaradan ile gerçek bir bağa sahiptir ve Yaradan'ın sarayındadır. Ancak duaya cevap verildiğinde, zaten istediğini alıp gittiği için, Yaradan'ın sarayından çoktan ayrılmıştır.

Buna göre şu sözü anlamalıyız: "Senin yağların çok güzel kokar, senin adın dökülen yağ gibidir." Yağa, aktığı zaman, "Üst Işık" denir. "Dışarı dökülen" ise bolluğun kesilmesi sırasında anlamına gelir. O anda yağın kokusu kalır (Koku demek, kişinin sahip olduğu *Reşimo*'nun (hatırlama) buna rağmen kalması demektir. Süs ise, hiçbir surette tutunmanın olmadığı bir yerdir yani orada *Reşimo* dahi parlamaz.)

Bu Atik ve AA'nin anlamıdır. Yayılma boyunca, bolluğa AA denir ki bu *Hohma*'dır (bilgelik), yani açık İlahi Takdir'dir. Atik, İbranice'de ışığın ayrılması anlamına gelen, VaYe'atek (ayrılma) kelimesinden gelir. Diğer bir deyişle, parlamaz ve buna "gizlilik" denir.

Bu, kıyafetlenmeyi reddetme, Kral'ın tacını kabul etme zamanıdır; bu ışıkların *Malhut*'u (Krallık), cennetin krallığı olarak kabul edilir.

Zohar'da bunun hakkında şöyle yazılmıştır: "Şehina (Kutsallık), Rabbi Şimon'a dedi ki, 'Senden saklanacak hiçbir yer yok' (yani Kendimi senden saklayabileceğim bir yer yok)." Bu, gerçekte, en büyük gizlilik içinde bile, o cennetin krallığının yükünü yine de kendi üzerine sevinçle alır demektir.

Bunun sebebi, kişinin ihsan etme arzusunun çizgisini takip etmesi ve bu nedenle elinde var olanı vermesidir. Eğer Yaradan ona daha fazla verirse, o daha da fazla verir. Ve eğer verecek bir şeyi yoksa Yaradan'ın huzurunda durur ve Yaradan'ın onu bu kötü sudan kurtarması için, bir turna kuşu gibi yakarır. Böylece, bu davranışla da Yaradan ile temas halindedir.

Bu algıya Atik denmesinin sebebi, Atik en yüksek seviye olduğundan, kıyafetlenmeden ne kadar uzaksa, o kadar yüksek olmasıdır. Kişi, insan eli oraya ulaşamadığı için "mutlak sıfır" denen en soyut şeyde hissedebilir.

Bu demektir ki, alma arzusu yalnızca ışığın bir miktar genişlediği yerde tutunur. Kişi ışığı lekelemesin diye, kendi Kelim'ini arındırmadan önce, ışığın, *Kelim*'in (kaplar) genişleme formunda kendisine gelmesini sağlayamaz. Kişi ister kalpte ister akılda yalnızca ihsan etme yolunda yani alma arzusunun olmadığı bir yerde yürüdüğü zaman, ışık mutlak bir bütünlük içinde gelebilir. O zaman ışık ona, üst ışığın yüceliğini hissedebildiği bir hissiyatla gelir.

Ancak kişi *Kelim*'i ihsan etmek için çalışmak üzere ıslah etmediğinde, ışık genişlediğinde, Kelim'in arılığına göre kısıtlanmalı ve parlamalıdır. Dolayısıyla ışık o anda tam bir küçüklük içerisinde belirir. Bu yüzden ışık, Kelim'in içindeki kıyafetlenmeden soyutlandığı zaman, aşağıdakilerin yararı için, hiçbir kısıtlaması olmaksızın, mutlak bir bütünlük ve berraklık içerisinde parlayabilir.

Dolayısıyla, çalışmanın önemi, kişinin tam olarak sıfır noktasına geldiğinde, bütün varoluşunu ve yaratılışını iptal ettiğini görmesidir çünkü o anda alma arzusunun hiçbir gücü olmaz. Kişi sadece o zaman Keduşa'ya girer.

Bilmeliyiz ki, "Yaradan birini diğerine zıt yarattı." Bu demektir ki, *Keduşa* ifşa olduğu ölçüde, *Sitra Ahra* (diğer taraf) uyanır. Diğer bir deyişle, kişi *"Hepsi benim"* iddiasında bulunduğunda yani tüm bedenin Keduşa'ya ait olduğunu iddia ettiğinde, *Sitra Ahra* da tüm bedenin ona karşı *Sitra Ahra*'ya hizmet etmesi gerektiğini savunur.

Bu nedenle kişi, bedenin, *Sitra Ahra*'ya ait olduğunu iddia ettiğini ve tüm gücüyle meşhur **"Kim"** ve **"Ne"** sorularını haykırdığını gördüğünde, bilmelidir ki bu, hakikatin yolunda yürüdüğünün bir işaretidir yani kişinin tek niyeti, onu Yapan'a memnuniyet vermektir. Dolayısıyla ana çalışma, tam da bu koşuldadır.

Kişi, bu çalışmanın hedefi vurduğunun bir işareti olduğunu bilmelidir. Kişinin kavga etmesi ve oklarını yılanın başına göndermesi, buna işaret eder zira yılan çığlık atar ve **"Kim"** ve **"Ne"** yani "Bu çalışmadaki niyetin ne, sadece Yaradan'a çalışarak ve kendine çalışmayarak ne kazanacaksın?" tartışmasını başlatır. **"Kim"** argümanı, "Sesine itaat etmem gereken Efendi de kim?" diyen Firavun'un şikâyetini ifade eder.

"Kim?" argümanı, mantıklı bir argüman gibi görünür. Normalde, birine gidip, başka biri için çalışması söylendiğinde, kişi **"Kim için?"** diye sorar. Dolayısıyla beden, *"Sesine itaat etmem gereken Efendi de kim?"* diye şikâyet ettiğinde, bu rasyonel bir argümandır.

Ancak kurala göre, akıl kendi başına bir nesne değildir, daha ziyade hislerde mevcut olana bir aynadır, bu akılda da böyle ortaya çıkar. *"Dan'ın oğulları: Huşim"* sözlerinin anlamı budur. Bu demektir ki, akıl sadece hislerin incelemesine müsaade ettiği şeye göre yargılar ve hislerin taleplerine uygun icatlar ve taktikler geliştirir.

Diğer bir deyişle, akıl, duyularının talep ettiğini, onların isteklerini yerine getirmeye çalışır. Ancak aklın kendi için, kendi başına talepte bulunmaya ihtiyacı yoktur. Dolayısıyla eğer hislerde ihsan etme talebi varsa, akıl, ihsan etme çizgisine göre hareket eder ve akıl herhangi bir soru sormaz zira o sadece hislere hizmet eder.

Akıl, sadece kendisinin kirli olup olmadığını görmek için aynaya bakan bir kişiye benzer. Aynanın kirli olduğunu gösterdiği her yere gider, yıkar ve temizler çünkü ayna, kişinin yüzünde temizlenmesi gereken çirkin şeylerin olduğunu gösterir.

Ancak tüm bunların içinde en zoru, neyin çirkin olarak kabul edildiğini bilmektir. Bu alma arzusu yani her şeyi sadece kendisi için yapan bedenin talebi midir, yoksa bu çirkin şey, bedenin tahammül edemediği ihsan etme arzusu mudur? Neyin güzel neyin çirkin olduğunu söyleyemeyen bir ayna gibi, akıl bunu inceleyemez; daha ziyade tüm bunlar hislere bağlıdır ve bunu yalnız hisler belirler.

Haliyle kişi kendisini çalışmaya, ihsan etmek için çalışmaya zorla alıştırdığında, akıl da ihsan etme çizgisinde çalışır. O zaman, hisler, ihsan etmek için çalışmaya alışmış olduklarından, aklın **"Kim?"** sorusunu sorması artık imkânsızdır.

Başka bir deyişle hisler artık, "Bu çalışma nedir?" sorusunu sormaz zira zaten ihsan etmek için çalışıyordur ve akıl, doğal olarak **"Kim?"** sorusunu sormaz.

Bu çalışmanın temelinin, "Bu çalışma senin için nedir?" sorusunda olduğunu görüyorsunuz. Kişinin duyduğu, bedenin **"Kim"** sorusunu sormasıdır çünkü beden, kendisini fazla aşağılamak istemez. Bu yüzden, **"Kim?"** sorusunu sorar. Bu rasyonel bir soruymuş gibi görünür ancak gerçek şu ki, yukarıda da söylediğimiz gibi, ana çalışma **"Ne?"** sorusunun içerisindedir

20. Lişma (O'nun Rızası İçin)

1945'te duydum

Lişma'ya (O'nun rızası için) dair. Kişinin *Lişma*'yı edinmesi için, yukarıdan bir uyanışa ihtiyacı vardır çünkü bu yukarıdan gelen bir aydınlanmadır ve bu, insan aklının anlayabileceği bir şey değildir. Bilakis tadına bakan bilir. Bu konuda, *"Tadın ve görün, Efendi iyidir"* denilmiştir.

Bu nedenle, kişi Cennetin Krallığı'nın yükünü üstlendiğinde, eksiksiz ve tam bir bütünlük içinde olması gerekir yani sadece ihsan etmeli ve hiç almamalıdır. Eğer kişi, organlarının bu görüşe katılmadığını görürse, kendisine, Yaradan'a kalbini açarak bedeninin O'na köle olmaya razı olması için yardım etsin diye, Yaradan'a dua etmekten başka seçeneği yoktur.

Lişma (O'nun rızası için) yukarıdan gelen bir hediye ise ve bu Yaradan'a bağlıysa o zaman *Lişma*'ya gelmek için, kişinin gösterdiği üstesinden gelme çabalarının ve yaptığı tüm ıslah ve iyileştirmelerin ne anlamı var demeyin. Bilgelerimiz bunun hakkında şöyle demiştir: *"Bundan kurtulmakta özgür değilsin."* Bunun yerine, kişi uyanışı aşağıdan sunmalıdır ve bu "dua" olarak kabul edilir. Gerçi kişi, önce dua olmadan bunun edinilemeyeceğini bilmiyorsa, bu gerçek bir dua olamaz.

Bu nedenle, *Lişma*'yı edinmek için kişinin yaptığı eylemler ve iyileştirmeler, *Lişma*'yı almak istemesi için ıslah edilmiş *Kelim* (kaplar) yaratır. Kişi, tüm bu eylemler ve iyileştirmelerden sonra tüm içtenliğiyle dua edebilir çünkü görür ki hiçbir eyleminin kendisine bir faydası yoktur. Ancak o zaman kalbinin derinliklerinden, içten bir şekilde dua edebilir ve Yaradan o zaman duasını duyar ve ona *Lişma* hediyesini verir.

Ayrıca bilmeliyiz ki, kişi *Lişma*'yı edinmekle kötü eğilimi ölüme terk eder. Kötü eğilime "kendi menfaati için alma arzusu" denir. İhsan etme niyetini edinmekle kişi kendi menfaatini iptal eder. Ölüme terk etmek demek, kişi artık alma kaplarını kendisi için kullanmıyor demektir. Artık aktif olmadığından, ölü olarak kabul edilir.

Kişi, güneşin altında yaptığı çalışma karşılığında ne elde ettiğini düşünürse, kendisini Yaradan'a teslim etmenin iki nedenden dolayı o kadar da zor olmadığını görecektir:

1. Kişi istese de istemese de her halükârda bu dünyada kendini zorlamalıdır.

2. Kişi eğer *Lişma*'da çalışıyorsa, çalışma esnasında da çalışmanın kendisinden haz alır.

Dubna'lı *Sayer*'in ayet hakkında şöyle söylediği gibi: *"Beni çağırmadın Yakup çünkü Benim için çaba sarf ettin İsrail."* Demek ki, Yaradan için çalışanın, çabası yoktur. Aksine, haz ve mutluluk içindedir.

Ancak Yaradan için değil de başka amaçlar için çalışan kişi, farklı bir amaç için çalıştığından, çalışmada kendisine canlılık vermediği için Yaradan'a şikâyet edemez. Kişi, kimin için çalışıyorsa ancak ona şikâyette bulunabilir ve çalışması sırasında kendisine canlılık ve haz vermesini ondan talep edebilir. Bu kişi hakkında şu söylenir: *"Onları yapanlar, onlara güvenen herkes gibi olacak."*

Kişi *Cennet Krallığı*'nın yükünü üstlendiğinde, Yaradan'a ihsan etmek için çalışmak istediğinde, hala hiçbir canlılık hissetmemesine ve bu canlılığın kişiyi *Cennetin Krallığı*'nın yükünü üstlenmek zorunda bırakmasına şaşırmayın. Aksine, inanıp bildiğine karşı olmasına rağmen, kişi bunu zorla kabul etmelidir. Yani beden bu esareti, Yaradan'ın ona neden canlılık ve haz vermediğini kabul etmez.

Bunun nedeni, bunun büyük bir ıslah olmasıdır. Eğer bu olmasaydı, alma arzusu bu çalışmayı kabul etmiş olsaydı, kişi asla Lişma'yı elde edemezdi. Aksine her zaman kendi menfaati için, kendi arzularını tatmin etmek için çalışırdı. İnsanların dediği gibi, hırsızın kendisi "Hırsızı yakalayın!" diye bağırır ve o zaman onu yakalamak ve çaldığını geri almak için, gerçek hırsızın hangisi olduğunu söyleyemezsiniz.

Ama hırsız yani alma arzusu, Cennet Krallığı'nın yükünü üstlenmek için çalışmaktan bir tat almadığında, beden kendi arzusuna karşı çalışmaya alıştığından, kişi yalnızca onu Yapan'a memnuniyet vermek üzere çalışmaya gelmesi için gereken araçlara sahip olur, zira kişinin tek niyeti yalnızca Yaradan için olmalıdır. Şöyle yazıldığı gibi, *"O zaman Efendi'den memnun kalacaksınız."* Nitekim kişi, geçmişte Yaradan'a hizmet ederken, çalışmada herhangi bir haz hissetmemiştir. Aksine, çalışmayı zorla yapmıştır.

Ama şimdi kişi kendini ihsan etmek için çalışmaya alıştırdığı için, Yaradan'dan haz almakla ödüllendirilir ve çalışmanın kendisi kişiye haz ve canlılık verir. Bu, hazzın da özellikle Yaradan için olduğu kabul edilir.

21. Kişi Kendini Yükseliş Koşulunda Hissettiği Zaman
23 Heşvan'da duydum, 9 Kasım 1944

Kişi kendisini yükseliş koşulunda, iyi bir ruh halinde ve maneviyattan başka hiçbir şeye arzusunun olmadığını hissettiği zaman, o zaman içselliğini edinmek için *Tora*'nın sırlarını araştırması iyidir. Kişi bir şey anlamak için çaba sarf etmesine rağmen, hâlâ hiçbir şey anlamadığını görüyor olsa bile, yine de *Tora*'nın sırlarını tek bir şey için bile yüz kez araştırmaya değer.

Kişi umutsuzluğa kapılmamalı yani hiçbir şey anlamadığı için bunun boşuna olduğunu söylememelidir. Bu iki nedenden dolayı böyledir:

A) Kişi bir şeyi derinlemesine araştırdığında ve onu anlamaya özlem duyduğunda, bu özlem *"dua"* olarak adlandırılır. Bunun nedeni, duanın bir eksiklik olmasıdır yani kişi onda eksik olan şeyi arzulamaktadır ki Yaradan onun arzusunu tatmin etsin.

Duanın derecesi, arzuyla ölçülür, zira kişinin en çok ihtiyacı olduğu şeye olan arzusu daha büyüktür çünkü ihtiyaç ne ölçüde ise ona duyulan özlem de o ölçüdedir.

Bir kural vardır; kişinin en çok çaba sarf ettiği şeyde, çaba eksikliği arttırır ve kişi eksikliği için dolum almak ister. Ayrıca, bir arzuya *"dua"* denir, *"kalpteki çalışma"* olarak kabul edilir çünkü *"Merhameti olan O, kalpleri ister."*

Dolayısıyla o zaman kişi, gerçek bir dua edebilir çünkü kişi Tora'nın sözlerini araştırdığında, kalp diğer arzulardan kurtulması ve akla, düşünebilme ve dikkatlice inceleyebilme gücü vermelidir. Eğer kalpte hiçbir arzu yoksa akıl dikkatlice inceleyemez; bilgelerimizin şöyle söylediği gibi: *"Kişi her zaman kalbinin arzuladığı yerde öğrenir."*

Kişinin duasının kabul edilebilmesi için, bu tam bir dua olmalıdır. Dolayısıyla, tam ölçüde dikkatlice incelerken, kişi bu incelemeden tam bir dua ortaya çıkarır ve o zaman kişinin duası kabul edilebilir çünkü Yaradan duayı duyar. Ancak bir şart vardır. Dua tam bir dua olmalıdır ve duanın ortasına başka şeyler karıştırılmamalıdır.

B) İkinci sebep ise, o zaman kişinin belli bir ölçüde dünyevilikten ayrıldığı ve ihsan etme niteliğine yakınlaştığı için, zamanın Yaradan ile form eşitliği olanlara ifşa olan *Tora*'nın içselliğine bağlanmak için daha uygun olmasıdır. Çünkü *Tora, Yaradan* ve *İsrail* birdir. Ancak, kişi kendi menfaati için alma koşulundayken, içselliğe değil dışsallığa aittir.

22. Tora Lişma

Şevat 9'da duydum, 6 Şubat 1941

Tora, öncelikle kişi bir yargıcın ve yargının var olduğunu, mantık dâhilinde, hakikatin berraklığından hiçbir şüphesi olmadan mutlak bir kesinlikle bilmek için öğrendiği zaman, *Lişma* (O'nun rızası için] olarak adlandırılır. Bir yargının olması, kişinin realiteyi gözüne göründüğü gibi gördüğü anlamına gelir. Bu demektir ki, inanç ve ihsan etmede çalıştığımızda, her zaman daha iyisine doğru bir değişim gördüğümüz için, günbegün yükseldiğimizi ve büyüdüğümüzü görürüz.

Bunun tam tersi de geçerlidir. Bilgi ve alma formunda çalıştığımızda, her gün aşağıya doğru realitenin en aşağılık seviyesine düştüğümüzü görürüz.

Bu iki koşulu incelediğimizde, bir yargıcın ve bir yargının olduğunu görürüz, zira hakikatin *Tora*'sının yasalarını takip etmediğimiz zaman, anında cezalandırılırız. Bu durumda, yalnızca bir yargının var olduğunu görürüz. Başka bir deyişle, bunun açıkça hakikate ulaşabileceğimiz en iyi yol olduğunu görürüz.

Bu adil bir yargı olarak kabul edilir, ancak bu şekilde nihai amaca gelebiliriz. *"Tam ve mutlak bir anlayışla, amaca erişmede inanç ve ihsan etmekten daha yüce bir yol olmadığını, mantık dâhilinde anlayarak."*

Dolayısıyla, eğer kişi bu amaçla, bir yargının ve bir yargıcın olduğunu anlamak amacıyla çalışırsa, buna **Tora Lişma** denir. Bu bilgelerimizin şu söylediklerinin de anlamıdır: **"Eyleme götüren öğrenme yücedir."**

Görünen o ki, pek çok eylem yapabilmek anlamında, tekil formda değil, çoğul formda **"eylemlere yol açan,"** demeliydi. Ancak, mesele şu ki, yukarıda bahsedildiği gibi, öğrenmek kişiye yalnızca inanç getirmelidir ve inanca, tüm dünyayı erdemliliğe yükselten *Mitzva* (emir) denir.

İnanç, "yapmak" olarak adlandırılır çünkü normalde kişi, bir şey yaptığında, önce bunu mantık dâhilinde gerçekleştirmesi için onu zorlayan bir sebep olmalıdır. Bu akıl ve eylem arasındaki ilişki gibidir.

Ancak, bir şey mantık ötesinde olduğunda, mantık o şeyi yapması için kişiye izin vermediğinde, tam tersi olduğunda, bu eylemde bir mantık olmadığını ama yalnızca bir eylem olduğunu söylemeliyiz. Bu, *"Eğer kişi bir **Mitzva** gerçekleştirirse, ne mutlu ki kendisini erdem tarafına getirir, vb.."* cümlesinin anlamıdır. "Eyleme yol açan öğrenme yücedir" sözünün anlamı budur yani mantık olmadan yapılan eylem *"mantık ötesi"* olarak adlandırılır.

23. Siz Efendi'yi Sevenler, Kötülükten Nefret Edin

2 Haziran (Sivan 17) 1931'de duydum

"Siz Efendi'yi sevenler, kötülükten nefret edin; O, O'nu takip edenlerin ruhlarını korur; onları günahkârın elinden kurtarır" ayetini, Yaradan'ı sevmenin ve Yaradan'la *Dvekut* (bütünleşme) ile ödüllendirilmeyi istemenin yeterli olmadığı şeklinde yorumlar. Kişi kötülükten de nefret etmelidir.

Nefret, "alma arzusu" adı verilen, kötülükten nefret etmek ile ifade edilir. Kişi, bundan kurtulmanın hiçbir yolu olmadığını görür ve aynı zamanda bu durumu kabul etmek istemez. Kötülüğün neden olduğu kayıpları hisseder ve ayrıca hakikati, kendi başına kötülüğü iptal edemeyeceğini görür, zira bu, insandaki alma arzusuna Yaradan tarafından damgalanan doğal bir güçtür.

Bu durumda, ayet bize insanın yapabileceği şeyin, kötülükten nefret etmek olduğunu söyler. Böylelikle Yaradan kişiyi kötülükten kurtarır, şöyle yazıldığı gibi: *"O, O'nu takip edenlerin ruhlarını korur."* Korur ne demektir? *"Onları günahkârın elinden kurtarır."* Bu durumda, kişinin Yaradan ile az da olsa bir bağı olduğu için, o zaten başarılı bir insandır.

Gerçekte, kötülük meselesi kalır ve *Partzuf*'a *Ahoraim* (arka) olarak hizmet eder. Ama bu sadece kişinin ıslahı ile olur. Kötülükten içtenlikle nefret etmesi ile *Ahoraim* formuna düzeltilir. Nefret gelir çünkü kişi Yaradan ile *Dvekut*'u (bütünleşme) elde etmek istiyor ise, o zaman dostlar arasında bir davranış vardır. Eğer iki kişiden her biri, dostunun nefret ettiğinden nefret eder ve dostunun sevdiği şeyi sever ve kimi sevdiğini fark ederse, bir direk gibi asla devrilmeyecek ebedi bir bağ kurarlar.

Dolayısıyla, Yaradan ihsan etmeyi sevdiği için, yaratılanlar da sadece ihsan etmeyi istemeye uyum sağlamalıdır. Yaradan da alıcı olmaktan nefret eder çünkü O, tümüyle bütündür ve hiçbir şeye ihtiyacı yoktur. Bu nedenle insan da kendisi için almak meselesinden nefret etmelidir.

Yukarıdakilerin tümünden, kişinin alma arzusundan şiddetle nefret etmesi gerektiği sonucu çıkar çünkü dünyadaki tüm yıkımlar, alma arzusundan gelir. Kişi, bunu nefret sayesinde ıslah eder ve *Keduşa*'ya (kutsallık) teslim olur.

24. Onları Günahkârın Elinden Kurtaracak

Av 5, 25 Temmuz 1944'te, Zohar'ın Tamamlanmasında Duydum

Şöyle yazılmıştır, *"Siz Efendi'yi sevenler, kötülükten nefret edin... O, onları günahkârın ellinden kurtaracak."* Şöyle sorar: *"'Kötülükten nefret etmek' ile 'O, onları günahkârın ellinden kurtaracak' arasındaki bağlantı nedir?"*

Bunu anlamak için, öncelikle bilgelerimizin şu sözlerine kulak vermeliyiz: "Dünya ya tam erdemli ya da tam kötülük için yaratılmıştır." Şöyle sorar: *"Dünyayı tam bir kötülük için yaratmaya değer de eksik erdem için yaratmaya değmez mi?"*

Yaradan'ın bakış açısından, dünyada iki anlamı olan hiçbir şeyin olmadığı şeklinde yanıtlar. Bu sadece alıcıların bakış açısından yani alıcıların duyularına göre böyledir. Bu, alıcıların bu dünyadan ya iyi bir tat ya da çok acı bir tat hissettikleri anlamına gelir çünkü yaptıkları her şeyde, bunu yapmadan önce hesap yaparlar, zira hiçbir eylem amaçsız değildir. Ya mevcut durumlarını iyileştirmek ya da birine zarar vermek isterler. Ancak amaçsız şeyler, amaçlı bir operatöre layık değildir.

Dolayısıyla, Yaradan'ın dünyadaki işleyiş biçimini kabul edenler, nasıl hissettiklerine bağlı olarak, bunu iyi veya kötü olarak belirlerler. Bunun için "Siz Efendi'yi sevenler," yaratılışın amacının, O'nun yarattıklarına iyilik yapmak olduğunu anlayanlar, bunu hissetmeye gelebilmelerinin, tam olarak *Dvekut* (bütünleşme) ve Yaradan'a yakınlaşma vasıtasıyla edinilebileceğini anlarlar.

Dolayısıyla Yaradan'dan uzak hissederlerse, buna "kötü" derler. Bu durumda, realitede arada bir koşul olmadığı için, kişi kendini kötü olarak kabul eder. Başka bir deyişle, kişi ya Yaradan'ın varlığını ve O'nun rehberliğini hisseder ya da *"Dünya günahkârın eline bırakıldı"* diye düşünür.

Kişi, hakikatin adamı olduğunu yani kendini kandıramayacağını ve hissetmediğinde, hissettiğini söyleyemeyeceği için, derhal Yaradan'a ona merhamet etmesi ve onu *Sitra Ahra*'nın (diğer taraf) otoritesinden ve tüm yabancı düşüncelerden kurtarması için yakarır. Kişi içtenlikle yakardığından, Yaradan onun duasını duyar. (Belki de "Efendi, O'nu içtenlikle çağıran herkese yakındır." sözlerinin anlamı budur) O zaman, "O, onları günahkârın elinden kurtarır."

Kişi gerçek benliğini yani kendi kötülüğünün ölçüsünü, kötülüğün tanınmasıyla birlikte hissettiği ızdırap yüzünden Yaradan'a haykırabilmesi için, kendisini uyandırmaya yetecek miktarda hissetmediği sürece, henüz kurtuluşa layık değildir, zira kişi henüz "kalbin derinliklerinden" denen duayı duyacak *Kli*'yi (kap) ifşa etmemiştir.

Bu böyledir çünkü kişi, hala içinde biraz olsun iyilik olduğunu düşünür yani kişi kalbinin derinlerine inmez. Kalbinin derinliklerinde, kişi hala biraz olsun iyilik olduğunu düşünür ve *Tora* ve *Mitzvot*'u (emirler) nasıl bir sevgi ve korku ile ilişkilendirdiğini fark etmez. Bu yüzden de hakikati göremez.

25. Kalpten Gelen Şeyler

25 Temmuz 1944'te *Zohar*'ın bir bölümünün tamamlanması şerefine verilen bir şenlik yemeği esnasında duydum.

Kalpten gelen şeylerle ilgili olarak, kalbe gir. Öyleyse neden bir şeyler kalbe zaten girmiş olmasına rağmen, kişinin kendi derecesinden düştüğünü görüyoruz?

Mesele şu ki, kişi, *Tora*'nın sözlerini hocasından duyduğunda, hemen hocasıyla hemfikir olur ve onun sözlerini, kalbi ve ruhuyla yerine getirmeye karar verir. Fakat daha sonra kişi dünyaya geldiğinde, görür, imrenir ve dünyayı dolaşan çok sayıda arzu ona bulaşır. O zaman kendisi, aklı, kalbi ve iradesi çoğunluğun önünde iptal olur.

Kişi, dünyayı erdem tarafına mahkûm edecek bir güce sahip olamadığı sürece, ona boyun eğdirirler, onların arzularına karışır ve kesilmeye götürülen bir koyun gibi onların ardından sürüklenir. Başka bir seçeneği yoktur; çoğunluğun talep ettiği her şeyi düşünmeye, heves etmeye, istemeye ve talep etmeye mecburdur. O zaman onların yabancı düşüncelerini, *Tora*'nın ruhuna yabancı olan iğrenç ihtiras ve arzuları seçer. Bu haldeyken de çoğunluğa boyun eğdirecek gücü yoktur.

Bunun yerine kişinin yapabileceği tek bir şey vardır: "Hocasına ve kitaplarına sıkı sıkı tutunmak." Buna "Kitapların ağzından ve yazarların ağzından" denir. Kişi ancak onlara sıkı sıkı sarılarak fikrini ve arzusunu daha iyiye doğru değiştirebilir. Bununla birlikte zeki argümanlar, kişinin fikrini değiştirmesine yardımcı olmaz, çaresi yalnızca *Dvekut* (bütünleşme) olacaktır, çünkü *Dvekut*, onu yeniden şekillendirdiğinden harika bir tedavidir.

Kişi ancak *Keduşa*'nın (Kutsallık) içindeyken kendi kendiyle tartışabilir ve akılda, her zaman Yaradan'ın yolunda yürümesini gerektirdiğine dair zekice polemiklere girebilir. Ancak kişi, bilge olduğunda ve *Sitra Ahra*'yı (diğer taraf) yenebilmek için bu zekâyı zaten kullanabileceğinden emin olduğunda bile, tüm bunların değersiz olduğunu, bunun eğilime karşı yapılan savaşı kazanabilecek bir silah olmadığını zihnine kazımalıdır çünkü tüm bu kavramlar, onun yukarıda bahsedilen *Dvekut*'tan sonra elde ettiği sonuçtan başka bir şey değildir.

Diğer bir deyişle, kişinin daima Yaradan'ın yolundan gitmesi gerektiğini söyleyerek üzerine inşa ettiği tüm kavramlar, hocasıyla birlikte *Dvekut*'ta kurulur. Dolayısıyla kişi, temeli kaybederse, hiçbir dayanağı olmayacağından tüm kavramlar güçsüz kalır.

Bu nedenle, kişi kendi aklına güvenmemeli, bir kez daha kitaplara ve yazarlara tutunmalıdır çünkü kişiye sadece bunlar yardım edebilir ve zekâ ve akılda hayat yoktur.

26. Kişinin Geleceği Geçmişe Duyduğu Minnete Dayanır ve Bağlıdır

1943'te duydum

Şöyle yazılmıştır, *"Efendi yücedir ve alçak olan görecektir."* sadece alçak olan bu yüceliği görebilir. *Yakar* (değerli) sözcüğünün harfleri, *Yakir* (bilecek) sözcüğünün harfleri ile aynıdır. Bu, kişi bir şey onun için değerli olduğu ölçüde, onun yüceliğini bilir anlamına gelir.

Kişi bir şeyden, onun önemine göre etkilenir. İzlenim, kişinin kalbine bir hissiyat getirir ve bu izlenimin önemini takdir ettiği ölçüde, içi sevinçle dolar.

Bu nedenle, eğer kişi aşağılığının, çağdaşlarından daha ayrıcalıklı olmadığının farkında ise yani kişi bu dünyada en basit şekilde bile kutsal çalışma için ona güç verilmemiş birçok insanın var olduğunu görürse; hatta niyet etmeden ve *Lo Lişma*'da (O'nun rızası için değil) bile ve hatta *Lo Lişma*'nın *Lo Lişma*'sında bile ve *Keduşa*'nın (kutsallık) kıyafetlenmesine hazırlık için hazırlanmada bile, bazen mümkün olan en basit şekilde bile olsa, kutsal çalışmayı yapma arzusunu ve düşüncesini kazandığı zaman, kişi bunun önemini takdir edebilirse, kutsal çalışmaya değer verdiği ölçüde, kişi bunu övmeli ve bunun için minnettar olmalıdır.

Bu böyledir çünkü Yaradan'ın *Mitzvot*'unu (emirler), niyet olmadan bile, yerine getirmenin önemini takdir edemediğimiz doğrudur. Bu koşulda kişi, kalbinde sevinç ve mutluluk hissetmeye gelir.

Kişinin övgü ve şükran duyguları genişler ve kutsal çalışmanın her bir noktasında coşku duyar ve kimin hizmetkârı olduğunu bilir ve böylece giderek daha da yükselir. Bu yazılmış olan, geçmişte "Bana gösterdiğin bu lütuf için, Sana teşekkür ederim" sözlerinin anlamıdır ve bununla kişi güvenle şunu söyleyebilir ve der ki, "ve Sen benimle bunu yapmaya yazgılısın."

27. "Efendi Yücedir ve Alçakta Olan Görecek" - 1 Nedir?

Şabat Terumah, 5 Mart 1949, Tel-Aviv'de duydum

"Efendi yücedir ve alçakta olan görecektir." İnsan alan ve Yaradan veren iken, Yaradan ve insan arasında nasıl form eşitliği olabilir? Ayet bununla ilgili olarak şöyle der: "Efendi yücedir ve alçak..."

Eğer kişi kendini iptal ederse, o zaman kişiyi Yaradan'dan ayıran hiçbir otorite kalmaz. Bu koşulda kişi "görecektir" yani kişiye *Mohin de Hohma* verilecek ve yüce olan uzaktan bilecektir." Ancak gururlu yani kendi otoritesi olan bir kişi, form eşitliği olmadığı için mesafelidir.

Alçaklık, kişinin başkaları önünde kendisini küçük düşürmesi olarak düşünülmez. Bu alçakgönüllülüktür ve kişi bu çalışmada bütünlük hisseder. Aksine, alçaklık, dünyanın kişiyi hor görmesi anlamına gelir. Tam olarak insanların kişiyi hor görmesi, alçaklık olarak kabul edilir çünkü bu koşulda kişi, hiçbir bütünlük hissetmez, zira başkalarının düşüncesinin kişiyi etkilediğine dair bir yasa vardır.

Bu nedenle, eğer insanlar bir kişiye saygı duyarsa, kişi kendisini bütün hisseder ve insanların hor gördüğü kişiler kendilerini alçak zanneder.

28. Ölmeyeceğim Ama Yaşayacağım

1943'te duydum

"Ölmeyeceğim ama yaşayacağım" ayetinde, kişinin hakikati edinebilmesi için, eğer hakikati edinemezse kişinin kendisini ölü gibi hissedeceğine dair bir hissiyat olmalıdır. Bu demektir ki, *"Ölmeyeceğim ama yaşayacağım"* ayeti, hakikati edinmek isteyen biri için söylenmiştir.

"*Jonah Ben Amitai* (Amitai'nin oğlu Jonah)"ın anlamı budur. Jonah, İbranice *Honaa* (sahtekârlık) kelimesinden ve *Ben* (oğul), İbranice *Mevin* (anlamak) kelimesinden gelir. Kişi her zaman içinde bulunduğu durumu incelediği için anlar ve görür ki, kendisini aldatmış ve hakikatin yolunda yürümemiştir.

Hakikat ihsan etmek yani *Lişma* (Onun rızası için) demektir ve bunun tam tersi sahtekârlık ve aldatmadır yani *Lo Lişma* (Onun rızası için değil) anlamına gelen, sadece almaktır. Bununla kişiye daha sonra *Emet* (hakikat) anlamına gelen, *"Amitai"* verilir.

"Gözlerin güvercin gibidir." sözlerinin anlamı budur. *Şehina*'nın (İlahilik) *Eynaim*'i olarak adlandırılan *Keduşa*'nın (Kutsallığın) *Eynaim*'i (gözleri), *Yonim*'dir (güvercinler). Onlar bizi aldatır ve onun *Eynaim*'e sahip olmadığını düşünürüz; *Zohar*'da şöyle yazıldığı gibi, *"Gözleri olmayan güzel bir kız."*

Gerçek şu ki, hakikat ile ödüllendirilen kişi, onun gözlerinin olduğunu görür. "Gözleri güzel olan bir gelinin tüm bedenini incelemeye gerek yoktur." sözlerinin anlamı budur.

29. Kişiye Düşünceler Gelince

1943'te duydum

"Efendi senin gölgendir." Kişi Yaradan'ı düşünürse, Yaradan da onu düşünür. Yaradan düşündüğünde buna "Efendi'nin dağı" denir. "Efendi'nin dağına kim çıkacak ve O'nun kutsal mekânında kim duracak?" sözlerinin anlamı budur. *"Elleri temiz olan." "Musa'nın elleri ağırdı", "ve temiz bir kalp"* sözlerinin anlamı budur ki bu, kalptir.

30. En Önemlisi Yalnız İhsan Etmeyi İstemektir

Şabat Vayikra'dan sonra duydum, 20 Mart 1943

En önemlisi, O'nun yüceliğinden dolayı, ihsan etmek dışında başka hiçbir şey istememektir, zira almak kusurludur. Kendi için almaktan çıkmak mümkün değildir, ancak tam tersini yani ihsan etmeyi edinmek mümkündür.

Hareket ettiren yani genişleyen ve kişiyi bu yolda ilerlemeye zorlayan güç, ancak O'nun yüceliğidir. Kişi, eninde sonunda çaba ve emek sarf etmesi gerektiğini düşünmelidir, ancak bu güçler aracılığıyla kişi bir miktar fayda ve haz sağlayabilir. Başka bir deyişle, kişi ancak çalışması ve çabasıyla sınırlı bir bedeni memnun edebilir, bu ya geçici bir misafirdir ya da ebedidir yani kişinin enerjisi, sonsuzlukta kalır.

Bu, bütün bir ülkeyi inşa etme gücüne sahip olan, ancak yalnızca güçlü bir rüzgârla yerle bir olan bir kulübe inşa eden bir kişiye benzer. Sarf edilen tüm çabanın ziyan olduğunu görürsünüz. Ancak kişi *Keduşa*'da (Kutsallık) kalırsa, o zaman tüm çaba sonsuzlukta kalır. Kişi çalışmanın temelini yalnızca bundan almalıdır ve diğer tüm temeller kusurludur.

İnancın gücü, kişinin ihsan etme tarzında çalışması için yeterlidir yani kişi, çalışması kendi gözünde o kadar önemli olmasa da Yaradan'ın yaptığı çalışmayı kabul ettiğine inanabilir. Buna rağmen Yaradan her şeyi kabul eder. Eğer kişi çalışmasını O'na atfeder ise, O, kişinin tüm çabasını memnuniyetle karşılar ve nasıl olursa olsun kabul eder ve ister.

Dolayısıyla, eğer kişi inancı, almak şeklinde kullanmak isterse, o zaman inanç kişiye yeterli gelmez. Bu demektir ki, o zaman inancından şüphelidir. Bunun nedeni, almanın gerçek olmamasıdır yani aslında kişinin çalışmasından elde edeceği hiçbir şey yoktur, yalnızca Yaradan onun çalışmasından alacaktır.

Dolayısıyla kişinin şüpheleri doğrudur. Başka bir deyişle, kişinin zihninde yüzeye çıkan bu yabancı düşünceler, doğru iddialardır. Ancak kişi, ihsan etme yolunda yürümek için inancını kullanmak isterse, kesinlikle inancında bir şüphesi olmayacaktır. Eğer kişi şüpheye düşerse, muhtemelen ihsan etme yolunda yürümek istemediğini bilmelidir çünkü ihsan etmek için, inanç yeterlidir.

31. İnsanların Ruhunu Memnun Eden Kişi

Duydum

İnsanların ruhunu memnun eden kişi. Şöyle sordu: *"Ancak en yüce ve en tanınmışlarını anlaşmazlık içinde bulduk. Bu nedenle, insanların ruhu ondan hoşnut değil."*

Onlar "bütün insanlar" değil, "insanların ruhu" dediler, şeklinde yanıtladı. Bu demektir ki, yalnızca bedenleri anlaşmazlık içindedir yani her biri, alma arzusu içinde çalışır.

Ancak, "insanların ruhu" zaten manevidir ve "memnun" dur; bolluğu yayan erdemli kişi, onu tüm nesiller için yayar. Yalnızca onlar ruhlarını henüz kıyafetlendirmedikleri için, erdemlilerin yaymış olduğu bolluğu edinemez ve hissedemezler.

32. Yukarıdan Bir Kısmet Uyanması
Terumah 4, 10 Şubat 1943'te duydum

Aşağıdaki, hiçbir şeye yardımcı olmadığında, yukarıdan bir kısmet uyanır. Bu, *"pur atmak," "kısmet"* in anlamıdır. Haman sızlandı ve dedi ki, "Onlar kralın yasalarını da yerine getirmiyorlar."

Bu demektir ki, çalışmayı yapan için esaret, kendi için alma olan *Lo Lişma* [O'nun rızası için değil] koşulunda başlar. O halde, neden onlara *Tora* verildi çünkü akabinde onlara, *Lişma* [O'nun rızası için] bahşedilir ve onlara ışıklar ve daha yüksek edinimler verilir.

Ardından şikâyetçi gelir ve şunu sorar: "Onlara neden çalışmadıkları ya da ümit etmedikleri bu yüce şeyler veriliyor, oysa onların her düşüncesi ve amacı yalnızca *Lo Lişma* denilen, kendi ihtiyaçlarını ilgilendiren meseleler üzerineydi?" "Günahkâr olan hazırlayacak ve erdemli olan giyecek." sözünün anlamı budur.

Bu demektir ki, kişi daha önce günahkâr koşulunda yani *Lo Lişma*'da alıcı için çalışıyordu. Ardından *Lişma* ile ödüllendirildi yani tüm hizmeti *Keduşa*'nın (kutsallık) alanına girdi yani her şey ihsan etmek içindi. *"Erdemli olan giyecek."* sözünün anlamı budur.

Yom Kippurim'deki (Kefaret Günü) *Purim*'in anlamı budur. *Purim*, yukarıdan bir uyanıştır ve *Yom Kippurim* tövbe aracılığıyla aşağıdan bir uyanıştır. Ancak orada da, orada olan paya karşılık gelen yukarıdan bir uyanış vardır, "Bir pay Efendi için ve diğer pay *Azazel* için" ve Yaradan gözlemcidir.

33. **Haman** ile Kefaret Günlerinin (*Yom Kippurim*) Kuraları

Terumah 6, 12 Şubat 1943'te duydum

Şöyle yazılmıştır (Levilier 16:8): *"Ve Harun iki keçi için kura çekti. Biri Efendi için ve diğeri Azazel için."* **Haman** ile ilgili şöyle yazılmıştır: "Zar attılar ve payına düşen belli oldu."

Kura, aklın analiz yapamadığı yerde geçerlidir çünkü akıl, oraya ulaşamaz ki neyin iyi neyin kötü olduğunu ayırt edebilsin. Bu durumda, akıllarına değil de kuranın ne söylediğine güvendiklerinde zar atılır. Dolayısıyla *"kura"* kelimesi kullanıldığında, bu bize mantık ötesi ilerlediğimizi gösterir.

Musa'nın doğduğu ve öldüğü *Adar*'la (İbrani takviminin altıncı ayı) ilgili olarak, *Adar*'ın ne olduğunu anlamalıyız. *Adar*, *Aderet* yani örterek gizlemek kelimesinden gelir, *İlyas* hakkında şöyle yazıldığı gibi (Krallar 1 19:19), "Ve örtüsünü üzerine atın." *Aderet*, çalışmada yabancı düşünceler ve fikirler demek olan ve Yaradan'dan uzaklaştıran, *Se'arot* (saç) ve *Dinim* (yargılar) olan, *Aderet Se'ar* (saç) kelimesinden gelir.

Burada üstesinden gelme meselesi vardır. Kişi O'nun rehberliğinde birçok çelişki görse de mantık ötesi bir inanç ile bu yabancı düşünce ve fikirlerin üstesinden gelip, bunların ***"İyi ve iyilik yapan"*** şeklinde rehberlik ettiğini söylemelidir. Musa hakkında yazılan ***"Ve Musa yüzünü sakladı."*** sözlerinin anlamı budur. Bu demektir ki, Musa tüm çelişkileri gördü ve bütün gördüklerine mantık ötesi inancın gücüyle dayandı.

Bilgelerimizin şöyle söylediği gibi, ***'"Karşılığında' Musa yüzünü sakladı çünkü bakmaya korkuyordu."*** ***"Yaradan'ın suretini görmekle"*** ödüllendirildi. *"Benim hizmetkârım kadar kör ve benim meleğim kadar sağır olan kimdir?"* ayetinin anlamı budur.

Bilindiği üzere, *Eynaim* (gözler) "akıl", "mantık" yani mantığın gözleri olarak adlandırılır. Çünkü eğer bir şeyi aklımızda kavrarsak, şöyle söyleriz: "Ama görüyoruz ki, akıl ve mantık bunu söylememizi gerektiriyor."

Dolayısıyla mantık ötesi giden kişi, gözleri olmayan biri gibidir ve ona "kör" denir yani körmüş gibi davranır. Ayrıca casusların ona ne söylediğini duymak istemeyen ve sağırmış gibi davranan kişi de "sağır" diye adlandırılır. "Benim hizmetkârım kadar kör ve benim meleğim kadar sağır olan kimdir?" sözlerinin anlamı budur.

Ancak kişi, *"Onların gözleri var ama görmezler, kulakları var ama duymazlar."* dediğinde, bu demektir ki, kişi aklın iddia ettiğine ve kulakların duyduğuna itaat etmek istemez; *Nun'un oğlu Yeşuah* hakkında, kulaklarına hiçbir zaman kötü bir şey girmedi, şeklinde yazıldığı gibi. **Aderet Se'ar**'ın anlamı budur, kişinin birçok çelişkisi ve yargısı vardır. Her çelişkiye *Se'ar* (saç) denir ve *Se'ar*'ın altında bir çukur vardır.

Bu demektir ki, kişi kafada bir çukur açar yani bu yabancı düşünceler, insanın kafasını deler ve içine sızar. Kişinin birçok yabancı düşüncesi olduğunda, çok *Se'arot*'a sahip olduğu kabul edilir ve bu *Aderet Se'ar* olarak adlandırılır.

Elişa hakkındaki yazılanların anlamı budur: "Ve oradan ayrıldı ve önünde on iki öküz boyunduruğuyla çift sürmekte olan *Şafat*'ın oğlu *Elişa*'yı buldu, o ve on ikinciyle ve İlyas ona doğru gitti ve onu örttü." (Krallar 1, 19.) (*Boyunduruk, Bakar* (öküz) çiftleri anlamına gelir çünkü birbirine bağlı öküz çiftlerini birlikte sürerlerdi. Buna öküz boyunduruğu denir.) *Bakar*'ın anlamı *Bikoret*'tir (eleştiri) ve on iki, derecenin tamlığına işaret eder. (On iki ay, on iki saat gibi.)

Bunun anlamı, kişinin dünyada olabilecek tüm *Se'arot*'ların farkındalığına zaten sahip olmasıdır ve o zaman *Se'arot*'tan, *Aderet Se'ar* yapılır. Ancak, Elişa, Yusuf'un sabahı formundaydı; şöyle yazıldığı gibi, "Sabah ağarır ağarmaz erkekler uzağa gönderildi, onlar ve onların eşekleri."

Bu, kişinin zaten çelişkilerinin üzerindeki ışık ile ödüllendirildiği anlamına gelir, zira kişi, eleştiri adı verilen bu çelişkiler sayesinde, onları aşmak istediğinde ışığı onların üzerine çeker. Şöyle yazıldığı gibi: *"Arınmaya gelene yardım edilir."*

Kişi zaten bu ışığı, tüm bu eleştirilerin üzerine çektiği ve tüm eleştiriler onun içinde tamamlandığından, ekleyecek başka bir şeyi olmadığı için, çelişkiler ve eleştiriler kendiliğinden biter. Bu, hiçbir eylemin boşuna olmadığı kuralını takip eder, zira amacı olmayan bir operatör yoktur.

Aslında kişiye, bu çelişkileri aşmak istediğinde, sanki *"İyi ve İyilik yapan"*ın rehberliğiyle çelişiyormuş gibi görünen şeylerin, ona sadece üst ışığı çekmeye zorlamak için geldiğini bilmeliyiz. Aksi takdirde kişi bunların üstesinden gelemez. Buna "Yaradan'ın yüceliği" denir, kişi çelişkileri varken devam eder, bu, *Dinim* (yargılar) olarak adlandırılır.

Bu demektir ki, kişi çelişkilerin üstesinden gelmek isterse, bunu yalnızca Yaradan'ın yüceliğini arttırarak iptal edilebilir. Bu yargıların, Yaradan'ın yüceliğinin çekilmesine neden olduğunu görürsünüz. *"Ve örtüsünü üzerine atın."* diye yazılanların anlamı budur.

Demek ki kişi daha sonra saçın tüm örtüsünü, O'na, Yaradan'a atfeder. Yani artık kişi, Yaradan'ın, üst ışığı üzerine çekmek için bu örtüyü kendisine kasten verdiğini görür.

Ancak bunu daha sonra, bu çelişkilere ve başlangıçta onda bulunan yargılara dayanan ışık verildikten sonra görebiliriz. Bu böyledir çünkü kişi, saç yani düşüşler olmadan üst ışık için bir yer olmadığını görür, zira *Kli* (kap) olmadan ışık olmaz.

Bu nedenle kişi, edindiği Yaradan'ın bütün yüceliğinin, *Sea'rot* ve çelişkilerden kaynaklandığını görür. Bu, *"Yüce Yaradan her şeye kadirdir"* sözünün anlamıdır. Bu demektir ki, Yaradan'ın yüceliği, *Aderet* vasıtasıyla ödüllendirilir ve "Tanrı'nın yüceliği onların ağzında olsun" sözünün anlamı budur.

Bu demektir ki, Yaradan çalışmasındaki hatalar, kişinin yükselmesine neden olur, zira kişi bir itiş olmadan hareket etmez ve bulunduğu koşulla hemfikir olur. Ancak eğer kişi anlayabileceğinden daha alçak bir seviyeye düşerse, bu, kişiye bunun üstesinden gelme gücünü verir çünkü kişi böyle kötü bir durumun içinde kalamaz, zira kişi böyle kalmaya, bulunduğu koşuldan daha aşağılara düşmeye razı olamaz.

Bu nedenle kişi her defasında galip gelmeli ve bu düşüş koşullarından çıkmalıdır. Böyle bir durumda kişi, Yaradan'ın yüceliğini kendi üzerine çekmelidir. Bu, yukarıdan daha üst güçleri kendisine çekmesine neden olur, aksi takdirde mutlak bir aşağılığın içinde kalır. Dolayısıyla kişi Se'arot aracılığı ile "Merhametin on üç niteliği" olarak adlandırılan, Yaradan'ın isimlerini bulana kadar Yaradan'ın yüceliğini keşfeder. *"Ve yaşlı küçüğüne hizmet edecek"* ve *"Günahkâr hazırlayacak erdemli giyecek"* ve de *"Kardeşine hizmet edeceksin"* sözlerinin anlamı budur.

Bu, bütün bu esaret yani var olan çelişkiler, sanki kutsal çalışmayı engellemek için var ve *Keduşa'*ya (Kutsallık) karşı çalışıyor gibi görünür anlamına gelir. Kişi artık, bu çelişkilerin üzerinde yer alan Yaradan'ın ışığı verildiğinde, bunun tam tersini yani bunların *Keduşa'*ya hizmet ettiklerini görür. Yani bunlar aracılığıyla, onların kıyafetinde, *Keduşa'*nın kıyafetleneceği bir yer olur. Buna, "Günahkâr hazırlayacak erdemli giyecek" denir; bu demektir ki, onlar *Kelim* (kaplar) ve *Keduşa* için bir yer açtılar.

Artık bilgelerimizin yazdıklarını yorumlayabiliriz (Hagigah 15a), "Ödüllendirildiyse erdemlidir. O ki kendisinin ve dostunun cennetteki payını alır." Suçlu görüldüyse bir günahkârdır. O ki kendisinin ve dostunun cehennemdeki payını alır." Bu, kişinin, tüm dünya üzerinde yorumlamamız gereken Dinim'i ve dostunun yabancı düşüncelerini alır anlamına gelir, bu nedenle dünya kasıtlı olarak, her biri kendine özgü düşünce ve görüşlere sahip bu kadar çok insanla dolu yaratılmıştır ve hepsi de bu yüzden aynı dünyada bulunur.

Bu o denli kasıtlıdır ki, her biri dostunun düşüncesine dâhil olur. Böylece kişi tövbe ettiğinde, bu *Hitkalelut'*tan (karışma/birleşme) fayda görecektir.

Bu böyledir, zira kişi tövbe etmek istediğinde, kendini ve bütün dünyayı erdem tarafına mahkûm etmelidir çünkü kişinin kendisi, dünyanın bütün yabancı kavram ve düşüncelerine dâhil olmuştur. "Suçlu görüldüyse, o bir günahkârdır. O ki kendisinin ve dostunun cehennemdeki payını alır." sözlerinin anlamı budur.

Dolayısıyla, kişi hâlâ suçlu, "mahkûm" olarak adlandırıldığında, kişinin kendi payı *Se'arot*, çelişkiler ve yabancı düşüncelerdir. Ama aynı zamanda, dostunun cehennemdeki payına karışmıştır yani dünyadaki tüm insanların, tüm görüşlerine dâhil olmuştur.

Bu nedenle eğer kişi daha sonra, *"Ödüllendirilen erdemli"* olduğunda yani tövbe ettikten sonra, kendisini ve tüm dünyayı *"Kendisinin ve dostunun cennetteki payını aldığı erdem tarafına"* mahkûm eder. Çünkü kişi dünyadaki tüm insanların yabancı düşünceleri için ışığı çekmelidir zira onlarla karışmıştır ve onları erdem tarafına mahkûm etmelidir.

Bu tam olarak, üst ışığın, genel halkın *Dinim*'inin üzerine genişlemesi ile gerçekleşir. Onlar, kişinin kendi adına çektiği bu ışığı, buna hazır bir *Kelim* olmadığı için alamasalar da, kişi onlar için de çeker.

Ancak şu meşhur kurala göre anlamalıyız ki, üst derecelerdeki ışıkların genişlemesine neden olan kişinin, buna sebep olduğu için, bu ışıklardan üstteki ışığı tetiklediği ölçüde alacağını söylerler. Buna göre günahkârın da erdemlide tetiklediği bu ışığın bir kısmını alması gerekir.

Bunu anlamak için kura meselesini anlatmalıyız. Yazıldığı üzere, iki kura vardır, *"Bir pay Yaradan için, diğer pay Azazel için."* Bilindiği üzere kura, mantık ötesi bir meseledir. Bu nedenle bir pay mantık ötesi olduğunda, bu, diğer payın Azazel için olmasına neden olur.

Bu, *"Günahkârın kafasında esen fırtına"* demektir. Bu böyledir çünkü kişi, üst ışığı bu çelişkiler aracılığı ile genişletmiştir. Bu şekilde Yaradan'ın yüceliğinin arttığını, günahkâr için bir dezavantaj olduğunu görürsünüz, zira onların tüm arzusu yalnızca mantık dâhilindedir. Temeli mantık ötesine dayanan ışık arttığında, onlar solup gider ve iptal edilirler.

Bu nedenle günahkârların sahip oldukları tek şey, Yaradan'ın yüceliğini genişletmeleri için erdemliye yardım etmeleridir ve sonra onlar iptal edilir. Buna, *"Ödüllendirilen, kendi payını ve dostunun cennetteki payını alır"* denir. (Yazarın yorumu: Bu, ışığın görünüşü gerçeğin yaratılmasının ıslahına sadece iyi işler yaparak yardım eden kişi, dolayısıyla bu eylemin *Keduşa*'da kaldığı anlamına gelir. Kişi yukarıda, ışığın genişlemesi için tetiklediği şeyi alır. Bu durumda aşağıdaki, yukarıda sebep olduğu şeyi alır. Ancak çelişkiler ve *Dinim* iptal edilir, zira onların yerini, mantık ötesi aracılığıyla ifşa edilen Yaradan'ın yüceliği alırken, onlar bunun özellikle mantık dâhilinde *Kelim*'inde görünmesini isterler. Bu nedenle iptal edilirler. Bu şekilde yorumlayabiliriz.)

Ancak halkın yüceliğin üzerlerine çekilmesine neden oldukları yabancı düşünceler de ışığı çeker. Almaya layık olduklarında, üzerlerine üst ışığı çekmelerine neden oldukları şeyi alırlar.

Bu *Zohar*'da (Bölüm 15 ve *Sulam*'da [yorum], Madde 33, s. 56) dile getirilen, sağ ve sol arasında ayrım yapan, *"Saç teli kadar ince yol"* un anlamı budur. **Yom Kippurim**'deki iki pay, korkudan tövbedir. Ayrıca *Purim*'de bir pay vardır ve bu sevgiden tövbedir.

Bu böyledir çünkü bu, tapınağın inşasından öncedir ve o zamanlar onlar sevgi yüzünden tövbe etmeye ihtiyaç duydular. Ama önce tövbe etmeleri için bir ihtiyaç gerekiyordu. Bu ihtiyaç, *Dinim* ve *Se'arot*'a (saçın çoğulu) sebep olur. Bu, *Haman*'a yukarıdan yetki verildi anlamına gelir, bu sayede sizin üzerinize bir hükümdar koyarım ve o size hükmeder.

Bu nedenle on ikinci ay olan *Adar* ayında *Haman*, "Bir zar yani pur attı" yazılmıştır ve *Elişa* hakkında da *"on iki öküz"* yazılmıştır. "İki sıra ve her sırada altı tane", bu *Aderet Se'ar*'da olduğu gibi en büyük Dinim olan, Adar ayıdır.

Haman, bununla İsrail'i yeneceğini biliyordu zira Musa, Adar ayında ölmüştü. Ancak "Ve bunun iyi olduğunu gördüler" sözlerinde olduğu gibi, **Musa**'nın bunun üzerine doğduğunu bilmiyordu. Bu böyledir çünkü kişi en zor durumda güçlendiğinde, kişiye *"Yaradan'ın yüceliği"* denen en büyük ışık verilir.

"İnce dokunmuş keten" in anlamı budur. Başka bir deyişle, "Saç teli kadar ince yol" ile ödüllendirildiler, "İki sıra ve her sırada altı tane," o zaman "Bir yabancının ortadan kaldırıldığı" ikişer ikişer. Bu *Sitra Ahra* anlamına gelen yabancının, görevini zaten tamamlamış olduğu için iptal edildiği ve gittiği anlamına gelir.

Görüyoruz ki, bütün Dinim ve çelişkiler sadece Yaradan'ın yüceliğini göstermek için gelmiştir. Bu nedenle düzgün ve Se'arot'suz bir adam olan Yakup için, Yaradan'ın yüceliğini ifşa etmek imkânsızdı, zira bunu genişletmek için bir ihtiyacı ve nedeni yoktu. Bu nedenle, *Yakup, İshak*'tan kutsama alamadı çünkü **Kelim**'i (kaplar) yoktu ve **Kli** (kap) olmadan ışık olmaz. Bu nedenle Rebeka, ona Esav'un elbiselerini almasını tavsiye etti.

"Ve eli Esav'un topuğuna tutunmuştu." sözlerinin anlamı budur. Bu, onun hiç saçı olmadığı halde, bunu *Esav*'dan aldığı anlamına gelir. *İshak*'ın gördüğü ve söylediği şey budur: "Eller, Esav'un elleri ama ses Yakup'un sesidir." Başka bir değişle *Yakup*'un yaptığı ıslah, *İshak*'ın hoşuna gitti ve bu sayede onda kutsamalar için Kelim oluşturuldu.

Bizlerin bu kadar insanla dolu, böylesine büyük bir dünya görmemizin sebebi budur, böylece her biri dostuna dâhil olur. Dolayısıyla her birey, tüm dünyanın düşünce ve arzularına dâhil olur.

Bu nedenle insan, yukarıdaki nedenle "kendi içinde ve kendi başına küçük bir dünya" diye adlandırılır. Bu, aynı zamanda "ödüllendirilmemiş" demektir. Yani eğer kişi henüz ödüle layık görülmediğinde, "Kendisinin ve dostunun cehennemdeki payını alır." Bu demektir ki, kişi dostunun cehennemine dâhil olur.

Kaldı ki, kişi cehennemdeki kendi payını çoktan ıslah etmiş, fakat dostunun payını ıslah etmemişse yani içine entegre olmuş dünyanın payını ıslah etmemişse, henüz "bütün" sayılmaz.

Artık *Yakup*'un kendisi, *Se'arot* olmadan düzgün olsa da yine de *Esav*'ın topuğunu tuttuğunu anlıyoruz. Bu, *Esav* ile birleşerek, *Se'arot* aldığı anlamına gelir.

Bu nedenle kişi onları ıslah etmekle ödüllendirildiğinde, genel halkın *Se'arot*'una uzattığı üst ışığın yüceliği ölçüsünde, dostunun Cennetteki payını alır. Genel halk buna uygun nitelikleri olmadığı için henüz ışığı alamasa da kişi ödüllendirilir.

Artık *Yakup* ve *Esav* arasındaki tartışmayı anlayabiliriz. *Esav*; "Yeterince var." dedi ve *Yakup* "Her şeyim var." dedi ve bu, "İki sıra, her sırada altı tane" yani alma arzusu ve ışıkla Dvekut demek olan mantık dâhilinde ve mantık ötesinde demektir.

Esav "Yeterince var." dedi, bu, alma kaplarına mantık dâhilinde gelen ışıktır. Yakup her şeye sahip olduğunu yani her iki anlayışa sahip olduğunu söyledi. Başka bir deyişle, alma kaplarını kullanıyordu ve *Dvekut* ışığına sahipti.

Buzağıyı yaratan ve *"Ey İsrail, Bu senin tanrındır."* diyen karışık kalabalığın anlamı budur, *Mi* (kim) olmadan *Eleh* (bunlar) yani onlar *Mi*'ye (kim) değil, *Eleh*'e bağlanmak istediler. Bu demektir ki, onlar ve birlikte *Elokim* (Tanrı) adını oluşturan, yeterli ve her şey anlamına gelen ikisini, *Mi* ve *Eleh*'i birlikte istemediler. Bunu istemediler.

Bu, *Kravia* ve *Patia* olan *Çerubim*'in anlamıdır. Bir **Çerub** bir uçta, "yeterlinin" farkındalığıdır ve bir **Çerub** diğer uçta, "her şeyin" farkındalığıdır. Bu aynı zamanda, **"İki Çerubim arasında O'nunla konuşan ses"** anlamındadır.

Ama bu nasıl olabilir? Sonuçta onlar birbirine zıt iki uçtur. Yine de o, bir *Patia* (budala) yapmak zorundaydı ve böylece almak zorunda kaldı. Buna "mantık ötesi" denir. Kişi ona söylenenden hiçbir şey anlamadığı halde, ona söyleneni yine de yapar.

"Mantık ötesi" denen "her şey" ile ilgili olarak, kişi sevinçle çalışmaya çalışmalıdır zira sevinç yoluyla her şeyin gerçek ölçüsü ortaya çıkar. Eğer kişinin hiçbir sevinci yoksa sevinç duymadığına üzülmelidir, zira birincil çalışma alanı budur, mantık ötesi çalışmaktan sevinç duymayı keşfetmektir.

Bu nedenle kişi bu çalışmadan sevinç duymadığında, bu ona acı vermelidir. *"Kalbi onu istekli yapan"* şeklinde yazılanların anlamı budur, bu demektir ki, kişi bu çalışmadan keyif alamadığı için hasta ve kederlidir.

"Her şeyin bol olması yüzünden Efendin olan Tanrı'na sevinç içinde hizmet etmedin" sözlerinin anlamı budur. Bunun yerine "her şeyi" bir tarafa bıraktınız ve sadece "yeterli olanı" aldınız. Böylece sonunda çok aşağılarda olacaksınız ve hiçbir şeyiniz olmayacak yani yeterli olanı da kaybedeceksiniz. Ancak kişiye "her şeyinin" olması ve mutlu olması ölçüsünde "yeterli olan" verilir.

Buna göre, "Kadınlar Tammuz (yahudi takvimine göre yılın dördüncü ayı) için ağladılar." (*Ezekiel* 8) cümlesini yorumlamalıyız. Raşi bunu, *"Onlar putperestti, gözlerinde kurşun vardı ve onlar gözlerindeki kurşunu eritip, akıtmak için ısıttılar."* şeklinde yorumladı.

Ağlama yani gözlerinde toz olduğu için sevinç duymamaları konusunu yorumlamalıyız. Toz, *Behina Dalet*'tir yani mantık ötesi inanç demek olan, Cennetin Krallığıdır.

Bu idrak, toz formundadır yani önemsizdir. Bu çalışma, toz tadındadır yani bir toz ne kadar önemliyse, o kadar önemlidir. *Tammuz* için ağlayan kadınlarla ilgili alegori, onların putları yakması ve böylece ısı ile kurşundaki tozların ayrışıp çıkmasıdır.

Bu, onlara verilen, O'nun iyi ve iyilik yapan rehberliğine, mantık ötesi inanma çalışmasına ağladıkları anlamına gelir, onlar mantık dâhilindeyken ise sadece O'nun rehberliğindeki çelişkileri görürler. Bu çalışma *Keduşa*'nın çalışmasıdır ve onlar bu tozu ortadan kaldırmak isterler yani **"toz"** diye adlandırılan, mantık ötesi çalışmayı ortadan kaldırmak ister. Ancak "görmek" denen gözler, O'nun rehberliğini görmeyi, mantık dâhilinde olmayı ima eder; bu *"putperestlik"* diye adlandırılır.

Bu, işi topraktan çömlek ve kap yapmak olan, işi kilden çömlek yapmak olan bir kişiye benzer. Sırayla önce kilden yuvarlak toplar yapar, sonra bunları keser ve bu toplarda delikler açar. Küçük oğul, babasının ne yaptığını görünce "Baba, neden topları bozuyorsun?" diye ağlar. Oğul, babasının asıl amacının bu delikler olduğunu anlamaz çünkü ancak bu delikler, kap haline gelebilir ama çocuk, babasının kaplarda açtığı bu delikleri kapatmak ister.

Bu böyledir. Kişinin gözlerindeki görüşünü engelleyen bu toz, öyledir ki kişi nereye bakarsa baksın, İlahi Takdir'de çelişkiler görür. Bu, *"Mitzva'*nın sevinci" diye adlandırılan, koşulsuz sevginin kıvılcımlarını keşfedebileceği, eksiksiz bir **Kli**`dir. Bunun hakkında şöyle yazılmıştır: *"Yaradan ona yardım etmezse, kişi üstesinden gelemez."* Bu demektir ki, Yaradan bu düşünceleri vermemiş olsaydı, kişi herhangi bir yükseliş alamayacaktı.

34. Toprağın Avantajı

1942 *Tevat* ayında duydum

Hiçbir şeyin kendini gerçek formunda ifşa etmediği, ancak zıddıyla ifşa ettiği biliniyor, şöyle yazıldığı gibi: "Karanlığın içinden gelen ışığın avantajı gibi." Bu demektir ki, her şey bir diğerine işaret eder ve ancak bir şeyin zıddı yardımıyla, ona zıt olanın varlığı algılanabilir.

Bu nedenle, zıddı olmayan bir şeyi tam bir açıklıkla edinmek imkânsızdır. Mesela bir şeyin karşıtı olan, kötüyü işaret eden şey eksikse, o şeyin iyi olduğunu kestirmek ve söylemek mümkün değildir. Acı ve tatlı, nefret ve sevgi, açlık ve tokluk, susuzluk ve suya doymak, ayrılık ve birleşmek aynıdır. Dolayısıyla ayrılıktan nefret etme durumuna ulaşmadan, bağlılığı, birleşmeyi sevmek imkânsızdır.

Kişi, ayrı olmaktan nefret etme seviyesiyle ödüllendirilmek için, öncelikle ayrılığın ne demek olduğunu, yani neyden ayrı kaldığını bilmelidir. Ancak o zaman kişinin bu ayrılığı düzeltmek istediğini söylemek mümkün olur. Başka bir deyişle, kişi neyden ya da kimden ayrı kaldığını sorgulamalıdır. Bundan sonra bunu düzeltmeye ve ayrı kaldığı ile bağ kurmaya çalışabilir. Mesela kişi, O'nunla bağ kurmakla ne kazanacağını anlarsa, ayrı kaldığında neyi kaybedeceğini tahmin eder ve bilebilir.

Kazanç ve kayıp, haz ve acıya göre değerlendirilir. Kişi, ona acı veren şeyden uzak durur ve ondan nefret eder. Uzaklığın ölçüsü, acının ölçüsüne bağlıdır, zira acıdan kaçmak insanın doğasında vardır. Bu nedenle, biri diğerine bağlıdır yani kişi ızdırabı ölçüsünde, ondan uzaklaşmak için her türlü eylemi yapar ve çaba gösterir. Başka bir deyişle, ızdırap, acıya neden olan şeyden nefret edilmesine sebep olur ve kişi o ölçüde kendini bundan uzak tutar.

Dolayısıyla, kişi *"form eşitliği"* denen birleşmeyi edinmek adına, ne yapması gerektiğini bilmek için form eşitliğinin ne olduğunu bilmelidir. Böylece kişi form eşitsizliğinin ve ayrılığın ne olduğunu öğrenir.

Kitaplardan ve onların yazarlarından, Yaradan'ın iyiliksever olduğu biliniyor. Bu demektir ki, O'nun rehberliği aşağıdakilere iyi ve iyilik yapan olarak görünür ve inanmamız gereken şey de budur.

Bu nedenle, kişi dünyanın işleyişini sorguladığında, kendisini ve diğerlerini, insanların, İlahi Takdir altında, O'nun adına uygun olarak, iyi ve iyilik yapan bir İlahi Takdir ile haz almak yerine, nasıl acı çektiklerini incelemeye başlarsa, kişi için bu koşulda, bu *İlahi Takdir*'in iyi ve iyilik yapan olarak davrandığını ve onlara bolluk gönderdiğini söylemek zordur.

Ancak bilmeliyiz ki, bu koşulda, **Yaradan**'ın sadece iyilik gönderdiğini söyleyemediklerinde, *günahkâr* sayılırlar çünkü acı çekmek onları, onları Yapan'ı suçlamaya getirir. Sadece Yaradan'ın onlara haz verdiğini gördüklerinde Yaradan'ı haklı çıkarırlar. Bilgelerimizin şöyle söylediği gibi: "Erdemli kimdir? Onu Yapan'ı haklı çıkaran yani Yaradan'ın dünyayı doğrulukla yönettiğini söyleyen kişi."

Dolayısıyla kişi acı çektiğinde, ona eziyet eden doğal olarak nefret ettiği için, Yaradan'dan uzaklaşır. Sonuç olarak, Yaradan'ı sevmek yerine, tam tersi olur çünkü Yaradan'dan nefret etmeye başlamıştır.

Peki, kişi **Yaradan**'ı sevmek için ne yapmalıdır? Bunun için bize *Tora* ve *Mitzvot*'a (emirler) bağlanma şifası verildi çünkü içindeki ışık, kişiyi ıslah eder. Orada, kişinin ayrılık koşulunun ciddiyetini hissetmesini sağlayan ışık vardır. Kişi Tora'nın ışığını elde etmeyi amaçladıkça, içinde yavaş yavaş ayrılıktan nefret etme durumu yaratılır. Kişi, kendisinin ve ruhunun Yaradan'dan ayrı ve uzak olmasına neden olan sebebi hissetmeye başlar.

Bu nedenle kişi, O'nun rehberliğinin iyiliksever olduğuna, ancak form eşitsizliğine sebep olan kendini sevmeye battığı için, *"ihsan etmek için"* ve *"form eşitliği"* diye adlandırılan, bir ıslahın olduğuna inanmalıdır. Bizler sadece bu şekilde haz ve memnuniyet alabiliriz. Yaradan'ın vermek istediği memnuniyet ve hazzı alamamak, alıcıda ayrı olmaktan nefret etmeye yol açar. O zaman kişi form eşitliğinin faydasının farkına varabilir ve Yaradan'a tutunmaya özlem duymaya başlar.

Dolayısıyla her form, bir başka formu işaret eder. Bu nedenle kişinin ayrı düştüğünü hissettiren bütün düşüşler, onun bu iki zıt durumu ayırt etme fırsatıdır. Bir başka deyişle kişi, yükselmenin faydalarını düşüşlerden öğrenmelidir. Aksi takdirde, yukarıdan gelen yakınlaştırmanın önemini ve ona verilen yükselişleri takdir edemez. Hiç açlık hissetmemiş bir insana yemek verildiğinde olduğu gibi, bundan çıkarması gereken önemi çıkaramaz.

Öyle görünüyor ki, yükselişler, kişinin ayrılığa sebep olan düşüşlerden nefret etmesine sebep olurken, ayrılık zamanları olan bu düşüşler, yükselişlere tutunmanın önemini yaratıyor. Bir başka deyişle, kişi, *İlahi Takdir*'i kötülediğinde ve kime kara çaldığını bile hissetmediğinde, düşüşlerin ne kadar kötü olduğunu, böylesine büyük bir günah için tövbe etmesi gerektiğini değerlendiremez. Buna **"Yaradan'a iftira etmek"** denir.

Sonuç olarak, kişi tam olarak her iki forma sahip olduğunda, biri ile bir diğeri arasındaki uzaklığın farkına varabilir, "Karanlığın içinden gelen ışığın avantajında olduğu gibi." Kişi ancak o zaman, **Yaradan**'a tutunmanın değerini anlayabilir ve bunu takdir edebilir. Böylece, "O'nun yarattıklarına iyilik yapma arzusu" olan, yaratılış düşüncesinde bulunan haz ve memnuniyeti edinebilir. Gözümüze görünen her şey, Yaradan'ın bizim yaptığımız şekilde edinmemizi istediği şeydir, zira bunlar tam hedefe ulaşmanın yollarıdır.

Yine de **Yaradan**'a bağlanmayı hak etmek o kadar da basit değildir. Haz ve memnuniyet hissiyatını ve duygusunu edinmek büyük bir çaba ve emek gerektirir. Kişi bundan önce, İlahi Takdir'i haklı çıkarmalı, Yaradan'ın, yaratılanlara iyi ve iyilik yapan olarak davrandığına mantık ötesi inanmalı ve "Onların gözleri var ama görmezler" demelidir.

Bilgelerimiz: *"**Habakkuk** geldi ve bir prensip koydu."* demiştir; şöyle yazıldığı gibi: *"Erdemli olan inancıyla yaşar."* Bu demektir ki, kişi kendisini küçük ayrıntılarla meşgul etmemeli ama bütün çalışmasını bir noktada yoğunlaştırmalı ki, bu Yaradan'a olan inançtır. Kişinin dua etmesi gereken şey budur yani mantık ötesi gidebilmek için Yaradan'ın ona yardım etmesidir. İnançta bir güç vardır. Onun yardımıyla kişi ayrı olmaktan nefret eder. İnancın dolaylı olarak kişiyi ayrı olmaktan nefret ettirdiği kabul edilir.

Görüyoruz ki, inanç, görmek ve bilmek arasında büyük farklılıklar vardır. Görülebilen ve bilinebilen bir şey, eğer akıl o şeyin yapmaya değer olduğu hükmüne varıp, karar verirse bu çaba sarf etmeye yeter. Bir başka deyişle, kişi hangi yönde karar verdiyse, ona göre eyleme geçer. Bu böyledir, çünkü akıl kişiye her eyleminde eşlik eder ki böylece kişi aklın ona söylediği şeyleri yerine getirsin ve verdiği karara, aklının neden olduğunu yüzde yüz anlamasını sağlasın.

Ancak inanç, potansiyel bir uzlaşma meselesidir. Başka bir deyişle, kişi mantığına boyun eğdirir ve inancın ileri sürdüğü gibi, mantık ötesi çalışmanın gerçekten de değerli olduğunu söyler. Bu nedenle mantık ötesi inanç, sadece kişinin inandığı zaman yaptığı bir eylem sırasında yararlıdır. Kişi ancak bu durumda mantık ötesi çaba göstermeye isteklidir.

Diğer taraftan kişi, inancını bir anlığına bile bıraktığında, yani inancı bir an için zayıfladığında, hemen Tora'yı ve çalışmayı bırakır. Kısa bir süre önce mantık ötesi inancın yükünü üstlenmiş olması, ona yardım etmez.

Bununla birlikte, kişi aklı ile bunun kendisi için kötü bir şey olduğunu ve hayatını tehlikeye atacağını algıladığında, bunun neden tehlikeli olduğunu tekrar tekrar açıklamaya ve akıl yürütmeye ihtiyaç duymaz. Aksine eğer bir kere bu şeylerle meşgul olması gerektiğini mantığıyla kavradıysa, mantığı ona neyin iyi, neyin kötü olduğunu bildirecektir ve kişi artık bu kararı takip edecektir.

Bizler aklın ve inancın öne sürdüğü şeyler arasındaki farkı, bir şey inanca dayandığında bunun sebebinin ne olduğunu ve sürekli olarak inancın formunu hatırlamamız gerektiğini görüyoruz, aksi takdirde kişi kendi seviyesinden günahkâr için uygun olan seviyeye düşer. Bu koşul, bir günde bile oluşabilir. Kişi, bir gün içinde birçok defa kendi seviyesinden düşebilir, çünkü gün içinde mantık ötesi inancın bir an bile durmaması imkânsızdır.

Bilmemiz gerekir ki, inancın unutulmasının sebebi, mantık ötesi inanç gerçeğinden ve aklın, bedenin bütün arzularına karşı olmasından kök alır. Bedenin arzuları ister akılda ister kalpte olsun, "alma arzusu" olarak adlandırılan içimize damgalanmış olan doğamızdan gelir. Bundan dolayı beden bizi her zaman kendi doğamıza çeker. Sadece inanca tutunduğumuzda, bu güç, bedensel arzulardan bizi uzaklaştırır ve mantık ötesi yani bedenin mantığına karşı gitmemizi sağlar.

Bundan dolayı, *Dvekut* (bütünleşmek) olarak adlandırılan, ihsan etme kaplarını edinmeden önce, inanç kişide kalıcı bir temelde bulunamaz. İnanç kişinin içinde parlamadığında, kişi en alçak durumda olduğunu görür ve her şey, kendisi için alma arzusu olan form eşitsizliği nedeniyle gelir. Bu ayrılık, kişinin acı çekmesine, çalışmasındaki tüm çabanın ve inşa ettiklerinin harap olmasına neden olur.

Kişi inancını yitirdiği anda, ihsan etme yolundaki çalışmasına başladığı andakinden daha kötü bir durumda olduğunu görür. Bu şekilde kişi, ayrılıktan nefret etmeyi edinir, çünkü anında tüm dünyadaki ve kendi içindeki azabı hissetmeye başlar. Bu durum, kişinin, O'nun, yaratılanlar üzerindeki İlahi Takdir'ini haklı çıkarmasını, O'nu iyi ve iyilik yapan olarak görmesini zorlaştırır. O anda, kişi bütün dünyasının karardığını ve neşe kaynağı olacak hiçbir şeye sahip olmadığını hisseder.

Bu sebeple, kişi her defasında İlahi Takdir'e iftira atma kusurunu ıslah etmeye başladığında, ayrı olmaktan nefreti edinir. Ayrı olmaya duyulan bu nefret aracılığıyla, *Dvekut*'u sevmeye gelir. Başka bir deyişle, ayrı olduğu zamanlarda hissettiği acı ölçüsünde, Yaradan'la *Dvekut*'a yaklaşır. Benzer şekilde, karanlığı kötü olarak hissettiği ölçüde, *Dvekut*'un iyi olduğunu hissetmeye başlar. O zaman, *Dvekut*'u biraz olsun edindiğinde, ona nasıl değer vereceğini ve onu nasıl takdir edeceğini bilir.

Artık dünyada var olan bütün ızdırapların, gerçek ızdıraplara hazırlıktan başka bir şey olmadığını anlayabiliriz. Bunlar, kişinin ulaşması gereken ızdıraplardır yoksa **Kli** (kap) olmadan ışık olmayacağından, kişi manevi bir şey edinemez. Bu ızdıraplar, gerçek ızdıraplardır ve bunlara *"İlahi Takdir'i kınamak ve iftira atmak"* denir. Kişi, ***İlahi Takdir***'e iftira atmamak için dua eder ve Yaradan'ın kabul ettiği ızdıraplar bunlardır. *"Yaradan her ağzın duasını duyar."* sözlerinin anlamı budur.

Yaradan'ın bu ızdıraplara cevap vermesinin nedeni, kişinin, o zaman kendi alma kapları için yardım istememesindendir, zira eğer Yaradan ona istediği her şeyi verirse, edineceği form eşitsizliği yüzünden, bu onu Yaradan'dan giderek daha da uzaklaştırabilir. Daha ziyade tam tersidir; kişi Yaradan'a inanç için, form eşitliğini edinebileceği, bunun üstesinden gelebileceği gücü versin diye dua eder. Zira kişi, kalıcı bir inanca sahip olmadığını yani inanç, kişi için parlamadığında, İlahi Takdir'den şüphe etmeye başladığını görür ve onu Yapan'ı kınadığı "günahkâr" denen bir koşula gelir.

Öyle görünüyor ki, kişinin çektiği bütün acılar, İlahi Takdir'e iftira attığı içindir. Dolayısıyla onu inciten şey, Yaradan'ı övmesi, *"Şükürler olsun O'na bizi Kendi İhtişamında yarattı,"* demesi gerekirken, yani yarattıklarının O'na saygı duyduğunu söyleyeceği yerde, dünyanın işleyişinin O'nun ihtişamına uygun olmadığını görmesidir, zira herkes şikâyetçidir ve öncelikle Yaradan'ın iyiliksever yönetiminin, dünyayı iyi ve iyilik yapan şeklinde yönettiği İlahi Takdir'in açık olmasını talep eder. Bu, ifşa olmadığı için, bu İlahi Takdir'in O'nun adını yüceltmediğini ve bunun kişiye acı verdiğini söyler.

Böylece kişi, hissettiği azap nedeniyle, iftira atmaya zorlanır. Bu nedenle *Yaradan*'dan, kendisine inancın gücünü vermesini ve onu iyi ve iyilik yapan olmakla ödüllendirmesini talep ettiğinde, bu iyiliği kendisi haz alsın diye istememektedir. Bilakis iftira etmeyecektir, ona acı veren de budur. Kişi kendisi için *Yaradan*'ın dünyayı iyi ve iyilik yapan olarak yönettiğine mantık ötesi inanmak ister ve bunun inancın hissiyatında, sanki mantık dâhilindeymiş gibi yerleşmesini ister.

Bu yüzden kişi, *Tora* ve *Mitzvot*'u uyguladığında, Yaradan'ın ışığını, kendi menfaati için değil de O'nun iyi ve iyilik yapan olarak, İlahi Takdir'i haklı çıkaramamaya katlanamadığı için çekmek ister. Adı *"İyilik Yapan İyi"* olan Yaradan'ın adını kutsal saymamak ve bedeninin tam aksini iddia etmesi kişiye acı verir.

Kişiye acı veren de budur çünkü ayrılık koşulunda olduğu için, O'nun rehberliğini haklı çıkaramıyordur. Bu, ayrılık durumundan nefret etmek olarak kabul edilir. Kişi bu acıyı hissettiğinde, Yaradan onun duasını duyar, onu Kendine yaklaştırır ve *Dvekut* ile ödüllendirilir. Çünkü ayrı olmaktan hissettiği bu ızdırap, *Dvekut* ile ödüllendirilmesini sağlar ve o zaman, "Karanlığın içinden gelen ışığın avantajı gibi" denir.

"Toprağın her şeydeki kazancı" sözlerinin anlamı budur. Toprak yaratılıştır; "her şeyde" avantaj ile yani ayrılık ve *Dvekut* koşulları arasındaki farkı gördüğümüzde, Yaradan "her şeyin kökü" olduğu için, bununla her şeyle *Dvekut* ile ödüllendiriliriz.

35. *Keduşa*'nın Yaşam Gücüne Dair

1945'te Kudüs'te duydum.

Ayet (Mezmurlar 104) şöyle der: "Şu deniz ne büyük ne engin, içinde sayısız sürüler kaynaşır, küçük yaratıklar büyük olanlarla."

Şöyle yorumlanmalıyız:

1- ***Deniz***", *Sitra Ahra*'nın (diğer taraf) denizi anlamına gelir.
2- ***Büyük ve engin***", kendini açıkça gösterdiği ve büyük alma kaplarına atıfta bulunarak "Ver! Ver!" diye bağırdığı anlamına gelir.
3- ***Sürüler***", orada kişinin ayaklarıyla üzerlerine bastığı ve çiğnediği, üst ışıklar olduğu anlamına gelir.
4- ***Sayısız*** küçük ve büyük hayvan vardır yani kişi ister büyük ister küçük yaşam gücüne sahip olsun, hepsi o denizdedir.

Bu böyledir çünkü bir kural vardır: Onlar yukarıdan verirler ve almazlar (Yukarıdan verilmiş olan her şey, karşılığında herhangi bir şey alınmaksızın aşağıda kalır). Bu nedenle, kişi yukarıdan bir şey çeker ve onu lekelerse, o şey kişide değil, aşağıda kalır. Buna karşılık, *Sitra Ahra*'nın denizine düşer.

Başka bir deyişle, kişi bir miktar ışık çekmişse ve Kelim'i (kaplar) ışığa uygun olacak kadar saf değilse, onu sürekli tutamaz yani Verenden gelen ışık gibi, onu ihsan etme kaplarında alamadığından, aydınlanma onu terk etmelidir.

O zaman bu aydınlanma, *Sitra Ahra*'nın eline düşer. Bu birkaç kez devam eder yani kişi önce çeker ve sonra ondan ayrılır.

Bu nedenle, *Sitra Ahra* denizindeki aydınlanmalar, kap dolana kadar artar. Bu, kişinin sarf edebileceği çabanın tam ölçüsüne ulaştıktan sonra, Sitra Ahra kendi otoritesi altına aldığı her şeyi kişiye geri verir anlamına gelir. "Zenginliği yuttu ve onları tekrar kusacak" sözlerinin anlamı budur. Buradan *Sitra Ahra*'nın kendi otoritesi altına aldığı her şeyi, yalnızca emanet olarak yani insanın üzerinde kontrol sahibi olduğu sürece aldığı ortaya çıkar, *Sitra Ahra*'nın sahip olduğu kontrol, kişinin kendi alma kaplarını incelemesi ve onları *Keduşa*'ya (kutsallık) alması içindir.

Başka bir deyişle, eğer kişiyi bu şekilde kontrol etmemiş olsaydı, kişi çok daha azına razı olurdu. O zaman kişinin tüm alma kapları ayrı kalırdı ve kişi ruhunun köküne ait olan tüm Kelim'i (kaplar) asla bir araya getiremez, onları Keduşa'ya alamaz ve de kendisine ait olan ışığı yayamazdı.

Dolayısıyla, bu, kişi bir şeyi her çektiği ve düşüşü yaşadığında, yeniden başlaması, yeniden dikkatlice incelemesi gerektiğine dair bir ıslahtır. Kişinin geçmişten getirdiği şey, onu bir emanet olarak kendi otoritesinde tutan *Sitra Ahra*'ya düşer. Daha sonra kişi, tüm bu süre boyunca, onun kendisinden aldığı her şeyi geri alır.

Ancak bilmeliyiz ki, küçük de olsa herhangi bir aydınlanmayı sürdürebilse ve bu kalıcı olsaydı, kişi zaten bir bütün olarak kabul edilirdi. Başka bir deyişle, kişi bu aydınlanma ile ilerleyebilirdi. Bu nedenle, kişi bu aydınlanmayı kaybederse bundan pişmanlık duymalıdır.

Bu ileride büyük bir ağaç olsun diye toprağa bir tohum eken ve onu hemen topraktan geri çeken bir insanın durumuna benzer. O halde tohumu toprağa ekme çalışmasında ne fayda var ki?

Üstelik onun yalnızca tohumu topraktan çıkararak, onu çürütmek ile kalmadığını, olgunlaşmış meyveleri olan bir ağacı da topraktan çekerek çürüttüğünü söyleyebiliriz.

Burada da aynıdır; eğer kişi o küçük aydınlanmayı kaybetmeseydi, ondan büyük bir ışık doğardı. Sonuç itibariyle kişi sadece küçük bir aydınlanmanın gücünü kaybetmiş değildir, gerçekte çok büyük bir ışık kaybetmiş gibidir.

Bilmeliyiz ki, kişinin canlılık ve memnuniyet olmadan yaşayamayacağı bir kuraldır, zira bu, O'nun yarattıklarına iyilik yapma arzusu olan yaratılışın kökünden kaynaklanmaktadır. Dolayısıyla canlılık ve haz olmadan, hiçbir canlı var olamaz. Bu nedenle her varlık, gidip haz ve memnuniyet alacağı bir yer aramalıdır.

Ancak haz, üç zaman içinde, geçmişte, şimdi ve gelecekte alınır. Ancak hazzın alınması aslen şimdiki zamanda gerçekleşir. Kişinin geçmiş ve gelecekten de haz aldığını görsek de bunun nedeni geçmişin ve geleceğin şimdiki zamanda parlamasıdır.

Bu nedenle, eğer kişi, şu andan memnuniyet hissi alamıyorsa, o zaman yaşam gücünü geçmişten alır ve diğer insanlara geçmişte ne kadar mutlu olduğunu anlatır. Kişi içinde bulunduğu zamandaki yaşam gücünü bundan alabilir veya gelecekte mutlu olma umuduyla hayal kurabilir. Ancak geçmişten ve gelecekten gelen haz duygusunu ölçmek, bunun şimdiki zamanda kişi için ne kadar parladığına bağlıdır. Bunun hem dünyevi hem de manevi hazlar için geçerli olduğunu da bilmeliyiz.

Gördüğümüz gibi, kişi maddesellikte çalıştığında bile düzen, çalışma sırasında kendini yorduğu için mutsuz olmasıdır. Kişi ancak gelecek kendisi için parladığı yani çalışmasının karşılığında ödemesini alacağı zaman yaklaştığı için çalışmaya devam edebilir. Bu, onun için şimdiki zamanda parlar ve kişi bu sayede çalışmaya devam edebilir.

Ancak kişi gelecekte alacağı ödülü hayal edemiyorsa, o zaman kişi çalışmasının karşılığında alacağı ödülden değil, gelecekten haz almalıdır. Diğer bir deyişle, ödülden haz almayacak, ancak gösterdiği çabadan dolayı acı da çekmeyecektir. Şimdi, şu anda sahip olduğu şey, gelecekte sahip olacağı şey budur.

Kişi için gelecek şu anda parlar, çünkü yakında işi yani çalışması gereken zaman bitecek ve yerini dinlenme alacaktır. Böylece kişinin eninde sonunda elde edeceği dinlenmenin hazzı, onun için parlamaya devam eder. Başka bir deyişle, kişinin kazancı, şu anda çalışması nedeniyle hissettiklerinden etkilenmemek olacaktır. Bu da kişiye şu an çalışabilme gücünü verir.

Kişi, şu anda çektiği eziyetlerden bir an önce kurtulacağını kendi kendine hayal edemiyorsa, bu durum insanı kendi canına kıyabilecek kadar umutsuzluğa ve kedere getirir.

Bu nedenle bilgelerimiz, ***"Kendi canını alan kişinin bir sonraki dünyada yeri yoktur"*** dediler, çünkü Yaradan'ın dünyayı *"iyi ve iyilik yapan"* formunda yönettiğini, O'nun İlahi Takdir'ini inkâr eder. Bunun yerine kişi, bu koşulların kendisine geldiğine inanmalıdır, çünkü yukarıdan, bu koşulun kişiye ıslah getirmesini yani kişinin bu koşullardan Reşimot (izlenim) edinebilmesini isterler ki böylece dünyanın işleyişini daha yoğun ve güçlü bir şekilde anlayabilsin.

Bu koşullara *Ahorayim* (arka/sırt) denir. Kişi bu koşulların üstesinden geldiğinde, *Panim* (ön/yüz) anlayışı ile ödüllendirilir yani ışık bu *Ahorayim*'de parlar.

Mutluluk ve haz aldığı bir yer yoksa kişinin yaşayamayacağı bir kuraldır. Bu nedenle kişi yaşama gücünü şu anki zamandan alamadığında, bunu geçmişten veya gelecekten almak zorundadır. Başka bir deyişle beden, elindeki her vasıtayı kullanarak kendisi için yaşam gücü arar.

O halde, kişi yaşama sevincini dünyevi şeylerden almayı kabul etmezse, bedenin başka seçeneği olmadığı için, bu gücü manevi şeylerden edinmeyi kabul etmekten başka çaresi yoktur.

Bu nedenle, haz ve mutluluğu ihsan etme kaplarında almayı kabul etmelidir, çünkü yaşam gücü olmadan yaşamak imkânsızdır. Dolayısıyla kişi *Tora* ve *Mitzvot*'u (emirler) *Lo Lişma* (O'nun rızası için değil) olarak yani çalışmasının karşılığında bir ödül almak için izlemeye alıştığında, ileride bir ödül alacağını hayal edebildiği için, daha sonra alacağı haz ve mutluluğu şimdiden hesaplayarak çalışabilir.

Ancak, kişi bir ödül almak için değil de herhangi bir ödül olmaksızın çalışmak istiyorsa, ondan destek alacak bir şeye sahip olduğunu nasıl tasavvur edebilir? Sonuçta, kişi bununla ilgili yapacak bir şeyi olmadığından, herhangi bir resim oluşturamaz.

Bu nedenle, kişiye *Lo Lişma*'da, yukarıdan yaşam gücü verme zorunluluğu yoktur, zira yaşam gücünü geleceğin tasvirinden alır ve yukarıdan lüks değil yalnızca gerekli olan verilir. Bu yüzden kişi sadece Yaradan için çalışmak istiyor ve başka şeylerden yaşam gücü almak istemiyorsa, yaşam gücünün ona yukarıdan verilmesinden başka bir yol yoktur, zira kişi sadece yaşamını devam ettirebilmek için gerekli olan yaşam gücünü talep eder. O zaman Şehina (kutsallık) yapısından yaşam gücü alır.

Bilgelerimizin şöyle söylediği gibi, *"Halkı adına üzülen ödüllendirilir ve halkın rahatını görür."* Halka *"Şehina"* denir, halk kolektif yani *İsrail meclisi* anlamına gelir çünkü *Malhut*, tüm ruhların toplamıdır.

Kişi kendisi için herhangi bir ödül istemediği ve sadece *"Kutsallığı tozdan kaldırmak"* denilen, Yaradan adına çalışmak istediğinden, o kadar alçalmayacaktır yani onlar, Yaradan için çalışmak istemezler fakat gördüğü tek şey bunun kendisine fayda sağlayacağıdır; işte o zaman kişinin çalışmak için yakıtı olur. Yaradan'ın yararı ile ilgili olarak, kişi bunun karşılığında ne ödül alacağını görmediğinden, bedeni bu çalışmaya karşı çıkar, çünkü çalışmadan toz tadı alır.

Böyle bir kişi **Yaradan** için çalışmak ister, fakat bedeni buna direnir. Kişi, her şeye rağmen Yaradan'dan, *Şehina*'yı tozdan kaldırmak için çalışabilmek adına kendisine güç vermesini ister. Böylece kişi kendisine görünen *Yaradan'ın Panim'i* (yüz) ile ödüllendirilir ve gizlilik ondan kaldırılır.

36. İnsandaki Üç Beden Nedir?

Adar 24'te duydum, 19 Mart 1944, Kudüs

İnsan üç bedenden yaratılmıştır:
A. *Keduşa*'nın (kutsallık) ruhu için bir kıyafet olan içsel beden
B. *Noga*'nın *Klipa*'sı (kabuk)
C. *Yılanın derisi*

Kişiyi, *Keduşa*'ya karışmasınlar diye, bu iki bedenden kurtarmak ve sadece içsel bedeni kullanabilmesini sağlamak için tavsiye, bunun için şifa, yalnızca içsel bedenle ilgili şeyler hakkında düşünmektir.

Bu, kişinin düşüncesinin, her zaman tek bir otoritede, yani **"O'ndan başkası yok"** ta kalması gerektiği anlamına gelir. Elbette, tüm eylemleri O yapar ve O yapacaktır ve dünyada onu Keduşa'dan ayırabilecek hiçbir varlık yoktur.

Kişi, bu iki bedeni düşünmediği, besinleri olmadığı ve onlara güç veren bir şey olmadığı için bu bedenler ölür, çünkü onları aklımızdan geçirdiğimiz zaman, düşünceler onların besinleri olur. *"Ekmeğini alnından akan terle yiyeceksin."* ayetinin anlamı budur. Bilgi ağacının günahından önce, yaşam gücü ekmeğe bağlı değildi. Yani, yaşam gücü ve ışık çekmeye gerek yoktu ama aydınlatıldı.

Bununla birlikte, günahtan sonra, ***Adam, HaRişon*** yılanın bedenine tutunduğunda, yaşam ekmeğe yani her zaman yenilenmesi gereken besine bağlı hale geldi. Eğer onlara besin verilmezse ölürler. Bu, bu iki bedenden kurtulmak için büyük bir ıslah haline geldi.

Bu nedenle, kişi tüm gücüyle o bedenleri ilgilendiren şeyleri aklından geçirmemeye çalışmalıdır ve belki de bilgelerimizin dediği "Günah düşünceleri, günahın kendisinden daha ağırdır," budur, zira düşünce onların besinidir. Diğer bir deyişle, onlar yaşam gücünü, kişinin onlar hakkında aklından geçirdiği düşüncelerden alırlar.

Bu yüzden, kişi yalnızca içsel bedeni düşünmelidir, çünkü o *Keduşa*'nın ruhu için bir kıyafettir. Yani, kişi derisinin ötesindeki düşünceleri aklından geçirmelidir. Bu demektir ki, bedenin derisinin ötesine *"kişinin bedeninin dışı"* yani kişinin kendi menfaatinin dışı, yalnızca başkalarına yarar sağlama düşüncesi denir. Buna "kişinin derisinin dışında" denir.

Bu böyledir, çünkü kişinin derisinin ötesinde *Klipot*'un *(Klipa*'nın çoğul hali) tutunabileceği bir yer yoktur, çünkü Klipot bedenin dışında olana değil, yalnızca kişinin derisi içinde olana yani kişinin bedenine ait olana tutunur; buna "kişinin bedeninin dışı" denir. Bu demektir ki, onlar, bedende kıyafetlenen her şeye sahip olurlar ve bedende kıyafetlenmeyen hiçbir şeye tutunamazlar.

Kişi, derisinin ötesindeki düşüncelerde ısrar ettiğinde, yazılan *"Ve derimin ardında bunu kırdılar ve etimden Tanrı'yı göreceğim"* (*Eyüp* 19,26) ile ödüllendirilecektir. "Bu", *Şehina*'dır (Kutsallık) ve o kişinin derisinin dışında durur. "Kırdılar" ise "derimin ötesinde" bir destek olmak için ıslah olmuş olan demektir. O zaman, kişi "ve etimden Tanrı'yı göreceğim." ile ödüllendirilir.

Bu demektir ki, *Keduşa*, kişi özellikle derisinin dışında yani hiçbir kıyafet olmadan çalışmaya hemfikir olduğu zaman gelir ve bedenin içinde kıyafetlenir. Ancak, derinin içinde denilen, tam olarak bedende kıyafetlenme varken çalışmak isteyen günahkârlar, bilgelik olmadan ölürler. Bunun nedeni, o sırada onlarda kıyafetlenme olmaması ve bir şeyle ödüllendirilmemeleridir. Bununla birlikte, özellikle erdemliler, bedendeki kıyafetlenme ile ödüllendirilirler.

37. *Purim* Üzerine Bir Makale

1948'de duydum

Megilla'daki (*Ester* parşömenindeki) birkaç inceliği anlamalıyız:
1. Şöyle yazılmıştır: "Bunlardan sonra Kral Ahaşveroş, Haman'ı terfi ettirdi." "Bunlardan sonra" yani Mordehay, Kral'ı kurtardıktan sonra ne demek anlamalıyız. Kral'ın Mordehay'ı terfi ettirmesi daha mantıklı görünüyor. Ama ne diyor? Haman'ı terfi ettirdi diyor.
2. Ester Kral'a, "Çünkü ben ve halkım satıldık," dediğinde, Kral "O kim ve nerede?" diye sordu. Bu, Kral, Haman'a açıkça "İyi olanı yap diye sana gümüş verildi ve ayrıca halk verildi." demesine rağmen, Kral'ın bununla ilgili bir şey bilmediği anlamına gelir. Böylece Kral'ın bu satıştan haberdar olduğunu görüyoruz.
3. Bilgelerimiz "Her insanın isteğine göre" hakkında şunları söyledi: "Raba, 'Hem Mordehay'ın hem de Haman'ın arzusuna göre yapmak için' (*Megilla* 12) dedi." Sadece "kral" dendiğinde, bunun dünyanın Kralı'na işaret ettiği bilinmektedir. Öyleyse, nasıl olur da Yaradan bir günahkârın arzusuna göre hareket edebilir?
4. Şöyle yazılmıştır: "Mordehay yapılan her şeyi biliyordu." Bu sadece Mordehay'ın bildiği anlamına gelir, zira bundan önce şöyle yazılmıştır: "Ve Şuşan şehrinin kafası karışmıştı." Nitekim tüm Şuşan şehri bunu biliyordu.
5. "Kral adına yazılmış ve Kral'ın yüzüğü ile mühürlenmiş bir yazı geri alınamaz." diye yazılmıştır. O hâlde, ilk mektupları iptal eden ikinci mektupları nasıl verdi?
6. Bilgelerimizin "*Purim*'de kişi, lanetli *Haman*'ı, kutsanmış Mordehay'dan ayırt edemeyene kadar sarhoş olmalıdır." demesi ne anlama gelir?
7. Bilgelerimizin "Ve içmek yasaya göre idi." ayetiyle ilgili

söyledikleri ne demektir, "Yasaya göre" ne anlama gelir? Rabbi Hanan, Rabbi Meir adına şöyle dedi: *"Tora'*nın yasasına göre." *Tora'*nın yasası nedir? İçmekten daha çok yemektir.

Yukarıda yazılanları anlayabilmek için, öncelikle Haman ve Mordehay meselesini anlamalıyız. Bilgelerimiz ayet hakkında Haman ve Mordehay anlamına gelen "Her adamın arzusuna göre." demişlerdir. Bunu şöyle açıklamalıyız, Mordeyah'ın arzusu *"Tora'*nın görüşü*"* olarak bilinen içmekten çok yemektir ve Haman'ın arzusu bunun tam tersi olan yemekten çok içmektir.

"Nasıl olur da bir günahkârın arzusuna göre yemek hazırlar?" diye sorduk. Bunun cevabı yanında yazılıdır: "Hiçbiri mecbur edilmedi." Bu içmenin zorunlu olmadığı anlamına gelir ve "Hiçbiri mecbur edilmedi." sözünün anlamı budur.

Bilgelerimizin ayet hakkında şöyle söylediği gibi; *"Ve Musa, bakmaya korktuğu için yüzünü gizledi." "Musa yüzünü sakladı"* karşılığında *"Yaradan'ın sureti"* görmekle ödüllendirildiğini söylediler. Bu, tam olarak buna ihtiyaç duymadığı için (yani **Musa** bunun üzerine bir *Masah* (perde) çekebildiği için) almasına izin verildiği anlamına gelir. "Ben güçlü olana yardım ettim." ayetinin anlamı budur. Bu güçlülere ve O'nun yolunda yürüyebilene, Yaradan'ın yardım ettiği anlamına gelir.

"Ve içmek kanuna göre idi." diye yazılmıştır. *"Kanuna göre"* nedir? Çünkü *"Hiçbiri mecbur edilmedi."* Demek ki, içmeye ihtiyaçları yoktu, ama bir kere içmeye başladıktan sonra bağımlı oldular yani içmeye bağlandılar, içmeye ihtiyaçları vardı, yoksa ilerleyemezlerdi.

Buna *"zorlama"* denir ve bu şekilde onların Mordehay'ın yöntemini iptal etmiş oldukları kabul edilir. Bu aynı zamanda bilgelerimizin, "Nesil günahkârın yemeğini yemekten haz aldığı için yok olmaya mahkûm edilmiştir." sözünün de anlamıdır.

Başka bir deyişle, onlar içmeyi, "Hiçbiri mecbur edilmedi." formunda ele alsalardı, Mordehay'ın arzusunu iptal etmezlerdi ve

İsrail'in yöntemi budur. Ancak daha sonra, onlar içmeyi "zorlama" formunda aldıklarında, bunun sonucunda İsrail anlayışı olan *Tora yasasını* kendileri ölüme mahkûm etmiş oldular.

İçmekten daha çok yemenin anlamı budur. İçmek, "bilmek" olarak adlandırılan, *Hohma*'yı (bilgeliği) ifşa etmek anlamına gelir. Buna karşın yemek *Ohr de Hasadim* (merhamet ışığı) diye adlandırılan inançtır.

Dünyanın kralını ele geçirmeye çalışan *Bigtan* ve *Tereş*'in, anlamı budur. "Ve bu durumu Mordehay öğrendi... Durum incelendi ve öyle olduğu anlaşıldı." Arayış meselesi bir anda olmadı ve Mordehay bunu kolay bir şekilde edinmedi, ancak çok çalıştıktan sonra bu kusur meselesi ona ifşa oldu. Bu ona açıkça ifşa olduğunda *"her ikisi de asıldı"* yani bunu kusur olarak hissettikten sonra asılarak idam edildiler yani dünyadan bu eylemleri ve arzuları kaldırdılar.

"Bunlardan sonra" yani Mordehay'ın yaptığı inceleme ve gösterdiği onca emek, sıkı çalışma ve çabadan sonra, Kral onu kendisi için değil, sadece *Lişma* (O'nun rızası için) ile ödüllendirmek istedi. Zira *Kli* (kap) olmadan ışık olmadığı gibi, aşağıdaki ihtiyaç duymadığı sürece hiçbir şey alamayacağına dair bir kural vardır ve *Kli*, "ihtiyaç" olarak adlandırılır. Eğer onun kendisi için bir şeye ihtiyacı yok ise ona herhangi bir şey nasıl verilebilir?

Kral Mordehay'a emeği karşılığında kendisine ne vermesi gerektiğini sorsaydı, Mordehay derecelerde yükselmeye gerek olmaksızın sadece ihsan etmek için çalışan bir erdemli olduğundan azla yetinirdi. Kral ona sol çizgiden uzanan bilgelik ışığını vermek istedi ama Mordehay'ın çalışması sadece sağ çizgidendi.

Kral ne yaptı? Haman'ı terfi ettirdi yani sol çizgiyi önemli kıldı. Bu, "Onun koltuğunu tüm bakanların üstüne koydu." sözünün anlamıdır. Ayrıca ona kontrol verdi yani Kral'ın bütün köleleri Haman'ın önünde diz çöktü ve eğildi, *"Çünkü Kral böyle emretti."* kontrolü ele alacaktı ve herkes onu kabul etti.

Diz çökme meselesi, bu hükmün kabulüdür, zira onlar

Haman'ın yolunu Mordehay'ın yolundan daha çok sevdiler. Şuşan'daki tüm Yahudiler, Mordehay'ın bakış açısını anlamak onlar için zor olduğundan, Haman'ın hükümdarlığını kabul ettiler. Ne de olsa herkes bilir ki, "bilmek" diye adlandırılan, sol çizgide yürümek, Yaradan'ın yolunda yürümekten çok daha kolaydır.

"Kralın emirlerine neden karşı geliyorsun?" diye sordukları yazılmıştır. Çünkü onlar, Mordehay'ın inancın yolunda yürüme görüşünde ısrar ettiğini gördükleri için kafaları karıştı ve kimin haklı olduğunu bilemediler.

Gidip Haman'a kimin haklı olduğunu sordular, şöyle yazıldığı gibi: "Haman'a Mordehay'ın sözlerinin geçerli olup olmadığına bakmasını söylediler çünkü onlara kendisinin Yahudi olduğunu söylemişti." Demek ki, Yahudi'nin yolu, içmekten çok yemektir yani inanç esastır ve Yahudiliğin bütün temeli budur.

Bu Haman'da büyük bir rahatsızlığa neden oldu. Neden Mordehay onunla aynı fikirde değildi? Nitekim Mordehay, Yahudilik yolundan yalnızca kendisinin gittiğini ve başka bir yolu seçen herkesin putperest sayıldığını iddia ediyordu; şöyle yazıldığı gibi: *"Yahudi Mordehay'ı Kral'ın kapısında otururken gördüğüm sürece, bütün bunlar benim için değersizdir."* Bunun nedeni, Mordehay'ın, Kral'a açılan kapının sadece kendi tarafında olduğunu, Haman'ın tarafında olmadığını iddia etmesidir.

Şimdi neden, "Mordehay biliyordu" yani özellikle Mordehay biliyordu diye yazıldığını anlayabiliriz. Ancak herkesin bildiği anlamına gelen "Ama Şuşan şehri şaşırmıştı." diye yazılmıştır.

Bunu, Şuşan şehrinin şaşkın olduğu ve kimin haklı olduğunu bilmedikleri şeklinde yorumlamalıyız. Ancak Mordehay, Haman'ın kontrolünde olursa, bunun İsrail halkının yok edilmesi anlamına geleceğini, yani tüm İsrail'i, çalışmalarının temeli, Yaradan'la gözleri kapalı bir şekilde yürümek ve kendilerine sürekli *"Gözleri var ama görmezler"* demeleri için, "üstü kapalı merhamet" denen mantık ötesi inanca dayalı olan İsrail halkının, Yahudilik yolunu dünyadan sileceğini biliyordu. Çünkü Haman, inancın tamamen zıttı olan "Bilmek" diye adlandırılan sol çizgiye tutunur.

Yom Kipurim'de (Kefaret günü) yazıldığı üzere Haman'ın, çektiği kuraların, anlamı budur; şöyle yazıldığı gibi: "Bir kura Efendimiz için, bir kura *Azazel* için." Efendimiz için çekilen kura demek, Hasadim (Merhamet) olan ve inanç denen "yemek" diye adlandırılan "sağın" idraki demektir. Azazel için çekilen kura, aslında *"hiçbir işe yaramaz"* olarak kabul edilen sol çizgidir ve tüm *Sitra Ahra* (diğer taraf) buradan gelir.

Böylece sadece sol çizgi ışıkları dondurduğu için, ışıklardaki tıkanıklık sol çizgiden uzanır. *"Zar at yani bu senin payındır."* sözünün anlamı budur yani neyi attığını yorumlar. *"Zar"* ile *Pi Ohr* (İbranice'de, ışığın ağzı) demek ister.

Azazel'in hissesi nedeniyle tüm ışıklar engellenmiştir ve tüm ışıkları aşağıya doğru yaydığını görürsünüz. Haman, *"Erdemli olan hazırlar ve günahkâr olan giyer."* diye düşünür.

Başka bir deyişle, Haman, Mordehay'ın kendisine eşlik eden herkesle birlikte gösterdiği tüm bu çabaların ve emeklerin karşılığında hak ettikleri ödülü kendisinin alacağını düşündü. Yani Haman, Mordehay'ın ıslahları yoluyla ortaya çıkan ışıkları kendi hükmüne alacağını düşündü. Bütün bunlar, Kral'ın kendisine, aşağıya bilgelik ışığını yayma gücünü verdiğini gördüğü içindi.

Nitekim Kral'a gidip, *"Yahudileri yok etmeyi"* yani inanç ve merhamet olan İsrail'in hâkimiyetini yok etmeyi ve bilgiyi dünyada açık hâle getirmeyi söylediğinde, Kral onu şöyle yanıtladı: *"Sana gümüş verildi ve ayrıca halk verildi, onlar sana, iyi olanı yap diye verildiler."* yani Haman'ın kendi egemenliğine göre uygun gördüğü ve bildiği gibi ki bu sol ve bilmektir.

Birinci ve ikinci mektup arasındaki tüm fark Yahudi kelimesindedir. "Yazılı özette" (Nüsha, kraldan çıkan içeriğe atıfta bulunur. Daha sonra, yazılı özet yorumlanarak özetin amacı açıklanır) "Her bir vilayete ferman verilsin, tüm halka duyurulsun ve onlar o gün hazır olsunlar." denilmiştir. Kimin için hazır olmaları gerektiğini söylemiyor, ancak *Haman* özeti şöyle yazıldığı gibi yorumladı: "Ve *Haman*'ın emrettiği her şeyi yazdı."

Yahudi sözcüğü ikinci mektupta şöyle yazılmıştır: "Her vilayette dağıtılacak olan yazılı özet, tüm halklara açıklandı ve Yahudiler düşmanlarından intikam almak için bugüne hazırlanmalılar."

Bu nedenle *Haman* kralın huzuruna çıktığında, Kral ona şöyle dedi: "Önceden hazırlanan bu gümüş sana verildi" yani başka hiçbir şey yapmak zorunda değilsin zira "Sana doğru görüneni yapman için sana ayrıca bu halk verildi." dedi.

Diğer bir deyişle, halk zaten sana doğru görüneni yapmak istiyor, yani halk senin hâkimiyetini kabul etmek istiyor. Oysa kral ona *Mordehay*'ın ve Yahudiler'in hâkimiyetini kaldırmasını söylemedi. Bunun yerine, "Senin tarafından kayrılmak" olan, *Hohma*'nın ifşa olacağı önceden, o zamanda belirlenmişti.

Yazılı özet "Her vilayette ferman olarak dağıtılacak ve tüm halka duyurulacak." idi. Bu, *Hohma*'nın ifşası meselesinin tüm uluslar için olduğunun duyurulacağı bir ferman anlamına gelir.

Ancak Mordehay niteliği ve Yahudiler yani inanç, iptal edilecek denmedi. Aksine, buradaki niyet, *Hohma*'nın (bilgelik) ifşasıydı ancak onlar *Hasadim*'i (merhamet) seçecekti.

Haman, artık *Hohma*'nın ifşa edilme zamanı olduğuna göre, *Hohma*'nın ifşasının kesinlikle *Hohma*'yı kullanmak için verildiğini söyledi; kullanılmayacak olan bir şeyi kim yapar ki? Kullanılmazsa, o zaman bu işlem boşunadır. Bu nedenle bu Yaradan'ın arzusu olmalıdır ve Yaradan bu ifşayı *Hohma*'nın kullanılması için yapmıştır.

Mordehay, bu yolu seçmelerinin nedeninin, başka bir seçenekleri olmadığı için değil, bu ifşanın ortaya çıkmasının nedeninin, örtülü *Hasadim* denen sağ çizgiden gidebilmelerini mümkün kılmak adına, kendileri için ne aldıklarını onlara göstermek olduğu görüşünü savundu. Bu bir zorlama gibi görünüyor yani yakın zamana kadar *Hohma* ifşa olmadığı için başka seçenekleri yoktur. Ancak şimdi *Hohma* ifşa olduğundan, artık kendi özgür iradeleri ile seçim yapmaları için bir yer vardır. Başka bir deyişle, onlar *Hohma*'nın ifşası olan sol yerine *Hasadim*'in yolunu seçtiler.

Bu demektir ki, bu ifşa sadece *Hasadim*'in önemini, onlar için *Hohma*'dan daha önemli olduğunu ifşa edebilmeleri içindir. Bilgelerimizin dediği gibi: "Şimdiye kadar zorla, bundan böyle isteyerek." "Yahudiler izlediler ve kendi üzerlerine aldılar." sözünün anlamı budur. Dolayısıyla Hohma'nın şimdi ifşa olmasının nedeni, sadece onların Yahudi yolunu gönüllü olarak kabul edebilmeleri içindir.

Haman ile *Mordehay* arasındaki anlaşmazlık buydu. Mordehay, gördüklerimizin, Yaradan'ın *Hohma*'nın hükmünü ifşa etmesinin nedeninin, onların *Hohma*'yı almak yerine *Hasadim*'i geliştirmek yani *Hasadim*'i almaya gönüllü olduklarını göstermek olduğunu savundu. Bu demektir ki, *Hasadim*'i almak için yerleri var zira artık *Hohma*'nın parladığı solun kontrolünün zamanıdır, ancak onlar *Hasadim*'i seçerler. Dolayısıyla *Hasadim*'i alarak sağın sola hükmettiğini gösterirler.

Bu nedenle önemli olan Yahudi yasasıdır, ancak *Haman* bunun tam tersini, Yaradan'ın şimdi sol çizgi olan *Hohma*'yı, *Hohma*'nın kullanılması için ifşa ettiğini iddia etti. Aksi takdirde bu Yaradan'ın gereksiz bir şey yaptığı anlamına gelecektir yani O, bir şey yapmıştır ve bundan haz alacak kimse yok demektir. Bu nedenle bizler *Mordehay*'ın söylediklerini dikkate almamalıyız ve herkes onu dinlemeli ve şimdi ortaya çıkan bu *Hohma*'ın ifşasını kullanmalıdır.

Dolayısıyla, ikinci mektup birincisini iptal etmemiştir. Aksine tüm uluslar için yayımlanan ilk yazılı özete bir açıklama ve yorum sundular; tüm insanlara yayınlanma meselesi, şimdi parlayan *Hohma*'nın ifşası meselesi, Yahudiler içindir. Başka bir deyişle Yahudiler, *Hasadim*'i başka çareleri olmadığı için değil, gönüllü olarak seçebilsinler diye bu böyledir.

Bu sebeple ikinci mektupta, "Yahudiler düşmanlarından intikam alacakları gün için hazır olmalıdırlar." diye yazılıdır. Bu demektir ki, artık *Hohma*'nın şu an sahip olduğu bu hâkimiyet, onların *Hasadim*'i, *Hohma*'ya tercih ettiklerini göstermek içindir. Buna, "düşmanlarından intikam almak" denir. Bunun nedeni, düşmanlarının özellikle *Hohma*'yı istemeleri, buna karşın Yahudilerin, *Hohma*'yı reddetmesidir.

Artık kralın "O kim, nerede, bunu yapmaya cesaret eden de kim?" sorusu üzerine sorduğumuz şeyi anlayabiliriz. Neden sordu? Sonuçta Kralın kendisi Haman'a "Gümüş sana verilmiştir ve doğru gelen ne ise, onu yapman için de ayrıca sana halk verilmiştir." demişti.

(Daha önce de söylediğimiz gibi, *Hohma*'nın ifşa olma meselesi, insana iyi göründüğü şekilde yapması niyetiyledir yani seçim için bir yer olacaktır. Buna, "Halk da sana doğru görünen neyse öyle davransın." denir. Ancak eğer *Hohma*'nın ifşası yoksa seçim için bir yer yoktur, *Hasadim*'i seçerler çünkü onlara başka seçenekleri yok gibi görünür.)

Bu demektir ki, bunların hepsi Kral'ın artık *Hohma*'nın ifşa olma zamanı geldiği emrini vermesi nedeniyle böyle olmuştur. Niyet, solun sağa hizmet etmesiydi. Bununla sağın soldan daha önemli olduğu ortaya çıkacaktı ve bu nedenle *Hasadim*'i seçtiler.

Megillat Ester'in (Ester tomarı) anlamı budur. Burada terimler arasında bir çelişki var gibi görünüyor, zira Megilla (tomar), Galui (herkese ifşa olan) demektir ve Ester ise Hastara (gizlenme) anlamına gelir. Ancak bunu tüm ifşanın, gizlenmeyi seçmeye yer açmak için var olduğu şeklinde yorumlamalıyız.

Artık bilgelerimizin ne dediğini anlayabiliriz, "Kişi *Purim*'de, lanetli *Haman* ile kutsanmış Mordehay arasında ayrım yapamayana kadar sarhoş olmalıdır." Mordehay ve Ester meselesi ikinci tapınağın inşasından öncedir ve tapınağın inşası *Hohma*'nın yayılmasına işaret eder ve *Malhut*'a, "Tapınak" denir. Mordeyah'ın Ester'i, halkı için talepte bulunsun diye Kral'a göndermesinin anlamı budur ve şöyle cevap vermiştir: "Kral'ın tüm hizmetkârları" vs., "Çağrılmayan için tek bir yasa vardır, o kişi idam edilir." vs., "Ve ben otuz gündür Kral'ın huzuruna çağrılmadım."

Bu, GAR de *Hohma* niteliğini aşağıya yaymanın yasak olduğu ve GAR'ı (Üç Sefirot, her biri on tane içerir, otuz tanedir) yayan kişinin ölüme mahkûm edileceği anlamına gelir çünkü sol çizgi, Hayatların Hayatı'ndan ayrılığa sebep olur.

"Kralın, yaşayabilmesi için altın asayı uzattığı kişi hariç." Altın, Hohma ve GAR demektir. Bu demektir ki, kişi aşağıdakini uyandırarak değil, sadece yukarıdakini uyandırarak hayatta yani Dvekut'ta (bütünleşme) kalabilir.

Her ne kadar *Ester, Hohma*'ya ihtiyacı olan *Malhut* ise de bu ancak yukarıdakinin uyandırılması ile olur. Ancak Hohma'yı çekerse, kendi niteliğini tamamen kaybeder. Bu bağlamda Mordehay ona şöyle dedi: "Öyleyse Yahudilere yardım ve kurtuluş başka bir yerden gelecek." yani sol çizgiyi tamamen iptal ederek cevap verdi ve Yahudiler sadece Hasadim olan sağ çizgiye sahip olacaklar, o zaman *"Sen ve babanın evi yok olacak."*

"Baba kızı oluşturdu" koşulunda, kendi içinde Hohma'yı edinmelidir. Ama içmekten çok yemek olmalıdır. Ancak eğer Yahudilerin başka tavsiyesi yoksa sol çizgilerini iptal etmeleri gerekecek ve böylece tüm niteliği iptal etmiş olacaklar. Bu, onun "Eğer ben ölürsem yok olurum." sözü ile ilgilidir.

Başka bir deyişle, eğer ben gidersem, kaybolurum çünkü ayrılığa gelebilirim, tıpkı aşağıdaki uyandığı zaman, bunun Hayatların Hayatı'ndan ayrılmaya neden olması gibi. Eğer ben gitmezsem, *"O zaman, Yahudiler için yardım ve kurtarılma başka bir yerden gelecek."* yani başka bir şekilde gelecek. Onlar, Mordehay'ın bunu ona söylediği üzere, sol çizgiyi tamamen iptal edeceklerdi. Bu nedenle o, *Haman*'ı ziyafete davet ederek, Mordehay'ın yolundan gitti yani o Mordehay'ın ona dediği gibi sol çizgiyi uzattı.

Daha sonra, solu sağın içine dâhil etti ve böylece ışıklar aşağıda ifşa olabildi ve *Dvekut* durumunda kalabildi. *Megillat Ester*'in anlamı budur yani Hohma'nın ışığı ifşa olduğu hâlde o yine de orada olan gizliliği alır. Çünkü *Ester Hester*'dir (Hastara gibi gizlilik demektir).

Onun bilmeme meselesi, "On Sefirot Çalışması metninde (15. Bölüm, *Ohr Pnimi*, Madde 217) açıklanmıştır. Hohma ışığı aydınlatmasına rağmen, Hasadim ışığı olmaksızın bunun alınmasının imkânsız olduğu açıklanmıştır çünkü bu, ayrılığa neden olur. Ancak oruç tutma ve ağlama yoluyla Hasadim ışığını çektikleri bir mucize gerçekleşti ve böylece Hohma'nın ışığını alabildiler.

Ancak son ıslah öncesi böyle bir şey yoktur. Bu anlayış "son ıslah" anlayışından geldiği için, zamanla zaten ıslah olmuş olacaktır; *Zohar*'da yazıldığı gibi: "SAM'in kaderi kutsal bir melek olmaktır." Dolayısıyla o zaman Haman ve Mordehay arasında fark olmayacaktır çünkü Haman da ıslah edilmiş olacaktır. "Kişi, *Purim*'de, lanetli Haman'ı kutsal Mordehay'dan ayırt edemeyene kadar sarhoş olmalıdır." ifadesinin anlamı budur.

"Asıldılar" sözüne gelince, bunun ağaçta asılmanın bir işareti olduğunu yani bilgi ağacının günahı ile aynı günah olduğunu anladılar, orada kusur GAR'da idi.

"Kral'ın kapısında oturdu" konusuna eklenebilecek olan, bunun onun oturduğunun ve ayakta durmadığının göstergesi olmasıdır çünkü oturmaya VAK ve ayakta durmaya GAR denir.

38. Yaradan Korkusu O'nun Hazinesidir

10 Nissan, Tav-Şin-Zayin, 31 Mart 1947'de duydum

Hazine, içine edinimin/tasarrufların yerleştirildiği bir *Kli*'dir (kap). Örneğin tahıl ambara, değerli şeyler ise daha korunaklı bir yere yerleştirilir. Dolayısıyla, alınan her şey, ışıkla olan bağlantısına göre adlandırılır ve *Kli*, bu şeyleri alabilmeye uygun olmalıdır. Öğrendiğimiz gibi, *Kli* olmadan ışık yoktur ve bu, maddesellikte bile geçerlidir.

O halde maneviyatta Yaradan'ın vermek istediği manevi bolluğu alabileceğimiz, ışıkla denk olan *Kli* nedir? Yani maddesellikte olduğu gibi, kabın ve onun içine yerleştirilen nesnenin bir ilişkisi olmalıdır.

Örneğin, şarabı ekşitmeden saklamak için yeni çuvallara doldurur ya da şarap fıçılarının içine un koyarsak, un ve şarap hazinelerine sahip olduğumuzu söyleyemeyiz. Bunun yerine işleyiş şöyledir; şarabın kabı fıçılar, kavanozlardır ve unun kabı ise fıçılar değil, çuvallardır

Bu nedenle bir soru vardır: "Üst bolluğun büyük hazinesi için yapabileceğimiz *Kelim* (kaplar), manevi kap nedir?"

Burada, *"İnek buzağının emmek istediğinden daha fazla beslemek ister."* kuralı vardır. Bunun nedeni, O'nun arzusunun yarattıklarına iyilik yapmak olmasıdır ve inanmalıyız ki *Tzimtzum* (kısıtlama) bizim iyiliğimiz içindir. Bunun nedeni, bizlerin bolluğu alabilecek doğru *Kelim*'e sahip olmamamızdır, tıpkı maddesellikte olduğu gibi, içine yerleştirilmiş şey için uygun olan bir kap olmalıdır. Dolayısıyla *Kelim*'i eklersek, orada eklenen bolluğu tutacak bir şey olacağını söylemeliyiz.

Buna cevap, O'nun hazinesinde, Yaradan'ın yalnızca cennet korkusu hazinesine sahip olmasıdır. (***Berahot*** 33).

Ancak korkunun ne olduğunu açıklamalıyız. Bu *Kli*'dir ve

hazine bu *Kli*'den yapılmıştır ve tüm önemli şeyler içine yerleştirilmiştir. Korkunun, *Musa* hakkında yazıldığı gibi olduğunu söyledi: "Bilgelerimiz (*Berahot*, s 7) dedi ki *'Ve bakmaya korktuğu için Musa yüzünü sakladı,'* karşılığında *'Efendi'nin suretini görmek' ile ödüllendirildi.*"

Korku, kişinin orada bulunan büyük bir hazdan, onu ihsan etmek amacıyla almasının mümkün olmayacağından duyduğu korkuyu ifade eder. Bunun için, korkuya sahip olmak için ödül, kendisi için üst bolluğu içine alabilecek bir *Kli* yapmış olmaktır. Bu adamın işidir ve bunun dışındaki her şeyi Yaradan'a atfederiz.

Ancak, korku için durum böyle değildir çünkü korkunun anlamı, almamaktır. Yaradan ne verirse, yalnızca alınması için verir ve bu "Cennet korkusu dışında her şey cennetin elindedir." ifadesinin anlamıdır.

İhtiyacımız olan *Kli* budur. Aksi takdirde, bizler budala olarak kabul edileceğiz; bilgelerimizin şöyle dediği gibi, *"Kim budaladır? Kendisine verileni kaybeden."* Bu, eğer ihsan etmeyi amaçlayamazsak *Sitra Ahra*'nın (diğer taraf) bolluğu bizden alacağı anlamına gelir çünkü o zaman, bolluk *Sitra Ahra* ve *Tuma*'a [saf/ arı olmayan] olan alma kaplarına gider.

Bu, *"Ve sen emirlere uyacaksın."* ifadesinin anlamıdır. Uymak, korku anlamındadır. Her ne kadar ışığın doğası kendini muhafaza etse de yani kişi ışığı alma kaplarına almak istemeden önce ışık ayrılsa da kişi bunu elinden geldiğince kendi başına yapmalıdır; bilgelerimizin şöyle dediği gibi, *"Sen kendini biraz aşağıdan tutacaksın ve ben seni çokça yukarıdan tutacağım."*

İnsanlara korku yüklememizin sebebi, bilgelerimizin dediği gibi, "Cennet korkusu dışında her şey cennetin elindedir" olduğundandır çünkü O, korku dışında her şeyi verebilir. Bunun sebebi, Yaradan'ın verdiği şeyin korku değil, daha ziyade sevgi olmasıdır.

Korku, *Tora ve Mitzvot'un Segula'sı* (güç/çare) vasıtasıyla edinilir. Bu demektir ki, kişi onu Yapan'ı memnun etmekle ödüllenmek niyetiyle *Tora* ve *Mitzvot* ile meşgul olduğunda, *Mitzvot*'un eylemleri ve *Tora*'nın çalışmasına dayanan bu amaç, kişiyi bunu edinmeye götürür. Aksi takdirde, kişi, her madde ve detayda Tora ve Mitzvot'a riayet etmesine rağmen aynı yerde, *Keduşa*'nın (kutsallık) cansız derecesinde kalabilir.

Bundan dolayı, kişi her zaman *Tora* ve *Mitzvot* ile meşgul olma yükümlülüğünün sebebini hatırlamalıdır. Bilgelerimizin "Senin *Keduşa*'n, Benim Adım için olacak." ile kastetmiş olduğu budur. Bu, senin sebebin Ben olacağım, tüm çalışman Beni memnun etmeyi istemek için yani tüm eylemlerin ihsan etmek için olacak anlamındadır.

Bilgelerimiz, *"Oradaki her şey muhafaza edilmek, hatırlamak içindir."* (*Berahot* 20) dedi. Bu, *"O'nu hatırladığım zaman, uyumama izin vermiyor."* yolu ile *"hatırlama"*ya ulaşmak amacıyla, *Tora* ve *Mitzvot*'u izleyen herkes anlamına gelir. Dolayısıyla, yerine getirmek, öncelikle hatırlamakla ödüllendirilmek içindir.

Dolayısıyla, kişinin *Tora* ve *Mitzvot*'u izlemesinin sebebi, **Yaradan'ı hatırlama arzusudur**. Bu böyledir çünkü buradan, *Tora* ve *Mitzvot*'u izleme amacının ve sebebinin, Yaradan olduğu ortaya çıkar, zira bu olmadan kişi Yaradan'a tutunamaz çünkü form eşitsizliğinden dolayı *"O ve Ben aynı yerde barınamayız."*

Ödül ve cezanın ifşa olmamasının ve bizim yalnızca ödül ve cezaya inanmak zorunda olmamızın nedeni, Yaradan'ın herkesin kendileri için değil, O'nun için çalışmasını istemesindendir. Bu, Yaradan tarafından form eşitsizliği olarak algılanır. Eğer ödül ve ceza, ifşa olmuş olsaydı, kişi kendini sevdiği için çalışırdı. Böylece Yaradan onu severdi ya da kendinden nefret ettiği için, Yaradan'ın ondan nefret edeceği korkusuyla çalışırdı. Buradan, çalışmanın sebebinin Yaradan değil, yalnızca kişinin kendisi olduğu sonucu çıkar ve Yaradan kendisinin zorlayıcı sebep olmasını ister.

Görünen o ki, korku tam olarak kişi alçaklığını fark edip,

Kral'a hizmet ettiğini, yani kişinin O'na ihsan etme arzusunun büyük bir ayrıcalık olarak kabul edildiğini ve bunun ifade edebileceğinden çok daha değerli olduğunu söylediğinde ortaya çıkar. "Önemli bir kişiye vermek, ondan almak sayılır." kuralına göre bu böyledir.

Kişi, kendi alçaklığını hissettiği ölçüde Yaradan'ın yüceliğini takdir etmeye başlayabilir ve O'na hizmet etme arzusu kişide uyanır. Ancak eğer kişi gururlu ise, Yaradan der ki *"O ve Ben aynı yerde barınamayız."*

Bu, "Bir budala, günahkâr ve saygısız bir arada olur." ifadesinin anlamıdır. Bunun nedeni, kişinin korkusu olmadığından, yani Yaradan'ın önünde kendisini alçaltamayacağı ve karşılık olmadan O'na hizmet edebilmenin kendisi için büyük bir onur olduğunu söyleyemeyeceği için Yaradan'dan hiçbir bilgelik alamayacağı, bir budala olarak kalacağıdır ve budala olan günahkârdır; bilgelerimizin şöyle dediği gibi "Budalalık ruhu ona girmedikçe, kişi günah işlemez."

39. Ve Onlar İncir Yapraklarını Diktiler
26 Şubat 1947'de Şavat'ta duydum.

Yaprak, ışığın yani güneşin üzerine koyduğu gölgeyi işaret eder. İki gölge vardır. Biri *Keduşa* (Kutsallık) tarafından, diğeri ise bir günah yüzünden gelir.

O yüzden, ışığın iki çeşit gizliliği vardır. Maddesellikte gölgenin güneşi gizlediği gibi, "güneş" olarak adlandırılan üst ışıkta da bir gizlilik vardır ki bu, özellikle yapılmış bir seçim sonucunda, Keduşa tarafından gelir. Bu, Musa hakkında şöyle yazıldığı gibidir: *"Ve Musa yüzünü gizledi, çünkü bakmaya korkuyordu."*

Gölge, korku nedeniyle gelir ve korku demek, kişinin bolluğu kendisi için almaktan korkması, ihsan etme amacında olamayacağından korkması demektir. Bundan, gölgenin *Keduşa* tarafından yani kişinin *Yaradan*'a bağlanmak istemesi yüzünden geldiği sonucu çıkar.

Diğer bir deyişle, *Dvekut* (bütünleşmek) ihsan etmek olarak adlandırılır ve kişi ihsan etme yeteneğine sahip olamayacağından korkar.

Dolayısıyla kişi *Keduşa*'ya bağlıdır ve buna *"Keduşa* tarafından gelen gölge" denir.

Ayrıca günah yüzünden gelen bir gölge vardır. Bu demektir ki, gizlilik, kişiye almak istemediği için değil, tam tersine, almak için almak istediği için gelir. Işığın ayrılmasının nedeni budur, zira *Keduşa* ve *Klipa* (kabuk) arasındaki fark, *Keduşa*'nın ihsan etmek istemesi, *Klipa*'nın ise ihsan etmek bir yana, sadece almak istemesidir. Bu nedenle, gölgenin Klipa tarafından geldiği kabul edilir.

Bu koşuldan çıkmak için şu yazılanlar haricinde verilecek başka hiçbir tavsiye yoktur: "Ve onlar incir yapraklarını birbirine diktiler ve kendilerine kuşaklar yaptılar." Kuşaklar, *Keduşa*'nın gölgesi formunda birleşen bedenin kuvvetlerini ifade eder. Bu, günah yüzünden bolluk gittiği için artık ışığa sahip olmasalar da Yaradan'a mantık ötesi hizmet etmek adına salt güçle üstesinden geldiler anlamına gelir. Buna "zorla" denir. "Ve onlar Efendimizin sesini duydular, vs., ve adam ve karısı saklandı." yani gölgeye girdiler, ayetinin anlamı budur. *"Musa yüzünü gizledi"* nin anlamı budur yani *Adam HaRişon,* Musa'nın yaptığının aynısını yaptı.

"Ve ona: 'Neredesin?' diye sordu ve o şöyle dedi: *'Sesini bahçede duydum ve korktum çünkü çıplaktım ve saklandım."* Çıplak, üst ışıktan sıyrılmış demektir.

O zaman Yaradan, 'gizlendim' denilen 'Gölgeye geçmenin sebebi nedir?' diye sordu. Çünkü çıplaktım. *Keduşa*'nın gölgesi yüzünden mi yoksa bir günah yüzünden mi? Yaradan ona, *"Sana yememeni emrettiğim ağaçtan mı yedin?'* diye sordu, yani bir günah yüzünden mi?

Ancak gölge, bir günah yüzünden geldiğinde, buna "imgeler, suretler ve büyücüler" denir ve bu "Tanrı bunları birbirine zıt yarattı" demektir. Bunun nedeni, *Keduşa*'da değişiklikler yapacak, işaretler ve alametler gösterecek güçler olduğu gibi, *Sitra Ahra*'da da güçler vardır. İşte bu nedenle erdemliler, "Biri diğerinin zıddı" olduğu için, bu güçleri kullanmazlar ki böylece *Sitra Ahra*'ya yaptıklarını yapmaları için güç vermesinler.

Yalnızca istisnai durumlarda, Yaradan Sitra Ahra'ya, *Keduşa* ile aynı gücü vermez. Bu, İlyas'ın, Karmel Dağı'ndaki "Bana cevap ver." demesi gibidir ki böylece bunun büyücülük olduğunu yani üst ışığı gizleme gücü olduğunu söylemesinler.

Dolayısıyla, bilgi ağacının günahından olan, incir yapraklarının kenarlarından gelen kuşaklar, bu yapraklar, yani günah nedeniyle gelen bu gölge, sebep *Keduşa* olmadığı için, kendi başlarına gölgeye girmeyi seçtiklerinde, ancak başka seçenekleri olmadığı için gölgeyi aldıklarında, bu sadece düşüş durumundan çıkmak için işe yarayabilir. Ancak bundan sonra çalışma yeniden başlamalıdır.

40. Rav'a Olan İnancın Ölçüsü Nedir?

1943'te duydum

Bir sağ, bir de sol çizgi olduğu biliniyor. Sağ kelimesi *"Ve o Yaradan'a inandı."* ayetine atıfta bulunan **"sağa doğru"** kelimesinden gelir. Targum der ki, "**Sağa doğru**, rav öğrencisine doğru yolu al dediği zamandır.'

Sağa normalde *"bütünlük"* denir ve sol, *"eksiklik"* orada ıslahlar eksik olarak adlandırılır. Bu durumda kişi, kendisine sağ çizgide yani "bütünlük" içerisinde yürü diyen ravının sözlerine inanmalıdır.

Öğrencinin yürümesi gereken *"bütünlük"* nedir? Kişi, kendisini sanki Yaradan'a olan inançla zaten ödüllendirilmiş ve organlarında **Yaradan**'ın tüm dünyayı *"İyi ve İyilik yapan"* olarak yönettiğini yani tüm dünyanın, O'ndan sadece iyilik gördüğünü hissediyormuş gibi görmelidir.

Ancak, kişi kendisine baktığında, kendisini fakir ve muhtaç olarak görür. Ek olarak, dünyayı gözlemlediğinde, tüm dünyanın ve her birinin kendi derecesine göre ızdırap çektiğini görür.

Bununla ilgili olarak, *"Gözleri var ama görmezler."* denmelidir. **"Onlar"** demek, çoklu otorite altında oldukları sürece, **"onlar"** olarak adlandırılan onlar, gerçeği görmezler demektir. Nedir çoklu otorite? Kişi iki arzuya sahip olduğu sürece, tüm dünyanın Yaradan'a ait olduğuna inansa da, bir şeylerin insana ait olduğuna da inanır.

Ama gerçekte kişi, kendi otoritesini, Yaradan'ın önünde iptal etmeli ve kendisi için yaşamak istemediğini ve var olmak istemesinin tek nedeninin, Yaradan'ına memnuniyet vermek olduğunu söylemelidir. Böylece bununla kişi kendi otoritesini tümüyle iptal eder ve o zaman tek bir otoritenin yani Yaradan'ın otoritesinde olur. Ancak o zaman kişi gerçeği, Yaradan'ın tüm dünyayı iyi ve iyilik yapan niteliğiyle yönettiğini görebilir.

Kişi birden fazla otorite altında olduğu sürece yani hem kalbinde hem de aklında, halen iki arzu olduğunda, gerçeği göremez. Bunun yerine kişi mantık ötesi gitmeli ve *"Onların gözleri var"* ama gerçeği görmezler demelidir.

Dolayısıyla kişi kendisine baktığında, düşüş döneminde mi yoksa yükseliş döneminde mi olduğunu bilmek istediğinde, bunu da bilemez. Yani kendisinin düşüş durumunda olduğunu düşünür ki bu da yanlıştır, zira şu anda yükseliş durumunda yani kendi gerçek durumunu, kutsal çalışmadan ne kadar uzak olduğunu gördüğü bir koşulda olabilir. Dolayısıyla, artık hakikate yaklaşıyordur.

Bunun tersi de olabilir; kişi kendisini yükseliş durumunda hissedebilir ve aslında *"düşüş"* olarak adlandırılan kendisi için alma arzusu tarafından kontrol edildiği bir dönemdedir.

Sadece tek bir otoritenin altında olan kişi gerçeği ayırt edebilir ve bilebilir. Dolayısıyla kişi ravının görüşlerine güvenmeli ve ravın kendisine anlattıklarına inanmalıdır. Bu demektir ki, kişi ravının kendisine yapmasını söylediklerine göre ilerlemelidir.

Kişi ravının fikirleriyle uyuşmayan pek çok argüman ve öğreti görmesine rağmen yine de ravının fikirlerine güvenmeli ve başka kitaplardan anladığı ve gördüğü şeyler, ravının fikirleriyle çelişse de çoklu otorite altında olduğu sürece hakikati anlayamayacağını ve diğer kitaplarda yazanları, onların söylediği gerçeği göremeyeceğini söylemelidir.

Bilinir ki, kişi henüz ödüllendirilmediğinde, *Tora*'sı kendisi için ölüm iksiri olur. Neden, *"Ödüllendirilmedi ve Tora'sı kendisi için ölüm iksiri oldu"* denir? Bunun nedeni, kişinin öğrendiği veya duyduğu tüm öğretilerin, ona Hayatların Hayatı ile *Dvekut* (bütünleşme) denen hayatı getirebilmek adına, hiçbir fayda getirmeyecek olmasıdır. Tam tersine, kişi sürekli H*Hohma*ayatların Hayatı'ndan uzaklaşır, zira kişinin yaptığı her şey, sadece bedeninin ihtiyaçları içindir ve buna *"kendisi için almak"* denir ve bu ayrılık olarak kabul edilir.

Bu demektir ki, kişi eylemleri aracılığıyla, Hayatların

Hayatı'ndan daha fazla uzaklaşır ve buna *"ölüm iksiri"* denir, zira bu kişiye hayat değil, ölüm getirir. Bu, kişi "O nasıl merhametli ise, sen de merhametlisin" yoluyla *"Yaradan ile form eşitliği"* denen ihsan etmekten iyice uzaklaşmıştır anlamına gelir.

Ayrıca bilmeliyiz ki kişi sağa bağlandığı zaman, yukarıdan bolluğun yayılması için doğru zamandır, zira *"Kutsanmış olan, Kutsanmış'a tutunur."* Başka bir deyişle, kişi bütünlük koşulundayken "kutsanmış" denir ve bu bakımdan, o an form eşitliği içerisindedir, zira bütünlüğün göstergesi, kişinin memnuniyet içinde olmasıdır. Aksi takdirde bütünlük olmaz.

Bilgelerimizin şöyle söylediği gibi: *"Şehina* (Kutsallık) sadece *Mitzva'*dan (emirler) gelen sevincin içindedir." Bu demektir ki, kişiye sevinç getiren sebep, *Mitzva'*dır yani ravının kendisine sağ çizgiyi seçmesini emrettiği gerçeğidir.

Dolayısıyla, kişi ravının söylediklerini yerine getirir yani kişinin sağ çizgide ilerlemesi için özel ve sol çizgide ilerlemesi için özel bir zaman vardır. Sol, sağla çelişkilidir, zira sol demek, kişinin kendi adına hesap yaptığı ve şimdiye kadar Yaradan'ın yolunda ilerleyerek ne elde ettiğine baktığı ve fakir ve muhtaç olduğunu gördüğü zaman demektir. Peki, kişi nasıl bütünlük içerisinde olabilir?

Kişi yine de ravının emri nedeniyle mantık ötesi gider. Dolayısıyla kişinin tüm bütünlüğü mantık ötesi inşa edilmiştir ve buna **"inanç"** denir. *"Benim adımın geçtiği her yerde sana geleceğim ve seni kutsayacağım."* ifadesinin anlamı budur. *"Her yerde"* demek, kişi henüz kutsanmaya layık olmasa da "Ona Benim kutsamamı verdim çünkü sen bir yer, bir sevinç yeri, üst ışığın içinde olacağı bir yer yapıyorsun."demektir.

41. İnancın Büyüklüğü ve Küçüklüğü Nedir?

Pesah gecesini takip eden akşam duydum, 29 Mart 1945

Şöyle yazılmıştır: *"Ve onlar Efendi'ye ve O'nun hizmetindeki Musa'ya inandılar."* Bilmeliyiz ki, *Pesah* ışıkları, inancın ışığını bahşedecek kadar güçlüdür. Ancak inanç ışığının küçük bir şey olduğu düşünmeyin, zira küçüklük ya da büyüklük yalnız alıcıya bağlıdır.

Kişi hakikatin yolunda çalışmadığında, çok inançlı olduğunu düşünür ve sahip olduğu inancın ölçüsüne göre, insanlara dağıtır ve onlar o zaman korkuya sahip olur ve tamamlanır.

Ancak Yaradan'a gerçekten hizmet etmek isteyen ve kendini, sadakatle *"ve tüm kalbiyle"* çalışmaya istekli mi diye her an sorgulayan kişi, her zaman inancının yetersiz olduğunu yani her zaman eksik olduğunu görür.

Yalnızca inanç sahibi olduğunda, kişi kendini, her an Kral'ın huzurunda duruyor gibi hissedebilir. Kişi, Kral'ın yüceliğini hissettiğinde, sevgiyi iki şekilde keşfedebilir. Güzel yoldan veya sert yargıların yolundan. Dolayısıyla, hakikati arayanlar, inanç ışığına ihtiyaç duyar. Böyle biri inanç ışığını edinmenin bir yolunu görüp duyduğunda, büyük bir hazine bulmuşçasına mutlu olur.

Bu nedenle, hakikati arayanlar, inanç ışığı ile donanmış olan Pesah Bayramı'nda, şu Paraşa'yı (Tora bölümünü) okur: "Ve onlar Efendi'ye ve O'nun hizmetindeki Musa'ya inandılar;" çünkü o an inancın bahşedilme anıdır.

42. Çalışmada ELUL Kısaltması Nedir?

Elul 15'te duydum, Tav-Şin-Bet, 28 Ağustos 1942

Bunu anlamak için diğer birkaç şeyi daha anlamamız gerekir.

1- Malhiot (Malhut'un çoğulu), hatıralar, Şofarot (Şofar'ın çoğulu, koçboynuzu) meselesini ve bilgelerimizin şu sözlerini anlamalıyız: "Kendi arzunu, O'nun arzusu önünde iptal et ki böylece O da kendi arzusunu senin arzun önünde iptal etsin."

2- Bilgelerimizin şu sözlerini de anlamalıyız: "Günahkâr derhâl ölüme, erdemli hemen şimdi yaşama."

3- Şu ayeti: "Gerşon'un oğulları: Libni ve Şimey"

4- Zohar'ın şu sözlerini: "Yod, içinde hiç beyazlık olmayan siyah bir noktadır."

5- Yukarının Malhut'u, aşağının Keter'i olur.

6- Çalışmanın bütünlük içinde olup olmadığına neşe tanıklık eder nedir?

Tüm bunlar Elul[3] ayı hazırlıkları için geçerlidir.

Yukarıdakilerin tümünü anlamak için, yaratılış amacını anlamalıyız; bunun O'nun yarattıklarına iyilik yapmak istemesi olduğu söylenir. Tikun (ıslah) nedeniyle "utanç ekmeği" söz konusu olmasın diye, bir Tzimtzum (kısıtlama) yapılmıştır. Tzimtzum'dan, Masah (perde) uzanır ve bununla alma kapları ihsan etme kaplarına dönüşür.

Kaplar, ihsan etmek üzere hazır olduklarında, yaratılanlardan gizlenmiş olan kıymetli ışığı derhâl alırız. Bu, kişi, yarattıklarına iyilik yapmak olan yaratılış düşüncesindeki haz ve mutluluğu alır demektir.

---

[3] ELUL, "Ben sevgilime, sevgilim de bana ait" ayetinin kısaltmasıdır.

Bununla şu yazılanları yorumlayabiliriz: "O'nun arzusu önünde kendi arzunu iptal et." yani Yaradan'ın arzusu olan ihsan etme arzusu önünde, kendi içindeki alma arzusunu iptal et; Yaradan'ın isteği budur. Bu demektir ki, kişi, Yaradan sevgisi karşısında kendini sevmeyi iptal eder. Buna "Yaradan'ın önünde kendini iptal etmek" denir ve bu *Dvekut* (bütünleşmek) olarak adlandırılır. Akabinde, Yaradan alma arzusunun içinde parlayabilir çünkü artık ihsan etmek için almak şeklinde ıslah edilmiştir.

Bu "O da sizin arzunuzun önünde, kendi arzusunu iptal etsin." sözlerinin anlamıdır. Bu demektir ki, Yaradan kendi arzusunu yani form eşitsizliği nedeniyle var olan Tzimtzum'u (kısıtlamayı) iptal eder. Bununla birlikte hâlihazırda bir form eşitliği var olduğunda, ışık alttakinin ihsan etmek üzere ıslah edilmiş olan arzusunda uzanır çünkü yaratılışın amacı budur, yarattıklarına iyilik yapmaktır ve bu artık gerçekleştirilebilir.

Artık *"Ben sevdiğime aitim"* ayetini yorumlayabiliriz. Bu, "Ben", Yaradan'ın önünde ihsan etme formunda alma arzusunu iptal ederek *"ve sevgilim benimdir"* koşulunu elde ettiği anlamına gelir. Bu, Yaradan yani sevgilim *"Benimdir"*, O bana yaratılış düşüncesinde bulunan haz ve mutluluğu verir demektir. Böylece daha önce gizli ve kısıtlanmış olan, şimdi artık yüzün ifşası haline gelir, zira artık yarattıklarına iyilik yapmak olan yaratılış amacı ifşa olmuştur.

İhsan etme kaplarının, saf *Kelim* (kaplar) olan *HaVaYah*'dan (Yod, Hey, Vav, Hey) geldiğini ve YH (Yod, Hey) olarak adlandırıldığını bilmeliyiz. "Alanlar, daha saf ve temiz Kelim'de (kaplar) alırlar." sözlerinin anlamı budur. Bu durumda kişi "Sevgilim benimdir" ile ödüllendirilir ve O, kişiye bolluk verir yani kişi Yüzün ifşasıyla ödüllendirilir.

Ancak bunun bir koşulu vardır. Kişinin, Yüzün gizliliği olarak kabul edilen, Ahorayim (arka/sırt) idrakini almadan ve bunun Yüzün ifşası kadar önemli olduğunu söylemeden önce, ifşayı edinmesi imkânsızdır. Bu, kişinin Yüzün ifşasını zaten edinmiş gibi sevinmesi gerektiği anlamına gelir.

Ancak kişi, ihsan etmek için çalışmadıkça, gizlilik koşulunda, ifşa koşulunda olduğu gibi ısrarcı olamaz ve çalışmayı takdir edemez. O zaman: "Çalışma sırasında ne hissettiğim umurumda değil çünkü benim için önemli olan şey, Yaradan'a ihsan etmek istememdir. Eğer benim Ahorayim formunda çalışmam Yaradan'ı memnun edecek ise, bunu kabul ederim." diyebilir.

Ancak kişinin içinde hâlâ alma kıvılcımları varsa, kişiye düşünceler gelir ve o zaman Yaradan'ın bu dünyayı "İyi ve iyilik yapan" olarak yönettiğine inanmakta zorlanır. HaVaYaH adındaki Yod harfinin anlamı budur ve *"İçinde hiç beyaz olmayan siyah nokta"* olarak adlandırılır yani tam bir karanlık ve Yüzün gizliliğidir.

Bu demektir ki, kişi, hiçbir desteğinin olmadığı bir koşula geldiğinde, durumu karanlık hale gelir, bu da üst dünyadaki en düşük niteliktir ve Keter'in *Kli*'si ihsan etme kabı olduğundan, aşağıdakinin *Keter*'i haline gelmesidir.

Üsttekindeki en düşük nitelik, kendine ait hiçbir şeyi olmayan yani hiçbir şeyin sahibi olmayan Malhut'tur. Ancak bu koşulda ona Malhut denir. Bu demektir ki, eğer kişi, hiçbir şeye sahip olmama durumu olan cennet krallığını memnuniyetle üstlenirse, daha sonra bu, ihsan etme kabı ve en saf Kli olan Keter haline gelir. Başka bir deyişle, *Malhut*'un karanlık koşuldaki edinimi, ihsan etme kabı olan *Keter*'in *Kli*'si haline gelir.

Ayette yazıldığı gibidir, *"Çünkü Efendimizin yolları düzgündür ve erdemliler o yolda yürür, günahkârlarsa tökezler."* Bu, günahkârlar yani alma kapları tarafından kontrol edilenler, o koşula geldiklerinde, düşmek ve yüklerinin altında diz çökmek zorunda kalırlar anlamına gelir.

Ancak erdemliler yani ihsan etme koşulunda olanlar, bununla yükseltilir ve onlara ihsan etme kapları verilir ("Günahkâr", kalbi hala ihsan etme kaplarını elde etmede kararlı olmayan, "Erdemli" ise kalbi zaten ihsan etme kaplarını elde etmede kararlı, ancak henüz buna muktedir değildir şeklinde yorumlanmalıdır).

Zohar'da yazdığı gibi, *Şehina* (Kutsallık), *Raşbi*'ye şöyle der: "Senden saklanacak bir yer yok." ve bu nedenle de ona görünür. Raşbi'nin "Bundan dolayı ve O'nun arzusu benim üzerimde" demesinin anlamı budur. Bu, *"Ben sevdiğime aitim ve sevdiğim de bana ait"* demektir, böylece kişi VH'ye (Vav, Hey) ihsan eder.

"Hey Vav'a bağlanana kadar İsim eksik, taht eksiktir." sözlerinin anlamı budur. Hey "alma arzusu" olarak adlandırılır, Vav'ın Hey'e ihsan edeceği en son kaptır ve böylece ıslah sona erecektir.

"Erdemli derhâl hayata" sözlerinin anlamı budur. Bu, kişinin kendi adının hangi deftere yazılmasını istediğini kendisinin söylemesi gerektiği anlamına gelir. Erdemlilerin defterine mi yani kendisine ihsan etme arzusu verilmesini istiyor mu istemiyor mu? Kişi, ihsan etme arzusuna ilişkin birçok anlayışa sahip olduğundan, bazen "Evet, bana ihsan etme arzusunun verilmesini istiyorum ama alma arzusunun da tamamen iptal edilmesini istemiyorum," der. Her iki dünyayı da kendine ister yani ihsan etme arzusunu kendi keyfi ve zevki için de ister.

Ancak, alma kaplarını kendileri için hiçbir şey almaksızın yalnız ihsan etmeye çevirmek isteyenler erdemlilerin defterine yazılır. Bu, kişinin, *"Alma arzusunun iptal edilmesi gerektiğini bilseydim, bunun için dua etmezdim"* (sonradan, "Bu, benim üzerine yemin ettiğim şey değil") demesine yer kalmasın diye böyledir.)

Bu nedenle kişi, daha sonra şikâyet etmemek için, erdemliler defterine yazılmakla ne demek istediğini çekinmeden, açıkça söylemelidir.

Bilmeliyiz ki, çalışmada erdemlinin defteri ile günahkârın defteri aynı kişinin içindedir. Bu demektir ki, kişi bir seçim yapmalı ve ne istediğini açıkça bilmelidir, çünkü günahkâr da erdemli de aynı kişiyle ilgilidir. Bu nedenle kişi, erdemlilerin defterine yazılmak, hemen hayat için olmak yani Hayatların Hayatı'na bağlanmak istiyorsa, her şeyi Yaradan için yapmak istediğini söylemelidir. Ayrıca kişi, kendisi için almak isteyenlerin kaydolduğu günahkârların defterine yazılmaya geldiğinde, onların deftere bir an önce ölü olarak yazılmaları gerektiğini söylemelidir, yani kendisi için alma arzusu sanki ölmüş gibi onda iptal edilecektir.

Ancak kişinin bazen şüpheleri vardır. Başka bir deyişle, kişi içindeki alma arzusunun derhâl iptal olmasını istemez. Kişi için tüm alma kıvılcımlarının anında ölüme terk edileceğine hemen karar vermek zordur, yani tüm alma arzusunun bir anda iptal edilmesini kabul etmez.

Bunun yerine, kişi alma kıvılcımlarının bir kerede değil, yavaş yavaş ve kademeli olarak iptal edilmesini ister, bu da biraz alma kaplarını, biraz da ihsan etme kaplarını kullanacağı anlamına gelir. Bunun sonucunda, bu kişinin kesin ve net bir görüşü olmadığı sonucu çıkar.

Kesin bir görüş şudur ki, bir yandan, *"Hepsi benim"* yani her şey alma arzusu için der, diğer yandan her şey Yaradan için diye talep eder. Buna *"Kesin görüş"* denir. Ancak, beden, tamamen Yaradan için istemesi görüşünü kabul etmezse kişi ne yapabilir?

Bu durumda, bu kişinin, tamamen Yaradan için olması adına elinden gelen her şeyi yaptığını, yani tüm arzularını, yalnız Yaradan adına yerine getirebilmesi için Yaradan'a dua ettiğini söyleyebilirsiniz. "Hayat için bizi hatırla ve bizi hayat defterine yaz." diye dua etmemizin sebebi budur.

"Malhut" sözünün anlamı budur yani kişi içinde hiç beyaz olmayan siyah nokta niteliğini üstlenir. "Arzunuzu iptal edin" ifadesinin anlamı budur; iptal edin ki hatıranız Benim önüme gelsin ve sonra O'nun arzusu, sizin arzunuzun önünde iptal edilsin. Ne ile? *Şofar* (koçboynuzu) ile yani annenin Şofar'ı ile yani mesele tövbeye bağlıdır.

Başka bir deyişle, kişi eğer siyahlığı kabul ederse, bunun utanç verici bir şekilde değil, onurlu bir şekilde olması için gayret etmelidir. Buna "Annenin Şofar'ı" denir yani kişi bunu hoş ve saygın görür.

Buna göre, şu yazılanları yorumlamalıyız: "Gerşon'un oğulları: Libni ve Şimey." Eğer kişi çalışmadan uzaklaştırılıp atıldığını görürse, bunun *Libni*'den[4] yani özellikle beyazlık istemesinden kaynaklandığını bilmelidir. Başka bir deyişle, eğer kişiye beyazlık verilirse yani kişinin yaptığı her şey parlarsa, bu, kişi *Tora*'da ve duada güzel bir tat alacak anlamına gelir ve işte o zaman Tora ve *Mitzvot*'u (emirler) dinlemeye ve bağlanmaya isteklidir.

"*Şimey*"in[5] anlamı budur. Bu, kişinin tam olarak "beyazlık" formu aracılığıyla işitebildiği anlamına gelir. Ancak çalışma sırasında kişi siyah bir şekil görür ve bu çalışmayı üstlenmeyi duymayı kabul edemez. Bu nedenle, cennetin krallığına kabulü için koşulsuz teslim olması gerektiğinden, kişi Kral'ın salonundan kovulmalıdır.

Ancak, eğer kişi çalışmayı beyaz şeklinde yani günün ona parlaması şartıyla üstleneceğini söyler ve çalışmanın kendisine siyah olarak görünmesi ile hemfikir olmazsa, bu kişinin Kral'ın salonunda yeri yoktur. Çünkü ancak ihsan etmek için çalışmak isteyenler, Kral'ın salonuna kabul edilir ve kişi ihsan etmek için çalıştığı zaman, çalışma sırasında ne hissettiğine aldırmaz.

Aksine, siyah şekiller gördüğü durumda bile bundan etkilenmez, sadece tüm engellerin üstesinden gelebilmek için, Yaradan'ın ona güç vermesini ister. Bu demektir ki, kişi Yaradan'dan beyaz şekiller vermesini değil, tüm sırların üstesinden gelebilmesi için güç vermesini diler.

Dolayısıyla ihsan etmek için çalışmak isteyenler, eğer her zaman beyazlık koşulunda olsaydı, o beyazlık kişinin çalışmasına izin vermezdi. Çünkü beyaz parlarken, kişi kendisi için alma formu içinde bile çalışabilir.

Bu nedenle, kişi yaptığı çalışmanın saf olup olmadığını asla bilemez ve bu onun Yaradan ile *Dvekut* (bütünleşmek) ile asla ödüllendirilmemesine neden olur. Bu nedenle, kişiye yukarıdan siyahlık formu verilir, böylece kişi yaptığı çalışmanın saf olup olmadığını görür.

[4] İbranice Lavan (Beyaz) olarak telaffuz edilen kelime.
[5] İbranice Shmi'a (İşitmek) olarak telaffuz edilen kelime.

Bu demektir ki, kişi karanlık koşulunda da mutlu olabiliyorsa, bu, çalışmasının saf olduğunun işaretidir, zira kişi mutlu olmalı ve ona yukarıdan ihsan etmek adına çalışabilmesi için bir fırsat verildiğine inanmalıdır.

Bilgelerimizin şöyle dediği gibi: *"Açgözlü olan herkes öfkelidir."* Bu demektir ki, almaya batmış olanlar öfkelidir çünkü hep bir yokluk ve eksiklik içindedirler. Alma kaplarını sonsuza dek doyurmaları gerekir.

Ancak, ihsan etme yolunda yürümek isteyenler, her zaman mutluluk içinde olmalıdır. Bunun anlamı, kişi her biçimde kendisine gelenle mutlu olmalıdır, zira kendisi için almaya niyeti yoktur. Bu nedenle, her halükârda, eğer kişi gerçekten ihsan etmek için çalışıyorsa, Yaradan'ını memnun etme şansı verildiği için kesinlikle mutlu olması gerektiğini söyler. Eğer çalışmasının henüz ihsan etmek için olmadığını hissederse, kişi yine de memnuniyet içinde olmalıdır, çünkü kendisi için hiçbir şey istemediğini söylüyordur. Alma arzusunun bu çalışmadan keyif alamamasından mutludur ve bu ona sevinç vermelidir. Ancak eğer kişi bu çalışmadan kendisi için de bir şey alacağını düşünürse, *Sitra Ahra*'nın (diğer taraf) çalışmasına bulaşmasına izin vermiş olur ve bu da onda üzüntü, öfke ve kızgınlığa neden olur.

43. Gerçek ve İnanca Dair

Duydum

Gerçek, kişinin hissettiği ve gözüyle gördüğü şeydir. Bu anlayışa "ödül ve ceza" denir, bu demektir ki, hiçbir şey çaba sarf edilmeden elde edilemez. Bu, evinde oturan ve yaşamını sürdürmek için hiçbir şey yapmak istemeyen bir kimsenin durumuna benzer. "Yaradan, iyi ve iyilik yapan olduğu ve herkese baktığı için, kendisinin hiçbir şey yapmasına gerek yokken, tüm ihtiyaçlarını mutlaka gönderir." der.

Elbette, bu kişi, bu şekilde davranırsa kesinlikle açlıktan ölür. Akıl da bunu savunur; öyle görünüyor ki, gözümüze de böyle görünür ve aslında gerçek budur, kişi açlıktan ölecektir.

Ama aynı zamanda, kişi, bütün ihtiyaçlarını, *İlahi Takdir* sayesinde hiçbir çaba sarf etmeden ve zahmete girmeden karşılayabileceğine mantık ötesi inanmalıdır. Başka bir deyişle, her şeyi Yaradan yapar ve yapacaktır ve kişi, O'na hiçbir konuda yardım etmez. Ancak her şeyi Yaradan yapar ve kişi ne ekleyebilir ne de çıkarabilir.

Ancak, biri diğeriyle çeliştiğine göre, bu iki koşul nasıl bir arada olabilir? Anlayış demek, kişinin aklıyla idrak ettiği şey demektir yani insanın yardımı olmaksızın, öncesinde emek sarf edip, çaba göstermeden hiçbir şey edinilmez. Buna "gerçek" denir, zira Yaradan kişinin böyle hissetmesini ister. Bu yüzden bu yola *"gerçeğin yolu"* denir.

Bunun kafanızı karıştırmasına izin vermeyin. Bu iki yol çelişkili ise bu koşulun gerçek olması nasıl mümkün olabilir? Cevap, gerçeğin ne bu yola ne de koşula işaret etmediğidir. Aksine, gerçek, Yaradan'ın kişinin böyle hissetmesini istediği hissiyata işaret eder, buna "gerçek" denir. Dolayısıyla Yaradan hakkında yani O'nun arzusu hakkında, insanın tam olarak böyle hissetmesini ve görmesini istediği gerçeğini söyleyebiliriz.

Ancak, aynı zamanda kişi, hissetmemesine ve akıl gözüyle görmemesine rağmen, Yaradan'ın, herhangi bir çaba sarf etmeksizin elde edilebilecek tüm kazançları elde etmesine yardım edeceğine inanmalıdır, bu yalnızca İlahi Takdir'le ilgilidir.

Kişinin, İlahi Takdir'i ödül ve ceza koşuluna ulaşmadan önce edinememesinin sebebi, İlahi Takdir'in sonsuz olması ve insan aklının sonsuz olmamasıdır. Dolayısıyla, sonsuz olan bir şey, sonsuz olmayan bir şeyle kıyafetlenemez. Bu yüzden kişi ödül ve ceza ile ödüllendirilir ödüllendirilmez, ödül ve ceza, İlahi Takdir'in kıyafetlendiği bir Kli (kap) olur.

Artık, *"Efendimiz kurtar, Efendimiz başar"* ayetini anlayabiliriz. "Kurtar", ödül ve cezaya işaret eder. Kişi, Yaradan'ın kendisine çaba ve emek sarf edeceği ve böylece ödül alacağı koşullar vermesi için dua etmelidir. Aynı zamanda kişi başarı için de dua etmelidir, bu İlahi Takdir'dir, yani kişi var olan tüm kazançları, hiçbir çaba ve emek sarf etmeden alacaktır.

Hepimiz bunları maddi servette de görüyoruz (mekânda, yerde ayrılmalarıyla, yani iki bedende kavranır, oysa maneviyatta her şey, tek bir bedende iki kez incelenir). İnsanlar vardır ki, mal ve mülklerini çok büyük çaba, enerji sarf ettikten sonra, muhteşem bir zekâ ile elde ederler ve aynı zamanda tam tersini görürüz, çokta zeki olmayan, çok enerjisi olmayan ve çok çaba sarf etmeyen insanlar başarılı olurlar ve dünyadaki en muhteşem mal ve mülklerin sahibi olurlar.

Cevap şudur ki, tüm bu maddesel şeyler, üst köklerinden yani ödül ve cezadan ve İlahi Takdir'den uzanır. Aralarındaki tek fark, maneviyattaki her şeyin tek bir yerde, yani tek bir taşıyıcıda ancak birer birer yani bir kişinin içinde ama iki koşulda, maddesellikte ise tek seferde ancak iki taşıyıcıda yani aynı anda, iki ayrı insanda ortaya çıkmasıdır.

44. Akıl ve Kalp

Tevet 10, 1 Şubat 1928'de duydum, Givat Shaul, Kudüs

Kişi inancının yerinde olup olmadığını yani korku ve sevgi içerisinde olup olmadığını incelemelidir; şöyle yazıldığı gibi: "Eğer bir baba isem, *onurum nerede* ve eğer Efendiniz isem, bana olan *korkunuz nerede?*" Buna "akıl" denir.

Ayrıca kendini memnun etmeye dair hiçbir arzunun, kendi için istemeye dair tek bir düşüncenin bile kişide olmayacağını, tüm arzularının yalnızca Yaradan'a ihsan etmek için olacağını anlamalıyız. Buna *"kalp"* denir ve bu "Merhametli olan kalbi ister." demektir.

45. Tora'da ve Çalışmada İki Farkındalık

5 Eylül 1948'de duydum

Tora'da iki farkındalık vardır ve çalışmada iki farkındalık vardır. İlki, korkuyu fark etmek, ikincisi sevgiyi fark etmektir. Tora'ya, bütünlük, tam olma hali denir yani kişinin çalışmasının içinde bulunduğu koşuldan söz etmeyiz sadece Tora'nın kendisi ile ilgili konuşuruz.

İlkine "**sevgi**" denir yani kişinin Yaradan'ın yolunu ve O'nun gizli hazinelerini bilmek için, arzu ve özlemi vardır ve kişi bu dileğini gerçekleştirmek için her türlü gayreti ve çabayı gösterir. Kişi, Tora'dan öğrendiklerinden çıkardığı her şeyi, ona bağışlanan paha biçilemez bir şey olarak kabul eder. Kişi Tora'nın önemini takdir edişine, çabasına göre **Tora**'nın sırları ona yavaş yavaş gösterilene dek, kademeli olarak büyür.

İkinci farkındalık, korkudur yani kişi Yaradan'ın hizmetkârı olmak ister. "Yukarıdakinin emrini tanımayan, O'na nasıl hizmet edecek?" olduğundan, kişi Yaradan'a nasıl hizmet edeceğini bilememekten korkar ve ürker.

Kişi bu şekilde öğrendiğinde Tora'dan her tat alışında ve onu kullanabildiğinde, Tora'dan bir şeyler verilmesinin önemini takdir ettiği ölçüde mutlu olur ve heyecan duyar. Eğer kişi bu yolda devamlılık gösterirse, yavaş yavaş ona *Tora*'nın sırları gösterilir.

Burada, dış öğretiler ile *Tora*'nın bilgeliği arasında bir fark vardır. Dış öğretilerde, haz aklı azaltır zira duygu aklın tam tersidir. Bu nedenle, haz, aklın anlayışını azaltır.

Diğer taraftan, Tora'nın bilgeliğinde, haz, akıl gibi esastır. Bunun nedeni, Tora'nın hayat olmasıdır, şöyle yazıldığı gibi: "Bilgelik ona sahip olanı korur." çünkü bilgelik ve hayat aynı şeydir.

Böylece, bilgelik akılda ortaya çıktıkça, hayatın ışığı tüm organları doldurduğu için, bilgelik duyguda da ortaya çıkar. (Bana öyle geliyor ki, Tora'nın bilgeliği karşısında, kişinin daima haz aldığını görmemizin sebebi budur, zira dışsal bir öğreti ile Tora'nın bilgeliği arasında büyük fark vardır.)

Aynı şekilde, çalışmada, sol çizgi olarak kabul edilir çünkü almak olarak algılanır. Alma meselesi, kişinin bir eksiklik hissettiği için almak istediği anlamına gelir ve eksiklik şu üç farkındalık olarak kabul edilir: 1. Bireyin arzusu 2. Toplumun arzusu 3. Şehina'nın (Kutsallık) arzusu.

Her arzu, bir eksiklik hissini giderme isteği olarak kabul edilir. Bu nedenle alma arzusu ve sol çizgi olarak kabul edilir. Ancak Tora'da bu, kişi ıslah etmesi gereken bir eksiklik hissettiği için değil, onu Yapan'a memnuniyet vermek istediği için çalışır anlamına gelir. (Dua, yakarış ve şükür yolu ile. Kişi kendini bütünlük içinde hissettiği ve dünyada hiçbir eksiklik, kusur görmeyecek şekilde bağlandığında, buna *"Tora"* denir. Ancak eğer kişi eksiklik hissederken bağlanıyorsa buna *"çalışma"* denir).

Ayrıca, çalışma sırasında şu iki muhakemeyi yapmalıyız: 1) Kişi, Yaradan sevgisinden dolayı, Yaradan'a bağlanmak istediğinde ve hissettiği sevginin ölçüsünü gösterebileceği ve Yaradan'ı sevebileceği yerin burası olduğunu hissettiğinde 2) Korku nedeniyle, Yaradan korkusu hissettiğinde

46. İsrail'in Klipot Üzerindeki Hâkimiyeti

Duydum

İsrail'in, Klipot (kabuklar) üzerindeki hâkimiyeti ve bunun tam tersi ile yani Klipot'un İsrail üzerindeki hâkimiyetiyle ilgili olarak öncelikle "İsrail"in ve "Dünya ulusları"nın ne olduğunu anlamalıyız.

Birçok yerde İsrail'in, kişinin onu Yapan'a memnuniyet vermek için çalışabileceği "Ön Kelim (kaplar)" adı verilen "İçsellik" anlamına geldiği açıklanmıştır. "Dünya ulusları"na, "Dışsallık", "Arka Kelim" denir ve bunların beslenmesi ihsan etmekten değil, yalnızca almaktan gelir.

Dünya uluslarının, İsrail üzerindeki hâkimiyetinin nedeni, onların ihsan etme formunda ve ön Kelim'de değil, yalnızca arka Kelim'de çalışabilmeleridir. Onlar, ışıkları arka Kelim'e kadar uzatmaları için, Yaradan'ın hizmetkârlarının aklını çelerler.

İsrail'in hâkimiyeti demek, eğer her birine onları Yapan'a memnuniyet ihsan edebilmeleri yani yalnızca ön Kelim'de çalışabilmeleri için, güç verseler ve hatta Hohma (Bilgelik) ışığını yaysalar bile, bu yalnız "yolculuk edilecek bir yol" formundadır, daha fazlası değil demektir.

47. O'nun Yüceliğini Bulduğun Yerde

Duydum

"O'nun yüceliğini bulduğun yerde, O'nun alçakgönüllülüğünü bulursun." Bu demektir ki, daima gerçek Dvekut (bütünleşme) içinde olan kişi, Yaradan'ın Kendisini alçalttığını görür yani Yaradan, alçak yerlerde bulunur.

Kişi ne yapacağını bilmez ve bu nedenle şöyle yazılmıştır: *"Yüksekte oturan, aşağıya, cennete ve yere bakan."* Kişi, Yaradan'ın yüceliğini görür ve o zaman "Aşağıdan bakan"dır yani kişi cenneti yeryüzüne indirir. Buna verilen tavsiye, eğer bu arzu Yaradan'dan ise, bundan daha büyük bir şeye sahip olmadığımızı düşünmektir, şöyle yazıldığı gibi, "O, yoksulları çöpten çekip çıkarır."

İlk olarak, kişi bir eksikliği olduğunu görmelidir. Eğer bir eksikliği yoksa neden yok diye dua etmelidir. Kişinin bir eksikliğinin olmamasının nedeni, farkındalık eksikliğidir.

Bu nedenle her *Mitzva*'da (emir) kişi, Mitzva'yı bütünlük içinde tutamadığının neden farkında değil diye dua etmelidir. Başka bir deyişle, alma arzusu gerçekleri örtbas eder ve kişi hakikati göremez.

Eğer kişi böylesine alçak bir durumda olduğunu görseydi, kesinlikle o durumda olmak istemezdi. Bunun yerine, tövbeye gelene kadar her an çalışmasında gayret göstermelidir, şöyle yazıldığı gibi: "O, ölüler diyarına indirir ve yükseltir."

Bu demektir ki, Yaradan, günahkârın tövbe etmesini istediğinde, ölüler diyarını onun için o kadar alçaltır ki, günahkârın kendisi de öyle olmak istemez. Bu nedenle kişinin Yaradan'a yalvararak dua etmesi gerekir ki Yaradan ona *Tora*'nın ışığını ekleyerek hakikati göstersin.

48. Temel Unsur

Vayera, Şabattan sonraki akşam duydum, 8 Kasım 1952

Temel unsur, herkes tarafından bilinen bir yoldur. Akılla ilgili özen ve koruma, bir soru üzerine inşa edilmiş olmasındandır. Eğer kişi bu bilinen soruyla karşılaşırsa, korunmak için hazırlıklı olmalı ve savunması iyi olmalıdır ki anında bilinen cevabı verebilsin.

Başka bir deyişle, tüm yapı, soru ve cevaplar üzerine inşa edilmiştir ve bu, Yaradan'ın yolunda yürümek ve Şehina'nın (Kutsallık) yapısını inşa etmekle ödüllendirilmektir. Kişinin soru ve cevaplara yeri olmadığında ona "ayakta duruyor" denir.

Yaradan, Şehina'nın daimî örtüsü ile ödüllendirilmiş ve zaten derecelerin yolunda olan ve artık yukarıda bahsedilen çalışmaları yapacak yeri olmayan kişiler için bile bir yer hazırlamıştır. Bu yerde onlar, inancın olabileceği özgür bir temele sahiptirler.

Böyle bir şeyin bu denli yüksek derecelerde nasıl olabileceğini anlamak zor olsa da Yaradan'ın kendisi böyle bir şeyi yapabilir. Orta çizginin ıslahının ve sol çizgiden almaya getirilen yasaklamanın anlamı budur.

Aynı zamanda görüyoruz ki, Hohma sadece Malhut'tadır. Malhut, Hohma'dan zıt bir nitelik olsa da yine de Hohma'nın ortaya çıkacağı yer, tam olarak burada, Malhut'tadır.

"Ve bu engel, elinizin altında olsun." sözlerinin anlamı budur. Bilgelerimiz der ki, kişi başarısız olmadıkça bir yasayı izlemez. Yasa, Malhut farkındalığıdır (Ve gelinin anlamı budur. Geline gitmeye **"yasa"**[6] (İbranicede gelin ve yasa kelimesi aynı harflerden oluşur ama farklı yazılır) denir. Yol tümüyle engeller yani sorular üzerine inşa edilmiştir. Kişi hiçbir soruya sahip olmadığı zaman, **"inanç"** ya da *Şehina* isimlerine sahip değildir.

---

[6] İbranice'de "gelin" ve "yasa" kelimeleri farklı bir sıra dışında aynı harflerle yazılır.

49. En Önemlisi Akıl ve Kalptir

Perşembe, Vayera, 6 Kasım 1952'de duydum

İnanç niteliğine işaret eden aynı çalışmada "Akıl" anlayışına yönelik bir hazırlık olmalıdır. Bu demektir ki, kişi, çalışmada ihmalkâr davranırsa, sadece bilgi isteme koşuluna düşer, bu *Klipa*'dır (kabuk) ve bu *Şehina*'ya (Kutsallık) aykırıdır. Bu nedenle, kişinin çalışması, her seferinde "akıl" algısını güçlendirmektir.

Benzer şekilde, kişi "kalp" çalışmasında ihmalkârlık hissederse, "kalp" niteliği ile ilgili olan çalışmasını güçlendirmeli yani alma arzusunun karşıtı olan ve bedenin ızdırabı anlamına gelen zıt işlemler yapmalıdır. Çalışmada, akıl çalışmasındaki ihmalkârlık ile kalp çalışmasındaki ihmalkârlık arasındaki fark, "başlangıca kafa yormak" koşulunu harekete geçirebilecek, akla karşıt olan şeytani bir Klipa (kabuk) olmasıdır.

Bu nedenle, kişi zıt eylemler yapmalıdır, yani "akıl" anlayışındaki her yenilenmede geçmiş için büyük pişmanlık duymayı ve geleceği kabul etmeyi üstlenmelidir. Kişi, bu kaynağı, "cansız" anlayışından alabilir. *İnanç* ile kıyafetlenmek meselesi, daimî ve ebedidir. Dolayısıyla, *Şehina*'nın kıyafetlenmesi yalnızca zihindeki ya da akıldaki bir kusurdan dolayı ayrıldığı için, kişi yaptığı çalışmanın kusursuz, temiz olup olmadığını ölçmek için buna sahip olacaktır.

50. İki Koşul

Sivan 20'de duydum

Dünyada iki koşul vardır. Birinci koşulda dünyaya "acı", ikinci koşulda ise "*Şehina* (Kutsallık)" denir. Bu böyledir çünkü tüm eylemlerini, ihsan etmek üzere ıslah etmek bahşedilmeden önce, kişi dünyayı ancak acı ve azap formunda hisseder.

Ancak, daha sonra kişi Şehina'nın tüm dünyada kıyafetlendiğini görmekle ödüllendirilir ve o zaman Yaradan'ın tüm dünyayı doldurduğu kabul edilir. O zaman dünyaya, Yaradan'dan alan "*Şehina*" denir. Buna "Yaradan ve O'nun *Şehina*'sının birleşmesi" denir çünkü dünya artık Yaradan'ın verdiği gibi yalnızca ihsan etmekle meşguldür.

Bu, hüzünlü bir melodi gibidir. Bazı müzisyenler çekilen acı ve ızdırabı bir performansa nasıl dönüştüreceklerini, bunun için hangi tondan beste yapmaları gerektiğini bilir, zira tüm melodiler konuşulan bir dil gibidir ve bu ezgiler kişinin haykırarak anlatmak istediğini anlatır. Eğer bu melodi, dinleyen herkeste ezginin ifade ettiği ızdıraptan dolayı gözyaşlarına neden oluyorsa, ona "ezgi" denir ve herkes onu dinlemekten hoşlanır.

Ancak, insanlar nasıl olur da acı çekmekten zevk alabilir? Melodi andaki acıya değil, geçmişe, yani çoktan geçmiş, bitmiş, tatlanmış ve doygunluğa ulaşmış ızdıraba işaret ettiğinden, insanlar onları dinlemeyi sever, çünkü bu, yargıların tatlandırılmasına, kişinin yaşadığı acıların tatlandığına işaret eder. Bu nedenle bu ızdırabı duymak hoştur ve o zaman dünyaya "*Şehina*" denir.

Kişinin bilmesi ve hissetmesi gereken en önemli şey, şehrin bir liderinin olduğudur, bilgelerimizin şöyle söylediği gibi, "İbrahim şöyle dedi, '*Lidersiz şehir olmaz.*'" Kişi, dünyada olup biten her şeyin tesadüf olduğunu, *Sitra Ahra*'nın (diğer taraf) kişinin günah işlemesine neden olduğunu düşünmemeli ve her şeyin tesadüfen olduğunu söylememelidir.

Keri (meni) *Hammat*'ın (kabı) anlamı budur. Keri ile dolu bir Hammat vardır. Keri, kişiye her şeyin Bemikreh (tesadüf eseri) olduğunu düşündürür. (*Sitra Ahra*, kişiye her şeyin bir rehber olmaksızın tamamen tesadüf eseri olduğunu söyleyen düşünceler getirdiğinde bile, bu tesadüf değildir, Yaradan böyle olmasını istemiştir.)

Ancak, kişi ödül ve cezaya, bir yargı ve bir yargıç olduğuna ve her şeyin ödül ve cezanın rehberliğiyle işlediğine inanmalıdır. Bunun nedeni, kişiye bazen Yaradan çalışması için bir arzu ve uyanış geldiğinde ve kişi bunun kendisine tesadüfen geldiğini sandığında, bilmelidir ki, burada da kişi işitmekten, duymaktan önce bir çaba sarf etmiştir. Niyet ile bir eylem yapabilmek için yukarıdan kendisine yardım edilsin diye dua etmiştir ve buna MAN yükseltmek denir.

Gerçi kişi, *"Sen her ağzın duasını duyarsın."* diyebilmek için duasına anında bir cevap almadığından, bunu çoktan unutmuş ve bunu yapmak olarak kabul etmemiştir. Yine de kişi, yukarıdan verilen emrin, duanın cevabının, dua ettikten birkaç gün hatta ay sonra geleceğine inanmalıdır.

Kişi aldığı bu uyandırılışının tesadüf eseri olduğunu düşünmemelidir. Bazen kişi der ki, "Artık hiçbir eksiğim olmadığını hissediyorum, hiçbir endişem yok, zihnim açık ve sağlam ve bu nedenle zihnimi ve arzumu Yaradan çalışmasına odaklayabilirim."

Dolayısıyla kişi, Yaradan çalışmasına olan bağlılığı için "Kendi gücüm ve bileğimin hakkı ile bu zenginliği kazandım." diyebilir. Bu yüzden kişi manevi ihtiyaçları ile ilgili çalıştığı ve onları edinebildiği zaman, bunun duasının cevabı olduğuna inanmalıdır. Kişi daha önce ne için dua ettiyse, şimdi o dua cevaplanmıştır.

Ayrıca, bazen bir kitap okurken Yaradan kişinin gözlerini açar ve kişi bir uyanış hisseder, o zamanlarda da kişinin olağan davranışı bu uyanışı tesadüfle ilişkilendirmek olur. Ancak, her şey yönlendirilmeyle olmuştur.

Kişi, Tora'nın tamamının Yaradan'ın isimleri olduğunu bilmesine rağmen, okuduğu kitap aracılığıyla yüce bir duygunun geldiğini nasıl söyleyebilir? Kişi sık sık kitabı okur ve Tora'nın Yaradan'ın isimleri olduğunu bilir, ancak yine de hiçbir duygu ya da aydınlanma almaz. Bunun yerine her şey yalnızca kuru bilgiden ibarettir ve sahip olduğu bu bilgi kişiye hiç yardımcı olmaz.

Bu nedenle, kişi belli bir kitabı çalışıp ümidini O'na bağladığında, çalışması inanç temelinde olmalı, **İlahi Takdir**'e ve Yaradan'ın gözlerini açacağına inanmalıdır. İşte o zaman kişi **Yaradan**'a ihtiyaç duyar ve böylece O'nunla temasa geçer. Böylelikle kişi Yaradan'la *Dvekut* (bütünleşme) ile ödüllendirilebilir.

Birbiriyle çelişkili iki güç, *üst güç* ve bir de *alt güç* vardır. Üst güç, şöyle yazıldığı gibidir: "Benim adımla çağırılan herkesi, ihtişamım için yarattım." Bu, tüm dünyanın yalnızca Yaradan'ın ihtişamı için yaratıldığı anlamına gelir. Alt güç hem maddesel hem de manevi olan her şeyin kendisi için yaratıldığını, her şeyin kendine-sevgi için olduğunu iddia eden alma arzusudur.

Alma arzusu hem bu dünyayı hem de sonraki dünyayı hak ettiğini iddia eder. Elbette Yaradan galip gelir, ancak bu "ızdırabın yolu" ve "uzun bir yol" olarak adlandırılır. Ama *"Tora'nın yolu"* denilen kısa bir yol vardır ve herkesin niyeti bu, zamanı kısaltmak olmalıdır.

Buna "hızlandıracağım" denir. Aksi takdirde "kendi zamanında" olacaktır, bilgelerimizin şöyle söylediği gibi, "Ödüllendirildi, onu hızlandıracağım; ödüllendirilmedi, zamanında." "Sana Haman gibi bir kral atayacağım ve o seni ıslaha zorlayacak."

Tora, Bereşit (Başlangıçta) ile başlar. "Yeryüzü şekilsiz ve boştu ve karanlıktı." vs. ve şöyle son bulur, "Bütün İsrail'in gözü önünde."

Başlangıçta, yeryüzünün *"şekilsiz, boş ve karanlık"* olduğunu görüyoruz, ancak daha sonra ihsan etmek için kendilerini düzelttiklerinde, o zaman "ve Tanrı ışık olsun dedi" ile ödüllendirilirler ta ki ışık "Bütün İsrail'in gözü önünde" belirene kadar.

51. Eğer Bu Hain İle Karşılaşırsan
Purim Bayramından sonra 27 Nisan 1943'te duydum

"Eğer bu hain ile karşılaşırsanız, onu okula, vs., çekin, değilse ona öleceği günü hatırlatın." Bu demektir ki, çalışmanın, kişinin derisinin ötesinde, ben hissinin olmadığı bir yerde yapılması gerektiğini ona hatırlatın. Buna "bedenin dışında çalışmak" denir ve kişinin kendi bedenine dair tek bir düşüncesi bile olmaz.

52. Bir Günah Bir Mitzva'yı İptal Etmez
Şabat arifesinde duydum, Iyar 9, Tav-Şin-Gimel, 14 Mayıs 1943

"Bir günah, bir Mitzva'yı (emir) iptal etmez ve bir Mitzva işlenen bir günahı iptal etmez." Çalışmanın işleyişi, kişinin iyi yolu seçmesidir. Ancak kişinin içindeki kötülük, iyiliğin yoluna girmesine izin vermez.

Ancak, kişi kötülüğü yok etmek zorunda olmadığını bilmelidir, zaten bu imkânsızdır. Bunun yerine, kişi kötülükten sadece nefret etmelidir, şöyle yazıldığı gibi: "Efendi'ni seven sen, kötülükten nefret et." Dolayısıyla, ihtiyaç duyulan tek şey, nefrettir, zira kişiyi bütünleşmekten ayıran tek şey, nefrettir.

Bu nedenden dolayı kötülüğün kendi başına hiçbir varlığı yoktur. Tersine, kötülüğün var olabilmesi, ona duyulan sevgi veya nefrete bağlıdır. Bu demektir ki, eğer kişi kötülüğe karşı sevgi besliyor ise o zaman kötülüğün hâkimiyetine girmiştir. Eğer kişi kötülükten nefret eder ise, onun alanından çıkar ve kötülüğün o kişi üzerinde hâkimiyeti olmaz.

Bundan, çalışmamızın aslının kötülük ile değil, sevginin ve nefretin miktarı ile alakalı olduğu sonucu çıkar. Bu yüzden günah, günahı tetikler. "Kişi neden böyle bir cezayı hak ediyor?" diye sormalıyız. Kişi çalışmasında düşüş yaşadığında, kişi bu düşüşten yükselebilmek için yardım almalıdır. Ancak burada, kişiye, ilk düşüşünden daha derine düşmesi için daha fazla engel eklendiğini görüyoruz.

Ancak, kişinin kötülükten nefret edebilmesi için ona daha fazla kötülük verilir ki böylece kişi günahın onu Yaradan çalışmasından nasıl da uzaklaştırdığını hissetsin. Kişi ilk işlediği günahtan pişman olmasına rağmen, hala kötülükten nefret edecek kadar pişmanlık hissetmez.

Dolayısıyla, bir günah, bir günaha teşvik eder. Kişi, her pişmanlık duyduğunda ve her vicdan azabı çektiğinde, bu, kötülüğe karşı olan nefreti tamamlanıncaya kadar kötülükten nefret etmesini körükler ve ancak o zaman kişi kötülükten ayrılır, zira nefret ayrılığa neden olur.

Bu nedenle, eğer kişi ayrılmasına neden olacak düzeyde belirli bir nefret ölçüsüne ulaşır ise o zaman kişinin, "günah günaha sebep olur" ıslahından geçmesine gerek kalmaz ve kişi bu nedenle zaman kazanır. Kişi ödüllendirildiği zaman, Yaradan sevgisine kabul edilir. "Tanrı'yı seven sen, kötülükten nefret et." sözlerinin anlamı budur. Onlar ki, sadece kötülükten nefret ederler ancak kötülük olduğu yerde kalır, ihtiyacımız olan tek şey, kötülükten nefret etmektir.

Bu, şuradan uzanır: "Ancak Sen onu, Tanrı'dan biraz daha aşağı yaptın." ve yılanın şu sözlerinin anlamı budur: "Ve sen de iyiyi ve kötüyü bilen Tanrı gibi olacaksın." Bu demektir ki, kişi İlahi Takdir'in tüm işleyişini anlamak ister, çaba sarf eder ve Yaradan gibi olmaya çalışırsa, buna "Kişinin hırsı onu alçaltır." denir. Demek ki, kişi her şeyi dışsal aklıyla anlamak ister ve anlamadığında, alçaklık koşulundadır.

Gerçek şu ki, kişi bir şeyi bilmek için uyanırsa, bu kişinin o şeyi bilmeye ihtiyaç duyduğunun işaretidir. Kişi kendi aklının, anlamak istediği şeyin üstesinden geldiğinde, her şeyi mantık ötesi inanç ile üstlendiğinde, buna insan niteliğinin en alçak seviyesi denir. Kişi daha fazla bilme talebi içerisinde oldukça ve bunu mantık ötesi inançla aldığında, kendisini daha alçakta bulduğunu görürsünüz.

Şimdi (*Sayılar* 12:3) ayetindeki şu cümleyi nasıl yorumladıklarını anlayabiliriz: "Musa çok yumuşak huyluydu, mütevazı ve sabırlı idi." Bu, alçaklığa mümkün olan en yüksek ölçüde tahammül ettiği anlamına gelir.

Adam HaRişon'un günahtan önce, hayat ağacından yemeden önce, bütünlük içerisinde olmasının anlamı budur. Ancak, içinde bulunduğu koşulda bir eksiklik hissetmediği için, kendi derecesinin üstüne çıkamadı. Bu yüzden doğal olarak, tüm kutsal isimleri keşfedemedi.

Bu nedenle, *"İnsanoğluna karşı yaptıklarında çok kötüdür."* onun iyilik ve kötülüğün bilgelik ağacından yemesine neden oldu. Bu günah yüzünden tüm ışıklar ondan ayrıldı; bu nedenle çalışmasına baştan başlamak zorunda kaldı.

Yazılar, bununla ilgili olarak onun cennet bahçesinden kovulduğunu, çünkü hayat ağacından yemiş olsaydı sonsuza kadar yaşayacağını söyler. Dünyaların içselliğinin anlamı budur. Eğer kişi oraya girerse, orada sonsuza kadar kalır. Bu demektir ki, kişi hiçbir eksiği olmadan tekrar var olur. İyinin ve kötünün ıslahı ile ortaya çıkan kutsal isimlerin hepsini ifşa edebilmesi için, bilgi ağacından yemek zorundaydı.

Bu, bir insanın arkadaşına şarap dolu büyük bir fıçı vermek istemesi gibidir, ancak arkadaşında sadece küçük bir kap vardır. Peki, ne yapar? Elindeki kabı doldurur ve eve götürüp onu döker. Sonra bir kez daha kabıyla gelir ve bir kez daha şarapla doldurur. Ardından tüm şarap fıçısını alana kadar evine gitmeye devam eder.

Biri Kral, diğeri çok fakir olan iki arkadaş hakkında anlatılan bir kıssa duydum. Fakir olan, arkadaşının çok zengin bir kral olduğunu duymuştur. Bunun üzerine zavallı adam, içinde bulunduğu kötü durumu arkadaşına anlatmak için kralın yanına gitmiştir.

Kral, hazine bakanına bir mektup yazar ve iki saat içerisinde arkadaşının hazine odasından istediği kadar para alacağını söyler. Zavallı adam, hazine odasına küçük bir kutu ile gelir, içeri girer ve küçük kutuyu parayla doldurur.

Hazine odasından çıktıktan sonra, hazine bakanı fakirin elindeki kutuya vurur ve tüm parası yere saçılır. Bu durum tekrar tekrar böyle devam eder ve zavallı adam ağlamaya başlar: "Neden bana bunu yapıyorsun?" Sonunda, "Buradan, şu ana kadar aldığın tüm para sana ait ve sen hepsini alacaksın. Hazineden yeterince para alacak bir kabın olmadığı için, sana böyle bir oyun oynandı." der.

53. Kısıtlama Meselesi

Şabat arifesinde duydum, Sivan 1, 4 Haziran 1943

Kısıtlama meselesi, kişinin içinde bulunduğu koşulu kısıtlaması ve *Gadlut* (yücelik/büyüklük) istememesidir. Bunun yerine kişi, sonsuza dek mevcut durumunda kalmak ister ve buna ebedi Dvekut (bütünleşme) denir. Kişinin sahip olduğu Gadlut ölçüsü ne olursa olsun, en küçük *Katnut*'a (küçüklük) sahip olsa bile, bu sonsuza kadar parladığında, bu ebedi *Dvekut* verilmiş kabul edilir.

Ancak, daha fazla *Gadlut* isteyen birisi olursa buna lüks denir. "Herhangi bir üzüntü fazlalık olacaktır." ifadesinin anlamı budur, yani kişiye üzüntü, lüks şeyler istediği için gelir. Bu demektir ki, İsrail, Tora'yı almaya geldiğinde, Musa halkını dağın eteğine götürdü; şöyle yazıldığı gibi **"Ve onlar dağın eteğinde durdular."**

(Dağ kelimesi (İbranicede: Har) düşünceler anlamına gelir (İbranice: *Hirhurim*)). Musa, onları düşüncenin, anlayış ve mantığın sonuna, var olan en alt dereceye götürdü. Sadece o zaman, böyle bir koşulda hiçbir tereddüt ve karşılık olmaksızın yürümeyi ve bu koşulda sanki en büyük Gadlut'a sahiplermiş ve bundan mutlularmış gibi kalmayı kabul ettikleri zaman, bu, "Efendi'ye memnuniyetle hizmet edin"in anlamıdır, zira Gadlut sırasında, O'nun, memnuniyet içinde olmaları için çalışmayı verdiği söylenemez, memnuniyet kendiliğinden gelir. Daha doğrusu memnuniyet çalışması onlara Katnut zamanı için verilir ki böylece Katnut'u hissetmelerine rağmen sevinç duyabilsinler. Bu çok büyük bir çalışmadır.

Bu *Katnut*'un algılandığı *"Derecenin esas kısmı budur"* olarak adlandırılır. Bu anlayış kalıcı olmalıdır, Gadlut ise sadece bir eklemedir. Ayrıca, kişi eklemeler için değil, ana kısım için özlem duymalıdır.

54. Çalışmanın Amacı-1

13 Şubat 1941, Şevat 16'da duyduklarım

Bilindiği üzere hizmetkârlık, esas olarak, kişinin onu Yapan'ı memnun etmesidir. Bununla beraber, kişi ihsan etmenin anlamını bilmelidir, zira bu herkes tarafından kullanılır ve bilindiği üzere alışkanlık, alınan tadı zamanla yok eder. Dolayısıyla "ihsan etmek" kelimesinin anlamını iyice açıklığa kavuşturmalıyız.

Mesele şu ki, alma arzusu da aşağıda olanın ihsan etme arzusuna dâhil edilmiştir (ancak alma arzusu ıslahlarla kullanılabilir), yoksa veren ile alan arasında hiçbir bağ olmaz. Çünkü bir kişinin vermesi ve diğerinin karşılığında hiçbir şey vermemesi mümkün değildir, yine de bir ortaklık durumu olacaktır.

Ancak ikisi de birbirlerine sevgi gösterdikleri zaman, aralarında bir bağ ve dostluk olabilir. Ancak biri sevgi gösterir ve diğeri karşılık vermez ise, böyle bir sevgi gerçek değildir ve var olma hakkı yoktur. Bilgelerimiz bununla ilgili şöyle söylemiştir **"ve Sion'a: 'Siz benim halkımsınız'** deyin." (*İşaya* 51), Ami (Benim halkım) demeyin, İmi (Benimle birlikte),[7] **"Ortağım ol"** (*Zohar Bereşit* s 5) deyin yani yaratılanlar, Yaradan ile ortaklıktır.

Dolayısıyla aşağıdaki Yaradan'a ihsan etmek istediğinde, aşağıdaki de Yaradan'dan almalıdır. Aşağıdaki de yukarıdaki de verdiği zaman buna ortaklık denir.

Ancak, alma arzusu Yaradan'a bağlanmayı, O'nun bolluğunu, rızkını ve iyiliğini almayı arzulamalıdır ve zaten yaratılışın amacı da budur yani O'nun yarattıklarına iyilik yapmasıdır.

Ancak, *Nekudim* dünyasında meydana gelen kırılma nedeniyle alma arzusu *Klipot*'un (kabuklar) alanına düştü ve bunun sonucu olarak *Kli*'de (kap) iki anlayış oluştu. 1) Ayrılmış olan hazlara yönelik bir ilişki geliştirdi ve Klipot'un otoritesinden çıkma çalış-

---

[7] Her iki kelime de İbranice'de aynı harflerden oluşur ve Kutsal Kitap'ta olduğu gibi noktalama işaretleri olmadığında aynı görünürler.

masına "arınma çalışması" denir. **2)** Kırılmadan dolayı meydana gelen ikinci anlayış ise manevi hazlardan kopmaktır.

Başka bir deyişle, kişi maneviyattan uzaklaşır ve maneviyata yönelik hiçbir arzusu yoktur. Bunun ıslahına *Keduşa* (kutsallık) denir ve burada çalışmanın düzeni, O'nun yüceliğine özlem duymaktır. Bu durumda, Yaradan kişi için bu kaplarda parlar. Ancak bilmeliyiz ki, kişi "kötülükten nefret etmek" denilen saflığın Kelim'ine (*Kli*'nin çoğulu) sahip olduğu ölçüde *Keduşa*'da çalışabilir, şöyle yazıldığı gibi, *"Siz Efendi'yi' sevenler, kötülükten nefret edin."*

Dolayısıyla, iki anlayış vardır. **1)** Arılık **2)** Keduşa. Keduşa'ya Kli denir, O'nun yarattıklarına iyilik yapması yoluyla, O'nun iyiliğini almaya hazırlıktır. Ancak bu Kli aşağıdakine atfedilir, yani onu bizim ıslah etmemiz gerekir. Başka bir deyişle, iyiye, iyiliğe özlem duymak bize aittir ve bu, kişi sürekli O'nun yüceliğine ve kendisinin alçaklığına kapsamlı olarak bağlanmak anlamına gelir.

Bununla birlikte, *Keduşa*'nın *Kli*'sinde ifşa olması gereken bolluk Yaradan'ın elindedir, aşağıdakine bolluğu veren O'dur. O zaman, aşağıdaki buna hiçbir şekilde yardım edemez ve buna, "Gizli şeyler Efendimiz Tanrı'mıza aittir." denir.

"Yarattıklarına iyilik yapmak" denilen yaratılış düşüncesi, *Eyn Sof*'tan (sonsuzluktan) başlar. Bu nedenle Yaradan ile yarattıkları arasında var olan bağ anlamına gelen Eyn Sof'a dua ederiz. ARİ'nin yazılarında, *Eyn Sof*'a dua etmemiz gerektiği şeklinde yazılı olanın anlamı budur.

Bu böyledir çünkü *Atzmuto*'nun (O'nun Kendisi), yaratılanlarla hiçbir bağlantısı yoktur, zira bu bağın başlangıcı, O'nun Adının olduğu yerde, Ein Sof'ta başlar ve bu yaratılışın köküdür. Yeruşami'de[8], yazılanların anlamı budur, dua eden O'nun adına dua eder yani O'nun Adının olduğu yerde, O'nun Adı ve Ein Sof, efsanenin sözleriyle anılır, "İyiliklerle dolu bir kule." Bu yüzden O'nun adına dua edilir ki bizim için önceden hazırlanan iyiliği alabilelim.

---
[8] Talmud'dan bir bölüm

Bu yüzden *Keter*'e "O'nun yarattıklarına iyilik yapma arzusu" denir ve bu iyiliğin kendisine de bolluğun kendisi olan, *Hohma* (bilgelik) denir. Bu nedenle *Keter*'e, *Eyn Sof* ve "Kaynak, Yayıcı" denir. Ancak, *Hohma* henüz "ortaya çıkmış, yayılmış" olarak adlandırılmamıştır, çünkü *Hohma*'da henüz bir Kli yoktur ve bu yüzden *Kli*'si olmayan bir ışık olarak kabul edilir.

Bu nedenle, *Hohma* da Kaynak, Yayıcı olarak algılanır çünkü ışıkta bir *Kli* olmadan edinim olmaz ve *Keter* ile *Hohma* arasındaki tüm fark, orada, yayılanın kökünün daha fazla ifşa edilmesidir.

55. Tora'daki Haman, Nereden?

16 Şevat, 13 Şubat 1941'de duydum

Tora'daki Haman nereden? "Sana ondan yememeni emrettiğim ağaçtan mı yedin?" (Yaratılış 3:11) *Haman* ve *Etz ha Daat* [bilgi ağacı] arasındaki bağlantıyı anlamalıyız. *Etz ha Daat*, *Keduşa*'da (kutsallık) olmayan ve ıslahlar vasıtasıyla *Keduşa*'ya getirilmesi gereken almanın en büyük hali olarak nitelendirilir.

Haman niteliği aynı zamanda almanın büyük olduğu koşuldur, yazılmış olduğu gibi, *Haman*, "Kral",dünyanın Kralı, "benden daha fazla onurlandırmak ister?" dedi. Bu demektir ki, almanın büyük olduğu koşul ve "Ve onun kalbi Efendi'nin yollarında yükseldi." olarak algılanır.

56. Tora'ya Gösterge Denir

BeŞalah 1, Tav-Şin-Alef'te duydum, 2 Şubat 1941

Tora'ya "gösterge" denir ve "vurmak[9]" kelimesinden gelir. Bu, kişi *Tora* ile meşgul olduğunda, çabası ölçüsünde kendi uzaklığını hisseder demektir. Diğer bir deyişle, kişiye hakikat yani ona hakikatin bütün temeli olan inancının ölçüsü gösterilir.

Tora ve *Mitzvot*'u (emirler) izlemenin temeli, kişinin inancının ölçüsüne bağlıdır, zira ancak o zaman tüm temelinin, yalnızca yetiştirilme tarzı üzerine şekillendirildiği kişiye ifşa olur. Bunun nedeni, yetiştirilme tarzının, *Tora* ve *Mitzvot*'u tüm detayları ve incelikleriyle yerine getirmesi için yeterli olmasıdır ve yetiştirilme yoluyla gelen her şeye "mantık dâhilinde inanç" denir.

Bu, kişinin aklına aykırıdır yani mantığı, Tora'ya yaptığı eklemeye göre Yaradan'a yakınlaştığını hissetmesini gerektirir. Ancak, Tora her zaman kişiye gerçeğin daha fazlasını gösterir. Kişi gerçeği aradığında, Tora onu gerçeğin yakınına getirir ve kişi Yaradan'a olan inancının ölçüsünü görür.

Böylelikle kişi merhamet talep edebilecek ve O'nun yakınına gerçekten getirdiği için, Yaradan'a dua edebilecektir, bu da Yaradan'a inançla ödüllendirileceği anlamına gelir. Akabinde, kişi, O'na yakınlaştırılmak bahşedildiği için, Yaradan'a övgü ve şükranlarını sunabilir.

Ancak, kişi uzaklığının ölçüsünü görmediğinde ve çalışmasına sürekli eklediğini düşündüğünde, onun tüm binalarını çürük bir temel üzerine inşa ettiğini ve Yaradan'a onu kendisine yaklaştırması için dua edeceği bir yeri olmadığını görürsünüz. Sonuç olarak, kişi tam inancın verilmesi için çaba sarf edeceği bir yere sahip değildir çünkü kişi yalnızca ihtiyaç duyduğu şey için çaba sarf eder.

Dolayısıyla kişi gerçeği görmeye layık olmadığı sürece, du-

---

[9] İbranicede aynı kelime 'vurmak' ve bir şeyi 'göstermek' için kullanılır.

rum tam tersidir. Kişi, Tora ve Mitzvot'a ne kadar çok eklerse, kendi bütünlüğünün ölçüsüne ekler ve kendisinde herhangi bir eksiklik görmez. Bu nedenle, Yaradan'a olan inancın gerçekten bahşedilmesi için dua edecek ve çaba sarf edecek yeri yoktur, çünkü kişi bozukluk hissettiği zaman, ıslah demelisiniz.

Ancak, kişi *Tora* ve *Mitzvot* ile gerçekten meşgul olduğunda, Tora ona hakikati gösterir, çünkü Tora kişinin gerçek inanç durumunu gösterme gücüne sahiptir (ve bu, "Ona bildirin" ifadesinin anlamıdır).

Kişi, Tora ile meşgul olduğu ve gerçeği gördüğü zaman, yani maneviyata olan uzaklığının derecesini ve ne kadar alçak bir varlık olduğunu, dünyada kendisinden daha kötü birinin olmadığını gördüğünde, o zaman *Sitra Ahra* (diğer taraf) kişiye farklı bir argümanla yaklaşır. Aslına bakılırsa, bedeni gerçekten de çok çirkindir ve dünyada ondan daha çirkin birinin olmadığı da doğrudur.

Bunu ona umutsuzluğa kapılması için söyler, zira onun durumunu fark edip, düzeltmeye geleceğinden korkar. Bu yüzden, çirkin bir insan olduğunu söylediğinde söylenenleri kabul eder ve daha yüksek beceriler ve daha iyi niteliklerle doğmuş olsaydı, kötülüğünü yenebileceğini, ıslah edebileceğini ve Yaradan'la *Dvekut*'a (bütünlük) ulaşabileceğini anlamasını sağlar.

Buna cevap *Masekhet Taanim*'deki (s. 20) şu kısa hikâyeyle anlatılır. *Rabbi Şimon*'un oğlu olan *Rabbi Elezar*, öğretmeninin evinden, çitle çevrilmiş bir kuleden dönmekteydi. Eşeğine binmiş, büyük bir keyifle nehir kıyısında geziyordu. Çok fazla Tora çalıştığından aklı hamdı.

Yoluna çok çirkin bir adam çıktı ve "Merhaba Rabbi" dedi, ancak o cevap vermedi. Sonra ona şöyle dedi: "Ne kadar da çirkin bir adam, kasabanın halkı da senin gibi böyle çirkin mi?" Adam cevapladı, "Bilmiyorum ama git ve beni yapan ustaya 'Yaptığın bu kap ne kadar da çirkin.' de." Kendisinin günah işlediğini bildiğinden, eşeğinden indi.

Yukarıdakilere göre, görebiliriz ki Tora'yı çok fazla öğrendiği için, bunun vasıtasıyla Yaradan ve kendisi arasındaki uzaklık hakkındaki gerçeği yani yakınlığının ve uzaklığının ölçüsünü görmek bahşedildi. Aklının ham olmasının anlamı budur, yani alma arzusunu, gururlu kişinin tam formunu gördü ve ondan sonra çok çirkin olanın aslında kendisi olduğu gerçeğini görebildi. Gerçeği nasıl gördü? Tora'yı çok fazla öğrenerek.

Dolayısıyla, böylesine çirkin bir insan olduğuna göre, O'na nasıl tutunabilir? Bu yüzden, tüm insanlar onun kadar mı çirkin yoksa sadece o mu çirkin ve dünyadaki insanların geri kalanı çirkin değil mi diye sordu.

Cevap ne idi? "Bilmiyorum." Bu, hissetmedikleri ve bu nedenle bilmedikleri anlamına gelir. Peki, neden hissetmiyorlar? Bu basit bir nedenden dolayıdır; Tora eksikliğinden dolayı gerçeği görmekle ödüllendirilmediler, çünkü Tora onlara gerçeği gösterecektir.

Bunun üzerine İlyas ona şöyle cevap verdi, "Beni yapan ustaya git." Yükselemeyeceği bir duruma geldiğini gördüğünden, İlyas karşısına çıktı ve ona "Beni yapan ustaya git." dedi. Diğer bir deyişle, Yaradan seni bu kadar çirkin yarattığına göre, bu Kelim (kaplar) ile amaca ulaşmanın mümkün olduğunu biliyor olmalı. Bu yüzden endişe etme, ilerlemeye devam et ve başar.

57. O'nun Arzusuna Yaklaştıracak

Yitro 1'de duydum, Tav-Şin-Dalet, 5 Şubat 1944

"O'nun arzusuna yaklaştıracak" ayeti hakkında bilgelerimiz *"Bu nasıl olacak? Kişi 'İstiyorum' diyene kadar zorlanır."* demişlerdir. Aynı zamanda, "Bir arzu olsun" diye dua ettiğimizi de anlamalıyız. Buzağının yemek istediğinden daha fazlasını inek yedirmek istediğine göre, neden *"Yukarıda bir arzu olsun"* diye dua etmemiz gerekiyor?

Bilinen şudur ki, yukarıdan bolluk ve bereket verilebilmesi için kişinin önden gidip, aşağıdan uyanış koşuluna gelmesi gerekir. Neden aşağıdan bir uyanışa ihtiyacımız olduğunu anlamalıyız. Çünkü yukarıda bir arzu oluşması için dua ediyoruz. Bu demektir ki, aşağıya verilmesi için yukarıda bir arzu uyandırmalıyız.

Bir arzumuzun olması yeterli değildir, aynı zamanda ihsan eden tarafın niyetinin de iyi olması gerekir. Yukarıda yaratılanlara genel bir iyilik yapma arzusu olmasına rağmen, O yine de bizim arzumuzun O'nun arzusunu uyandırmasını bekler.

Başka bir deyişle, O'nun arzusunu uyandıramıyorsak, bu alan tarafındaki arzunun hala eksik olduğunun bir işaretidir. Bu nedenle tam olarak yukarıda bir arzu oluşması için dua ederek, arzumuz, bolluğu almaya uygun bir *Kli* (kap) olmak üzere gerçek bir arzu haline gelir.

Aynı zamanda yaptığımız, iyi ve kötü, her şeyin yukarıdan geldiğini, her şeyi Yaradan'ın yaptığını söylemeliyiz. (ki bu İlahi Takdir'in anlamıdır). Yine de yukarıdan gelse de kötü eylemlerden pişmanlık duymalıyız.

Akıl pişmanlık duymamamız gerektiğini, kötü eylemlerin bize geldiği yargısını haklı çıkarmamız gerektiğini iddia eder. Oysa bunun tam tersidir; iyi şeyler yapmamıza izin vermediği için pişmanlık duymalıyız ki aslında bu bir cezanın sonucudur, bu da Kral'a hizmet etmeye layık olmadığımız anlamına gelir.

Eğer her şey yukarıdan yönlendiriliyor ise, aşağıda hiçbir eylem olmadığına göre layık olmadığımızı, değersiz olduğumuzu nasıl söyleyebiliriz? Bu amaçla, bizi Yaradan çalışmasından uzaklaştıran, O'na hizmet etmeye layık olmadığımıza dair kötü düşünceler ve arzular verilir. Bu nedenle, bunun için, Kral'ın çalışmasını almaya layık ve muktedir olmak üzere ıslahın bir yeri olması için bir dua vardır.

Şimdi neden bazı sorunlarla ile ilgili bir dua olduğunu görebiliriz. Bu sorun, bir ceza olarak gelmiş olmalı ve cezalar da ıslah olmalıdır, zira cezanın ıslah olduğuna dair bir kural vardır. Bilgelerimizin *"Ve kardeşin senin gözünde alçaktır."* yani kardeşin rahatsızdır ayeti hakkında söylediği gibi, Yaradan'a ıslahlarımızı iptal etmesi için neden dua ediyoruz? Bilmeliyiz ki, dua insanı, cezadan daha çok ıslah eder. Dolayısıyla, ceza yerine dua ortaya çıkar ise, ızdırap kalkar ve bedeni ıslah etmek üzere yerine dua konur.

Bu bilgelerimizin söylediklerinin anlamıdır, *"Tora aracılığı ile - ödüllendirildi; acı çekerek ödüllendirilmedi."* Tora'nın yolunun daha başarılı bir yol olduğunu ve ızdırap yolundan daha fazla fayda sağladığını bilmeliyiz. Bunun nedeni, üst ışığı almaya uygun olan *Kelim*'in (kaplar) daha geniş olması ve O'nunla *Dvekut*'u (bütünlük) sağlamasıdır.

"İstiyorum diyene kadar zorlanır." sözlerinin anlamı budur. Bu Yaradan'ın *"Ben aşağıdakilerin işlerini istiyorum."* dediği anlamına gelir.

Duanın anlamı bilgelerimizin söylediği şeydir, "Yaradan erdemlinin duasına özlem duyar." çünkü dua ile Kelim, Yaradan'ın daha sonra vereceği bolluğu vermesi için uygun hale gelir, zira bolluğu almak için uygun bir *Kli* vardır.

58. Neşe İyi İşlerin Bir "Yansımasıdır"

Sukkot Inter 4'te duydum

Neşe, iyi işlerin bir "yansımasıdır." Eğer bu eylemler *Keduşa*'ya (Kutsallığa) aitse, bu nedenle neşe ortaya çıkar. Ancak bilmeliyiz ki, bir *Klipa* (kabuk) anlayışı da vardır. Bunun Keduşa olup olmadığını bilmek için, yapılan inceleme akıl ve mantıkta olur. *Keduşa*'da, mantık vardır, *Sitra Ahra*'da (diğer tarafta) ise hiçbir mantık yoktur, zira diğer tanrı kısırdır ve meyve vermez. Bu nedenle, kişiye bir sevinç geldiğinde, Tora'nın aklını keşfetmek için Tora'nın sözlerini derinlemesine araştırmalıdır.

Ayrıca sevincin, iyilikler, iyi işler olarak bilinen MAN[10] tarafından ortaya çıkan, üst bir aydınlanma olarak algılandığını da bilmeliyiz. Yaradan, kişiyi olduğu yere mahkûm eder. Başka bir deyişle, eğer kişi cennetin krallığının yükünü sonsuza dek üstlenirse, bunda da derhal üst bir aydınlanma vardır, bu da sonsuzluk olarak kabul edilir.

Kişi, yakında bulunduğu dereceden düşeceğini açıkça görse bile, O, yine de kişiyi bulunduğu yere mahkûm eder. Bu demektir ki, eğer kişi şimdi cennetin krallığının yükünü sonsuza dek üstlenme kararı aldı ise, bu bütünlük olarak kabul edilir.

Ancak, kişi cennetin krallığının yükünü üstlenme kararı alır ve bu koşulun içinde sonsuza dek kalmak istemezse, bu şey ve bu iş bütünlük sayılmaz ve doğal olarak üst ışık gelip onun üzerinde duramaz. Bunun nedeni, onun bütün ve ebedi olup değişmeyecek olmasıdır. Ancak insanda durum böyle değildir; kişi istese de içinde bulunduğu durum sonsuza kadar sürmez.

---

[10] Kısaltma. Mayin Nukvin (Dişi Sular).

59. Asa ve Yılan Hakkında

13 Adar'da Duydum, 23 Şubat 1948

"Ve Musa cevapladı ve dedi ki, 'Ama dur, bana inanmayacaklar.'"
"Ve Efendimiz ona şöyle dedi: 'O elindeki nedir?' Ve o: 'Asa' dedi. Ve 'Onu yere at.' dedi ve asa yılana dönüştü ve Musa ondan kaçtı." (Mısır'dan Çıkış 4).

Keduşa (kutsallık) veya *Sitra Ahra* (diğer taraf) olmak üzere, ikiden fazla derece olmadığını anlamalıyız. Arası yoktur, aynı asanın kendisi eğer yere atılırsa yılana dönüşür.

Bunu anlamak için, bilgelerimizin O *Şehina*'sını (Kutsallığını) ağaçlara ve kayalara koymuştu sözleri ile ilerleyeceğiz. Daha az önemli şeylere ağaçlar ve kayalar denir ve O *Şehina*'sını özellikle bu şekilde yerleştirmiştir. *"O elindeki nedir?"* sorusunun anlamı budur.

El, edinmek demektir *"El edinirse"* sözlerinden gelir. "Asa", kişinin tüm ediniminin daha az önemli anlayışlar üzerine inşa edildiği anlamına gelir; bu mantık ötesi inançtır.

(İnanç, daha düşük öneme sahip ve alçaklık olarak görülür. İnsan, ancak mantık dâhilinde kıyafetlendirebildiği şeyleri takdir eder. Ancak, eğer kişinin aklı buna erişmez, direnç gösterirse o zaman kişi inancın, aklından çok daha büyük öneme sahip olduğunu söylemelidir. Bunun sonucunda, kişi o anda aklını indirir ve Yaradan'ın yoluna direnç gösterdiğini, inancın kendi aklından çok daha önemli olduğunu mantık dâhilinde anladığını söyler. Çünkü Yaradan'ın yolu ile çelişen tüm kavramlar değersiz kavramlardır.

Daha doğrusu, "Onların gözleri var ama görmezler, kulakları var ama duymazlar." Bu demektir ki, kişi duyduğu ve gördüğü her şeyi iptal eder. Buna "mantık ötesi gitmek" denir. Bu, kişiye aşağılık ve *Katnut* (küçüklük/bebeklik) gibi görünür.

Ancak inanç, Yaradan nezdinde aşağılık olarak kabul edilmez, zira inanç yolunu seçmekten başka bir seçeneği olmayan kişi, inancı aşağı görür. Hâlbuki Yaradan *Şehina*'sını ağaçlar ve kayalardan başka bir şeye yerleştirebilirdi.

Ancak, O inanç denilen bu yolu özellikle seçmiştir. Daha iyi ve daha başarılı olduğu için bu yolu seçmiş olmalıdır. O'nun için inancın daha düşük bir öneme sahip olmadığını görüyorsunuz. Tam tersine, özellikle bu yolun pek çok erdemi vardır, ancak yaratılanların gözünde aşağı görünür.)

Eğer asa yere atılır ve kişi daha yüksek bir idrak ile yani mantık dâhilinde, mantık ötesini küçümseyerek çalışmak ister ve bu çalışma ona aşağı görünürse, kişinin Tora'sı ve yaptığı tüm çalışma derhal yılan hâline gelir. Başlangıçta var olan yılanın anlamı budur ve "Gururlu olana Yaradan der ki: 'O ve Ben aynı yerde barınamayız.'" sözlerinin anlamı budur.

Bunun nedeni, söylediğimiz üzere, Şehina'sını ağaçlara ve kayalara yerleştirmiş olmasıdır. Dolayısıyla, kişi asa anlayışını yere atar ve kendini daha yüksek bir nitelikle çalışmak için yükseltirse, bu zaten yılandır. Ortası yoktur ya bir yılandır ya da Keduşa, zira kişinin asa anlayışından edindiği tüm Tora ve çalışma, artık yılan anlayışına girmiştir.

Bilindiği üzere, *Sitra Ahra*'nın ışığı yoktur. Bu nedenle, maddesellikte de alma arzusunun yalnızca eksiklikleri vardır, ancak eksikliklerin tamamlanması yoktur. Alma kabı, sonsuza dek dolum olmadan eksik kalır çünkü yüze sahip olan, iki yüz ister ve kişi, arzusunun yarısı elindeyken ölmez.

Bu, üst köklerden uzanır. *Klipa*'nın (kabuk) kökü alma kabıdır ve altı bin yıl boyunca hiçbir ıslah yoktur. Üzerlerine Tzimtzum (kısıtlama) yerleştirilir, dolayısıyla ışıkları ve bolluğu yoktur.

Bu nedenle kişiyi kendi derecelerine kadar ışık çekmeye ikna ederler. Ve kişinin Keduşa'ya bağlanarak aldığı ışıklar, bolluk *Keduşa*'da parladığından, kişiyi bolluğu kendi koşullarına çekmeye ikna ettiklerinde, o ışığı alırlar. Böylece kişi üzerinde hâkimiyet kurarlar, yani kişiye içinde bulunduğu durumdan hoşnutluk verirler ki, oradan uzaklaşmasın.

Dolayısıyla kişi bu hâkimiyet yüzünden ilerleyemez çünkü daha yüksek bir dereceye ihtiyaç duymaz. Kişi hiçbir ihtiyacı olmadığından en ufak bir hareket için bile olsa bulunduğu yerden kıpırdayamaz.

Bu durumda kişi, *Keduşa*'da mı yoksa tam tersi yönde mi ilerlediğini ayırt edemez. Bunun nedeni, *Sitra Ahra*'nın kişiye daha güçlü bir şekilde çalışma gücü vermesidir, zira kişi artık mantık dâhilindedir ve bu yüzden daha düşük bir koşulda çalışamaz.

Kişinin *Sitra Ahra*'nın otoritesinde kalmaması için, Yaradan, kişinin asanın anlayışını terk etmesi durumunda, hemen yılanın anlayışına düşeceği şekilde bir ıslah yapmıştır. Kişi, alçaklık denilen inanç anlayışını bir kez daha kabul etmedikçe, derhal başarısız duruma düşer ve kuvvetlenmek için güç bulamaz.

Böylece bu başarısızlıkların kendisinin, kişinin bir kez daha asa anlayışını üstlenmesine neden olduğu sonucu çıkar; bu mantık ötesi inancın anlayışıdır. Musa'nın, "Ama dur, bana inanmayacaklar." sözlerinin anlamı budur. Bu, mantık ötesi inançla çalışma yolunu üstlenmek istemeyecekleri anlamına gelir.

Bu durumda Yaradan ona, "O elindeki nedir?" dedi. "Asa", "Yere at onu" ve sonra hemen "o bir yılan oldu." Bu demektir ki, asa ve yılan ortasında bir koşul yoktur. Kişi Keduşa'da mı yoksa Sitra Ahra'da mı olduğunu bilmelidir.

Dolayısıyla her hâlükârda, "asa" denen mantık ötesi inanç algısını kabullenmekten başka seçeneği yoktur. Asa elde olmalıdır; yere atılmamalıdır. "Harun'un asası filiz verdi." ayetinin anlamı budur.

Bu, kişinin Yaradan'a hizmet ederken edindiği tüm filizlenmenin özellikle Harun'un asasına dayandığı anlamına gelir. Bu, hakikat yolunda yürüyüp yürümediğimizi anlamamız için bize bir işaret vermek istediği anlamına gelir. Bize yalnızca çalışmamızın temelini bilebilmemiz, yani kişinin hangi esas üzerinde çalıştığını bilebilmesi için bir işaret vermiştir. Kişinin çalışmasının temeli asa ise bu *Keduşa*'dır ancak çalışmasının esası mantık dâhilinde ise *Keduşa*'ya ulaşmanın yolu bu değildir.

Ancak çalışmanın kendisinde yani Tora'da ve duada O'na hizmet edenle O'na hizmet etmeyen arasında bir fark yoktur. Çünkü tam tersi vardır. Temel, mantık dâhili yani bilmek ve almak ise beden çalışmaya yakıt verir; kişi daha ısrarlı ve coşkulu bir şekilde dua edip çalışabilir çünkü mantık dâhilindedir.

Ancak kişi temeli ihsan etmek ve inanç olan *Keduşa*'nın yolunu üstlendiğinde, *Keduşa*'nın onun için parlaması için kişinin çok fazla hazırlık yapması gerekir. Hazırlık olmadan, beden kişiye çalışma gücü vermez. Kişi her zaman yoğun bir şekilde çalışmalıdır, zira insanın kökü almak ve mantık dâhilinde olmaktır.

Bu nedenle, kişinin çalışması dünyeviliğe dayanıyorsa, her zaman iyi olabilir. Ancak kişinin çalışmasının temeli, ihsan etme ve mantık ötesine dayanıyor ise, alma köküne düşmemek ve mantık dâhilinde kalmamak için sürekli çaba sarf etmelidir.

Kişi bir an için bile olsa ihmalkâr olmamalıdır, aksi takdirde "toz, toprak" denen kendi dünyeviliğinin köküne düşecektir; şöyle yazıldığı gibi, "Çünkü sen topraksın ve toprağa döneceksin." Ve bu, bilgi ağacının günahından sonraydı.

Kişi *Keduşa*'da mı yoksa tam tersine mi ilerlediğini sorgular, çünkü öteki tanrı kısırdır ve meyve vermez. *Zohar* bize, özellikle "asa" olarak adlandırılan, inanç temelinde bir işaret verir, bu Tora'da verilen bereket, verimlilik ve çoğalmadır. "Harun'un asası filiz verdi." sözlerinin anlamı budur. Filiz verme ve büyüme, özellikle asa aracılığıyla gelir.

Bu nedenle, kişi her gün yatağından kalktığında, yıkanıp bedenini kirden nasıl arındırıyorsa aynı şekilde her gün, asa niteliğinin eksiksiz olup olmadığını kendi kendine sorgulayarak, Klipa'nın kirlerinden de kendisini yıkayıp arındırmalıdır.

Bu sürekli bir sorgulama olmalıdır ve kişinin dikkati bundan bir an olsun uzaklaşırsa, derhal "kendisi için alma" denen, *Sitra*

Ahra'nın hâkimiyetine düşer. Kişi anında bunların kölesi haline gelir, bilindiği üzere *Kli*'yi ışık yaratır. Dolayısıyla kişi almak için ne kadar çalışırsa, o ölçüde sadece kendisi için almak için bir arzuya ihtiyaç duyar ve ihsan etme ile ilgili konulardan uzaklaşır.

Artık bilgelerimizin şu sözlerini anlayabiliriz: "Çok ama çok alçakgönüllü olun." "Çok ama çok" diye üzerine basarak belirtilmesinin nedeni nedir? Çünkü kişi, bir defa onurlandırılmakla insanlara muhtaç hale gelir. İlk başta kişi bu onuru, onuru tatmak istediği için değil, Tora'nın ihtişamı vb. nedenlerle alır. Kişi bu sorgulamasından emindir çünkü kendini tanır, içinde hiçbir şekilde onur gibi bir arzusu olmadığını bilir.

Bundan, kişinin bu onuru almasına izin verildiğini düşünmenin makul olduğu sonucu çıkar. Ancak yine de almak yasaktır, çünkü kabı ışık yapar. Dolayısıyla kişi onuru aldıktan sonra buna muhtaç hale gelir ve zaten onun hâkimiyetindedir ve bundan kurtulması zordur.

Sonuç olarak, kişi kendi gerçekliğini edinir ve artık Yaradan'ın önünde kendini iptal etmesi zordur, zira onur yoluyla ayrı bir varlık hâline gelmiştir, Dvekut'u (bütünleşmek) edinmek için kişi kendi gerçekliğini tamamen iptal etmek zorundadır. Dolayısıyla "Çok ama çok". "Çok", kendisi için onur almasının yasak olması, diğer "çok" ise kişinin niyeti kendisi için olmasa bile, almanın hala yasak olması demektir.

60. Günah Yoluyla Gelen *Mitzva*

Tetzve 1, 14 Şubat 1943'te duydum.

Eğer kişi çalışmayı karşılığında bir ödül almayı bekleyerek üstlenirse, buna "Günah yoluyla gelen Mitzva (emir)" denir; bu ikiye ayrılır:

1. Mitzva denilen çalışmanın kabulü.
2. Niyet; ödül almak içindir. Buna günah denir çünkü alma arzusu, kişiyi *Keduşa*'dan (kutsallık) ayırıp, *Sitra Ahra*'ya (diğer tarafa) taşır.

Kişiye çalışma gücünü veren temel ve sebep, ödüldür. Dolayısıyla, "gelen" *Mitzva* demek, kişi Mitzva'yı yerine getirmek için getirilir ve bu günahtır demektir. Bu nedenle Mitzva'yı getirenin günah olduğu ve bunun sadece bir ödül olduğu koşula, "gelen Mitzva" denir.

Bunun için verilen tavsiye, kişinin yaptığı çalışmayı "daha fazlasını görmeden" yapmasıdır ki, böylece çalışmasının tüm gayesi, bu dünyada cennetin ihtişamını arttırmak olsun. Buna *Şehina*'yı (Kutsallık) tozdan kaldırmak için çalışmak denir.

Şehina'yı yükseltme meselesi, *Şehina*'ya *"ruhların birliği"* dendiği anlamına gelir. Yaradan'dan bolluğu alır ve ruhlara dağıtır. Ruhlara bolluk ve bereketi aktaran ve yöneten şeye "Yaradan ve Şehina'nın birleşmesi" denir çünkü o zaman, bolluk aşağıdakilere uzanır. Ancak eğer birlik yoksa bu bolluk aşağıdakilere uzanmaz.

Daha açık bir ifadeyle, Yaradan yarattıklarına haz vermek istedi, bu nedenle de hem bolluğun dağıtılmasını hem de alınmasını tasarladı. Yani aşağıdakiler bolluk ve bereketi alacaklardı. Ancak her iki durum da gizliydi, yani daha sonra ruhlar, gelecek gerçek bolluğu ve bereketi pratikte edineceklerdi.

Ayrıca potansiyel bolluğun alıcısına, Şehina denir; çünkü Yaradan'ın düşüncesi tam bir gerçekliktir ve O'nun fiili bir eyleme ihtiyacı yoktur. Dolayısı ile aşağıdaki... (devamı yoktur)

61. Onun Etrafında Şiddetli Fırtına Olur

18 Nisan 1948'de duydum

"Onun etrafında şiddetli fırtına olur." ayeti üzerine bilgelerimiz, Yaradan'ın erdemli olanlara karşı titiz olduğunu söyler. Şunu sordu: Eğer onlar genelde erdemli iseler neden büyük bir cezayı hak ediyorlar?

Mesele şu ki, dünyalarda bahsettiğimiz bütün sınırlar, alanların bakış açısına göredir, yani aşağıdakiler kendilerini belli bir dereceye kadar sınırlar ve kısıtlar; bu nedenle de aşağıda kalırlar zira yukarıdakiler aşağıdakilerin her yaptığına uyar ve aşağıya uzatılacak olan bolluğu buna göre uzatırlar. Dolayısıyla aşağıdakiler, düşünceleri, sözleri ve eylemleri ile bolluğun bu şekilde yukarıdan aşağıya inmesine neden olurlar.

Dolayısıyla eğer aşağıdaki önemsiz bir eyleme ya da söze önemliymiş gibi bakarsa, mesela Tora'nın en ciddi yasağı çiğnemek saydığı, Yaradan'la *Dvekut*'a (bütünleşme) bir anlık bir ara verirse, yukarıdan aşağıdakinin fikrine rıza gösterilir ve yukarıda önemli bir yasağı çiğnemiş kabul edilir. Böylece erdemli olan Yaradan'ın ona özelikle titiz davrandığını söyler ve aşağıdaki nasıl söylerse yukarısı öyle kabul eder.

Aşağıdaki küçük bir yasağı ciddi bir yasakmış gibi hissetmediğinde, yukarıda da onun ihlal ettiği önemsiz şeyler büyük bir yasak olarak kabul edilmez. Dolayısıyla böyle birine küçük bir kişiymiş gibi davranılır yani onun Mitzvot'u (emirler) ve günahları da küçük kabul edilir. Her ikisi de aynı ağırlıkta kabul edilir ve kişi genellikle küçük bir insan olarak görülür.

Ancak her kim küçük şeyleri yüce olarak görür ve Yaradan'ın bunlar hakkında çok titiz olduğunu söylerse, bu kişi yüce biri olarak kabul edilir; onun hem günahları hem de *Mitzvot*'u büyüktür.

Kişi bir Mitzva'yı (emir) yerine getirirken duyduğu haz kadar bir günah işlediğinde acı çekebilir. Bununla ilgili bir alegori vardır. Bir adam krallığa karşı korkunç bir suç işlemiştir ve yirmi sene hapis ve ağır çalışma ile cezalandırılmıştır. Bu hapishane ülkenin dışında, dünyanın ıssız bir yerindedir. Karar hemen infaz edilmiştir ve o dünyanın sonundaki ıssız yere gönderilmiştir.

Oraya ulaştığında, krallık tarafından kendisi gibi orada kalmaya mahkûm edilen başka insanlar da olduğunu görür. Ama hafızasını kaybetmiştir, karısının, çocuklarının, arkadaşlarının ve tanıdıklarının olduğunu unutmuştur. Tüm dünyanın, orada olan insanlar ile birlikte gözlerin görebildiği bu ıssız yerden başka bir şey olmadığını ve orada doğduğunu düşünür. Bunların dışında bir şey bilmemektedir. Yani gerçekliği onun mevcut hislerine göredir ve asıl gerçeği dikkate almaz, yalnızca kendi bilgi ve hislerini dikkate alır.

Burada ona yasalar ve kurallar öğretilir ki böylece bir kez daha bu kuralları çiğnemesin, orada yazılı olan suçlardan uzak dursun ve oradan çıkarılabilmesi için davranışlarını nasıl ıslah edeceğini bilsin. Kralın kitaplarından yasaları çiğneyen bir kişinin tüm yerleşim yerlerinden uzak, terk edilmiş topraklara gönderildiğini öğrenmiştir. Bu ağır cezadan etkilenir ve bu kadar ağır cezaların neden verildiği konusunda yakınır.

Gerçi bu yasaları ihlal edenin kendisi olduğunu, ağır bir cezaya çarptırıldığını ve hükmün icra edildiğini asla düşünmez. Hafızasını kaybettiği için de kendi gerçek durumunu asla hissetmez.

"Onun etrafında şiddetli fırtına olur." sözünün anlamı budur. Kişi her hareketini incelemeli ve kendisini sanki çoktan kralın yasalarına karşı gelmiş ve sanki dünyadan sürgün edilmiş olduğunu düşünmelidir. Artık, yaptığı iyi şeyler aracılığı ile hafızası çalışmaya ve dünyanın yerleşim alanlarından ne kadar uzakta olduğunu hissetmeye başlar.

Buradan kurtarılana ve yerleşim alanına geri getirilene kadar tövbe etmeye başlar ve bu duruma kişi özellikle yaptığı çalışma ile gelir. Yaradan'la *Dvekut*'la ödüllendirilene kadar, kaynağından ve kökünden uzaklaştığını hissetmeye başlar.

62. Düşüşler ve Teşvikler, Yükselişler ve Şikâyetler
Adar Alef 19, 29 Şubat 1948'de duydum

"Düşüşler ve teşvikler, yükselişler ve şikâyetler" Eğer kişinin Tora'sı ve çalışması uçuruma düşmüyorsa, o zaman kişi kendini sorgulamalıdır. Çünkü kişinin yüceliği, Yaradan'la olan *Dvekut*'u (bütünleşme) ile yani *Yaradan'ın önünde kendini iptal etmesiyle ölçülür.*

Başka bir deyişle, kişinin kendine duyduğu sevgi, erdemlik örneği değildir ve kişi kendini tamamen iptal etmek ister. Çünkü almak için almak için çalışan bir kişide, çalışmasının yüceliğinin ölçüsü, kendi yüceliğinin ölçüsü kadardır. O zaman kişi, bir varlık, bir obje, ayrı bir otorite haline gelir. Bu durumda Yaradan'ın önünde kendini iptal etmesi zordur.

Ancak kişi ihsan etmek için çalıştığında, bu çalışmasını tamamladığında yani kendi için alma kabını, ruhunun kökünden gelen şeyden ıslah ettiğinde, o zaman bu dünyada yapacak başka bir şeyi kalmaz. Sonuç olarak kişi sadece bu noktaya odaklanmalı ve sadece bunu düşünmelidir.

Kişinin hakikat yolunda yürüyüp yürümediğinin işareti, "düşüşler ve teşvikler" formunda olup olmadığı yani bütün çalışmasının düşüş durumunda olmasıdır. Bu durumda kişi, *Sitra Ahra*'nın (diğer taraf) hükmü altındadır ve sonra yükselir ve şikâyet eder yani kişi yükseliş durumundadır ve diğerlerinden şikâyet eder. Oysa saflık içinde çalışan birisi, başkalarından şikâyet etmez, hep kendinden şikâyet eder ve başkalarını kendisini hissettiğinden daha yukarıdaki bir seviyede görür.

63. Ödünç Aldım ve Geri Ödüyorum
Şabat'tan sonra duydum, 1938

Bilgelerimizin, "Ödünç aldım ve geri ödüyorum." dediği şeyi anlayın. Bu demektir ki, cenneti ve dünyayı yaratmaktaki amaç, Şabat (Sabbath) ışığıdır. Bu ışık, alttakilere ifşa olmalıdır ve bu amaç Tora ve Mitzvot (emirler) ve iyi işler aracılığıyla ortaya çıkar.

Gimar Tikun (son ıslah) demek, bu ışığın aşağıdan bir uyanış yoluyla yani *Tora* ve *Mitzvot* sonucunda tümüyle ortaya çıkması demektir. *Gimar Tikun*'dan önce, Şabat'ın ışığı hem bireyde hem de toplumda bir bütün olarak parladığında, "Bir sonraki dünyanın bir benzeri" olarak adlandırılan, bir Şabat algısı vardır.

Bu Şabat ışığı, borç olarak yani kişi çaba sarf etmeden verilir, ancak akabinde kişi bu borcun hepsini ödeyecektir. Başka bir deyişle, ışık kendisine verilmeden önce, göstermesi gereken çabayı daha sonra geri ödeyecektir.

"Ödünç aldım" sözünün anlamı budur yani "ve kadının saçlarını serbest bırakın[11]" ayetinden, Şabat ışığını borç olarak çek ve ben ödeyeceğim. Bu, Yaradan'ın bu ışığı, sadece İsrail ödünç alırsa yani üzerine çekerse ifşa edeceği anlamına gelir. Henüz layık olmasalar da bu ışığı borç alarak çekebilirler.

---

[11] İbranice'de serbest bırakmak ve ödeme yapmak anlamları için aynı kelime kullanılır.

64. *Lo Lişma*'dan Lişma'ya Geliriz

VaYechi, Tevet 14, 27 Aralık 1947'de duydum

"*Lo Lişma*'dan (O'nun rızası için değil) *Lişma*'ya (O'nun rızası için) geliriz." Dikkat edersek, yapılan eylemi Yaradan ile ilişkilendirmek daha kolay olduğu için, *Lo Lişma* döneminin daha önemli bir dönem olduğunu söyleyebiliriz.

Bu böyledir çünkü *Lişma*'da, kişi yaptığı iyi işleri, Yaradan'a bütünlük içerisinde hizmet ettiği için yaptığını ve tüm eylemlerinin Yaradan için olduğunu söyler. Dolayısıyla eylemlerinin sahibi, kişinin kendisidir.

Ancak, kişi *Lo Lişma* çalışırken, yaptığı iyi işleri Yaradan için yapmaz. Bu nedenle kişi Yaradan'a bir ödülü hak ettiğine dair bir şikâyetle gelemez. Bu nedenle Yaradan ona borçlu olmaz.

O halde neden bu iyi işleri yaptı? Sadece Yaradan bu SAM'in onu zorlayacağı ve zorunda bırakacağı bir fırsat sağladığı için.

Örneğin, bir kişinin evine insanlar gelir ve kişi boş boş oturmaktan utanırsa, eline bir kitap alır ve Tora öğrenir. Peki, kişi Tora'yı kimin için öğrenir? Yaradan'ın emri olduğu, Yaradan'ın gözünde değer kazanmak için değil; sadece onun alanına giren misafirlerin, başkalarının gözünde değer kazanmak için öğrenir. O halde, kişi misafirleri için bağlandığı Tora için, Yaradan'dan bir ödül nasıl bekleyebilir?

Sonuç olarak, **Yaradan'ın kişiye bir borcu yoktur**, bunun yerine kişi, misafirlerden kendisine bir ödül vermelerini yani Tora'yı öğrendiği için, ona saygı duymalarını talep edebilir. Ancak hiçbir şekilde Yaradan'ı zorlayamaz.

Kişi, kendi kendini sorguladığı ve sonunda Tora'ya bağlanıyorum yani misafirleri, sebebi bir kenara atıp, artık sadece Yaradan için çalışıyorum dediğinde, derhal her şeyin yukarıdan idare edildiğini söylemelidir. Bu demektir ki, Yaradan ona Tora'ya bağlanmayı bahşetmek ister, ancak kişi, bir hakikat unsurunu bile almaya layık değildir. Bu nedenle Yaradan, kişiye sahte bir amaç verir ve bu sahte amaç aracılığıyla kişi Tora'ya bağlanır.

Buradan, operatörün Yaradan olduğu ve kişi olmadığı sonucu çıkar. Üstelik kişi, en alçaklık koşulunda bile Yaradan onu terk etmediği ve kendisine güç verdiği yani Tora'nın sözlerine bağlanmak istediği için yakıt sağlaması adına, Yaradan'ı övmelidir.

Eğer kişi bu davranışı dikkatli gözlemlerse, "Her şeyi sadece O yapar ve O yapacaktır." sözlerinde olduğu gibi, operatörün Yaradan olduğunu fark ettiğini görecektir. Yine de kişi iyi işlere dair hiçbir eylemde bulunmaz. Kişi *Mitzva*'yı (emir), Mitzva için değil, başka bir sebeple yapar (insan) ve bu sebep, ayrılıktan uzanır.

Gerçek şu ki, kişiyi buna zorlayan da Yaradan ve sebep de Yaradan'dır. Ama Yaradan kişinin içerisinde, bir *Mitzva* kıyafetiyle değil, başka bir korku, başka bir sevgi biçiminde, farklı bir kıyafetle barınmıştır. Dolayısıyla tüm *Lo Lişma* sürecinde yapılan iyi işlerin, insana değil de Yaradan'a mal edilmesi daha kolaydır.

Bu basittir, zira kişi bir şeyi, bir *Mitzva* için değil başka bir sebeple yapmak ister. Ancak *Lişma*'da, kişi *Mitzva* nedeniyle çalıştığını yani sebebin kendisi olduğunu ve bu *Mitzva*'yı yerine getirme fikrini ve arzusunu, kişinin kalbine Yaradan'ın yerleştirmediğini, kendisinin seçtiğini bilir. Ancak gerçek şu ki, bunların hepsi Yaradan tarafından yapılmıştır, ancak İlahi Takdir, ödül ve cezanın önemini idrak etmeden önce edinilemez.

65. İfşa Olan ve Gizli Olan Hakkında

Tevet 29'da, 18 Ocak 1942'de Kudüs'te duydum.

Şöyle yazılmıştır: "Gizli olan şeyler, Efendimiz Tanrımıza aittir, fakat ifşa olan şeyler, sonsuza kadar bu yasanın tüm sözlerini yerine getirelim diye, bize ve çocuklarımıza aittir." Şunu sormalıyız: "Metinde 'Gizlilik Efendimize aittir' derken bize ne anlatılmak isteniyor?" Gizli olanın erişilmez, ifşa olanın ise erişilebilir anlamına geldiğini söylememeliyiz. Tıpkı ifşa olan kısımda bilmeyenler olduğu gibi, gizlilikte de bilen insanlar olduğunu görebiliriz. Ancak bunun ifşa olan kısımda, gizli olandan çok daha fazla bilen olduğu anlamına geldiği söylenemez. (Eğer öyleyse, bütün resmin yalnızca bir kısmını vermişsinizdir.)

Mesele şu ki, bu dünyada bizler, gözlerimize fiili olarak ifşa edilen eylemler olduğunu görüyoruz. Bu, oraya insan eli karışmış demektir. Alternatif olarak, bir eylemin yapıldığını gördüğümüz eylemler vardır, ancak insanın orada yapabileceği hiçbir şey yoktur. Aksine, orada işleyen gizli bir güç vardır.

Bilgelerimizin şöyle söylediği gibi: "İnsanda üç ortak vardır. Yaradan, babası ve annesi." İfşa olan kısım, verimli olma ve çoğalma emridir. Bu eylem ebeveynler tarafından gerçekleştirilir. Eğer ebeveynler üstlerine düşeni gerektiği gibi yaparlarsa, Yaradan, yeni doğanın içine bir ruh yerleştirir. Bu demektir ki, anne ve baba ifşa olan kısmı gerçekleştirir, zira sadece bunu yapabilirler, ancak gizli olan kısmı - ruhu yeni doğana yerleştirmeyi - ebeveynler yapamaz, bunu sadece Yaradan'ın kendisi yapar.

Benzer şekilde, *Mitzvot* (emirler) ile ilgili olarak, biz sadece ifşa olan kısmı yerine getirmeliyiz çünkü yalnızca burada hareket edebiliriz yani, "O'nun sözünü yerine getirenler" yoluyla, Tora ve *Mitzvot*'a bağlanabiliriz. Ancak, gizli kısım, Tora ve *Mitzvot*'u izleyen ruhla ilgili olarak, kişi en ufak bir şey yapamaz. Tora ve Mitzvot'u "yapmak" denilen eylemle izlediğimizde, Yaradan'a, gizli kalan kısmı O gerçekleştirsin yani uygulamada payımıza düşen kısma bir ruh yerleştirsin diye dua etmeliyiz.

Uygulamaya "*Mitzva*'nın mumu" denir, bunlar yalnızca "Tora, ışık" tarafından yakılması gereken mumlardır. Tora'nın ışığı, *Mitzva*'yı tutuşturur ve tıpkı üç ortağın bulunduğu yeni doğanda olduğu gibi, uygulamada ruha canlılık verir.

"İfşa olan bize aittir" sözlerinin anlamı budur yani "Elinizin ve gücünüzün yapabileceği her şeyi yapın" şeklinde çalışmalıyız. Sadece burada hareket edebiliriz, ancak ruhun ve canlılığın edinilmesi, Yaradan'a bağlıdır.

"Gizli olan şeyler, Efendimiz Tanrımıza aittir" sözlerinin anlamı budur. Yaradan, bize ifşa olanda payımıza düşeni yapar, uygulamada Tora ve *Mitzvot*'un koşullarına göre hareket edersek, eylemlerimize bir ruh katacağına dair söz vermiştir. Ancak, "ruh" denilen gizlilikle ödüllendirilmeden önce açığa çıkan, ifşa olan parçamız, ruhsuz bir beden gibidir. Bu nedenle, gizli olan kısımla ödüllendirilmeliyiz ve bu yalnızca Yaradan'ın elindedir.

66. Tora'nın Verilmesine Dair-1

Şavuot arifesinde bir yemek esnasında duydum, 1948

Tora'nın, Sina Dağı'nda verilmesi meselesi, Tora'nın bir kez verildikten sonra verilmesinin durdurulduğu anlamına gelmez. Aksine, maneviyatta yokluk yoktur çünkü maneviyat, ebedi bir meseledir, bitmez. Ancak Veren'in bakış açısından, Tora'yı almaya uygun olmadığımız için, bu kesintinin yukarıdan yapıldığını söyleriz.

Ancak o zaman, Sina Dağı'nın eteğinde, tüm İsrail Tora'yı almaya hazırdı, şöyle yazıldığı gibi, "Halk dağın eteğinde tek kalpte tek adam olarak kamp kurmuştu." O zaman tüm halk hazırlıklıydı; tek bir niyetleri vardı, o da Tora'nın alınmasıyla ilgili tek bir düşünceydi.

Ancak, Veren'in bakış açısından hiçbir değişiklik yoktur -O her zaman verir; *Baal Şem Tov* adına şöyle yazıldığı gibi, "Kişi her gün Sina Dağı'ndaki on emri duymalıdır."

Tora'ya **"yaşam iksiri"** ve **"ölüm iksiri"** denir. Tek bir konu hakkında bu iki zıt şeyin nasıl söylenebileceğini anlamalıyız.

Hiçbir gerçekliği olduğu gibi edinemeyeceğimizi bilmeliyiz. Aksine, her şeyi kendi duyularımıza, duygularımıza göre ediniriz. Gerçeklik, olduğu şekliyle, bizi hiç ilgilendirmez. Dolayısıyla Tora'yı olduğu gibi değil, sadece kendi algıladığımız şekilde ediniriz. Bu nedenle, tüm izlenimlerimiz yalnızca kendi algımızın bir sonucudur.

Bu nedenle, kişi Tora çalışırken ve bu onu Yaradan sevgisinden uzaklaştırdığında, bu Tora kesinlikle **"ölüm iksiri"** olarak kabul edilir. Diğer taraftan, kişinin çalışması onu Yaradan sevgisine yaklaştırırsa, bu kesinlikle **"yaşam iksiri"** olarak kabul edilir.

Ancak Tora'nın kendisi, Tora'nın kendi içinde ve kendi başına var olması, onu edinmek zorunda olan aşağıdakiler göz önüne alınmaksızın, "*Kli*'siz (kapsız) bir ışık" olarak kabul edilir; orada herhangi bir edinim yoktur. Bu nedenle Tora'dan söz ettiğimizde, bu, kişinin Tora'dan edindiği hislere, algılara işaret eder ve yaratılanlar için gerçekliği yalnızca bunlar belirler.

Kişi kendisi için çalıştığı zaman buna *Lo Lişma* (O'nun rızası için değil) denir. Ama *Lo Lişma*'dan *Lişma*'ya (O'nun rızası için) erişiriz. Dolayısıyla, kişi henüz Tora'nın edinimi ile ödüllendirilmemişse, bir sonraki yıl Tora'nın alınmasıyla ödüllendirilmeyi umar. Ancak kişi Lişma'nın bütünlüğü ile ödüllendirildiğinde, bu dünyada yapacak başka bir şeyi kalmaz, çünkü o zaten her şeyi Lişma'nın bütünlüğü içinde olacak şekilde ıslah etmiştir.

Bu nedenle, her yıl Tora'nın bir alınma zamanı vardır, çünkü o zaman aşağıdan bir uyanış için hazırdır. Bunun nedeni, Tora'nın verilmesinin ışığının aşağıdakilere ifşa olduğu zamanın uyanmasıdır. Bu nedenle, aşağıdakilere, Tora'yı almaya hazır olduklarında olduğu gibi, Tora'yı almak için yeterli eylemi gerçekleştirebilmeleri için güç veren yukarıdan bir uyanış vardır.

Bu nedenle, eğer kişi *Lo Lişma*'nın kendisine *Lişma*'yı getireceği bir yolda yürürse, hakikat yolunda yürüyor demektir. O zaman kişi sonunda *Lişma*'ya erişmekle ve Tora'yı edinmekle ödüllendirileceğini ummalıdır.

Ancak, amacı sürekli göz önünde tutmak için dikkatli olmak gerekir, aksi takdirde bedenin kökü kendisi için almak olduğundan, kişi tam tersi bir çizgide ilerleyecektir. Böylece, her zaman Tora'nın zıttı olan almak için almak olan köküne çekilir ve bu **"hayat ağacı"** olarak adlandırılır. Bu nedenle beden, Tora'yı **"ölüm iksiri"** olarak görür.

67. Kötülükten Uzak Dur

Kudüs'te, *Sukot* (*Sukot* Bayramı) tatilinden sonra duydum,
5 Ekim 1942

"Kötülükten uzak durmak" için, dört antlaşmaya uyma konusunda dikkatli olmalıyız.

1. Kadınlara bakma konusunda bir uyarı olan, gözlerin antlaşması. Bakma yasağı, mutlaka bir düşünceye yol açabileceği için değildir. Bunun kanıtı, yasağın yüz yaşındaki bir adam için bile geçerli olmasıdır. Daha ziyade, gerçek nedeni, bunun çok yüksek bir kökten uzanıyor olmasıdır. Bu uyarının nedeni, eğer kişi dikkatli olmazsa, *Şehina*'ya (Kutsallık) bakacak duruma düşebileceğindendir.

2. Dilin antlaşması, gerçek ve yalan konusunda uyanık olmaktır. *Adam HaRişon*'un günahından sonra, şu anda var olan incelemeler, doğru ve yanlış incelemeleridir. Ancak, bilgi ağacının günahından önceki incelemeler acı ve tatlı ile ilgilidir. Zaman zaman tatlı başlar ve acı biter, bu da acı olan ama doğru olan bir gerçeklik olduğu anlamına gelir.

Bu nedenle sözlerimizi değiştirme konusunda çok dikkatli olmalıyız. İnsan, bir dostuna yalan söylediğini düşünse de bedenin, nasıl alışmışsa yürümeye öyle devam eden bir makine gibi olduğunu bilmeliyiz. Bu nedenle, eğer bedenimiz yalana, dolana ve hileye alışmış ise başka bir yoldan gitmesi imkânsızdır ve bu da insanı tek başına olduğunda da yalana ve hileye sevk eder.

Bu da gösteriyor ki kişi, kendini kandırmak zorundadır ve kendine de doğruyu söyleyemez, zira gerçekte özellikle tercih edecek bir şey bulmaz.

Dostunu kandırdığını düşünen kişinin, Yaradan'ı kandırdığını söyleyebiliriz zira insanın bedeninin dışında yalnızca Yaradan vardır. Çünkü sadece insana nazaran "yaratılan" denmesi, yaratılışın özüdür. Yaradan insanın Kendisinden ayrı bir gerçeklik olduğunu hissetmesini ister ama bunun dışında tümü 'Bütün dünya O'nun görkemiyle dolu'dur.

Dolayısıyla kişi, dostuna yalan söylerken Yaradan'a yalan söylüyordur ve dostunu üzdüğünde Yaradan'ı üzüyordur. Bu nedenle kişi her zaman doğruyu söylemeye alışırsa, bu ona Yaradan'la ilgili olarak yardım edecektir. Bu demektir ki, eğer kişi Yaradan'a bir şeyin sözünü vermişse, o zaman sözünü tutmaya çalışacaktır, zira sözünde durmamaya alışık değildir ve böylece "Efendimiz senin gölgendir." ile ödüllendirilir. Eğer kişi sözünü tutar ve söylediği şeyi yaparsa, Yaradan da karşılığında "Söyleyene ve yapana ne mutlu." sözünü tutar.

Dilin antlaşmasının, söylenebilecek her şeyi söylememeye dair bir göstergesi vardır, zira kişi konuşma yoluyla kalbindekileri açığa vurur ve bu dışsal olanlara tutunma verir. Çünkü kişi tamamen arınmadığı sürece ve içselliğinden bir şey açığa vurduğunda *Sitra Ahra*'nın (diğer taraf) yukarıya iftira atma ve kişinin çalışmasıyla alay etme gücü olur. Şunu söyler: "Onun bu çalışmadaki tüm niyeti, sadece aşağıya doğru iken, yukarıya ne gibi bir çalışma sunabilir?"

Bu büyük bir soruyu cevaplar. Bilindiği üzere, "Bir *Mitzva*, diğer bir *Mitzva*'yı tetikler." Öyleyse, neden kişinin çalışmadan sık sık düştüğünü görüyoruz? Yukarıda da söylendiği gibi, *Sitra Ahra* kişinin çalışmasını kötüler ve iftira eder, sonra aşağıya iner ve kişinin ruhunu alır. Bu demektir ki, yukarıda zaten iftira atıp, yaptığı çalışmanın saf olmadığını, kendi için alma formunda çalıştığını söyleyerek aşağıya iner ve "Bu çalışma nedir?" diye sorarak kişiden yaşamın canlılığını ve hevesini alır. Böylece kişi hayatın canlılığının aydınlanmasıyla biraz olsun ödüllendirilmiş olsa bile, bunu tekrar kaybeder.

Bunun için tavsiye, "Kalbinden ağzına ifşa etmez" yoluyla, *Sitra Ahra* kişinin çalışmalarını bilmesin diye alçakgönüllülükle yürümektir. Böylece *Sitra Ahra* da kişinin çalışmalarını bilemez çünkü o, sadece sözler ve davranışlar aracılığıyla açığa çıkan şeyleri bilir, bunları yakalayabilir.

Bilmeliyiz ki, ızdıraplar ve acılar öncelikle iftira edenler vasıtasıyla gelir. Bu nedenle, konuşurken elimizden geldiğince dikkatli olmalıyız. Dahası, bilmeliyiz ki, sıradan sözler söylendiğinde bile kişinin kalbindeki sırlar açığa çıkar. Bu, "O konuştuğunda, ruhum alıp başını gitti." sözlerinin anlamıdır. Kişinin dikkatli olması gereken, dilin antlaşması budur.

Özellikle yükseliş sırasında bu antlaşmanın tutulması gerekir, zira düşüş sırasında yüce derecelerde ve dikkatli yürümek zordur.

68. İnsanın Sefirot'la Bağlantısı

Adar'ın 12'sinde duydum, 17 Şubat 1943

Adam HaRişon'un günahından önce:

1. *Guf*'u (bedeni), *Bina de Malhut de Malhut de Asiya*'dandı.
2. *Beria*'dan NRN'i ve *Atzulut*'dan NRN'i vardı.

Günah işledikten sonra, *Guf*'u yılan derisi anlayışına düştü, bu *Behina Dalet*'in *Klipa*'sıdır (kabuk) ve buna "bu dünyanın tozu toprağı" denir. İçinde kıyafet bulan, yarı iyi, yarı kötü olan *Klipa* ((*Klipa* (kabuk)) Noga'nın içsel Guf'udur. Kişi yaptığı iyi işleri yalnız bu Noga'nın Guf'u ile yapar. Tora ve *Mitzvot*'a bağlanarak, bu Guf'u tamamen iyiye getirir ve yılan derisinin *Guf*'u, onu tamamen terk eder. O zaman eylemlerine göre, kutsallığın NRN'i ile ödüllendirilir.

İnsanın NRN'inin Sefirot ile Bağlantısı:

İnsanın NRN'inin özü, her bir ABYA dünyasının, üç Sefira'sı *Bina* ve ZON'unun *Behinot Malhut*'undandır. Eğer *Nefeş*'in NRN'i ile ödüllendirilirse, şu üç *Behinot*'tan, *Malhut de Bina* ve ZON *de Assiya*'dan alır. Eğer *Ruah*'ın NRN'i ile ödüllendirilirse, şu üç *Behinot*'tan, *Malhut de Bina* ve ZON de Yetzira'dan alır. Eğer *Neşama*'nın NRN'i ile ödüllendirilirse, şu üç Behinot'tan, *Malhut de Bina* ve ZON de *Beria*'dan alır. Eğer *Haya*'nın NRN'i ile ödüllendirilirse, şu üç *Behinot*'tan, *Malhut de Bina* ve ZON de *Atzilut*'tan alır.

Bilgelerimizin söylediği de budur; insan yalnız kalbindeki düşüncelere göre hesap yapar; **tüm beden "kalp"** olarak kabul edilir. İnsan cansız, bitkisel, hayvansal ve konuşan olmak üzere, dört Behinot'tan oluşsa da bunların hepsi kalpte kayıtlıdır.

Günahtan sonra, *Adam HaRişon*'un *Guf*'u, yılan derisinin içine düştü yani "bu dünyanın tozu toprağı" diye adlandırılan, *Behina Dalet*'in *Klipa*'sına düştü. Dolayısıyla, hesap yaptığında tüm düşünceleri kalbindedir yani *Guf*'u, yılan derisinin *Behina*'sındandır.

Kişi tek çare olan Tora ve *Mitzvot*'a bağlanarak güçlendiğinde, eğer onu Yapan'ı memnun etmeyi amaçlarsa, Tora ve Mitzvot bedenini arındırır. Bu, yılan derisi onu terk eder anlamına gelir. Ardından *"Klipat Noga"* denen ve yarı iyi, yarı kötü olan *"içsel Guf"* olarak kabul edilen Tora ve *Mitzvot*'un daha önceki eylemi, artık tamamen iyi hale gelir. Bu demektir ki, kişi artık form eşitliğine ulaşmıştır.

O zaman eylemlerine göre, *Keduşa*'nın NRN'i ile ödüllendirilir. Yani başlangıçta *Asiya* dünyasından NRN de Nefeş'i edinir. Daha sonra, *Asiya* dünyasına ait olan tüm *Behinot*'ları sıraladıktan sonra, *Atzilut* dünyasının NRN de *Haya*'sına ulaşana kadar, *Yetzira* dünyasının NRN de *Ruah*'ı ile ödüllendirilir.

Böylece insanın kalbinde her seferinde farklı bir yapı oluşur. Daha önce yarı iyi yarı kötü olan *Klipat* Noga'dan gelen içsel *Guf*'un olduğu yerde, şimdi bu *Guf*, Tora ve *Mitzvot*'tan aldığı arınma yoluyla tamamen iyiye döner.

Buna göre, yılanın derisinden bir *Guf*'a sahipken kişi düşüncelerini, yalnız kalbindeki düşüncelere göre tartmak ve hesaplamak zorundaydı. Bu, tüm düşüncelerinin, yalnızca *Klipa*'nın onu zorunlu kıldığı arzuları nasıl tatmin edeceği ile ilgili olduğu anlamına gelir. O zamanlar kalbine yerleşen, yılan derisi, en kötü *Klipa* formundaydı; düşüncelerini tartacak ve niyetlerini hedefe yöneltecek imkânı yoktu.

Ayrıca, *Lo Lişma*'da (O'nun rızası için değil) bile Tora ve *Mitzvot*'a bağlanmakla ödüllendirildiğinde, Yaradan'ın Tora ve *Mitzvot*'a "Elinden gelen ne ise, gücün neye yetiyorsa onu yap." formunda bağlanmasına yardım etmesini talep edip, istediğinde ve yukarıdan merhamet, Yaradan'ın *Lişma*'yı (O'nun rızası için) edinmesine yardım etmesini beklediğinde, bununla, onu Yapan'ı memnun etmek için çalışmakla ödüllendirilmek olan, çalışması için istediği ödülün tamamı ile ödüllendirilecektir; bilgelerimizin şöyle dediği gibi, **"İçindeki ışık, onu ıslah eder."**

Bu durumda, yılanın derisinin bedeni arınır yani beden kişiden ayrılır ve tamamen farklı bir yapı olan, *Nefeş de Asiya* ile ödüllendirilir. Kişi ayrıca *Nefeş* ve *Ruah de Bina* ve ZA ve *Malhut de Atzilut* yapısına erişene kadar, bu şekilde çalışmasına ekleme yapar.

Ama o zaman bile kişinin, *Keduşa*'nın (kutsallık) yapısının gerektirdiğinin dışında, başka düşünceleri aklından geçirme seçeneği yoktur. Bunun demektir ki, kendi yapısına karşıt düşünceleri aklından geçirmek için yeri yoktur, ancak kendi Keduşa yapısının gerektirdiği üzere, Yaradan'ını memnun etmek niyetiyle düşünmek ve hareket etmek zorundadır.

Yukarıdakilerin tümü, kişinin kendi düşüncelerini düzeltemeyeceği, kalbini hedefe, doğrudan Yaradan'a doğru yönlendirmesi gerektiği anlamına gelir. Böylece tüm düşünceleri ve hareketleri doğal olarak Yaradan'ına memnuniyet vermek için olacaktır. Kişi kalbini *Keduşa*'nın kalbi ve arzusu olacak şekilde ıslah ettiği zaman, bu kalp üst ışığı almak için bir *Kli* (kap) haline gelecektir. Üst ışık kalbinde parladığında, kalp güçlenecek ve sürekli olarak ekleyecek ve tamamlayacaktır.

Artık bilgelerimizin şu sözlerini yorumlayabiliriz: "Eyleme sebep olan çalışma yücedir." Bu demektir ki, kişi Tora'nın ışığı ile eyleme yönelir ve içindeki ışık kişiyi ıslah eder. Buna "eylem" denir. Bu, Tora'nın ışığının kişinin kalbinde yeni bir yapı inşa ettiği anlamına gelir.

Böylece, yılan derisinden kendisine gelen daha önceki Guf ondan ayrılır ve kişi kutsal bir *Guf* ile ödüllendirilir. Yarı iyi, yarı kötü olan *"Klipat Noga"* denen içsel *Guf*, tamamen iyi hale gelir ve artık onun içinde, eylemleriyle edindiği, eklemeler ve takviyeler yaptığı NRN vardır.

Kişi, yeni bir yapı ile ödüllendirilmeden önce, kalbini arındırmaya gayret etse de kalbi değişmemiştir. Bu durumda, kişinin "O'nun sözünü yerine getirenler" formunda olduğu kabul edilir.

Yine de bilmeliyiz ki, çalışmanın başlangıcı özellikle "O'nun sözünü yerine getirenler" formundadır.

Ancak bu, tam ve tamam olmak değildir, çünkü bu durumda kişi düşüncelerini arındıramaz, zira kalbi *Klipa*'nın Guf'unda olduğu için, günahkâr düşüncelerden kurtulamaz. Kişi, ancak kalbindeki düşüncelerden hesap yapar ve insanı sadece içindeki ışık ıslah eder. O zaman, O'ndan ayıran Guf kişiyi terk eder ve içsel Guf, yarı iyi yarı kötü olan, *Klipat Noga* tamamen iyi olur. Bu koşulda, Tora yeni bir yapı inşa ederek kişiyi harekete geçirir. Buna "eylem" denir.

69. Önce Dünyanın Islahı Olacak

Sivan'da duydum, Haziran 1943

Önce dünyanın ıslah olacağını, akabinde tam kurtuluşun olacağını yani Mesih'in geleceğini söylemiştir. "Gözlerin Öğretmen'ini görecek" vs. "Ve tüm dünya bilgelikle dolacaktır." sözlerinin anlamı budur. Onun yazdıklarının anlamı budur, şöyle ki, ilk önce dünyaların içselliği ve ardından dünyaların dışsallığı ıslah olacaktır. Ancak bilmeliyiz ki, dünyaların dışsallığının ıslahı, içselliğin ıslahından daha yüksek bir derecedir.

İsrail'in kökü, dünyaların içselliğinden gelir. "Çünkü sen tüm insanların en düşüğüsün." sözlerinin anlamı budur. Ancak, içselliğin ıslah edilmesiyle dışsallık da küçük parçalar halinde ıslah olur. Dışsallık, (her kuruş büyük bir meblağda birikene kadar) her seferinde azar azar ıslah olur; ta ki tüm dışsallık ıslah olana kadar.

İçsellik ile dışsallık arasındaki temel fark, örneğin, bir kişinin belli bir *Mitzva*'yı (emir) yerine getirdiğinde tüm organlarının bununla hemfikir olmamasıdır. Bu tıpkı bir kişinin oruç tutması gibidir. Kişinin oruçla sadece içselliği hemfikir olur ama dışsallığı, oruçtan rahatsızlık duyar zira beden her zaman ruha karşı çıkar. Dolayısıyla, İsrail ile dünya milletleri arasındaki fark, sadece ruh ile ilişkilendirilmelidir; beden açısından her ikisi de aynıdır çünkü İsrail'in bedeni de sadece kendi menfaatini düşünür.

Bu nedenle, İsrail'in tüm bireyleri ıslah olduğunda, tüm dünya doğal olarak ıslah olacaktır. Dolayısıyla, tüm dünyadaki milletler, kendimizi ıslah ettiğimiz ölçüde ıslah olacaktır. Bilgelerimizin şu söylediklerinin anlamı budur: "Ödüllendirilen hem kendisini hem de tüm dünyayı erdem tarafına mahkûm eder." "Tüm İsrail'i mahkûm eder" demediler; "tüm dünyayı erdem tarafına mahkûm eder" yani içsellik dışsallığı ıslah edecek dediler.

70. Güçlü Bir El ve Taşkın Bir Gazapla

Şivan 25'te duydum, 28 Haziran 1943

"Güçlü bir el... Ve taşkın bir gazapla sizin üzerinize kral olacağım." diye yazılanı anlamak için, maneviyatta zorlama yoktur kuralını anlamalıyız; şöyle yazıldığı üzere, "Beni çağırmadın, ey Yakup, sen de benim için kendini yormadın, ey İsrail." *Duvnalı Sayer*'in bilinen bir yorumu vardır. O halde "Güçlü bir el... Ve taşkın bir gazapla sizin üzerinize Kral olacağım" ne anlama gelir?

O'na gerçekten bağlanmak ve Kral'ın sarayına girmek için Yaradan çalışmasına girmek isteyen herkesin kabul edilmediğini bilmemiz gerektiğini söyledi. Aksine, kişi sınanır; eğer başka hiçbir arzusu yoksa ve yalnızca *Dvekut* (bütünleşme) arzusu varsa kabul edilir.

Peki, kişinin yalnızca tek bir arzusu olduğu nasıl sınanır? Kişiye engeller verilir. Bu demektir ki, kişinin önüne engeller çıkararak bu yolu terk etsin ve genel halkın yolunu izlesin diye kişiye yabancı düşünceler ve elçiler gönderilir.

Kişi tüm bu güçlüklerin üstesinden gelir ve onu engelleyen tüm bariyerleri kırarsa ve küçük şeyler onu yoldan uzaklaştırmazsa, o zaman Yaradan kişiye, sadece Yaradan'la ve O'nunla *Dvekut*'a girmekten saptırmak için büyük *Klipot* (kabuklar) ve yük gönderir. Bu, Yaradan'ın kişiyi güçlü bir el ile reddetmesi olarak kabul edilir.

Eğer Yaradan kudretli elini göstermezse, onu geri çevirmek zor olacaktır zira onun, başka hiçbir şey için değil yalnızca Yaradan'a bağlanmak için güçlü bir arzusu vardır.

Ancak Yaradan, arzusu o kadar güçlü olmayan birini reddetmek istediği zaman, onu küçük bir şeyle iter. Ona dünyevi şeyler için büyük bir arzu verir, bunun sonucunda kişi kutsal çalışmayı tamamen terk eder ve böylece onu güçlü bir elle itmeye gerek kalmaz.

Ancak kişi zorlukların ve engellerin üstesinden geldiğinde, kolay kolay geri püskürtülemez, bunu ancak kudretli bir el yapabilir. Eğer kişi kudretli elin bile üstesinden gelir ve ne olursa olsun *Keduşa*'nın (Kutsallığın) bulunduğu yerden uzaklaşmak istemez ve gerçekten yalnızca O'na tutunmak ister ve geri çevrildiğini görürse, o zaman kişi gazaba uğradığını söyler. Aksi takdirde içeri girmesine izin verilirdi. Ama Yaradan'ın gazabına uğramış olduğundan, O'na bağlanmak için Kralın sarayına kabul edilmemiştir.

Dolayısıyla, kişi bulunduğu yerden ayrılmak, zorla içeri girmek istemeden önce, gazaba uğradığını hissettiği söylenemez. Aksine, tüm reddedilmeler ve tüm bu geri çevrilmelerden sonra kendi yerinden ayrılmadığı zaman yani güçlü bir el ve taşkın bir gazap, ona ifşa olduğunda, ancak o zaman "size Kral olacağım" gerçek olur. Bu böyledir çünkü büyük bir hamle ve büyük çabalar sonucunda cennetin krallığı kişiye ifşa olur ve Kral'ın sarayına girmekle ödüllendirilir.

71. Ruhum Gizlice Gözyaşı Döker

28 Haziran 1943'te duydum

İsrail'in gururu için, "Ruhum gururdan gizlice gözyaşı döker." Şunu sorar: "Yaradan'ın huzurunda ağlamak var mıdır? Ne de olsa 'Güç ve sevinç O'nun yerindedir.'" Yukarıdaki gözyaşı dökme meselesini anlamalıyız. Gözyaşı dökmek, kişinin kendisine yardım edemediği bir noktada olur. O zaman kişi ağlar ki diğeri ona yardım etsin. "Gizli", dünyada ortaya çıkan gizlilikler ve çelişkiler anlamına gelir.

"Ruhum gizlice gözyaşı döker" sözlerinin anlamı budur, zira "Cennet korkusu dışında her şey, cennetin elindedir."

Bilgelerimiz bunun hakkında, içsel evlerde ağlama olduğunu söylediler. Bu demektir ki, ışık yalnızca içte parladığında ve dışarıya ifşa olmadığında, aşağıdakilerin alabilecekleri Kelim'i (kaplar) olmadığından, gözyaşı olur. Ancak, dış evlerde, ışık dışarıya doğru ifşa olduğunda, bolluk daha aşağılarda açığa çıktığında ise o zaman "Güç ve sevinç O'nun yerindedir" ve her şey görülür. Ancak, O, aşağıdakilere ihsan edemediğinde, buna "gözyaşı dökmek" denir, zira O, aşağıdakilerin Kelim'ine ihtiyaç duyar.

72. Güven, Işığın Kıyafetidir

10 Nisan, 31 Mart 1947'de duydum

Güven "hayat" denilen ışığın kıyafetidir. "*Kli* (kap) olmadan, ışık olmaz" diye bir kural vardır. Bundan, "hayat ışığı" olarak adlandırılan ışığın, kendi kendine kıyafetlenemeyeceği, ancak bazı *Kli*'lerde kıyafetlenebileceği sonucu çıkar. Hayat ışığının kıyafetlendiği *Kli*'ye genellikle "güven" denir. Bu, kişi her zorluğun üstesinden gelebileceğini görür anlamına gelir.

Demek ki, ışık, güven *Kli*'sinde hissedilir ve bilinir. Bu nedenle, kişinin hayatı orada bulunan güvenin miktarıyla ölçülür. Kişi içindeki canlılığın boyutunu, içindeki güvenin miktarıyla ölçebilir.

Bu nedenle, insan içindeki yaşam gücü yüksek olduğu, güven her şeyde parladığı sürece, istediğini elde etmesine hiçbir koşulun engel olamayacağını kendi içinde görebilir. Çünkü yukarıdan gelen bir güç olan hayat ışığı onun için parlar ve kişi insanüstü bir güçle çalışabilir zira üst ışık maddesel güçler gibi sınırlı değildir.

Ancak hayat ışığı, kişiden ayrıldığı zaman, bu kişinin canlılığının önceki derecesinden düşmesi olarak kabul edilir; o zaman insan akıllı ve meraklı hale gelir. Kişi her şeyin kârlılığını, bunun yapmaya değer olup olmadığını hesaplamaya başlar. Kişi asabi olup, canlılığını kaybetmeye başlar; daha önce olduğu gibi enerjik ve ılıman değildir.

Ancak kişi zekâsının ve anlayışının, şu an her şeyi düşünmekle ödüllendirilmiş olmasının, daha önce sahip olduğu hayatın ışığını kaybetmesi yüzünden olduğunu söyleme bilgeliğine sahip değildir. Bunun yerine, hayat ışığını kaybetmeden önceki halinden daha akıllı olduğunu düşünür. Aksine o zaman pervasız ve dikkatsizdi.

Ancak kişi, daha önce kendisine bahşedilmiş olan yaşam gücünü kaybettiği için, şimdi edinmiş olduğu bilgeliğin kendisine döndüğünü bilmelidir. Daha önce, tüm eylemlerini Yaradan'ın kendisine bahşettiği yaşam ışığı ile ölçmüştür. Ama şimdi düşüşte olduğuna göre, içindeki kötü eğilim tüm gücüyle kişiye "haklı argümanlarla" gelme gücüne sahiptir.

Bunun için tavsiye, kişinin artık kendi bedeni ile konuşup tartışacak durumda olmadığını söylemesidir. Tam tersine, kişi, *"Artık öldüm ve ölülerin dirilmesini bekliyorum."* demelidir. Bu noktadan itibaren kişi, mantık ötesiyle çalışmaya başlamalı yani bedenine şunu söylemelidir: "Söylediğin her şey doğru ve sana verecek mantıklı bir cevabım yok. Ancak, yeniden çalışmaya başlayacağımı umuyorum. Artık Tora ve *Mitzvot*'u (emir) üzerime alıyorum. Şimdi doğamın üzerine çıkacağım, bilgelerimizin şöyle söylediği gibi, 'Doğasını anlayıp doğasının üstüne çıkmaya çalışan kişi, yeni doğmuş bir bebek gibidir.' Şimdi Yaradan'ın beni kurtarmasını bekliyorum; O bana kesinlikle yardım edecektir ve ben bir kez daha kutsallık yoluna döneceğim. *Kutsallığın gücüne* sahip olduğum zaman sana nasıl cevap vereceğimi bileceğim. Ama o vakte kadar, mantık ötesi çalışmaya devam etmek zorundayım, çünkü hala kutsallığın aklından mahrumum. Bu nedenle, aklın ile kazanabilirsin ancak Tora ve *Mitzvot*'u mantık ötesi bir inançla yerine getirmem gerektiğini söyleyen bilgelerimizin sözüne inanmaktan başka yapabileceğim hiçbir şey yok. İnancın gücüyle bana yukarıdan yardım geleceğine kesinlikle inanmalıyım; bilgelerimizin şöyle dediği gibi 'Arınmak için gelene yardım edilir.'"

73. *Tzimtzum*'dan Sonra

1943'te duydum

Tzimtzum'dan (kısıtlamadan) sonra, ilk dokuz, *Keduşa*'nın (Kutsallık) yeri oldu. Üzerinde *Tzimtzum*'un olduğu *Malhut*, dünyaların yeri oldu. Burada yapılması gereken iki muhakeme vardır. 1) Boş bir yer yani özü sadece kendileri için almak olan *Klipot*'un (kabuklar) yeri 2) Özgür bir yer yani kişinin seçimiyle, *Keduşa* (kutsallık) veya tam zıddını yerleştirmesi için müsait olan yer.

Eğer *Tzimtzum* olmasaydı, tüm gerçeklik basit ışık formunda olurdu. Ancak *Tzimtzum* gerçekleştikten sonra, iyiyi ya da kötüyü seçmek için yer olur.

Bolluk, iyiliği seçmek yoluyla, bu yere uzanır. ARİ'nin yazılarında yazılı olanın anlamı budur; *Eyn Sof*'un (sonsuzluk) ışığı aşağıdakilere parlar.

Eyn Sof'a "O'nun yarattıklarına iyilik yapma arzusu" denir. Bizler, pek çok dünyayı, On Sefirot'u ve diğer isimleri algılasak bile, tümü "Yaratılışın düşüncesi" denilen Eyn Sof'tan uzanır.

Eyn Sof'tan akan bolluk, *Sefira* ve dünya vasıtasıyla aşağıya taşınır. *Sefira* (Sefirot'un tekili) ve "dünya" isimleri buradan gelir. Bu demektir ki, aşağıdakiler, hazırlık ve ıslah olmadan O'nun cömertliğini alamayacakları için, aşağıdakilerin alabilmeleri adına ıslahlar yapılmıştır. Buna "sefirot" denir.

Başka bir deyişle, her bir Sefira'nın kendine özgü bir ıslahı vardır. Bundan dolayı birçok idrak vardır. Fakat bunlar sadece alıcılar ile ilgilidir, çünkü aşağıdaki, *Eyn Sof*'tan bolluğu aldığında, bunu bu bolluğu alacak şekilde uyarlayan özel bir ıslah yoluyla alır. Bolluğun kendisinde hiçbir değişiklik olmamasına rağmen, özel bir *Sefira* yoluyla almanın anlamı budur.

Artık Yaradan'a ettiğimiz duaya dair, Yaradan'ın yarattıkları ile bağı olan ve "Yarattıklarına iyilik yapma arzusu" olarak adlandırılan, *Eyn Sof* ışığına dua meselesini anlayacaksınız. Duanın amacında birçok isim olmasına rağmen, yorum, bolluğun, isimlerdeki ıslahlar yoluyla akacağıdır zira bolluk tam olarak isimlerdeki ıslahlar vasıtasıyla alıcıların elinde olacaktır.

74. Dünya, Yıl, Ruh

1943'te duydum

Gerçekliği hisseden birisi yoksa gerçekliğin olmadığı bilinmektedir. Bu yüzden, *Atzilut*'un *Nefeş*'i dediğimizde, bu, üst bolluğu edinimin belli bir ölçüsünü sezdiğimiz anlamına gelir ve buna *Nefeş* deriz.

"Dünya", bu edinimdeki kolektife işaret eder yani tüm ruhlar aynı forma sahiptir, dolayısıyla o dereceye ulaşan herkes bu adı, *Nefeş*'i edinir. Bu demektir ki, belli bir bireyin bu adı, bu formda edinmesi şart değildir ancak bu bolluk, bu dereceye, *Keduşa*'ya hazırlık ve arınma yoluyla ulaşan kişiye, *Nefeş* denilen formda görünür.

Bu dünyada uygulanan dünyevi bir örnekten bunu anlayabiliriz. Örneğin, bir kişi diğerine, "Şimdi Kudüs'e gidiyorum" dediğinde, şehrin ismini söylediğinde, herkes bu şehri bilir ve tanır. Kişinin bahsettiği yerden hepsi emindirler çünkü o şehirde zaten bulunmuş olanlar, bunun ne ile ilgili olduğunu bilirler.

75. Bir Gelecek Dünya Anlayışı Vardır ve Bir De Bu Dünya Anlayışı Vardır

Brit (sünnet) kutlama yemeği esnasında duydum, Kudüs

Bir "gelecek dünya" anlayışı, bir de "bu dünya" anlayışı vardır. Gelecek dünyaya "inanç", bu dünyaya "edinim" denir.

Gelecek dünya hakkında "Onlar tok ve memnun olacaklar." diye yazılmıştır yani doymanın sonu yoktur. Bu böyledir çünkü inanç ile alınan hiçbir şeyin sınırı yoktur. Aksine, aşağıda olanın Kelim'ine (kaplar) gelen her şeyi, aşağıda olan kısıtladığı için, edinim vasıtasıyla edinilen şeylerde zaten bir sınır vardır. Dolayısıyla, bu dünya anlayışında bir sınır vardır.

76. Tüm Adaklarınızda Tuz Sunacaksınız
30 Şevat, Ocak-Şubat, Altıncı Kısmın tamamlanmasını kutlarken duydum, Tiberya

"Tüm adaklarınızda tuz da sunacaksınız." tuz antlaşması demektir. Antlaşma, akla karşılık gelir. Normalde, iki kişi birbirine iyilik yaptığında, aralarında sevgi varken, aralarında antlaşma yapmalarına kesinlikle gerek yoktur. Ancak aynı zamanda, tam olarak sevgi olduğunda, bunun antlaşma yapmak için uygun zaman olduğunu görebiliriz. Akabinde, antlaşma yapmanın daha sonrası için olduğunu söyledi.

Bu, antlaşmanın şimdi yapıldığı ve böylece sonrasında her biri, diğerinin kalbinin, dostuyla bütün olmadığını düşündüğü bir duruma gelirse, ellerinde bir antlaşmaları olacağı anlamına gelir. Bu antlaşma, bu durumdayken bile eski sevgilerini devam ettirebilmeleri için, aralarında yapmış oldukları antlaşmayı hatırlamanı zorunlu kılacaktır.

Bu, "Tüm adaklarınızda tuz sunacaksınız." ifadesinin anlamıdır yani Yaradan'ın çalışmasındaki tüm Krevut[12], Kral[13]'ın antlaşması hakkında olmalıdır.

---

[12] İbranice'de *Krevut* "yaklaşmak" anlamındadır, ancak aynı zamanda da "savaşlar" anlamına gelir.

[13] İbranice'de, *Melach* (tuz) ve *Melech* (kral) aynı şekilde yazılır ve çok benzer şekilde telaffuz edilir.

77. Kişi Kendi Ruhundan Öğrenir
Elul 8'de duydum, 24 Ağustos 1947

"Kişi kendi ruhundan öğrenir."

Bilindiği üzere Tora'nın tamamı, öncelikle ruhun ihtiyaçları yani hâlihazırda ruh algısını edinmekle ödüllendirilmiş olanlar için çalışılır. Ancak kişilerin yine de buna özlem duyması, yeni yollar öğrenmek için, Tora'yı edinmiş ve ona keşfettikleri yenilikleri katmış olan önceki kişilerden Tora'nın sözlerini araştırmaları gerekir. Bu şekilde onların yüksek derecelere ilerlemeleri yani onlar aracılığı ile dereceden dereceye yükselmeleri kolay olacaktır.

Ancak ifşa edilmesi yasak olan bir Tora vardır çünkü her ruh, bu incelemeyi kendi başına yapmalıdır ve birileri bu incelemeyi onun için yapmaz. Dolayısıyla kendileri bu incelemeyi yapmadan önce, Tora'nın sözlerini onlara ifşa etmek yasaktır.

Yüce olanların birçok şeyi gizlemesinin sebebi budur. Bu kısım hariç, başkalarının Tora'da yaptığı keşifleri almaları, ruhlara büyük fayda getirir. Başkalarının Tora'da yaptığı buluşlardan nasıl ve neyi alacağını ve yardım göreceğini ve neyi kendisinin keşfetmesi gerektiğini "Kişi kendi ruhundan öğrenir."

78. Tora, Yaradan ve İsrail Birdir
Sivan'da duydum, Haziran 1943

"Tora, Yaradan ve İsrail birdir."

Bu sebeple kişi Tora öğrendiğinde, Lişma'yı (O'nun rızası için) öğrenmelidir. Bu demektir ki, kişi Tora'nın ona öğretmesi niyeti ile çalışmalıdır; çünkü Tora ismi "öğretici" anlamına gelir. "Tora, Yaradan ve İsrail bir" olduğu için, Tora kişiye Yaradan'ın yollarını, O'nun Tora içinde nasıl kıyafetlendiğini öğretir.

79. Atzilut ve BYA

Tammuz 15, Pinhas 1'de duydum, 18 Temmuz 1943

Haze'den itibaren yukarısı *Atzilut* olarak kabul edilir ki bu yalnız ihsan etme kabıdır. BYA ihsan etmek için almak anlamına gelir, aşağıdaki *Hey*'in *Bina*'nın bulunduğu yere yükselmesidir.

İnsan, almak için alma arzusuna batmış olduğu için, burada kendisi için almaktan başka hiçbir şey yapamaz. Bilgelerimiz bu sebeple "*Lo Lişma*'dan (O'nun rızası için değil) *Lişma*'ya (O'nun rızası için) geliriz" derler. Bu demektir ki, Tora ve *Mitzvot*'a (emirler) bağlanmaya, "Bize bu dünyanın zenginliklerini ver" diyerek başlar ve daha sonra "Bize bir sonraki dünyanın zenginliğini ver" deriz.

Bu yolda çalışırken kişi, Tora için *Lişma* çalışmasına gelmeli yani Tora, ona Yaradan'ın yollarını öğretmelidir. Kişi, öncelikle *Bina*'daki *Malhut*'u tatlandırmalı yani **"alma arzusu"** denen *Malhut*'u, "ihsan etmek" olarak kabul edilen Bina'ya yükseltmelidir. Demek ki, kişinin tüm çalışması yalnız ihsan etmek için olacaktır.

O zaman onun için karanlık olur. Kişi, dünyanın karardığını hisseder, zira beden ihsan etme formunda çalışamaya değil, yalnız alma formunda çalışmaya güç verir. Bu durumda, kişinin Yaradan'a, ihsan etmek formunda çalışabilsin diye gözlerini açması için dua etmekten başka seçeneği kalmaz.

"Kim soruyu sorabiliyor?" sorusunun anlamı budur. Bununla, *Mi* (su) diye adlandırılan *Bina*'ya atıfta bulunur ve bu soru "yağmurları sormak" ayetinden yani duadan gelir. Bu kişiler, "*Bina*'nın suyu" derecesine ulaştıklarından onun için dua etmeye yer vardır.

80. Arka Arkaya (Sırt Sırta) İle İlgili

Duydum

Panim ve *Ahor* (yüz ve arka/sırt).

Panim (yüz, ön), bolluğun alınması veya bolluğun ihsan edilmesi anlamına gelir.

Karşı çıkmaya, inkâra ise *Ahorayim* (arka/sırt) denir yani ne almak ne de vermektir.

Bu sebeple, çalışmanın başında kişi *Ahor be Ahor* (arka arkaya) koşulundadır çünkü o hala alma arzusunun Kelim'ine (kaplar) sahiptir. Eğer kişi bolluğu bu Kelim'e yayarsa, ışıklar Kök'ten geldiği ve sadece Kök ihsan ettiği için, değer olarak buna zıt kabul edildiğinden, ışığı lekeleyebilir.

Bu nedenle alttakiler, *Ahorayim* adı verilen İma'nın *Kelim*'ini kullanırlar yani lekelememek için almak istemezler. Yukarıdaki nedenden dolayı Kaynak da onlara ihsan etmez çünkü ışıklar, aşağıdakiler onları lekelemesin diye kendilerini korurlar. Ahor be Ahor denmesinin sebebi budur.

Birçok yerde "Her nerede bir eksiklik varsa, orada *Klipa* emer, beslenir" şeklinde yazılanları açıklamak adına, bunun nedeninin bu yerin henüz *Aviut*'tan (kalınlık) temizlenmemiş olması olduğunu söyleyebiliriz. Aksi takdirde, üst ışık asla kesilmediği için ışık mükemmel bir şekilde parlardı. Eğer *Masah* (perde) ile ıslah olmuş bir yer varsa, üst ışık hemen oraya tutunur. Bir eksiklik yeri olduğu yani üst ışıktan yoksun olan bir yer olduğu için, orada kesinlikle tamamen alma arzusuna tutunmuş bir *Aviut* (kalınlık) anlayışı vardır.

81. MAN Yükseltmek Hakkında

Duydum

Kırılmadan dolayı, Keduşa'nın (kutsallık) kıvılcımlarının BYA'nın içine düştüğü biliniyor. Ancak orada, BYA'nın içinde ıslah edilemezler. Bu nedenle, *Atzilut*'a yükseltilmeleri gerekir. Kişi, kendisini değil, onu Yapan'ı memnun etme niyetiyle *Mitzvot* (emirler) ve iyi eylemler yaparak, bu kıvılcımları Atzilut'a yükseltir. Akabinde, *Masah*'ın (perde) kendi sonsuzluğunda kaldığı *Roş* (baş/tepe) derecesinde, üsttekinin Masah'ına dâhil edilirler. O zaman, kıvılcımların *Hitkalelut*'u (karışım/birleşme) vasıtasıyla *Masah*'ta *Zivug* (çiftleşme) olur ve üst ışık, onların yükselttikleri kıvılcımların ölçüsüne göre tüm dünyalara yayılır.

Bu, *Akudim*'in *Partzufim*'inin *Hizdakhut*'una (incelme/arınma) benzer. *Hizdakhut*'u esnasında, ışık onun yüzünden ayrıldığında, *Guf*'un (beden) *Masah*'ının *Reşimot* ile birlikte *Pe de Roş*'a yükseldiğini öğrenmiştik. Bunun nedeni, aşağıda olanın almayı bıraktığında *Aviut*'undan (kalınlık) arınmış kabul edilmesidir. Bu nedenle, *Masah Pe de Roş*'a geri yükselebilir çünkü onun *Guf* derecesine düşmesi, yalnızca ışığın yukarıdan aşağıya doğru alma kaplarına genişlemesinden kaynaklanıyordu.

Ayrıca, *Roş* her zaman aşağıdan yukarıya doğru, yani dirençten genişlemeye doğru algılanır. İçsel ve dışsal *Bituş*'un (vuruş) vasıtasıyla arındırılmış Masah'ın yokluğu sebebiyle, *Guf* yukarıdan aşağı ışıkları almayı bıraktığı zaman, *Masah de Guf* kendi *Aviut*'undan arındı kabul edilir ve *Reşimot* ile birlikte *Roş*'a yükselir.

Buna ek olarak, kişi almak için değil, ihsan etmek için Tora ve *Mitzvot* ile meşgul olduğunda, bunun vasıtasıyla, kıvılcımlar *Atzilut* dünyasının *Roş*'taki *Masah*'ına yükselir (ve onlar derece derece, *Roş de Atzilut*'a varana kadar yükselir). O *Masah*'a dâhil oldukları ve *Masah*'ın boyutuna göre ışığın derecesi ortaya çıktığı zaman, tüm dünyalara daha fazla ışık eklenir. Yukarıda ıslaha sebep olan insan da yukarıyı iyileştirmesi ile dünyalarda aydınlanma alır.

82. Kişinin Daima Etmesi Gereken Dua

Vayera'da şahsi olarak duydum, Kasım 1952

İnanç, akılda ve kalpte yani ihsan etme ve inançta yorumlanan, Malhut olarak algılanır. İnancın karşısında, "sünnet derisi" anlayışı vardır, bu bilmektir ve yolu sünnet derisinin anlayışını takdir etmektir. Bununla birlikte, "*Şehina* (İlahilik)" olarak adlandırılan inanç, toz içindedir. Bu demektir ki, bu çalışma utanç verici olarak görünür ve herkes bu yolda yürümekten kaçar. Ancak yalnızca bu yola "Erdemlinin ve *Keduşa*'nın (kutsallık) yolu" denir.

Yaradan, isimlerinin yalnızca bu şekilde ifşa edilmesini ister, çünkü bu şekilde onların üst ışıkta kusur bulamayacakları kesindir, zira tüm temel ihsan etme ve *Dvekut*'tur (bütünleşme). Ayrıca *Klipot* (kabuklar) da bu nitelikten beslenemez, zira sadece bilmekten ve almaktan beslenirler.

Sünnet derisinin hüküm sürdüğü yerde, *Şehina* üst ışıkları içine alamaz, böylece ışıklar *Klipot*'a düşmez. Bu nedenle, *Şehina* üzgündür yani üst ışıkların ona gelmesi engellenmiştir ve bu nedenle ruhlara ihsan edemez.

Bu yalnızca aşağıdakilere bağlıdır. Üstteki sadece üstteki ışığı verebilir ama *Masah*'ın gücü ile aşağıda olanlar alma kaplarına hçbir şey almak istemezler; bu yalnızca aşağıdakilerin çalışmasına bağlıdır yani, aşağıda olanlar bu, incelemeyi yapmalıdır.

83. Sağ Vav ve Sol Vav'a Dair

Adar 19'da 24 Şubat 1943'te duydum

Ze (eril formda 'bu') ve *Zot* (dişil formda 'bu') anlayışı vardır. Musa, kralın sağdıcı olan *Ze* olarak kabul edilir. Geri kalan peygamberler, Yadeha (senin elin) anlamındaki *Zot* veya *Koh* [Khaf ve *Hey* harfleri] olarak yani bir sol *Vav* kabul edilir. Ayrıca bir de sağ *Vav* anlayışı vardır.

İki *Vav*'ı bir araya getiren, "*Zayin*leri bir araya toplayan" sözlerinin anlamı budur. Bu, tam bir derece olarak kabul edilen, on üçün "ve onların hepsini kapsayan" sözlerinin anlamıdır.

Bir sağ *Vav*, bir de sol *Vav* vardır. Sağdaki *Vav*'a "hayat ağacı," soldaki *Vav*'a ise koruma yerinin bulunduğu "bilgi ağacı" denir. İki *Vav*'a "on iki *Hallah*[14]" denir, altılı iki sıradan oluşur ve on üç *Tikkunim*'in (ıslah) anlamı budur; *Mazal* ve *Nakeh* (şans ve arınmış) adı verilen on iki tane ve onların hepsini içeren bir taneden oluşur.

Bu aynı zamanda, Zayinlerin bir araya toplanması anlamındaki "arındırılamaz" olarak adlandırılan on üçüncü ıslahı da içerir. *Zayin, Malhut'*tur; o hepsini içerir. "Aptallığa geri dönmeyecek" koşulu ile ödüllendirilmeden önce kişiye, "arındırılamayan" denir. Aptallığa geri dönmemekle zaten ödüllendirilmiş olanlara ise "arınmış" denir.

Bu, "Lezzetini, gökyüzünde bir işaret olan on iki kükreme ile iki defa ve cılız bir şekilde ifşa edecek" sözlerinin anlamıdır ("Bir Yemek Hazırlayacağım" şarkısında geçer). Ayrıca ("Bir Şarkıyla Öveceğim" şarkısında) "*Vav*lar ve toplanan *Zayin*ler ile taçlandırılacak" yazılmıştır. *Vav*larla taçlandırmayı, iki *Vav* aracılığıyla kurulan bağın, gökyüzünde bir işaret olan on iki kükreme (on iki Hallah) olduğu şeklinde yorumlamalıyız.

İşarete *Yesod* denir ve bu "iki kez ve güçsüz" olarak adlandırılır. Bu demektir ki, *Vav*'lar ikiye katlanmıştır. Sol *Vav*'a "bilgi

---
[14] Örgülü ekmek (geleneksel olarak Şabat'ta servis edilir).

ağacı," koruma yeri denir. Sonra onlar güçsüzleştiler ("ışık" olarak adlandırılırlar) ve sonra içinden geçmesi kolay bir yer açıldı. Eğer bilgi ağacıyla ikiye katlanma olmasaydı, **"hayat ağacı"** olarak algılanan sağ *Vav* ile çalışmak zorunda kalacaklardı. O zaman kim kendini yükseltip *Mohin*'i alabilirdi?

Ancak, yerine getirmek, devam ettirmek olarak algılanan sol *Vav* ile kişi daima bu formdadır. Yerine getirmenin erdemiyle mantık ötesini üzerine aldığında kişinin çalışması arzu edilebilir olur. Bu nedenle ona "güçsüz," denir, yani çalışma için bir yer bulması kolaydır.

Bu demektir ki, içinde bulunduğu her koşulda kişi hiçbir şeye ihtiyaç duymadığı ve her şeyi mantık ötesi yerine getirdiğinden, Yaradan'ın hizmetkârı olabilir. Öyle görünüyor ki, Yaradan'ın hizmetkârı olmak için kişinin herhangi bir Mohin'e ihtiyacı yoktur.

Şimdi şu yazılanı anlayabiliriz: "Düşmanlarıma karşı önüme bir sofra kurun." Sofra, yazıldığı gibi "Ve onu evinden gönderdi ve o onun evinden çıktı ve gitti." (*Tesniye* 24:1-2) anlamına gelir. Bir *Şulhan* (sofra) ve çalışmadan çıkmak anlamına gelen *VeŞlaha* (ve onu gönderdi) şeklinde yazıldığı gibidir.

Çalışmadan çıkış sırasında yani düşüş durumunda bile, kişinin hala çalışacak bir yeri olduğunu anlamalıyız. Bu demektir ki, kişi düşüşler sırasında mantığına galip geldiğinde, mantık ötesine geçmeyi başardığında ve inişlerin de kendisine yukarıdan verildiğine inandığında, düşmanları iptal edilir. Bu böyledir çünkü düşmanlar, düşüşler vasıtasıyla kişinin en alta düşeceğini ve mücadeleyi bırakacağını düşünürler, oysa sonunda bunun tam tersi olur ve tüm düşmanlar iptal edilir.

"Efendi'nin önündeki sofra" sözlerinin anlamı budur; kişi ancak bu şekilde Yaradan'ın yüzünü edinir. Bu, tüm yargılara, hatta en sert yargılara bile boyun eğdirmenin anlamıdır çünkü kişi her zaman cennetin krallığının yükünü üstlenir. Bu demektir ki, kişi daima çalışmak için bir yer bulur; *Rabi Şimon Bar Yohay*'ın dediği gibi, "Senden saklanacak bir yer yok."

84. "Adamı Hayat Ağacından Almasın Diye Cennet Bahçesinden Kovdu." Ne Demektir?

24 Adar'da duydum, 19 Mart 1944

Şöyle yazılmıştır: "Ona, 'Neredesin?' dedi. Ve o dedi ki, 'Sesini duydum,'" vs., "'Ve korktum çünkü çıplaktım ve gizlendim.' Ve Efendi dedi ki... elini uzatıp, hayat ağacından da almasın, 'O yüzden, adamı kovdu.'"

Âdem, kendisinin çıplak olduğunu gördüğü için saklanmak zorunda kaldı ve biz bu korkuyu anlamalıyız. Gerçek şu ki, bilgelik ağacından yemeden önce, özgürlüğün dünyası olan Bina'dan besleniyordu. Sonra bilgelik ağacından yediğinde çıplak olduğunu gördü. Bu, Tora'nın ışığını alıp onu, "Lut'un sığır çobanları" şeklinde kullanmaktan korktuğu anlamına gelir.

"Lut'un sığır çobanları" yani "İbrahim'in sığır çobanları" diye adlandırılan mantık ötesi inancın var olduğu anlamına gelir. Başka bir deyişle, Tora'nın ışığını edinmekle ödüllendirilen kişi, zaten ışığın temeline sahip olduğu için, artık Yaradan'a olan inancını güçlendirmeye ihtiyacı olmadığını söyleyerek, bunu çalışmasının temeli olarak kabul etmez. Buna "Lut'un sığır çobanları" denir ve "lanetlenmiş dünya" ve bu lanet olarak kabul edilir. Bu kutsal olan inancın tam tersidir.

Aksine, eğer mantık ötesi devam ederse, yukarıdan kişiye hakikat yolunda yürüdüğünü göstermek için Tora'nın ışığının verileceğini gördüğünü söyler. Bunu, çalışması mantık dâhilinde olsun diye bir destek olarak almaz. Çünkü buradan kişi, üzerlerinde kısıtlamanın olduğu alma kaplarının algı ve anlayışı içine gelir. Bu nedenle buna "lanetli yer" denir zira Lut, lanetlenmiş dünya anlamına gelir.

Bu bağlamda Yaradan ona şöyle dedi: "Bu ışıkları almaktan neden korkuyorsun? Korkuyla onlara leke süreceksin." Sana çıplak olduğunu kim söyledi? Bilgi ağacından yemiş olmalısın. Bu yüzden sana bu korku gelmiş olmalı. Daha önce bahçedeki her ağaçtan yerken yani "İbrahim'in sığır çobanları" aracılığıyla ışıkları kullanırken, hiçbir korkun yoktu." Böylece onu, "Elini uzatıp, hayat ağacından da almasın diye" kovdu.

Korku, onun tövbe edip hayat ağacına girmesi idi. Peki ama bu korku nedir? Bilgi ağacında günah işlediği için şimdi bilgi ağacını ıslah etmesi gerekiyor.

Bilgi ağacının günahını ıslah etmek için "Onu Cennet Bahçe'sinden attı..." sözünün anlamı budur. Böylece daha sonra Cennet Bahçesine girebilecektir.

Cennet Bahçesi, *Malhut*'un, Cennet'in *Hohma* anlamına geldiği üzere *Hohma*'yı aldığı yer olan Bina'ya yükselmesi anlamına gelir. "Bahçe" olarak adlandırılan *Malhut*, *Hohma*'yı "Cennet" formunda alır ve buna *"Cennet Bahçesi"* denir

85. Çalışmada, Narenciye Ağacının Meyvesi Nedir?

27 Eylül 1942'de Sukkot'ta duydum

Şöyle yazılmıştır: "Ve ilk gün, narenciye ağacının meyvelerini, hurma dallarını, sık yapraklı ağaç dallarını ve derenin söğütlerini alacaksın. (Levililer 23:40)"

Ve "narenciye ağacının meyvesi" sözünü yorumlamalıyız. Bu ağaç erdemli olarak kabul edilir ve ona "tarlanın ağacı" denir. "Meyve" ağacın soyu yani erdemlinin soyudur; bu da iyi işler, onun ağacında süslemeler şeklinde olmalıdır.

"Yıldan yıla" demek, "Mür yağı ile altı ay ve tatlı kokularla altı ay" olan tam bir yıl demektir. Günahkârlar ise, "rüzgârın sürükleyip uzaklaştırdığı saman çöpü gibidirler."

"Hurma ağacının dalları" iki kap yani ilk *Hey* ve son *Hey* olan iki *Hey*'dir, kişi bununla "Tütsü dolu ve on şekellik altın bir kap" ile ödüllendirilir.

Kapot (kaplar), kişi cennetin krallığını zorla üstlendiğinde *Kefia* (zorlama) anlamına gelir. Bu aklı aynı fikirde olmamasına rağmen, kişinin mantık ötesine geçtiği anlamına gelir. Buna "zorla birleşme" denir. *Tmarim* (hurma ağaçları), *Morah* (korku) kelimesinden gelir (ve "Yaradan insanı kendisinden korku duysun diye yarattı.")

Bu nedenle Lulav (hurma dalı) olarak adlandırılır. Bu, kişinin ödüllendirilmeden önce iki kalbi olduğu anlamına gelir. Buna *Lo Lev* (kalpsiz) denir yani kalp, yalnız Yaradan'a adanmamıştır. Kişi *Lo* ('hayır' veya O'nun için) ile ödüllendirildiğinde, bu Yaradan'a yönelik bir kalp anlamına gelir ve bu *Lulav*'dır.

Ayrıca, kişi kendine "Benim eylemlerim ne zaman atalarımın eylemleri gibi olacak?" diye sormalıdır. Bununla kişi, kutsal ataların bir dalı olmakla ödüllenir ve "sık yapraklı ağaç dalları" sözünün anlamı budur, bunlar üç mersindir.

Ancak aynı zamanda kişi "derenin söğütleri" formunda, tatsız ve kokusuz olmalıdır. Kişi çalışırken güzel bir tat, güzel bir koku almasa dahi, buna rağmen, çalışmadan keyif almalıdır. Böylece, bu çalışmaya "Sen'in birleştirilmiş isminin harfleri" denir yani bununla Yaradan ile tam bir bütünleşme ile ödüllendiriliriz.

86. Ve Onlar Ambar Şehirler İnşa Ettiler

Şevat'ın 3'ü, Tav-Şin-Alef, 31 Ocak 1941'de babamdan duydum

Metinde şöyle der (*Mısır'dan çıkış* 1): "Ve onlar Firavun için Arei Miskenot[15] inşa ettiler, Pithom ve Ramses." "Pithom ve Ramses, güzel şehirler anlamına gelmesine rağmen, Arei Miskenot kelimeleri sefalet ve kıtlık (dipnota bakınız) aynı zamanda tehlike anlamına gelir!" diye sormalıyız. Ayrıca atamız İbrahim'in ne sorduğunu da anlamalıyız, "Ve dedi ki, 'Bunu miras alacağımı nereden bileceğim?' (*Yaratılış* 15:8)." Yaradan ne cevap verdi? Şöyle yazılmıştır: "Ve O, Abram'a, 'Kesin olarak bilmelisin ki, senin soyun onlara ait olmayan bir ülkede bir yabancı olacak, onlara hizmet edecek ve soyuna dört yüz yıl eziyet edecekler" dedi.

Bunu kelimesi kelimesine anlamak zordur çünkü İbrahim'in sorusu, miras için garanti isteğiydi ve Yaradan'ın onun soyunun sürgünde olacağına dair verdiği cevap ise bariz bir cevap değildir, ancak görünüşe göre bu İbrahim için yeterli bir cevaptı. Dahası, İbrahim'in Sodom halkıyla ilgili Yaradan ile tartıştığını, Yaradan'la uzun bir tartışmaya girdiğini ve "belki" deyip durduğunu görüyoruz. Ancak burada, Yaradan senin soyun sürgünde olacak dediğinde, bunu hemen yeterli bir cevap olarak kabul etti ve tartışmadı veya "belki" demedi. Bunun yerine, aldığı cevabı, ülkenin mirası için bir garanti olarak kabul etti.

Bu cevabı ve aynı zamanda *Zohar*'ın "Firavun yaklaştırdı" ayeti hakkındaki yorumunu anlamalıyız. Firavun'un onları tövbeye yaklaştırdığı şeklinde yorumlanır. Kötü Firavun, onları tövbeye doğru çekmek istiyor olabilir mi?

Tüm bunları anlamak için, bilgilerimizin ne dediğini anlamalıyız. (*Sukkah* 52a): "*Rav Yehuda* der ki, 'Günlerin sonunda, Yaradan kötü eğilimi getirir ve onu erdemlilerin ve günahkârların önünde katleder. Erdemlilere, bu yüksek bir dağ gibi görünür.

---
[15] Çevirmenin notu: *Arei Miskenot* ambar şehirler demektir, ancak aynı zamanda da "ızdırap şehirleri" ve "sefalet şehirleri" anlamındadır.

Günahkârlara ise bir saç teli gibi görünür. Hem bunlar hem de onlar ağlar. Erdemli ağlar ve der ki, "Böylesine yüksek bir dağı nasıl fethedebildik?' ve günahkârlar ağlar ve der ki, 'Saç teli kadar mesafeyi nasıl fethedemedik?'"

Bu ayet baştan sona kafa karıştırıyor:

1. Eğer kötü eğilim zaten katledilmişse, nasıl hâlâ günahkârlar vardır?
2. Erdemliler neden ağlar? Tam tersine, mutlu olmaları gerekirdi!
3. Her ikisi de hakikat durumuna ulaştıklarında, realitede nasıl iki görüş olabilir? Bu ayet, kesin bir hakikat durumu olan günlerin sonundan söz eder. O halde nasıl olur da realitede bir kıl payı kadar mesafe ile yüksek bir dağ arasında bir fark olabilir?

Bunu (orada) bilgelerimizin sözleriyle açıklar: *"Rav Assi* der ki, 'Kötülüğü kibrin ipleriyle ve günahı sanki araba halatıyla çekiyor olanların vay haline.' (İşaya 5) denildiği üzere, 'Başlangıçta kötü eğilim örümcek ağı ve sonunda araba halatı gibi görünür."

Bilmemiz gereken önemli bir kural vardır. Mantık ötesi inanç temeline dayalı olarak bize verilen çalışmamız, yüksek bir seviyeye layık olmadığımız için değildir. Bize çalışmanın böyle verilmesinin nedeni, hepsini inanç *Kli*'sine (kap) almamız içindir. Bu bize değersiz ve aşağı gibi görünür ve "mantık ötesi inanç" diye adlandırılan bu yükten kendimizi kurtarabileceğimiz zaman için endişeliyizdir. Ancak bu, yüceliği ölçülemeyecek kadar büyük ve çok önemli bir derecedir.

Bunun bize rezalet gibi görünmesinin sebebi, içimizdeki alma arzusudur. Alma arzusunun içindeki *Roş* (baş) ve *Guf*'u (beden) birbirinden ayırt etmemiz gerekir. *Roş* "bilmek" ve *Guf* "almak" olarak adlandırılır. Bu nedenle, bilgiye karşı olan her şeyi değersiz ve hayvani kabul ederiz.

Artık atamız İbrahim'in Yaradan'a sorduğu soruyu yorumlayabiliriz: "Bunu miras alacağımı nereden bileceğim?" Akla aykırı olduğundan, inancın yükünü nasıl taşırlar ve kim mantığa karşı gelebilir? Peki, mükemmellik yalnızca buna bağlı olduğuna göre, inancın ışığıyla ödüllendirilmeye nasıl gelirler?

Yaradan ona bununla ilgili şu cevabı verdi: "Onların sürgünde olacağını, vb, kesin olarak bil." Bu demektir ki, O, kötü bir insan, Mısır kralı Firavun, kötü eğilim olan bir *Klipa* (kabuk) hazırladı. Firavun kelimesinin harfleri, *Oref* (ense)[16] kelimesinin harfleri gibidir; ARİ'nin yazdığı gibi (*Pesah* için *Şaar HaKavanot*), Firavun *Oref*[17], denizdeki darlık olarak kabul edilir. Alttakilere gelen bolluğu "Efendi kim ki, sesine itaat edeyim?" sorusuyla emer (*Mısır'dan çıkış* 5:2). Tam da bu soruyla, onlar Klipot'un (kaplar) ellerine düşerler; *Maimonides*'in (*Hilhot Deot*), put tanrılara yönelmeme konusunda dediği gibi, yalnızca bu yaklaşımla yani bizzat bu soruyla bile putlara yönelme yasağı ihlal edilmiş olur.

Kötü eğilim, *Keduşa*'dan (kutsallık) bolluğu emmeyi diler. Bunun için, *Keduşa*'dan bolluğu emmek için ne yapar? Metin bize "Ve Firavun yaklaştırdı" diyor. *Zohar*, onları tövbe etmeye yaklaştırdığı şeklinde yorumlar. "Eğer *Klipot*'un işleyişi kişiyi Yaradan'dan uzaklaştırmaksa, Firavun'un onları tövbeye yaklaştırdığını nasıl söyleyebiliriz?" diye sorar.

Bunu *Zohar*'da ("*Zohar* Kitabı'na Önsöz", s 41 (İbranice)) yazılanlardan anlamalıyız. "Saldıran ve başını vücudunun içine gizleyen bir yılan gibi, günah senin içinde gizlidir." Ayrıca, *Sulam*'da da (*Zohar*'ın "Merdiven" yorumunda), "Günah gizli olduğundan, dünya insanlarını vuran ve dünyaya ölüm getiren yılanın gücü hala tam gücündedir ve iptal edilemez. Bu, insanı ısıran ve hemen ardından kafasını vücuduna geri sokan bir yılan gibidir ve o zaman onu öldürmek mümkün olmaz." diye yazar.

Zohar'da, bir başka söz daha vardır: "Yılan, başını eğip kuyruğuyla vurur." Bu, bazen kişinin başını eğmek olan, mantık ötesi

---

[16] İbranice.

[17] Ari, Mısır için İbranice bir kelime olan *Mitzraim*'i iki kelimeye ayırır: Dar Deniz anlamına gelen *Metzar Yam*.

inancın yükünü kendi üzerine almasına izin verdiği ancak kuyruğuyla vurduğu anlamına gelir. Kuyruk, en sonunda almak için almak amacıyla başını eğen "son" olarak yorumlanabilir. Diğer bir deyişle, önce kişiye inancı üstlenmesi için izin verir ki, böylece daha sonra her şeyi kendi otoritesine alabilsin, çünkü *Klipa* (kabuk), *Keduşa* (kutsallık) dışında bolluğu almanın başka bir yolu olmadığını bilir.

Firavun'un onları yaklaştırmasının anlamı budur. Daha sonra her şeyi kendi otoritesine almak üzere, İsrail'i kasten tövbeye getirdiği açıklanır. ARİ, bu nedenle aşağıdakilere inen tüm bolluğu Firavun'un emdiğini yazar. Bedenin başı olarak nitelendirilen *Oref*'ten ve boğazdan emer yani her şeyi alma kaplarına alır.

"Ve onlar Arei Miskenot'u inşa ettiler." ifadesinin anlamı budur yani bu, İsrail içindir. Diğer bir deyişle, sürgün esnasındaki tüm çalışmaları Firavun'un gözetimi altındaydı ve *Miskena* "fakir" anlamına geldiğinden, İsrail fakir kaldı.

Ayrıca, *Sakana* (tehlike) kelimesinden türeyen *Miskenot* kelimesini yorumlamalıyız; bu demektir ki, hayatlarının sonuna kadar bu durumda kalma tehlikesiyle karşı karşıyaydılar. Ancak, Firavun'a göre İsrail'in çalışması, çok güzel şehirler anlamına gelen *Pithom* ve *Ramses*'ti.

Böylelikle *"Ve onlar Arei Miskenot inşa ettiler."* (İsrail için) ve Firavun için ise Pithom ve Ramses'i. Bunun nedeni, İsrail'in tüm çalışmasının Klipot'a düşmesi ve çalışmalarında bereket görmemeleridir.

İnanç ve ihsan etmek içindeki çalıştıkmalarında galip geldiklerinde, bereket gördüler. Bilmeye ve almaya düştükleri anda, Firavun'un Klipa'sının eline düştüler. Nihayetinde, çalışmalarının sadece mantık ötesi inanç ve ihsan etme yönünde olması gerektiğine dair kesin bir karara vardılar.

Ancak, Firavun'un hâkimiyetinden kendi güçleriyle çıkamayacaklarını gördüler. Bu sebeple "Ve İsrail'in çocukları çalışmaktan iç çektiler." yazılmıştır çünkü sonsuza kadar sürgünde kalacaklarından korktular. Akabinde, "Feryatları Tanrı'ya ulaştı." ve Mısır'daki sürgünden çıkmakla ödüllendirildiler.

Dolayısıyla, mevcut durumlarını, *Klipot*'un elinde olduklarını, acı içinde olduklarını ve orada sonsuza kadar kalacaklarından korktuklarını görmeden önce, alma kaplarından Yaradan'ın yardımına ihtiyaçları yoktu. Eğer kendilerinden kaynaklanan eksiklik ve zararı hissetmiyorlarsa, Yaradan'a bağlanmalarını engelleyen tek şey budur. Çünkü aksi takdirde, kişi alma ve bilgi formunda çalışmaya daha çok saygı duyar ve inanç aşağı olarak kabul edilir. Kişi bilgiyi ve almayı tercih eder, çünkü kişinin dışsal aklının gerektirdiği şey budur.

Bu nedenle, onlara tüm çalışmalarının Mısır'ın *Klipa*'sına battığını ve Yaradan'a yakınlaşmada ilerlemediklerini hissetmeleri için sürgün verildi. Nihayetinde, mantık ötesi inanç olan aşağının çalışmasını üstlenmek ve ihsan etmeyi arzulamaktan başka bir seçenekleri olmadığını gördüler. Aksi takdirde, *Sitra Ahra*'nın (diğer taraf) hâkimiyetinde olduklarını hissederler.

Öyle görünüyor ki, inancı üstlenmelerinin nedeni, aksi halde bir amaçlarının olmayacağını görmeleriydi ve bundan dolayı aşağının çalışmasını kabul ettiler. *Klipot*'un ağına düşmemek için bu çalışmayı kabul etmeleri "koşullu çalışma" olarak adlandırılır. Bu nedenle, bu çalışmayı üstlendiler.

Ancak, eğer mantık iptal edilirse, bu çalışma için sevgi de iptal olur. Bunun anlamı, eğer kötü eğilim iptal olur ve onlara put tanrılara dönmemeye dair düşünceler getiren hiçbir şey olmazsa, bu durumda aşağıdaki çalışmanın sevgisi de iptal olur.

Artık bilgelerimizin yazdığını anlayabiliriz. "Başlangıçta kötü eğilim örümcek ağı gibi görünür, sonunda ise arabayı çeken bir halat gibi görünür." "Zorlayıcı", "hatalı" ve "kasıtlı" arasında bir fark olduğunu biliyoruz. İnsana yerleştirilmiş olan alma arzusu, "zorlayıcı" olarak nitelendirilir çünkü kişi bunu iptal edemez ve bu nedenden dolayı bir günah olarak değil, alçaklık olarak nitelendirilir; şöyle yazıldığı gibi, "Kibir ipleriyle kötülük çekenlerin vay haline." Bu reddedilemez veya bundan nefret edilemez, çünkü kişi bunun bir günah olacağını hissetmez.

Ancak daha sonra, bu "günah, arabayı çeken halat gibi" olur ve o zaman *Klipot* "Tanrı birini diğerine zıt yarattı" ifadesinde olduğu gibi, eksiksiz bir yapıya sahip olan alma arzusundan yapılmıştır. Kötü eğilim buradan gelir, yani her şey bu kıl payı kadar aralıktan gelir.

Bunun bir günah olduğu zaten ortaya çıkmış olduğundan, akabinde herkes kendini bu kıl payı kadar olan mesafeden nasıl koruyacağını bilir ve eğer *Keduşa*'ya girmek istiyorlarsa da inanç ve ihsan etme anlamına gelen aşağıdaki çalışmada kararlılıktan başka bir seçimlerinin olmadığını anlarlar. Aksi takdirde, Mısır kralı Firavun'un *Klipa*'sının kontrolü altında olduklarını görürler.

Buradan, sürgünün faydasının, alma arzusunun bir günah olduğunu hissetmek olduğu ortaya çıkar ve çabalamak ve ihsan etme kaplarını edinmekten başka seçeneğin olmadığına karar vermelerinin sebebi budur. Bu, İbrahim'in ülkenin mirasının teminatını istemesi üzerine Yaradan'ın cevabının anlamıdır: "Soyunun sürgünde olacağını, vb, kesin olarak bil ve onlara eziyet edecekler, vb.". Sürgün vasıtasıyla bir saç teli kadar mesafenin günah olduğunu keşfedecekler ve ondan sonra kendilerini günahtan koparmak için gerçek çalışmayı kabul edeceklerdi.

Bu, *Rav Yehuda*'nın, gelecekte ölüm sonsuza dek yutulacak söyleminin anlamıdır yani Yaradan, kötü eğilimi bozguna uğratacak ve ondan geriye kalan yalnızca bir günah olarak bile hissedilmeyecek olan saç teli kadar pay olacak. (Saç teli kadar mesafe gözle görülemeyen bir şeydir.)

Yine de kimi günahkâr ve erdemli kalır ve onların hepsi Yaradan'a tutunmak ister. Kötü eğilim hala mevcutken ve bunun bir günah olduğunu hissedebiliyorlarken, günahkârlar yine de kıl payını düzeltmediler. Ancak şimdi, kötü bir eğilim olmadığında geriye kalan tek şey bir kıl payı kadardır, bu yüzden onların alma kaplarını ihsan etme kaplarına çevirmeleri için hiçbir sebepleri kalmaz çünkü bir saç teli kadar mesafe hissedilmez. Ancak yine de O'na tutunamazlar çünkü aralarında form eşitsizliği vardır ve "O ve ben aynı yerde barınamayız.".

Onların ıslahı, erdemlinin ayakları altında toz olmaktır. Bu demektir ki, kötü eğilim iptal edildiğinde, erdemlinin mantık ötesi inançla gitmesi için bir sebep kalmaz. Dolayısıyla, hiçbir sebepleri olmadığına göre, ıslahları kim yapacaktı?

Günahların saç teli kadar kaldığını görürler ve kötü eğilim varken bunu düzeltmemişlerdir ve açıkça alma arzusunun bir günah olmasından itibaren, bu onu ıslah etme zamanıydı, oysa şimdi bu bir günah gibi değil de saç teli kadar görünür. Bu nedenle, eğer bir sebep yoksa ıslah edilecek yer de yoktur.

Bununla beraber, *Dvekut'* (bütünleşme) için de yer yoktur çünkü form eşitsizliği devam eder ve onların tüm ıslahı, erdemlinin onların üzerinde yürümesidir. Bu demektir ki, kötü eğilim bozguna uğratıldığı için, şimdi onlar Klipot ağından korku olmadığını görürler.

Öyleyse, neden şimdi mantık ötesi çalışmak zorundalar? Görürler ki, günahkâr *Dvekut"*a ulaşamaz, çünkü artık bunun için nedenleri yoktur yani günah olarak ayırt ettikleri kötü eğilim yoktur, hal böyleyken form eşitsizliğinden dolayı hala dışarıda kalırlar.

Dolayısıyla, erdemli bunu gördüğünde, bunun onlar için ne kadar iyi olduğunu anlar, böylece ihsan etmek için bir nedenleri olur. Onlar, yalnızca kötü eğilimden dolayı ihsan etmekle uğraştıklarını düşünüyorlardı, ancak şimdi günahın onların kendi iyilikleri için olduğunu gördüler. Diğer bir deyişle, gerçek çalışma budur ve bu çalışmayı yapmalarının nedeni *Klipot'*un eline düşme korkusu değildir. Bunun kanıtı, kıl payını ıslah etmeyen günahkârın artık bunu yapmak için hiçbir sebebinin olmadığını ve dışarıda kaldığını ve Yaradan ile *Dvekut"*a erişemeyeceklerini görmeleridir.

Buradan, erdemlinin günahkâr sayesinde giderek kuvvetlenme gücü aldığı sonucu çıkar, günahkâr erdemlinin ayakları altında toz haline gelir ve erdemli, günahkâr olarak kalan anlayışların üzerinde yürür.

Dolayısıyla, geriye dönüp bakıldığında, özellikle bu çalışma önemlidir. Ve bu, baskı nedeniyle değil, kötü eğilimleri olmadan önce onlara öyle göründüğü içindir. Artık kötü eğilim olmadan da bu çalışmanın ihsan etme ve inançla çalışmaya değer olduğunu görürler.

"Hem bunlar ağlar ve hem de onlar ağlar." sözüne ilişkin olarak, ağlamak *Katnut* (küçüklük/bebeklik), VAK olarak bilinir. VAK ve GAR arasında bir fark vardır. *Mohin de Vak* geçmişten aydınlatır yani geçmişte deneyimlemiş oldukları şeylerden, ışık ve destek alırlar. Ancak, *Mohin de GAR Zivug*'un (çiftleşme) birleşimi ile mevcut anda parlar.

Erdemlinin *"Bu denli yüksek bir dağı nasıl fethedebildik?"* demesinin ve ağlamasının anlamı budur. Artık kötü eğilimin bozguna uğratılmadan önce ne olduğunu, aslında onun hâkimiyetinin ne kadar büyük olduğunu görürler; şöyle yazıldığı gibi "Tanrı birini diğerine zıt yarattı" ve eğilime karşı savaşı onlara kazanma gücünü veren Yaradan'dan büyük bir merhamet aldılar ve şimdi onlar o zamanlar yani geçmişte sahip oldukları mucizeden sevinç duydular. Buna Mohin de Katnut denir.

Günahkârlar ağlar çünkü şimdi bunun yalnızca saç teli kadar bir mesafe olduğunu görmelerine rağmen, artık O'na tutunmanın hiçbir yolu yoktur. Ancak şimdi kötü eğilim olmadığından, alma kaplarını ihsan etme kaplarına çevirmeleri için hiçbir sebepleri yoktur; yalnızca dışarıda olduklarını görebilirler ki, ağlamalarının sebebi budur.

Ancak, onların ıslahı, erdemlilerin ayakları altında toz olmaktır. Diğer bir deyişle, erdemliler vasıtasıyla artık hiçbir kötü eğilim görülmemesine rağmen, günahkâr hala *Dvekut*'a erişemez, yalnızca kötü eğilim sebebiyle ihsan etme yolunu takip etmeleri gerektiğini düşündüklerini söylerler, bunun gerçek kap olduğunu görürler. Bu demektir ki, hiçbir kötü eğilim olmasa bile, bu yol hâlâ doğrudur, inanç yolu harika bir yoldur.

Artık, kötü eğilimin bozguna uğratılmasından sonra neden hâlâ günahkârların kaldığını anlıyoruz; bu, erdemlilerin ayakları altında toz olsunlar diye böyledir. Eğer hiçbir günahkâr kalmazsa, bu yüce şeyi, inanç yolunun koşullu sevgiden kaynaklanmadığını gösterecek kimse olmazdı. Yani inanç yolunu takip etmemizin gerekliliği kötü eğilim yüzünden değil, bu koşulsuz sevgiden dolayıdır çünkü artık herhangi bir kötü eğilim yoktur ve buna rağmen yalnızca inanç sayesinde Yaradan ile *Dvekut*'a erişebiliriz.

Başka bir vesileyle şunu duymuştum: "İnanca ihtiyaç duymamızın sebebi özellikle içimizdeki gururdur çünkü bu durumda, inancı kabul etmek bizim için zordur. Bu demek oluyor ki, inanç yüce ve harika bir derece olmasına rağmen, aşağıda olan onun değerini anlayamaz ve yüceliğine erişemez, bu yalnızca gururumuzdan yani alma arzumuz dolayı böyledir. Biz onu aşağılık ve sevimsiz olarak tasvir ediyoruz ve bu nedenle bize kötü kişi verildi."

Başka bir vesileyle şunu duydum: "Görüyoruz ki, inancı kabul etmek istemediğimizde, mevcut seviyemizden düşeriz. İnancı kalıcı kılmaktan başka bir seçeneğimiz olmadığına kesin olarak karar verene kadar her seferinde yükselir ve düşeriz. Bu, inancı almak içindir ve 'Ve onlar *Arei Miskenot* inşa ettiler' (İsrail için) ve Firavun için ise *Pithom ve Ramses*'i."

87. Şabat Şekalim

Adar 26'da duydum, 7 Mart 1948

Şabat *Şekalim*'de (haftalık bir Tora bölümü) kişi *Kiduş*'a başladığı zaman, dedi ki, "Polonya'da *Admorim* (Rab'biler, cemaat başkanları) arasında bir gelenek vardı, her zengin adam, Şabat (bölümü) *Şekalim*'de, Rabbi'sinden *Şekalim* (bozuk para, kuruş) almak için kendi Rabbi'sine gelirdi."

Ve o dedi ki: "Bu, Amalek'i *Şekalim* olmaksızın yok etmenin mümkün olmadığı anlamına gelir." Bunun nedeni, kişinin Şekalim'i almadan önce, orada Amalek *Klipa*'sının (kabuğu) olmamasıdır. Ancak *Şekalim*'i alınca, "Amalek" denen büyük Klipa çıkagelir ve Amalek'i yok etme çalışmasına başlar. Ama bundan önce silip atılacak hiçbir şeyi yoktur.

Ve buna, *Kuznitz*'in sözcüsünün, bu duanın sonu hakkında dedikleri ile ilgili bir açıklama ekledi: "İnsanı başlangıçtan ayırdın ve onun Sen'in huzurunda durduğunu göreceksin." Bu sözü söyleyen şunu sordu: "*Roş* (baş, başlangıç) olmadan durmak nasıl mümkün olur ki? Bunun anlamı şudur: O, insandan *Roş*'u ayırdı ve nasıl böyle bir şey olabilir?" Açıklaması şudur: "İsrail oğullarının başlarını saydığın zaman" böylece *Roş*'un farkındalığını genişletebiliriz. Eğer yarım Şekel verirsek, bununla Roş ile ödüllendiriliriz.

Ve sonra şöyle sordu: "Kişi, *Kiduş* için neden yemekten daha çok içerek hazırlanır? Doğru düzen bu değildir; çünkü düzen, içmekten çok yemek olmalıdır zira içmek yalnızca 'Ve yiyeceksiniz, doyacaksınız ve kutsayacaksınız' yoluyla yemeyi tamamlamak içindir. Ancak içmenin yemekten daha çok olduğu durumda bu böyle değildir." Yemenin *Hasadim*'e (merhamet) ve içmenin *Hohma*'ya (bilgelik) işaret ettiğini açıkladı.

Ayrıca, Adar ayından önceki Şabat'ın tüm Adar ayını içerdiğini söyledi. Bu nedenle, "Adar girdiği zaman, mutluluk çok olur." Ve dedi ki, Şabat ve iyi bir gün arasında fark vardır. Şabat'a "sevgi" denir, iyi güne "sevinç" denir. Sevinç ve sevgi arasındaki fark, sevginin öz, sevincin bir nedenden doğan bir sonuç olmasıdır. Sebep, özdür; sonuç sadece özün ürünüdür. Bu nedenle, Şabat'a "sevgi ve iyi niyet," iyi bir güne ise "sevinç ve neşe" denir.

Rabbi Yohanan Ben Zakay'in karısına verdiği cevapla ilgili bir açıklama da yaptı. Ben Kral'ın huzurunda bir vekil gibiydim ve o, Rabbi Hanina Ben Dosa Kral'ın huzurunda bir köle gibiydi ve bu nedenle dua edebildi. Sanki bunun tersi olmalıymış gibi gözüküyor; bir kölenin değil, bir vekilin Kral'ı kendi fikrine ikna etmek için daha çok gücü vardır.

Ancak, "vekil" zaten kişisel İlahi Takdir ile ödüllendirilmiş olan kişidir. Bu durumda, kişi duaya gerek duymaz çünkü her şey iyidir. Ama bir köle, ödül ve ceza derecesinde olan kişidir ve bu nedenle duaya gerek duyar, çünkü ıslah edecek çok şeyi olduğunu görür.

Sunulan bir makaleye (*Baba Metzia* 85a'ya) ekleme yapar. Orada bir buzağının mezbahaya götürüldüğü yazılıdır. Buzağı gider, başını Rabbi'nin kucağına koyar ve ağlar. Rabbi ona der ki: "Git, sen bunun için yaratıldın." "Merhamet göstermediği için azap gelir" dediler.

"Sen bunun için yaratıldın." İlahi Takdir anlamına gelir, orada ne eklenecek ne de çıkartılacak bir şey yoktur çünkü orada çekilen acı da ödül sayılır. Bu nedenle ona ızdıraplar verir.

Ve *Gemara* der ki, eylem aracılığıyla ızdıraptan, "ve O'nun merhameti tüm eserlerinin üzerindedir," diyerek kurtuldu. Bir gün, Rabbi'nin hizmetçisi evi süpürüyordu, orada fare yavruları vardı ve onları süpürüp atıyordu. Rabbi ona "Bırak onları!" dedi; şöyle yazıldığı üzere, "O'nun merhameti tüm eserlerinin üzerindedir." Duanın da sonsuzlukta kaldığını anladığından, artık onun dua etmek için bir yeri vardı. Bu nedenle ızdıraplar onu terk etti.

Şabat'ın sonunda, *Zohar*'ın "Efendi, Yakup'u Kendisine seçti." ayeti hakkında söylediklerini değerlendirdi. Kim kimi seçti?

Zohar cevaplar: "Efendi Yakup'u seçti" (*Bereşit*, 161b). Dedi ki, Zohar'ın sorusu "Yaradan Yakup'u mu seçti?" idi. Buna göre, Yakup hiçbir şey yapmadı, her şey İlahi Takdir'in altındaydı. Eğer Yakup seçti ise, bu, Yakup'un yapan olduğu anlamına gelir, yani bu bir ödül ve ceza meselesidir.

Ve başlangıçta kişinin bu yola ödül ve ceza ile başlaması gerektiğini söyledi. Ödül ve ceza sürecini tamamladıktan sonra kişi her şeyin İlahi Takdir'in kontrolü altında olduğunu, "Tüm işleri yalnız O yapar ve O yapacaktır"ı görmekle ödüllendirilir. Ancak kişi ödül ve ceza çalışmasındaki işini tamamlamadan önce, İlahi Takdir'i anlaması mümkün değildir.

Ve Pazar akşamı, dersten sonra, Yakup'un kurnazlığı meselesini, Yakup hakkında şöyle yazıldığını açıklamıştır: "Senin erkek kardeşin kurnazlık ile geldi." Burada kesinlikle hatalı bir şey yoktur. Yoksa metin atalar arasında kıdemli olan Yakup hakkında onun bir yalancı olduğunu söylemezdi.

Aksine "kurnazlık", kişinin bir bilgelik eylemini bilgeliği hedeflemeden ancak bunu ihtiyaç duyduğu ve doğrudan elde edemeyeceğini gördüğü bir çıkarı elde etmek için yaptığında, bu nedenle bilgelik eylemini yapması ve ihtiyacı olan şeyi elde etmesi anlamına gelir. Buna "bilgelik" denir.

Akıl yoluyla bilgelik anlamına gelen "Akıllıca kurnaz ol." ayetinin anlamı budur. Demek ki, istediği bilgelik, bilgelik amacıyla değil, onu bu bilgeliğe zorlayan başka bir şey içindir. Başka bir deyişle, bunu, *Hasadim*'i tamamlamak için genişletmek zorundadır.

Çünkü *Hasadim*, *Hohma*'yı edinmeden önce, Katnut (küçük/bebeklik) olarak algılanırlar. Ancak, daha sonra, Hohma'ya genişlediği zaman da hala Hasadim'i Hohma'ya tercih ettiğinde, *Hasadim*'in Hohma'dan daha önemli olduğu aşikârdır. Buna GAR de Bina denir, bu da *Hasadim*'i kendi seçimi nedeniyle kullandığı anlamına gelir.

Daat yoluyla *Hohma*'nın anlamı budur, burada *Hohma*

YESHSUT'un içinde VAK formunda ortaya çıkar. Ve AVİ içinde, *Hohma Hasadim*'i geliştirerek ve *Hasadim*'in içinde kalarak ortaya çıkar. Ancak her ne kadar *Bina* "merhamet arzulayan"ın ıslahı olarak kabul edilse de onun *Hasadim*'i seçtiği, Tzimtzum Bet nedeniyle açıkça ortaya çıkmaz, çünkü orada Hohma yoktur. Ancak *Gadlut*'ta (büyüklük/yetişkinlik) *Hohma* geldiğinde kullandığı *Hasadim* kendi seçimi yüzündendir.

88. Tüm Çalışma Sadece İki Yolun Olduğu Yerdedir

Şabat Beşalah'tan sonra duydum, 24 Ocak 1948

Tüm çalışma, sadece iki yolun olduğu yerdedir, şöyle yazıldığı üzere, "Ve onlarla yaşayacak ve onlarla ölmeyecek. Ve 'ölecek ve ihlal etmeyecek' konusu, yalnızca üç Mitzvot (emirler) için geçerlidir: putperestlik, kan dökme ve ensest." Yine de ilk Hasidim'in hayatlarını yapılacak (emirler) için feda ettiğini görüyoruz.

Ve bilmeliyiz ki, tüm çalışma ve emek yalnızca Tora'yı yerine getirmek, Tora'yı incelemek için olmalıdır. O esnada kişi, bedeninin Tora'nın şartlarına razı olmamasının ağır yükünü hisseder. Ancak kişi ödüllendirilir ve Tora'nın korumasına layık olursa, o zaman Yaradan için yapılan çalışmada hiçbir ağırlık hissedilmez çünkü Tora kişiyi korur; şöyle yazıldığı gibi, "Kişinin ruhu ona öğretecektir."

89. Zohar'ın Sözlerini Anlamak

5 Adar'da duydum, 15 Şubat 1948

Zohar'ın sözlerini anlamak için, önce *Zohar*'ın ne söylemek istediğini anlamalıyız. *Zohar*'ın söylemek istediğini anlamak, kişinin Tora ve *Mitzvot*'a (emirlere) kendini adamasına bağlıdır, böylece Tora ve *Mitzvot* ona temizlik, öz sevgiden arınma getirecektir. Kişi bu yüzden Tora ve *Mitzvot* ile meşgul olur. Ve bu ölçüde *Zohar*'ın söylemek istediği gerçekleri anlayabilir. Aksi takdirde, *Zohar*'ın sözlerindeki gerçeği gizleyen ve engelleyen *Klipot* (kabuklar) vardır.

90. Zohar'da, Bereşit

Adar Bet 17'de duydum, 28 Mart 1948

Zohar, *Bereşit*, sayfa 165, "Tora'nın sırlarında, vekillerin koruyucuları yukarıdan inşa edilir. Ve alevli kılıcın ateşi tüm orduların ve ordugâhların üzerine tayin edilmiştir. Ve bu anlayışta, diğer bazı anlayışlar başka derecelerde yorumlanır."

Sol çizgi genişlediği zaman sağ çizgi ile tatlandırılması gerektiği şeklinde açıklanır. Bu üç yerde yayılır:

1. Kök olan AVİ'de

2. *Malhut*'ta

3. Tanrı'nın meleklerinde

AVİ'de onlara "vekillerin koruyucuları" denir, *Malhut*'ta ise onlar "dönen kılıcın alevi" olarak adlandırılır. Melekler için ise "Onlar birçok taraftadır ve diğer bazı davranışlar başka derecelerde yorumlanır" denir.

91. Değiştirilebilen Hakkında

18 Nisan 1948'de duydum

Zohar'da, eylem sırasında Rachel'i düşünmesine rağmen Reuben'nin Leah'dan doğmasının nedenini açıklar. Yasaya göre, eğer kişi bir başkasını düşünürse, bu çocuğa "değiştirilebilir" denir. Zohar, o Rachel'i düşündüğü için ve onun gerçekten de Rachel olduğunu düşündüğü için, değiştirilebilir sözünün, düşündüğü Rachel olduğu anlamına geldiğini ve eylemde onun Leah olduğunu bildiğini açıklar. Ancak düşüncesi ve eylemi Rachel'di ve onun gerçekten de Rachel olduğunu sandı.

Bilindiği üzere maneviyatta, mühür ve mührün izi vardır; her kademe onun bir üst kademesi tarafından mühürlenir şeklinde açıkladı. Mühürler ve mührün izleri, davranış olarak birbirlerine daima zıttır. Mührün izi daima mührün tersidir. Beria'da *Klipa* (kabuk) olarak kabul edilen Yetzira'da *Keduşa* (kutsallık), Yetzira'da *Keduşa* olarak kabul edilen *Asiya*'da *Klipa*'dır.

Bu nedenle, eğer erdemli, belli bir derecede birlik olur ise, o kademenin Keduşa'sı ile mutlaka birleşir. Eğer bu eylem sırasında, başka bir dereceyi düşünüyorsa, o kademede Keduşa olarak kabul edilen, başka bir kademede Klipa olarak kabul edildiğinden, bu duruma "değiştirilebilir" denir. Bu, bu birleşmeden doğan değiştirilebilir anlamına gelir çünkü dereceler birbirine zıttır.

Ancak Yakup, Rachel niteliğindeki *Keduşa* anlayışında olan Rachel'i düşünüyordu. Eyleminde de onun Rachel olduğunu sandı. Bu nedenle hem düşüncesi Rachel'deki *Keduşa*'ydı hem de eylemi Rachel derecesini amaçlıyordu. Bu nedenle de burada, değiştirilebilir kabul edilen Leah anlayışı yoktur.

92. Kader Anlayışının Açıklanması

7 Sivan, 14 Haziran 1948'de duydum

"Kader" mantık ötesi bir şeydir. Dolayısıyla öyle ya da böyle mantıklı bile olsa, kader insanın eylemlerinin başarılı olmasına neden olur. Mantık, sebep ve sonucu ifade eder yani sebebin, sonucu olduğu gibi ortaya çıkarmasını sağlar. Ancak mantık ötesi, başlangıçtaki sebep, sonucun sebebi olmadığında, buna "mantık ötesi" denir. Biz bunu sonucu etkileyen kader olarak adlandırırız.

İhsan etmenin *Hohma* (bilgelik) ışığından geldiği bilinmektedir. *Hohma* parladığında, buna "sol çizgi" ve "karanlık" denir. Bolluk kısıtlanır ve buna "buz" denir. Buna "erdem" denir çünkü kişi ödüllendirilmiştir. Demek ki, bilgelik ışığına sebep olan "erdem"dir yani bu hem sebep hem sonuçtur.

Ancak "oğulların, yaşamı ve beslenmesi erdeme değil, kadere bağlıdır." Bu, *Hohma*'nın, özellikle *Masah de Hirik* denilen eksiklik yolu ile azaldığı orta çizgide parladığı anlamına gelir. Bundan, *Hohma*'nın sebep ve sonuç ilişkisi sebebi ile parlamadığı, yani *Hohma*'nın sol çizgide parladığı, ama eksiklik aracılığı ile parladığı sonucu çıkar. Buna "mantık ötesi" denir ve bu "kader"dir.

93. Yüzgeçler ve Pullar Hakkında

1945'te duydum

Bilgelerimizin söylediklerini anlamalıyız, "Pulları olan her şeyin yüzgeçleri de olduğu bilinir. Yüzgeçleri olanın ise pulları olup olmadığı bilinmez."

Çalışmada, *Kaskeset* (pullar) meselesini, kişinin Yaradan çalışması sırasında edindiği Kuşiot (sorular) olarak yorumlamalıyız. *Kuşiot* cevapların alınacağı *Kelim*'dir (kaplar) çünkü cevaplar, dışsal akılla değil özellikle insanın içinde kıyafetlenmiş, üst ışık olan içsel akılla alınır. Sonrasında tüm sorular kişinin içinde hallolur.

Dolayısıyla soruların artması ölçüsünde üst ışık insanın içinde kıyafetlenir. Bu nedenle pullar arınmışlığın işaretleri arasındadır çünkü onun vasıtasıyla, sorular olmasın diye kişi kendini arındırabilir. Bu nedenle kişi kendini arındırmak için elinden gelen her şeyi yapar, böylece üst ışıkla ödüllendirilir.

Yüzgeç de arınmışlığın işaretleri arasındadır. *Snapir* (yüzgeç) *Soneh-Peh-Ohr Elyon*'u (nefret-ağız-üst ışık) ima eder. Kişinin sorularının olması kesinlikle üst ışığa olan nefreti yüzündendir. Fakat yüzgeçleri olan birinin soruları olmak zorunda değildir. Kişi üst ışıktan soruları olduğu için değil, açgözlü olup, "Hiçbir şekilde bu hizmete girmeyeceğim" dediği için nefret edebilir.

Bu arınmanın işaretidir. Yani kişinin bir balığa sahip olduğu zamandır. Balık, yüzgeç ve pullarla kıyafetlenmiş eti ifade eder. Bu demektir ki, üst ışık bu iki işarette parlar.

Fakat soru sormadan bu çalışmayı yapması, kişinin sorusunun olmaması arınmışlığın bir işareti değildir. Bu böyledir çünkü kişinin üst ışığı yerleştirecek bir yeri yoktur, onu üst ışığı çekmeye zorlayacak bir nedeni yoktur çünkü üst ışık olmadan bile iyi olduğunu düşünür.

Bu nedenle Mısır Kralı, Firavun, İsrail halkını kendi hükmünde tutmak istediğinde, onlara *Kaş* (hasır) verilmemesi emrini verdi; şöyle yazıldığı gibi, "Böylece halk, hasır için gereken sazları bir araya getirmek için dağıldı." Böylece *Tuma'a*'nın (saf olmayan, kirli) alanından çıkarıp, *Keduşa*'ya (kutsallık) getirmesi için Yaradan'a asla ihtiyaç duymayacaklardı.

94. Ve Ruhlarınızı Koruyacaksınız

1945'te duydum

"Ve ruhlarınızı koruyacaksınız" ayetinde korumak, esasen manevi ruha işaret eder. Ancak kişi Tora'nın emirleri olmasa bile maddesel ruhu korur. Bu böyledir çünkü kural, *Mitzva*'nın (emir) öncelikle aşikâr olmasıdır yani kişi, yaptığı şeyi bir *Mitzva* için yapmadığı halde, bir *Mitzva* amacıyla yaptığı açıktır. Daha doğrusu, bunu yapmasının sebebi, bunun bir *Mitzva* olmasıdır.

Dolayısıyla kişinin gerçekleştirdiği bir *Mitzva* ile, *Mitzva* olmasaydı bile yapacaktıysa, özel bir ilgiye, yalnızca *Mitzva* olduğu için bunu yaptığını söyleyeceği bir yer bulmaya ihtiyacı vardır. Böylece *Mitzva*'nın ışığı, yerine getirdiği *Mitzva*'nın eyleminde parlar. Buna üst ışığın girebileceği "*Mitzva* ile bir *Kli* (kap) yapmak" denir. Bu nedenle korumak özellikle manevi ruhla ilgilidir.

95. Sünnet Derisinin Çıkarılmasına Dair

Bir sünnet kutlama yemeğinde duydum, 1943, Kudüs

Malhut kendi içinde "alt *Hohma*" olarak adlandırılır ve ona, *Yesod* ile bağlantısına göre "inanç" denir. *Yesod*'un üzerinde, görevi *Malhut*'u *Yesod*'dan ayırmak ve onun *Yesod*'a bağlanmasını engellemek olan bir sünnet derisi vardır. Bu derinin gücü, inancı toz olarak tasavvur etmesinde, görmesindedir. Tozdaki *Şehina*'nın (Kutsallığın) anlamı budur.

Bu ayırıcı güç, kesilip çıkarıldığında ve bunun yerine asıl bu gücün toz olduğu söylenebildiğinde yani sünnet derisi kesilip toza atıldığında, buna "sünnet" denir.

Bu aşamada, Şehina tozdan çıkar ve inancın erdemi görünür hale gelir. Buna "kurtuluş", Şehina'yı tozdan yükseltmekle ödüllendirilmek denir. Bu nedenle tüm çalışmamızı bu gücü ortadan kaldırmaya odaklamalıyız, sadece inanç bütün olarak kabul edilir.

"Kendilerine karşı bir zeytin kadar, bir yumurta kadar titizdirler." "Zeytin", güvercinin şurada söylediği gibidir, "Yemeğimi cennetten gelen bir zeytin kadar acı tercih ederim." Ve "yumurta" içinden canlı bir hayvan çıkacak olmasına rağmen, cansız olduğu anlamına gelir. Fakat bu arada, içinde hiçbir yaşam görülmez. Onlar kendilerine karşı titizdirler ve durumları zeytin gibi olsa da çalışmayı tercih ederler.

Çalışmalarında hiçbir canlılık görmemelerine rağmen, çalışmaları için gereken tüm güç, tek amaçlarının Şehina'yı tozdan kaldırmak olmasından gelir, ancak o zaman, bu çalışma aracılığıyla, kurtuluşla ödüllendirilirler. Sonra, daha önce zeytin ve yumurta gibi olan bu yemeğin şimdi canlı, tatlı ve son derece keyifli hale geldiğini görürler.

"İnanca dönen kişi, yeni doğmuş bir çocuğa benzer." sözünün anlamı budur. Kişi "antlaşma" koşulunu yerine getirmelidir, o zaman sevinecektir.

Öyle anlaşılıyor ki, bebek sünnet edildiğinde, çocuk acı çekiyor olsa da ebeveynleri ve misafirler, onun ruhunun mutlu olduğuna inandıkları için, yine de mutlu olurlar. Benzer şekilde, antlaşma çalışmasında bir ızdırap hali hissetsek bile mutlu olmalıyız. Ne olursa olsun, ruhumuzun mutlu olduğuna inanmalıyız.

Tüm çalışmamız memnuniyet içinde olmalıdır. Bunun ilk delili, insana verilen ilk emirden gelir. *Mitzva* ebeveynler tarafından yerine getirilir, ebeveynler ve misafirler mutluluk içindedir. Kişinin yerine getirdiği tüm *Mitzvot* için de öyle olmalıdır - yalnızca memnuniyet içinde, memnuniyetle.

96. Çalışmada Ahır ve Şaraphane Atığı Nedir?

Sukot arifesinde, Sukah'ın içinde duydum,1942

Ambar, kişi *Goren* (ahır) koşulunda olduğunu hissettiğinde yani çalışmada *Ger* (yabancı, dönüştürülmemiş) iken, tıpkı "gizli ve lekelenmemiş" ifadesinde olduğu gibi erkek *Dinim*'dir (yargılar).

Şaraphane, "gizli ve kirlenmiş" ifadesinde olduğu gibi, kadın *Dinim*'dir. Yekev (şaraphane), Nekev (boşluk, ağız) olarak kabul edilir.

İki tür *Sukot* vardır. 1) Zafer bulutları 2) Ambar ve şaraphane israfı.

Bulut, kişinin *Keduşa* (Kutsallık) üzerinde hissettiği gizlilik olarak kabul edilir. Eğer kişi bulutun yani hissettiği gizliliğin üstesinden gelirse, zafer bulutlarıyla ödüllendirilir. Ve buna altı bin yıl boyunca geçerli olan *MAN de İma* denir. Bu, henüz "gerçek" olarak adlandırılabilecek hale, doğası haline gelmediğinden sır olarak kabul edilir.

Ambar ve şaraphane israfına "gerçek ve doğa" denir, bu MAN *de Malhut* olarak kabul edilir, özellikle inançla ıslah edilir ve "aşağıdan uyanış" olarak adlandırılır.

MAN de İma, doğa olarak algılanmayan, yukarıdan bir uyanış olarak kabul edilir. Bu demektir ki, doğal olarak kişi bolluğu almaya hazır olmadığında, hiçbir ihsan alamaz.

Ancak doğanın üzerinde olan yukarıdan uyanış perspektifinden, ışık gerçekten de "Onlarla kirliliklerinin ortasında yaşayan Efendi benim." yoluyla, aşağıdakilere akıtılır. *Zohar*'da şöyle yazıldığı gibi, "Günah işlediyse de, sanki hiç günah işlememiş gibidir."

Oysa aşağıdan gelen uyanış ile ışık dağıtılamaz. Bunun yerine kişi, tam olarak doğası buna elverişli olduğunda - yani kendi başına, buna *MAN de Nukva* denir-, inanç yoluyla bunu düzeltebilir. Bu, yedinci bin yıl olarak kabul edilen *"kendi başına"* olarak adlandırılır ve *Malhut*'a göre "kendisine ait hiçbir şeye sahip olmaması" anlamında **"ve biri mahvoldu"** denir. Bu ıslah edildiğinde, kişiye GAR olan, onuncu bin yıl verilir.

Böyle bir ruh on nesilden birinde bulunur. Bununla birlikte, genel ve özel daima eşit olduğundan, "özel" denilen altı bin yılın perspektifinden yedinci bin yılın anlayışı vardır. Bu, "zafer bulutları" denilen *MAN de İma* olarak kabul edilir.

Çalışmanın amacı, aslına uygun ve doğaldır çünkü çalışmada zaten en dibe inmiş olduğu için, daha fazla aşağıya inecek yeri yoktur. Bu böyledir çünkü onun yüceliğe ihtiyacı yoktur çünkü bu onun için her zaman yeni bir şey gibidir.

Bu demektir ki, daima çalışmaya yeni başlamış gibi çalışır. Ve cennetin krallığının yükünü mantık ötesinde kabul ederek çalışır. Çalışmasının düzenini üzerine kurduğu temel, en alt düzeydedir ve bunların hepsi gerçekten mantık ötesindedir. Yalnızca gerçekten saf olan bir kişi, inancını yerleştirecek herhangi bir temel olmaksızın, kelimenin tam anlamıyla hiçbir destek olmadan ilerleyecek kadar alçalabilir.

Ayrıca, kişi bu çalışmayı sanki inancının kesinliğini tesis edecek bir vizyonu ve bilgisi varmış gibi, büyük bir mutlulukla kabul eder. Mantık ötesinin tam bu ölçüsüne göre, sanki mantık dâhilindeymiş gibi, tam da bu ölçüye göre. Dolayısıyla bu şekilde devam ederse asla düşemez. Aksine, yüce bir Kral'a hizmet ettiğine inanarak daima sevinç içinde olabilir.

"Sabah sunacağınız tek kuzu ve alacakaranlıkta sunacağın diğer kuzu... sabahın yemek sunusuna ve sonrasında içki sunusuna göre" ayetinin anlamı budur. Bu, kurbanını keserken duyduğu sevinç, kişi için sabah iken, sabah "ışık" olarak adlandırıldığından, Tora'nın ışığının onun için tam bir açıklıkla parladığı anlamına gelir. Fedakârlığını yani çalışmasını kendisi için akşam gibi olmasına rağmen aynı sevinç içinde yapıyordur.

Bu demektir ki, kişi, Tora ve çalışmayla ilgili bir netlik olmamasına rağmen, mantık ötesi çalıştığı için yine de her şeyi sevinç içinde yapmıştır. Dolayısıyla, Yaradan'ın hangi durumdan daha fazla hoşnut olduğunu ölçemez.

Rabbi Şimon Ben Menasia'nın "bir çeşit madde" demesinin anlamı budur. Madde akılsız ve bilgisiz demektir. "Sina Dağı'nda işiten kulak çalmaz." sözlerinin anlamı budur. Bu, kişinin kendisi için hiçbir şey almaması, aksine daha çok herhangi bir *Gadlut* (büyüklük/yetişkinlik) olmaksızın tamamen mantık ötesinde, cennet krallığının yükünü üstlenmesi anlamına gelir. Ve gitti ve kendisi için bir miktar aydınlanma çaldı yani şunu söyledi, "Artık Yaradan'ın hizmetkârı olabilirim çünkü çalışmada, akla ve bilgiye zaten sahibim ve Yaradan'ın hizmetkârı olmaya değer olduğunu anlıyorum. Artık mantık ötesi inanca ihtiyacım yok."

Bununla ilgili bize, "Mahkemeye satıldı" der. "Mahkeme", kişinin eylemlerinin yapmaya değer olup olmadığına karar veren insanın aklını ve bilgisini ifade eder. "Satıldı" demek, Yaradan çalışmasına yabancılaştığı, zihnin gelip ona bilinen soruyu sorduğu anlamına gelir: "Bu çalışma nedir?" Ve bu sadece, inanca bir miktar destek olsun diye hırsızlık tarafından gelir. Bu nedenle gelir ve sorularıyla desteği iptal etmek ister. Fakat bu sadece "altı" için geçerlidir, yani erkek *Dinim* düşünüldüğünde "altı yıllığına satılmıştır."

"Fakat eğer hizmetkâr açıkça 'Efendimi seviyorum... Özgürce dışarı çıkmayacağım' der yani *Mitzvot* (emirler) olmadan özgürce dışarı çıkmak istemezse, işte o zaman ıslah, "efendisi onu getirecek" olur yani yeryüzünün Efendisi, onu "kapıya ya da kapının eşiğine" getirecek yani ona cennet krallığının kabulü üzerine engeller verecektir. Ve "Efendisi kulağında delik açacak" yani kişinin kulağı delinmiştir. Bu, Sina Dağı'nda duyduğu şeyi bir kez daha duyabilmesi için kişinin içinde başka bir delik daha açıldığı anlamına gelir: "Çalmayacaksın", "ve sonsuza dek ona hizmet edecek" ve işte o zaman kişi Yaradan'ın gerçek bir hizmetkârı olur.

Sukot geçici ikâmet yeridir. Bu demektir ki, hâlihazırda daimî ikametgâh verilmiş ve daha başka yapacak bir işi kalmamış olan kişiye, haksızlıkları ilk sayan meselesinde olduğu gibi, verilecek tavsiye, tıpkı daimî ikametgâhına varmadan önce Tanrı'nın evine giderken olduğu gibi geçici ikâmet yerine gitmek için ayrılmaktır. O zamanlar, sürekli olarak Yaradan'ın sarayına ulaşma ihtiyacı duyuyordu ve çalışması "geçici bir misafir" formundayken başka misafirleri oluyordu.

Ve şimdi bunu geçmişteki çalışmasından, Yaradan'a onu daha da yakınlaştırdığı için her zaman şükrettiği, Yaradan'ı övdüğü ve bundan mutluluk duyduğu zamanlardan uzatabilir. Şimdi, Sukot'ta, o zaman ki sevincini sürdürebilir. Geçici ikametin anlamı budur. Bu nedenle "Daimî ikametgâhı bırakıp, geçici ikametgâhta oturun" demişlerdir.

"En önemlisi öğrenmek değil, eylemdir." Bu demektir ki, eylem tıpkı bir madde gibidir. Rabbi Şimon Ben Menasia "bir tür madde" yani eylemin en önemli olduğunu ve zihnin bir çeşit ayna olduğunu söylemiştir.

Ancak, eylem hayvansal zihin ise konuşan olarak kabul edilir. Gerçek şu ki, eylemde bütünlük varsa eylem o kadar büyüktür ki, beraberinde Tora'nın aklını getirir. Tora'nın aklına ise "konuşan" denir.

97. Ahır ve Şaraphane Atığı

Duydum

Goren (ahır), kişi Yaradan'a karşı *Gronot* (boğumlar), (*Ger 'onot*- eksiklik) hissettiğinde, iyi işlerin azalması anlamına gelir. Bu nedenle iyi işler azaltılır. Daha sonra kişi "Ve Efendi hakkında kötü konuşmaya başladı" olan *Yekev* (şaraphane) koşuluna gelir.

Sukkot, memnuniyet, "*Gevurot* Sevinci" olarak kabul edilir, bu da günahlar kişi için erdemlere dönüştüğünde, sevgiden tövbe demektir. Sonra ahır ve şaraphane bile *Keduşa* (kutsallık) olarak kabul edilir. Herkes ona dâhil olmasına rağmen (ve *Pesah*, sağ çizgi yani sevgi olarak kabul edilir), *Sukkot*'un birincil anlayışının İshak olmasının anlamı budur.

"İbrahim, **İshak**'a babalık yapar" sözünün anlamı budur. Bu böyledir çünkü baba ve oğul konusu sebep ve sonuç, akıl ve doğumdur. Önce sağ çizgi olan İbrahim anlayışı olmasaydı, sol çizgi olan İshak anlayışı da olmayacaktı. Bunun yerine, "Bu yüzden Babamız sensin" ifadesinde olduğu gibi sol, sağ ile bütünleşmiştir.

İbrahim şöyle der, "Sen'in Adının Kutsallığı aracılığı ile yok edilecekler." Yakup da bunun, günahlar senin adının kutsallığı aracılığı ile yok edilecek anlamına geldiğini söyler. Eğer bu böyle devam ederse, o zaman ortada bir uyumsuzluk var demektir. Diğer bir deyişle, İsrail'deki tüm günahlar, *Keduşa* (Kutsallık) ile uyumsuz gibidir.

Oysa **İshak** "*Yarısı benim üzerime, yarısı senin üzerine*" der yani günahların bir kısmı ve *Mitzvot*'un bir kısmı; bu her ikisi de Keduşa'ya girecek demektir. Bu ancak sevgiden tövbeye gelmek aracılığıyla günahlar erdem haline geldiğinde olabilir. Bu durumda, "Kural ihlali yok… haykırma yok" yazıldığı gibi ihlal yoktur; her şey *Keduşa* (Kutsallık) için ıslah edilir.

Bilgelerimizin şu sözlerinin anlamı budur: "İshak'ın katırı ve gübresi, Abimeleh'in parasından ve altınından yücedir." Gübre aşağı derecede ve değersiz bir şeydir yani onun köleliğini, gübre olarak kabul ederler. Daha sonra ayrılık koşulu gelir. Kişi, çalışmasını takdir etmediği için ayrılığa düşer. Ve buna "İshak'ın katırları ve gübresi" denir. İshak her şeyi, sevgiden tövbeye geldiği ve günahlarının erdem olduğu koşulda ıslah ettiği için ona katırları ve gübresi aracılığıyla kendisine gelen kazanç "Abimeleh'in para ve altınından" daha yücedir.

Onun *Kesef*'i (parası), Yaradan'a yönelik *Kisufim* (özlem) anlamına gelir. Tora için, Tora'yı edinmek için özlem duymaya, *Zahav* (altın), *Ze Hav* (bunu ver) denir. İshak her şeyi ıslah ettiğinden yani sevgiden tövbeye geldiğinden, günahları onun için erdem kabul edilir. Ve o zaman her durumda çok zengindir çünkü sadece 613 *Mitzvot* vardır, ancak günahlar ve suçlar sonsuzdur. İshak'ın zengin olmasının nedeni budur; şöyle yazıldığı gibi "Ve yüz kapı buldu." yani kişi, atıkları dahi içinde ıslah ettiği için, hiçbir israf olmaksızın, yüzde yüz *Keduşa*'ya sahip olur.

Bu nedenle *Sukkah* çatısının üstü, ahır ve şaraphane atığı ile örtülür. (Böylece bilgelerimizin dediği gibi, Musa atıklar nedeniyle zengin oldu diyebiliriz). Bu nedenle *Sukkot*, öncelikle *Gevurot*'u sevindiren İshak'ın adı ve de Musa'nın adı ile anılmaktadır.

98. Maneviyat Asla Kaybolmayacak Olana Denir

1948'de duydum

Maneviyat, asla kaybolmayacak olana denir. Dolayısıyla alma arzusunun içinde bulunduğu, alabilmek için almak formu iptal edileceği ve ihsan etmek için alma formuna dönüşeceği için, alma arzusuna "maddesellik" denir.

Maneviyatta gerçek olan yere "gerçeklik yeri" denir çünkü oraya ulaşan herkes, diğerleriyle aynı şekli görür. Diğer taraftan, hayali bir şey, hayali olduğu için gerçek bir yer olarak kabul edilemez çünkü orası, herkesin kendine göre farklı şekilde hayal ettiği bir yerdir.

"Tora'nın yetmiş yüzü" demek, yetmiş seviye var demektir. Her seviyede, Tora kişinin bulunduğu seviyeye göre yorumlanır. Ancak, bir dünya bir gerçekliktir yani o dünyadaki yetmiş dereceden herhangi birine erişen herkes, oraya gelen diğer tüm edinmişlerle aynı forma kavuşur.

Tora'nın ayetlerini anlatan bilgelerimizin söyledikleri bundan gelir. İbrahim'in İshak'a söylediği şeyin bu olduğunu ve bilgelerimizin buna benzer sözler ettiğini söylüyorlar. Ne demeleri gerekiyor ise onu söylediler, ayetlerde anlatılanları söylediler.

Asıl soru, birinin diğerine ne dediğini nasıl bildikleriydi. Çünkü İbrahim'in (veya herhangi birinin) bulunduğu seviyeye erişenler, İbrahim'in bildiğini bilir, gördüğünü görür.

Bu yüzden İbrahim'in ne dediğini biliyorlar. Tora'nın ayetlerini yorumlayan bilgelerimizin bütün sözleri böyledir. Bütün bunlar, onlar da aynı seviyeyi edindikleri için gerçekleşmiştir; maneviyattaki her derece, bir realitedir ve herkes bu realiteyi görür; tıpkı İngiltere'nin Londra şehrine gelen herkesin şehirde ne olduğunu ve ne söylendiğini görüp söylemesi gibi.

99. Günahkâr veya Erdemli Demedi

Iyar 21'de, Kudüs'te duydum.

"Rabbi Hanina Bar Papa dedi ki, 'Gebeliğe tayin edilen meleğin, onun adı *Laila*'dır (gece). O bir damla alır, Yaradan'ın önüne koyar ve der ki: 'Dünyanın Efendisi, bu damladan ne olmalı, bir kahraman veya bir güçsüz, bir bilge veya bir aptal, bir zengin veya bir muhtaç?' Fakat 'Bir günahkâr veya bir erdemli' demedi." (*Nida* 16b).

Bir aptalın erdemli olamayacağı kuralına göre yorumlamalıyız; bilgelerimizin şöyle dediği gibi, "Kişi, içine bir budalanın ruhu girmedikçe günah işlemez." Bütün hayatını aptallıkla geçiren biri için bunun daha da fazlası geçerlidir. Bu yüzden, aptal doğan birinin hiç seçimi yoktur çünkü aptal olmaya mahkûm edilmiştir. Dolayısıyla, "O 'günahkâr veya erdemli' demedi." söylemi, kişinin seçim hakkı olması içindir. Fakat eğer "bir erdemli veya bir aptal" dememişse ne faydası var? Nihayetinde, eğer aptal olmaya mahkûm edilmişse, günahkâr olmaya mahkûm edilmiş olmakla aynı şeydir!

Ayrıca bilgelerimizin sözlerini de anlamalıyız: "Rabbi Yohanan dedi ki, 'Yaradan erdemlilerin az olduğunu gördü, kalktı ve onları her bir nesile yerleştirdi; şöyle yazıldığı gibi: 'Yeryüzünün sütunları Efendimizindir ve dünyayı onların üzerine kurmuştur.'" RAŞİ şöyle yorumlar: "'O, dünyayı onların üzerine kurmuştur' - O, onları dünyanın devamlılığı için bir altyapı, varoluş ve temel olmak üzere bütün nesillerde dağıtmıştır." (*Yoma* 38b).

"Onlar az sayıdalar", onlar daha az çoğalıyorlar demektir. Dolayısıyla, onları çoğaltmak için ne yaptı? "Kalktı ve onları her bir nesile yerleştirdi." Şunu sormalıyız: "Onları her bir nesile yerleştirmenin faydası nedir ki çoğalsınlar?" RAŞİ'nin yorumladığı gibi, tüm erdemli varlıkların tek bir nesilde bulunmaları ile tüm nesillere dağıtılmış olmaları arasındaki farkı anlamalıyız. Birçok nesilde olmak erdemlileri çoğaltır mı?

Yukarıda söylenenleri anlamak için, bilgelerimizin, Yaradan'ın bu damlayı bilge veya aptal olmaya mahkûm etmesi ile ilgili sözlerini açıp yorumlamalıyız. Bu demektir ki, hazırlık sırasında, eğiliminin üstesinden gelecek gücü olmadan, zayıf bir arzuyla ve yeteneksiz olarak doğan biri, Yaradan çalışmasının başlangıcında, Tora'yı ve bilgeliği almaya uygun olmak zorundadır; şöyle yazıldığı gibi: "Bilgeliği bilgeye verecektir." Şunu sordu: "Eğer onlar zaten akıllılarsa, neden hâlâ bilgeliğe ihtiyaçları var? Bu 'Aptallara bilgelik verecek' olmalıydı."

Bir "bilge"nin henüz bilgeliği edinememiş dahi olsa, bilgelik için özlem duyan kişi anlamına geldiğini açıklar. Ama kişinin arzusu olduğundan ve arzuya *Kli* (kap) denildiğinden, bilgelik için arzusu ve özlemi olanların, bu bilgeliğin içinde parladığı *Kli* olduğu sonucu çıkar. Dolayısıyla bir aptal, bilgelik için arzusu olmayan ve tüm arzusu kendi ihtiyaçları için olan kişi demektir. İhsan etme açısından, bir aptal herhangi bir şekilde ihsan etmeyi başaramaktan acizdir.

O halde bu niteliklerle doğan bir kişi, erdemlinin derecesine nasıl ulaşabilir? Bundan başka bir seçeneği olmadığı sonucu çıkar. Dolayısıyla, "O 'Erdemli veya günahkâr' demedi" demenin ne faydası var ki kişinin bir seçimi olsun? Sonuç olarak, güçsüz ve akılsız doğduğundan, seçim yapma yeteneğine sahip değildir çünkü O'nun bilgeliği için özlem duyma ve zorlukların üstesinden gelme konusunda tamamen yetersizdir.

Bunu, yani aptal için bile bir seçim olduğunu anlamak için, Yaradan bir ıslah yaptı. Bilgelerimiz bunu şöyle açıklar: "Yaradan erdemlilerin az olduğunu gördü; Kalktı ve onları her bir nesile yerleştirdi." *"Bunun ne faydası var?"* diye sorduk.

Şimdi bu durumu anlayacağız. Bilinmektedir ki, kişi onların yaptığını yapmadığı zaman bile günahkârla bağ kurmak yasaktır; şöyle yazılmıştır: "Ne de kibirlinin koltuğuna oturma." Bu, günahın öncelikle, kişi oturup Tora çalışsa ve *Mitzvot*'u yerine getirse bile, kibirlilerin içinde oturmasından dolayı olduğu anlamına gelir. Aksi takdirde, bu yasak Tora ve Mitzvot'un iptalinden kaynaklanacaktı. Fakat aksine, oturma eyleminin kendisi yasaklanmıştır çünkü kişi sevdiklerinin düşünce ve arzularını alır.

Ve tam tersi: Eğer kişinin maneviyat için hiçbir arzusu ve özlemi yoksa maneviyat için arzusu ve özlemi olan insanların arasındaysa ve bu insanları seviyorsa, kendi niteliğiyle bu arzulara, özlemlere ve üstesinden gelme gücüne sahip olmasa da onların üstesinden gelme güçlerini, arzularını ve özlemlerini alacaktır. Ancak kişi, bu insanlara yüklediği önem ve fazilete göre yeni güçler kazanacaktır.

Şimdi yukarıdaki sözleri anlayabiliriz. *"Yaradan erdemli olanların az olduğunu gördü."* Bu herhangi bir insanın niteliklerindeki yetersizlikten dolayı erdemli olamayacağı anlamına gelir, yazıldığı üzere, kişi aptal veya zayıf karakterli doğmuştur; aynı zamanda seçimi vardır ve kendi nitelikleri bir mazeret olamaz. Çünkü Yaradan her nesle erdemli olanları yerleştirmiştir.

Böylece, kişinin erdemli olanların bulunduğu yere gitme seçeneği vardır. Kişi onların otoritesini kabul edebilir ve böylece kendi niteliklerinin doğası gereği sahip olmadığı tüm güçleri alır. Bunları, erdemli olandan alır. "Onları her bir nesle yerleştirmesinin" faydası budur. Böylece her nesil döneceği, tutunacağı ve erdemli olanın seviyesine yükselmek için gereken gücü alabileceği birine sahip olur. Böylece onlar da sonradan eerdemli olurlar.

Dolayısıyla *"O 'günahkâr veya erdemli' demedi"*, bu kişinin bir seçime sahip olduğu anlamına gelir. Rehberlik için erdemli olana gidip tutunabilir ve onlar aracılığıyla ileride kendini de erdemli yapacak gücü alabilir.

Ancak, tüm erdemliler aynı nesilde olsaydı, aptalların ve güçsüzlerin Yaradan'a yaklaşabilmek için hiç umutları kalmaz ve böylece bir seçimleri olmazdı. Ancak, erdemlileri her nesle dağıtması sayesinde, her bir kişi her nesilde var olan erdemlilere yaklaşmak ve yanaşmak için seçim gücüne sahip olur. Aksi hâlde, kişinin Tora'sı ölüm iksiri olmak zorundadır.

Bunu maddesel bir örnekten anlayabiliriz. İki kişi, karşı karşıya durduğunda, birinin sağ eli diğerinin sol elinin karşısındadır ve birinin sol eli de diğerinin sağ elinin karşısındadır. İki yol vardır. Sağ, sadece ihsan eden, erdemli olanın yolu ve sol, sadece kendisi için almak isteyenler; bununla onlar ihsan eden Yaradan'dan ayrılırlar. Böylece doğal olarak, onlar Hayatların Hayatı'ndan ayrılırlar.

Bu yüzden onların hayatlarındaki günahkârlara "ölü" denir. Dolayısıyla kişi henüz Yaradan ile *Dvekut*'la (bütünleşmek) ödüllendirilmediğinde, onlar ikidir. Ardından, kişi sağ olarak adlandırılan ancak Yaradan'ın solunda olan Tora'yı öğrendiğinde, bu kişinin Tora'yı kendisi için öğrendiği anlamına gelir, kişiyi O'ndan ayırır ve Tora'sı onun için ölüm iksiri hâline gelir zira kişi Tora'sının kendi bedenini kıyafetlendirmesini istediği için ayrı kalır. Bu, kişinin Tora'nın kendi bedenini büyütmesi istediği anlamına gelir ve böylece Tora'sı onun ölüm iksiri haline gelir.

Ancak, kişi O'na bağlı kaldığında, tek bir otorite oluşur ve bu kişi O'nun tekliği içinde O'nunla bir olur. Böylece, kişinin sağ tarafı Yaradan'ın sağ tarafı olur ve akabinde beden kişinin ruhu için bir kıyafet hâline gelir.

Kişinin hakikat yolunda ilerleyip ilerlemediğini bilmesinin yolu, bedensel ihtiyaçlarıyla ilgilenirken, bunlarla ruhunun ihtiyaçları için gerekli olandan daha fazla ilgilenmediğini görmektir. Kişi ruhunun ihtiyaçları için kıyafetleneceğinden daha fazlasına sahip olduğunu düşündüğünde, bu kişinin bedenine giyindiği bir kıyafet gibidir. O anda, kişi bu giysiyi daha uzun veya geniş tutmaya değil, bedenine doğru bir şekilde uyanı giymeye özen gösterir. Benzer şekilde, bedensel ihtiyaçları ile uğraşırken, kişi ruhunun ihtiyaçlarından fazlasına, yani ruhunu kıyafetlendirmek için gerekli olandan fazlasına sahip olmamaya özen göstermelidir.

Yaradan ile *Dvekut*'a ulaşmayı, Efendi'yi almayı dileyen herkes, gelip O'nu alamaz çünkü bu kendini sevme olan, alma arzusu ile yaratılmış olan insanın doğasına terstir. İşte bu yüzden neslin erdemlilerine ihtiyacımız vardır.

Bir kişi, tek arzusu iyi işler yapmak olan gerçek bir *Rav*'a tutunduğunda, kendisinin iyi işler yapamayacağını hissettiğinde, amacın, gerçek bir *Rav*'a bağlı kalarak ve *Rav*'ının istediklerini isteyerek, onun sevdiği şeyleri yapıp, nefret ettiklerinden nefret ederek Yaradan'a memnuniyet vermek olacağını hisseder. O zaman Rav'la *Dvekut*'a ulaşabilir ve doğuştan sahip olmamasına rağmen Rav'ının güçlerini alır. Erdemli olanları her bir nesle yerleştirmenin anlamı budur.

Ancak, buna göre, erdemli olanları her bir nesile yerleştirmenin nedenini anlamak zordur. Bunun aptallar ve güçsüzler için olduğunu söylemiştik. Fakat bunu aptalları yaratmayarak çözebilirdi! Kim bu damla güçsüz veya aptal olacak dedirtti ki ona? O herkesi bilge yaratabilirdi.

Cevap, aptallara da ihtiyaç olmasıdır çünkü onlar, alma arzusunun taşıyıcılarıdırlar. Yaradan'a yaklaşmak için kendilerine ait bir tavsiye olmadığını görürler ve bu yüzden onlar hakkında şöyle yazılmıştır: "Ve ileri giderler ve adamların cesetlerine bakarlar... Onların ne kurtları ölecek ne de ateşleri sönecek ve tüm bedenler için tiksindirici olacaklar." Onlar, erdemli olanların ayakları altında küle dönüşür, böylece erdemli olanlar, Yaradan'ın onları bilge ve güçlü yaratarak, onlar için yaptığı iyiliği, O'na daha yakın duruma getirdiğini fark ederler.

Böylece, şimdi içinde bulundukları düşük seviyeyi gördükleri için Yaradan'a şükranlarını ve övgülerini gönderebilirler. Buna "Erdemli olanın ayakları altındaki küller" denir yani erdemli olan onunla yürür ve böylece Yaradan'a şükranlarını sunar.

Fakat düşük seviyelere de ihtiyaç olduğunu bilmeliyiz. *Katnut* (küçüklük/bebeklik) seviyesinin hemen *Gadlut* (yücelik/erişkin) ile birlikte doğması daha iyi olurdu derken, *Katnut* (küçüklük) derecesi gereksiz kabul edilmemektedir.

Bu tıpkı bir fiziksel bir beden gibidir. Beyin, göz ve bunun gibi kesinlikle önemli organlar vardır ve mide, bağırsak, parmaklar ve ayak parmakları gibi çok önemli olmayan organlar da vardır. Fakat çok da önemli olmayan bir görevi yerine getiren bir organa gereksiz diyemeyiz. Elbette her şey önemlidir. Maneviyatta da böyledir. Aptallara ve güçsüzlere de ihtiyacımız vardır.

Şimdi ne yazdığını anlayabiliriz. Yaradan dedi ki, "Bana doğru dön ve Ben sana doğru döneyim." Bu demektir ki, Yaradan "Geri Dön" der ve İsrail tam tersini der, "Bizi geri götür Efendimiz, sonra döneceğiz."

Çalışmadan düşüş esnasında, Yaradan önce "Geri Dön" der. Bu kişiyi Yaradan'a hizmetinde bir yükselişe getirir ve kişi "Bizi geri getir" diye yakarmaya başlar. Ancak düşüşteyken, kişi "Bizi geri getir" diye yakarmaz. Tam tersine, çalışmaktan kaçar.

Bu nedenle, kişi bilmelidir ki, "Bizi geri getir" diye yakarırken, bu yukarıdan bir uyanıştan kaynaklanır, çünkü Yaradan daha önce "Geri Dön" demişti, böylece kişinin yükselir ve "Bizi geri getir" diyebilir.

Bunun anlamı şudur: "Gemi yolculuk yaptığında, bu vuku buldu, Musa şöyle dedi: 'Yüksel, Ey Efendimiz ve düşmanların dağılsın.'" "Yolculuk yapmak", Yaradan'a hizmet etmekte ilerlemek demektir, bu yükseliştir. Sonra Musa "Yüksel" dedi. Ve onlar dinlendiklerinde, "Geri Dön, Efendimiz" dedi. Yaradan çalışmasına ara verme esnasında, Yaradan'ın "Bana doğru dön" anlamındaki "Geri Dön" demesine ihtiyaç duyarız. Bu Yaradan'ın uyanış vermesi demektir. Bundan dolayı, kişi ne zaman "Yüksel" veya "Geri Dön" denileceğini bilmelidir.

Paraşat Akev'de şu yazılanların anlamı budur: "Ve bütün yolu hatırlayacaksın… Kalbinden geçeni, O'nun emirlerini tutup tutmayacağını bilmek için." "O'nun emirlerini tutacaksın" demek "Geri Dön" olarak kabul edilir. "Ya da tutmazsın" demek "Yüksel" olarak kabul edilir ve her ikisine de ihtiyacımız vardır. Ve Rav ne zaman "Yüksel" ne zaman "Geri Dön" olması gerektiğini bilir çünkü kırk iki yolculuk, Yaradan çalışmasında ortaya çıkan yükselişler ve düşüşlerdir.

100. Yazılı Tora ve Sözlü Tora

Mişpatim'de Duydum, 1943

Yazılı Tora "yukarıdan uyanış" ve sözlü Tora da "aşağından uyanış" olarak kabul edilir. Ve ikisine birlikte "altı yıl hizmet edecek ve yedincide özgür kalacak" denir.

Bu böyledir, çünkü çalışmanın özü, özellikle direncin olduğu yerdedir. Ve buna *He'elem* (gizlilik) kelimesinden gelen Alma (Aramice: Dünya) denir. Gizlilik olduğunda, orada direnç olur ve o zaman çalışmak için bir yer vardır. Bu bilgelerimizin "Altı bin yıllık dünya ve biri mahvoldu." sözünün anlamıdır. Bu demektir ki, gizlilik bozulacak ve artık çalışma kalmayacak. Daha doğrusu, Yaradan, çalışabilsin diye insana kanat verir ki bu kanatlar örtüdür.

101. "Gülleri Kazanan İçin" İlahisinin Yorumu

Adar Alef 23, 28 Şubat 1943'te duydum

"Kazanan İçin", zaten kazanmış biri.

Yastan güzel bir güne ve *Sasson*'a (sevinç) gelmekle ilgili olan, *Şehina* (kutsallık) anlamına gelen *Şoşanim* (güller) üzerine. Yükseliş ve düşüşlerin pek çok aşaması olduğundan, düşüşlere, "onun *Şinaim*'i (dişleri) köreltilmelidir" ifadesinden *Şoşanim* denir; günahkâr olanların sorularına cevap verilmemeli, aksine 'Dişlerini köreltmelidir'. Birçok tokattan sonra yani pek çok dişi körelttikten sonra, güllere geliriz. Bu nedenle, içinde pek çok *Sasson* (sevinç) anlayışı vardır, bu yüzden çoğul eki alır ve "güller" olarak anlatılır.

Korah'ın oğullarından, saçların kel olduğu anlamına gelen *Karachah* (kel) kelimesinden. *Se'arot* kelimesi, *Se'ara* (fırtına) kelimesinden gelen *Hastarot* (gizlilik) anlamına gelir. Bilinir ki, *"Ödül kedere göredir."* Bu, *Se'arot* olduğu zaman, çalışma için bir yer olduğu anlamına gelir. Ve ıslah edildiğinde saç, "bu Efendi'ye açılan kapıdır" yoluyla fırtınanın üstesinden gelir. Kişi tüm fırtınaları ıslah ettiğinde, artık gizlilik olmadığında çalışma için yeri yoktur ve bu nedenle ödül için de yeri yoktur.

Dolayısıyla kişi *Korah* koşuluna geldiğinde, artık "Efendi'ye açılan kapı" olarak adlandırılan inancı devam ettirmez. Bu böyledir, çünkü kapı yok ise, o zaman Kral'ın sarayına giremez, zira her şeyin temeli budur ve tüm yapı inanç üzerine inşa edilmiştir.

"Korah'ın Oğulları" *Bina*, kelimesinden gelir. Onlar Korah'ın, Cehennemin uzantısı olan sol olarak kabul edildiğini anladılar. Bu nedenle, dostluklarını, "Efendimiz, haberini duydum ve korkuyorum." (*Zohar, Beresheet*, 4:7) koşulunu edindikleri andan itibaren sürdürmek istediler. Bu, geçmişten aldıkları güçle, içinde bulundukları koşullara dayanabilecekleri ve git gide güçlenecekleri anlamına gelir. *"Korah'ın oğulları ölmedi"*nin anlamı budur. Yani *Korah* durumunda kalırlarsa ömrü uzatamayacaklarını anladılar ve ölmediler.

"*Maskil* **bir aşk şarkısı** (öğrendi)" yani Yaradan ile dostluğun ölçüsünün tamamlandığını öğrendikleri anlamına gelir.

"**Kalbim taştı.**" Kalpteki taşma "kalpten ağza ifşa olmaz" şeklindedir. Bu demektir ki, ağızdan çıkarılacak hiçbir şey yoktur, bu da dudakların fısıldadığı gibi sadece kalpteki almadır.

"**İyi bir şey**" inanç, "iyi bir şey" olarak adlandırılır.

"'**Çalışmam kral içindir'** diyorum." Kişi, inancın ışığını aldığında, "Benim çalışmam kral içindir" kendim için değil, der. Sonra, kişi Musa'nın dili olan yazılı Tora'nın farkındalığı ile ödüllendirildiğinde, "Dilim hızlı yazanın kalemidir" ile ödüllendirilir.

"Sen insan çocuklarından daha güzelsin", kişi *Şehina*'ya (kutsallık) güzelliğinin insanlardan yani insanların onun hakkında ne düşündüğüne göre belirlendiğini söylendiğinde, bu önemsiz olarak nitelendirilir. Tam da bundan güzellik doğar.

"Dudaklarına erdem dökülüyor." Erdem, özellikle erdemlilikten övgü ile bahsedilmemesi gereken konulara aittir ama biz yine de istiyoruz. O zaman erdemli olduğunu söylüyoruz.

"*Sefataim*'in (dudaklarının) üzerinde" *Sof* (son) anlamına gelir. "Dünyanın sonundan sonuna kadar gördü"nün anlamı budur.

102. Ve Sen De Narenciye Ağacının Bir Meyvesini Alacaksın
Uşpizin de Yosef'te (Sukot) duydum

Ayette, "Sen de... Narenciye ağacının bir meyvesini alacaksın" yani erdemli, "meyve veren ağaç" olarak adlandırılır, Keduşa (Kutsallık) ve *Sitra Ahra* (diğer taraf) arasındaki bütün fark budur yani "Başka bir tanrı kısırdır ve meyve vermez". Ancak, erdemli, meyve verdiği için *Hadar* (narenciye/süsleme) olarak adlandırılır; yıldan yıla ağacında yaşar (Dar). Bu nedenle Yusuf hakkında, "ülkenin tüm halkına *Maşbir* (satan) kişiydi" diye yazılmıştır çünkü meyveleri olmadığı halde, sahip olduğu meyvelerle onları *Şover* (besler/kırar). Böylece ister iyi taraftan olsun ister tam tersi taraftan, herkes kendi durumunu hisseder.

Bu "Yusuf, bebeklere göre..., ekmekle besleniyor" ifadesinin anlamıdır. "Bebekler" *Tefilin*'in başı olan "ve gözlerinin arasındaki alınlar için olacaklar" ifadesinde olduğu gibi, GAR olarak kabul edilir. Bu nedenle Yusuf'a "en küçük oğul, bilge oğul" denir. "Beni senden önce hayatı korumak için gönderdi" sözlerinin anlamı budur, bu *"Haya'nın Işığıdır"* Gar olarak kabul edilir.

"Sana, kılıcımı ve yayımı kullanarak Amorlular'dan aldığımdan, kardeşlerine verdiğimden bir pay fazlasını verdim" ayetinin anlamı budur. (Oğulları iki parça aldı. Ve RAŞİ'ye göre "pay" parça anlamındadır.) Yani oğulları vasıtasıyla, oğullara "meyve" dendiğinden, bunu Yusuf'a verdi.

Saul hakkında yazılanların anlamı şudur, "omuzlarından yukarısı tüm insanlardan daha yüksekti." Ve bu, "Senin bir örtün var, sen bizim hükümdarımız ol" sözlerinin anlamıdır. Bu aynı zamanda "Bebekler neden geliyorlar? Onları getirenlere mükâfat vermek için" sözlerinin anlamıdır. "Önemli olan öğrenmek değil de eylemse neden bilgeliğe ihtiyaçları var?" diye sordu. "Onları getirene ödül vermek için" diye yanıtladı, çünkü bilgelik eylemi getirir.

Saul ve *Davut* arasındaki anlaşmazlık konusunda Saul'un hiçbir kusuru yoktu. Bu nedenle hüküm sürdüğünde bir yaşındaydı ve krallığı devam ettirmeye ihtiyacı yoktu, çünkü o kısa sürede her şeyi tamamlamıştı. Fakat Davut'un kırk yıl hüküm sürmesi gerekiyordu. Davut, Yahuda'nın, gizli dünya olan Leah'ın oğluydu, Saul ise ifşa edilen dünya olan Rachel'in oğlu Benjamin'dendi, dolayısıyla Davut'un karşıtıydı. Bu nedenle Davut, "Ben barışım" yani herkese ulaştım ve herkesi seviyorum, "Fakat konuştuğumda, onlar savaş içindir" dedi.

Aynı şekilde Avişalom, Davut'un tam tersiydi. Navat'ın oğlu Yeroboam'ın günahının anlamı şudur: Yaradan onu giysisinden tuttu ve ona dedi ki:" Sen, ben ve *Yişay*'ın oğlu (Jesse) Aden bahçesinde yürüyeceğiz." "Kim önderlik edecek?" diye sordu. Ve Yaradan ona, *"Yişay'ın oğlu önderlik ediyor"* dedi. O zaman "istemiyorum" diye yanıt verdi.

Mesele şu ki, derecelerin sıralamasında önce gizli dünya, daha sonra ifşa olan dünya gelir. "Yeteri kadarına sahibim", "Her şeye sahibim" sözlerinin anlamı budur. "Yeter" GAR, "her şey" VAK'tır. Bu aynı zamanda "Yakup küçük olduğundan, nasıl ayakta kalacak?" sözlerinin anlamıdır. Yakup'un kıdemini ondan almasının anlamı budur. Sonrasında ona her şey verildi, çünkü artık onun da GAR'ı vardı, bu ona Yusuf aracılığıyla "Ve Yusuf ayakta kaldı" yoluyla geldi.

Bu, bilge öğrenciler arasındaki tüm nefret ve çekişmelerin yayıldığı *"Lea'dan nefret edildi"* sözlerinin anlamıdır. Şamay ile Hilel arasındaki anlaşmazlığın anlamı da budur. Gelecekte, bu iki taraf –Yusuf'un tarafı ve Yahuda'nın tarafı - birleştiğinde, Yahuda'nın Yusuf'a söylediği şey şudur: *"Ey Efendim"*, tıpkı o zamanlar Yahuda ve Yusuf'un birleşmesinde olduğu gibi. Ancak Yahuda yol gösteriyor, önderlik ediyor olmalıdır.

Bu, ARİ'nin Yusuf'un Mesih oğlu olduğunu açıklar, ifşa dünyasından izni olduğundan böyle bir bilgeliği ifşa edebilmiştir. Bu tartışma "Ve çocuklar onun içinde mücadele ettiler" den uzanır yani Esav, Rebeka'nın yanında olan güzel giysilere sahiptir.

103. Kimin Kalbi Onu İstekli Yapar

Şabat arifesinde duydum, Beresheet, Ekim 1942

Ayette: "Kalbi istekli olan insanlar, siz Ben'im bağışladıklarımı alacaksınız." Bu, "Kutsallığın bağışladığı servet" sözünün anlamıdır. Diğer bir deyişle kişi sunulan hediyeyi alma aşamasına nasıl gelir? Kutsallık aracılığıyla.

Bu demektir ki, kişi izin verildiği şekilde kendini kutsadığında, böylece bağışlananları alabilme yani kutsallık *(Şehina)*, "benim hediyem" koşuluna gelmiş olur. *"Kalbi istekli olan insanlar,"* sözünün anlamı budur, tüm kalbini yani kalbinin tümünü bağışlarsa, Şehina'ya bağlı kalması için Ben'im hediyem ile ödüllendirilecek.

"Kabullendiği gün ve kalbinin mutlu olduğu gün" ayetinde kabullenmek demek, bayağılık olan alçak gönüllülük derecesinde olmak demektir. Eğer kişi alçak gönüllülük ile Yaradan'a hizmet eder ve aynı zamanda çalışmasını mutlulukla yapar ise, bu önemli bir derecedir ve o zaman kişiye Şehina'nın "damadı" denir.

104. Sabotajcı Oturuyordu

Şabat arifesinde duydum, Beresheet, Ekim 1942

Zohar'da, Nuh, "Bir tufan oldu ve sabotajcı tam ortasında oturuyordu." Şöyle sorar: "Tufan, sel demektir. Bunun kendisi zaten ölümcül ve sabotajcıdır. Öyleyse, sabotajcının tufanın tam ortasında, selin tam ortasında oturması ne anlama geliyor? Ayrıca tufan ve sabotajcı arasında ki fark nedir?"

Tufanın maddesel ızdıraplar olduğunu yani bedenin ızdırapları olduğunu söyledi. Bunun içinde yani bedenin ızdırabı içinde de, maneviyatı sabote eden başka bir sabotajcı daha var. Bu demektir ki, bedenin ızdırabı, yabancı düşünceler kişinin maneviyatını sabote edip öldürene dek kişiye yabancı düşünceler getirir.

105. Piç Bilge Bir Öğrenci, Sıradan Bir Başrahipten Önce Gelir

Heşvan 15, 1 Kasım 1944, Tel-Aviv'de duydum

"Piç bilge bir öğrenci sıradan bir başrahipten önce gelir."

Piç, yabancı bir tanrı, zalim demektir. Bu, piç anlamına gelir. Kişi, başka tanrılara yönelme yasağını çiğnediğinde, onun piç olmasına neden olurlar.

Kişinin diğer tanrılara yönelmesi, pudendum (vulva) olan *Sitra Ahra* (diğer taraf) ile çiftleşmesi anlamına gelir. Buna, "pudendum (vulva) üzerine gelip ondan bir piç doğuran kimse" denir.

Toprak sahiplerinin görüşü, Tora'nın görüşüne zıttır. Bu nedenle, sıradan insanlar ve bilge öğrenciler arasında bir anlaşmazlık vardır. Eğer kişi, bu piçi doğurmuşsa, burada büyük bir fark vardır. Bilge bir öğrenci bunun da Yaradan'dan geldiğini iddia eder yani kendisine görünen bu formun -bu piçin- Yaradan'dan geldiğini, bunları kendisine Yaradan'ın verdiğini söyler. Ancak günahkâr, bunun bir günah nedeniyle kendisine gelen yabancı bir düşünce olduğunu ve günahlarını düzeltmekten başka hiçbir şeye ihtiyacı olmadığını söyler.

Oysa bilge bir öğrenci, bunun yani mevcut durumunun, kendi gerçek özünü görmesi gerektiği için böyle olduğuna inanma gücüne sahiptir. Aynı zamanda kişi, kendini adama noktasına kadar, cennetin krallığının yükünü üstlenmelidir.

Bu demektir ki, en az önem taşıdığı düşünülen şey bile, en aşağıda ve en gizlenmiş bile olsa, yine de tüm bunlar Yaradan'a atfedilmelidir. Kişinin içinde "yabancı düşünceler" adı verilen İlahi Takdir'in böyle bir görüntüsünü Yaradan yaratmıştır. Kişi bu kadar ufak bir şeyde bile sanki *Keduşa*'da (kutsallık) büyük *Daat*'a (bilgi) sahipmiş gibi mantık ötesinde çalışır.

Ve büyük bir rahip, Yaradan'a "ve onlar çokturlar..." yoluyla hizmet edendir yani onların çokça Tora'sı ve birçok Mitzvot'u (emirler) vardır ve hiçbir eksiklikleri yoktur. Bu nedenle, kişi bağ kurmaya ve çalışmasında bir düzen üstlenmeye gelirse, bilge bir öğrenci olan piç daha önce gelir, kuralı geçerlidir. Bu demektir ki, kişi, piçliğini bilge bir öğrenci formunda varsayar. "Bilge" Yaradan'ın ismidir. Öğrencisi, Yaradan'dan öğrenen kişidir. Yalnızca bilge bir öğrenci, çalışma esnasında ortaya çıkan her şey için, tüm şekiller için "çünkü o Efendi'dendi" diyebilir.

Ancak sıradan bir rahip, Yaradan'a hizmet etmesine, Tora'da ve çalışmasında yüce olmasına rağmen, Yaradan'ın ağzından öğrenmekle ödüllendirilmemiştir ve hala "bilge bir öğrenci" olarak kabul edilmemektedir.

Dolayısıyla, bu yukarıdaki durum, onun gerçek mükemmelliğe ulaşmasına hiçbir şekilde yardımcı olamaz, çünkü toprak sahiplerinin görüşüne sahiptir ve Tora'nın görüşü yalnızca Yaradan'dan öğrenendir. Tüm bu sebeplere Yaradan'ın neden olduğu gerçeğini yalnızca bilge bir öğrenci bilir.

Artık bilgelerimizin sözlerini anlayabiliriz, "Rabbi Şimon Ben Menasia Tora'daki tüm Etin'i çalışıyordu." Et, kapsayan, dâhil demektir. Bu, kişinin her gün Tora ve *Mitzvot*'a bir önceki günden daha fazla eklediği anlamına gelir. Ve kişi "Efendiniz Tanrı'nızdan korkacaksınız" durumuna geldiğinden yani arttıramadığından, Tanrı korusun, tam tersine artık ekleme yapamadığı bir noktaya gelmiştir.

Ve RAŞİ, Ben Menasia, kaçmak ve mücadeleden geri çekilmek anlamına gelen *Menusa*'yı (kaçmak) anladığını ifade ediyor şeklinde yorumlamıştır. Ayrıca Ben[18] *Haamsuny*, gerçeği ve gerçeğin hangi biçimde olduğunu anladığı anlamına gelir ve Rabbi Akiva gelip *Et*'i, bilge öğrencileri de içerecek şekilde açıklayana dek ilerleyememiştir. Bu, bilge öğrencilere bağlı kalarak biraz olsun destek almanın mümkün olduğu anlamına gelir.

Diğer bir deyişle, ona yalnızca bilge bir öğrenci yardım edebilir, başka hiçbir şey değil. Kişi, Tora'da mükemmel olsa bile, Yaradan'ın ağzından öğrenmek ile ödüllendirilmemişse, yine de "sıradan biri" olarak adlandırılacaktır.

---

[18] İbranice'de Ben (oğul), *Mevin* (anlayış) ile aynı köke sahiptir.

Bu nedenle kişi, bilge bir öğrencinin karşısında teslim olmalı ve bilge öğrencinin kendisine yüklediğini hiç tartışmasız mantık ötesinde kabul etmelidir.

"Ölçüsü dünyadan daha uzundur." Bu, Tora'nın dünyadan sonra başladığı anlamına gelir. Yani eğer dünyadan daha büyükse. Hiçbir şey ortadan başlayamaz diye bir kural vardır. Bu nedenle, eğer kişi başlamak istiyorsa, başlangıç yeryüzünden yani dünyeviliği geçtikten sonradır. (Ve bu, "sıradan bir başrahip" in anlamıdır yani çalışması muazzam büyüklükte olsa bile, eğer kişiye Tora'nın ışığı verilmemişse, o hala dünyeviliktedir.)

Lişma'ya (O'nun rızası için) ulaşmak, *Lo Lişma*'da (O'nun rızası için değil) bolca öğrenmeyi gerektirir. Bu, kişinin *Lo Lişma*'da çok gayret edip çaba sarf etmesi gerektiği anlamına gelir ve ancak o zaman, kendisinin hala *Lişma* ile ödüllendirilmediği gerçeğini görebilir. Ancak kişi büyük çabalarla kendini zorlamadığında gerçeği göremez.

Başka bir durumda, gerçeği görmekle ödüllendirilmek için kişinin çok fazla Tora Lişma çalışması gerektiğini, *Lo Lişma* çalıştığını söyledi. Lişma çalışması, *Malhut* olarak kabul edilen ödül ve ceza olarak nitelendirilir. Ve Tora *Lo Lişma*, İlahi Takdir denilen ZA olarak kabul edilir.

Bu nedenle, hepsi **İlahi Takdir** ile ödüllendirilmiş olan tüm İsrail krallarının ekleyecek başka hiçbir şeyleri olmadığından daha fazla yapacakları bir şey de yoktu. Bu nedenle bilgelerimiz, "İsrail kralı ne yargılar ne de yargılanır" demiştir. Dolayısıyla her şeyi Yaradan'ın yaptığını gördükleri, kendileri hiçbir şey yapmadıkları için, onların bir sonraki dünyada hiçbir payları yoktur.

Ahav'ın karısı *İzevel*'in (İzebel) anlamı budur. Karısının *Ei Zevel* (çöp nerede) yani "Dünyanın neresinde çöp var?" diye tartışmasını yorumladılar. O her şeyin iyi, yolunda olduğunu gördü. Ve *Ah Av* (Ahab), cennetteki *Av*'ın (Babasının) *Ah*'ı (kardeşi) olduğu anlamına gelir. Fakat Davud'un evinin kralları yargılanır, çünkü Davud'un evinin kralları Yaradan ile O'nun *Şehina*'sını (Kutsallık) birleştirme gücüne sahipti, ancak bunlar karşılıklı olarak birbirleriyle çelişi, çünkü İlahi Takdir, ödül ve ceza anlayışının tam tersidir.

Bu, büyük erdemlilerin gücüdür, onlar Yaradan'ı *Şehina* ile yani İlahi Takdir'i ödül ve ceza ile birleştirebilirler. Ve tam ve arzu edilen mükemmellik tam olarak bu ikisinden doğar.

106. Şabat'ta On İki Hala Neyi İma Eder?

Elul'da duydum, Ağustos 1942

Şabat şarkılarında şöyle yazılmıştır: "O'nun adında bir harf olan katlanmış ve sönük 12 Hala'nın (Şabat Ekmeği'nin) tadı bize ifşa olacak."

Kutsal ARİ'nin sözlerini yorumlamalıyız. Sağ taraf ve sol taraf anlamına gelen ikinci *Tzimtzum* (kısıtlama) tarafından iki *Vav* yapıldığı bilinmektedir. Bu "çoğalma" sözcüğünden gelen "çoğaltmak" anlamındadır. Ve bundan, ikinci *Tzimtzum*'daki ıslahın gücünden, merhamet ve yargı niteliklerinin birliği olduğunda, yargı tatlanmadan öncekinden daha sönük hale geldi.

Daha sonra *"Zayinleri toplayan"* anlamına gelen bu iki Vav, *Malhut*'da parlar. *Zayin*'ler, içerisinde iki *Vav*'ı bir araya getiren "yedinci" olarak adlandırılan *Malhut*'tur.

Yedinci gün, günlerin sonu olarak algılanan *Gmar Tikkun* (son ıslah) olarak kabul edilir. Ancak altı bin yılda da parlar. Bu "Tanrı'nın yapmak için yarattığı." olarak nitelendirilen altı iş gününün anlamıdır. Ve Şabat'a "dinlenme" denir. (Yazıldığı üzere "Ve O, yedinci günde çalışmayı bırakıp dinlendi.)

Bu, altı bin yılda parlayan Şabat olarak kabul edilir çünkü Şabat, yük taşıyan bir kişinin dinlenmesi gibi düşünülür ve yolun ortasında gücünü tekrar kazanmak için durur. Daha sonra bu yükü bir kere daha taşımalıdır. Ancak *Gmar Tikkun*'un Şabat'ında eklenecek başka bir şey yoktur, dolayısıyla da yapılacak bir çalışma kalmamıştır.

107. İki Melek Hakkında

Şubat 1973 Kudüs'te *Tetzave*'de duydum

Şabat arifesinde kişiye eşlik eden, biri iyi ve biri kötü iki melek hakkında, iyi melek "sağ" diye adlandırılır, kişi bu sayede Yaradan'a hizmet etmeye yaklaşır. Buna "sağ yaklaştırır" denir. Ve kötü melek, uzaklaştıran "sol" olarak kabul edilir. Bu hem kalbe hem de zihne yabancı düşünceler getirir anlamına gelir.

Kişi bu kötülüğü yendiğinde ve kendisini Yaradan'a yaklaştırdığında yani her seferinde kötülüğün üstesinden gelip, kendisini Yaradan'a bağladığında, bu ikisi aracılığı ile Yaradan ile Dvekut'a (bütünleşme) yaklaştığı sonucu çıkar. Bu, her ikisinin de tek bir görevi yerine getirdiği anlamına gelir - kişinin Yaradan'a bağlanmasına neden olurlar. Bu durumda kişi, **"Barışla gel."** der.

Kişi tüm çalışmasını tamamladığı ve solun tümünü *Keduşa*'nın (kutsallık) içine aldığında, "Sen'den saklanacak bir yer yok" şeklinde yazıldığı üzere, artık kötü meleğin yapacağı hiçbir şey kalmaz çünkü kişi artık kötü eğilimin ona sunduğu tüm zorlukların üstesinden gelmiştir. İşte o zaman kötü meleğin işi kalmaz ve kişi ona, **"Barışla git."** der.

108. Eğer Beni Bir Gün Terk Edersen, Ben Seni İki Gün Terk Ederim

1943'te duydum, Kudüs

Her insan, içindeki alma niteliği ile Yaradan'dan uzaktır. Ama sırf içindeki alma arzusu nedeniyle uzaktır. Ancak kişi maneviyattan ziyade dünyasal hazlara özlem duyduğu için, Yaradan'a bir gün uzaktır yani bir günlük mesafededir yani O'ndan sadece bir açıdan uzaktır - bu dünyanın arzularını alma arzusuna dalmış olmakla.

Buna karşılık kişi kendini Yaradan'a yakınlaştırıp, bu dünyadaki almayı reddettiğinde, Yaradan'a yakın olarak kabul edilir. Ancak eğer daha sonra bir sonraki dünyayı almakta başarısız olursa, o zaman Yaradan'dan uzaktır, çünkü hem gelecek dünyanın hem de bu dünyanın hazlarını almak istemektedir. Bu şekilde Yaradan'dan iki gün uzaklaşmış olur: 1) Bir kez daha içine düştüğü, bu dünyanın hazlarını alarak ve 2) Artık bir sonraki dünyanın tacını alma arzusuna sahip olduğu için. Bunun nedeni, Tora ve *Mitzvot*'a (emirlere) bağlanarak, Yaradan'ı Tora ve *Mitzvot*'taki çalışmaları için kendisini ödüllendirmeye zorlamasıdır.

Öyle anlaşılıyor ki, başlangıçta bir gün yürüdü ve Yaradan'a hizmet etmeye daha da yaklaştı ve sonra iki gün geriye gitti. Dolayısıyla kişi şimdi kişi iki şekilde alma muhtaç hale gelmiştir: 1) Bu dünyanın 2) Gelecek dünyanın alımına. Bu nedenle tam tersi durumda yürümektedir.

Bunun için verilecek öğüt, daima ihsan etmek anlamına gelen Tora'nın yolundan gitmektir. Sıralayacak olursak ilk önce iki temele dikkat edilmelidir: 1) *Mitzva*'nın (emir) yerine getirilmesi 2) *Mitzva*'dan gelen hazzın hissiyatı. Kişi, emirlerini yerine getirdiğimizde Yaradan'ın haz aldığına inanmalıdır.

Dolayısıyla kişi *Mitzva*'yı fiilen yerine getirmeli ve Yaradan'ın, aşağıdakilerin *Mitzva*'yı yerine getirmelerinden dolayı hoşnut olduğuna inanmalıdır. Bunda büyük bir Mitzva ile küçük bir *Mitzva* arasında hiçbir fark yoktur. Yani Yaradan, Kendisi için yapılan en küçük eylemden bile hoşnut olur.

Sonrasında ise kişinin görmesi gereken asıl amaç olan bir sonuç elde edilir. Diğer bir deyişle kişi, Yaratıcısını memnun etmekten dolayı haz ve mutluluk duymalıdır. Çalışmanın temel prensibi budur ve buna "Efendi'ye memnuniyetle hizmet et." denir. Kişinin çalışmasının ödülü bu olmalıdır yani Yaradan'ı memnun etmekle ödüllendirilmiş olmanın haz ve mutluluğunu duymak.

"Aranızdaki yabancı, senden daha yükseğe, daha yükseğe çıkacak; ... O sana borç verecek, sen ona borç vermeyeceksin." sözlerinin anlamı budur. "Yabancı" alma arzusudur. (Yaradan'a hizmet etmeye başladığında, alma arzusuna "yabancı" denir ve ondan önce tam bir inançsızdır.

"Sana borç verecek." Çalışmak için güç verdiğinde, gücü ödünç olarak verir. Bu, Tora ve *Mitzvot*'ta bir gün geçtiğinde, ödülü anında almamasına rağmen, çalışma için kendisine verdiği gücün bedelini daha sonra ödeyeceğine yine de inanır demektir.

Bu nedenle, bir günlük çalışmadan sonra yanına gelir ve kendisine söz verdiği borcun ödemesini yani Tora ve Mitzvot'a bağlanması için bedenin ona verdiği gücün ödülünü ister. Fakat kişi vermez, yabancı ağlar, "Nedir bu çalışma? Ödül olmadan çalışmak mı?" Bu nedenle, daha sonra yabancı İsrail'e çalışma gücü vermek istemez.

"Ve sen ona borç vermeyeceksin." Eğer ona yiyecek verip, karşılığında çalışma gücü vermesini istersen, o zaman kendisine verdiğin yemek için sana ödeyecek borcu olmadığını söyler, "Daha önce bana mal, mülk satın almanız şartıyla çalışma için size güç verdim. Oysa şimdi bana verdiğin şeyin tümü önceki koşula göre. Bu yüzden şimdi çalışma için sana daha fazla güç vereyim diye bana geliyorsun ki böylece bana yeni mal, mülk mü getireceksin?"

Böylece alma arzusu gittikçe akıllanır ve aklını kârlılık hesabında kullanır. Bazen azla yetindiğini, sahip olduklarının yeterli olduğunu, bu yüzden ona güç vermek istemediğini söyler. Ve bazen şu anda girdiği yolun tehlikeli olduğunu ve belki de çabalarının boşa gideceğini söyler. Bazen ona çabanın ödülden daha büyük olduğunu söyler ve bu nedenle sana çalışman için güç vermeyeceğim der.

Sonra, kişi ondan ihsan etmek üzere Yaradan'ın yolundan yürüyebilmek için güç ve her şeyin yalnızca Cennet'in ihtişamını yüceltmek için olmasını istediğinde, "Bundan ne elde edeceğim?" der. Sonra aralarında meşhur "Kim?" ve "Ne?" tartışması başlar yani Firavun'un argümanı olarak, "Sesine itaat etmek zorunda olduğum Rab kim ki?" ya da kötülerin argümanı olarak, "Bu çalışma sizin için nedir?".

Çünkü onun geçerli bir iddiası vardır ve hemfikir oldukları tek şey budur. Ve buna "Eğer sen Efendinin sesine kulak vermezsen" denir, o zaman şartları yerine getiremediği için şikâyet eder.

Fakat Yaradan'ın sesine itaat ettiğinizde, yani tam girişte (giriş sabit bir şeydir çünkü her düşüşünde yeni baştan başlamak zorundadır. Bu nedenle "giriş" olarak adlandırılır. Doğal olarak birçok çıkış ve giriş vardır) kişi bedenine şöyle der: "Bil ki Yaradan'a hizmet etmeye başlamak istiyorum, niyetim sadece ihsan etmek ve hiçbir ödül almamak. Çabaların karşılığında bir şey alacağını ummamalısın, hepsi ancak ihsan etmek için olmalı."

Ve beden, "Bu çalışmadan ne fayda sağlıyorsun?" diye sorar yani "çabalamak ve emek vermek istediğim bu çalışmayı alan kim?" veya daha basit bir şekilde, "Kimin uğruna bu kadar çaba harcıyorum?" diye sorar. Cevap şu şekilde olmalıdır: "Yaradan emrettiği için Tora ve *Mitzvot* çalışmasını mantık ötesi inançla yerine getirmemizi bize söyleyen bilgelere inancım tam. Ayrıca, Tora ve *Mitzvot*'u mantık ötesi inançla yerine getirdiğimizde, Yaradan'ın bundan haz aldığına da inanmalıyız. Ayrıca kişi Yaradan'ın yaptığı çalışmadan haz almasından dolayı memnun olmalıdır."

Dolayısıyla, burada dört unsur vardır:

1- Bilgelere, onların söylediklerinin doğruluğuna inanmak.

2- Yaradan'ın Tora ve Mitzvot'u mantık ötesi inançla yerine getirmemizi emrettiğine inanmak.

3- Tora ve Mitzvot'u inançla yerine getirdiklerinde orada sevinç ve mutluluk vardır.

4- Kişi, Kral'ı memnun etmekle ödüllendirilmekten haz, memnuniyet ve mutluluk duymalıdır. Ve kişinin çalışmasının büyüklüğünün ve öneminin ölçüsü, kişinin çalışması sırasında elde ettiği neşenin derecesi ile ölçülür. Bu, kişinin yukarıda belirtilenlere olan inancının ölçüsüne bağlıdır.

Öyle anlaşılıyor ki, Yaradan'ın sesine itaat ettiğinde, kişinin bedenden aldığı bütün güç, "Efendi'ye itaat etmezseniz" de olduğu gibi, kişinin geri ödemesi gereken bir borç olarak kabul edilmez. Ve eğer beden, "Karşılığında bana hiçbir şey vaat etmezken sana neden çalışman için güç vereyim?" diye sorarsa, kişi şöyle cevaplamalıdır: "Çünkü sen bunun için yaratıldın ve Yaradan senden nefret ediyorsa ben ne yapabilirim? Zohar'da yazıldığı gibi, Yaradan bedenlerden nefret eder."

Dahası, *Zohar*, Yaradan bedenlerden nefret eder dediğinde, bu özellikle Yaradan'ın hizmetkârlarının bedenlerini ima eder çünkü onlar, sonraki dünyanın tacını almak istedikleri gibi, ebedi alıcılar olmak isterler.

Bu da "ve borç vermeyeceksin" olarak kabul edilir. Bu demektir ki, çalışma için bedenin sana verdiği güç için hiçbir şey ödemek zorunda değilsin. Eğer ona borç yani herhangi bir haz verirsen, bu sadece bir borçtur ve sana karşılığında çalışmak için güç vermelidir, ancak bedava değil.

Sana daima bedava güç vermelidir. Ona hiç haz vermez ve "borç alan, borç verene hizmetkâr" olur diye, ondan her zaman çalışma için güçlü olmasını talep edersin. Böylece, o daima hizmetkâr ve sen her zaman efendi olursun.

109. İki Çeşit Et

Heşvan 20'de duydum

Biz genellikle şu iki çeşit et arasında ayrım yaparız: Hayvan eti ve balık eti. Her ikisinde de *Tuma'a*'nın (kirlilik) işaretleri vardır. Tora, *Tuma'a*'nın alanına düşmememiz ve onlardan nasıl kaçınacağımızı bilmemiz için bize işaretler verdi.

Balıkta, bize pulların ve yüzgeçlerin işaretlerini verir. Kişi balıkta bu işaretleri gördüğü zaman, *Tuma'a*'nın ellerine düşmemek için neye dikkat etmesi gerektiğini bilir. *Snapir* (yüzgeç) *Sone – Peh –Or* (nefret – ağız – ışık) anlamına gelir. Bu *"ağız"* olarak adlandırılan *Malhut*'a işaret eder ve tüm ışıklar ondan gelir, bu da inanç olarak algılanır.

Kişi, inanması gereken zamanda görür ki, toz tadı koşulundadır, kesin olarak eylemlerini ıslah etmesi gerektiğini bilir. Buna "*Şehina* (Kutsallık) tozun içinde" denir. Kişi *Şehina*'yı tozdan kaldırmak için dua etmelidir.

*Kaskese*t (pullar), kişinin *Snapir* zamanında hiç çalışamayacağı anlamına gelir. Ama kişi Snapir koşulunun üstesinden geldiği zaman, kişinin aklında İlahi Takdir'e dair bir soru belirir. Buna *Kaş* (saman) denir ve kişi o zaman çalışmasından düşer. Daha sonra, kişi güçlenir, mantık ötesi çalışmaya başlar ve kişinin aklında bu defa İlahi Takdir'e dair başka bir şüphe ortaya çıkar.

Bu, kişinin iki kez *Kaş* koşuluna geldiği anlamına gelir ki bu *Kas –Keset*'tir. Kişi her defasında mantık ötesi giderek bunların üstesinden gelir, yükselir ve sonra düşer. Daha sonra kişi şüphelerin çoğalması nedeniyle üstesinden gelemediğini görür. Bu durumda kişinin Yaradan'a haykırmak dışında başka hiçbir seçeneği yoktur; şöyle yazıldığı gibi "İsrail oğulları çalışma yüzünden iç çektiler ve haykırışları Tanrı'ya ulaştı." ve O, onları Mısır'dan yani tüm sıkıntılardan kurtardı.

Bilgelerimiz ünlü bir kuraldan, Yaradan'ın "O ve Ben aynı yerde barınamayız." sözünden bahseder" çünkü onlar, birbirlerine zıttır. Bu böyledir, çünkü insanın içinde, içsel beden ve dışsal beden olmak üzere iki beden vardır. Manevi besin, ihsan etme ve inanç olarak algılanan **"akıl ve kalp"** olarak adlandırılan içsel bedende kıyafetlenir. Ve dışsal beden maddesel besindir, bu da bilmek ve almaktır.

Ortada, içsel beden ve dışsal bedenin arasında, kendi adını taşımayan orta beden vardır. Daha doğrusu, eğer kişi iyi işler yaparsa, orta beden içsel bedene bağlanır ve eğer kişi kötü işler yaparsa, orta beden dışsal bedene bağlanır. Bu yüzden kişi ya maddesel besine ya da manevi besine sahiptir.

Dolayısıyla iç ve dış arasında zıtlık olduğu için, eğer orta beden içsel bedene bağlanırsa, bu, dışsal bedenin ölümü olarak kabul edilir. Ve eğer dışsal bedene bağlanırsa, bu, içsel bedenin ölümü olarak kabul edilir çünkü bu durumda seçim orta bedendedir. Ya *Keduşa*'ya (kutsallık) bağlı kalmaya devam eder ya da etmez.

110. Efendimizin Kutsadığı Bir Alan

1943'te duydum

"Efendimizin kutsadığı bir alan." *Şehina*'ya (Kutsallık) "bir alan" denir. Bazen *Sadeh* (alan) bir Şeker'e (yalan) dönüşür. Hey'in içindeki *Vav* ruhtur ve *Dalet Şehina*'dır (Kutsallık). Ruh onun içinde kıyafetlendiği zaman, ona *Hey* denir ve kişi inanca eklemek istediği zaman *Vav*'ı aşağı uzatır ve bir *Kof* haline gelir.

O anda *Dalet*, eklemek isteyen fakir ve yetersiz formunda *Reiş* haline gelir. Ardından yetersiz olan fakir haline geldiğinde "Onun krallığında fakir bir adam doğdu" yoluyla *Reiş* olur. Başka bir deyişle, kem gözün hem akla hem de kalbe girmesiyle "Ormandan çıkan domuz onu kemirecek" yoluyla, artıklara döndüğü için göz engellenir, zira ayrılığa geri döner, *Sitra Ahra* (diğer taraf) kutsal bir melek olmaya mahkûmdur.

"Efendimizin ihtişamı sonsuza dek sürsün" sözünün anlamı budur. *Iro* (onun kasabası) kelimesinden gelen *Yaar* (orman) hayvanının seviyesine geldiği için, bu, tüm canlılığının döküldüğü yine de sürekli güçlendiği anlamına gelir. O zaman kem göz iyi göze dönüştüğü zaman kişi "Efendimizin kutsadığı bir alan" ile ödüllendirilir.

Bu "asılı göz" demektir yani ister iyi bir göz ile isterse kem bir göz ile olsun bir şüphenin üzerine asılıdır. Ve bu, arta kalanlara dönmenin anlamıdır. Ve bu "biri almak üzere bir" demektir, bilgelerimizin dediği gibi, "O'nun önünde cennetin ve dünyanın yaratıldığı günki gibi bir sevinç yoktu." Bu böyledir çünkü sonunda, **"O ve O'nun Adı Birdir."** bu da yaratılışın amacıdır.

Ancak Yaradan için geçmiş ve şimdi aynıdır. Dolayısıyla, Yaradan yaratılışı, tıpkı *Gimar Tikun*'da (ıslahın sonu) olacağı gibi, tüm ruhların kendi mükemmelliklerini tamamladıkları *Ein Sof* dünyasına dâhil olduklarında, *Gimar Tikun*'da olduğu gibi son şekli ile görür. Onların mükemmel formları zaten oradadır ve hiçbir şey eksik değildir.

Ancak alıcılar için durum farklıdır, zira onların halen tamamlaması gerekeni tamamlamaya ihtiyaçları vardır. Bu, "Tanrı'nın yapması için yarattığı" yani eksiklik ve huysuzluktur. Bilgelerimizin şu söylediklerinin "Huysuz olan sadece huysuzluk getirir" ve "Açgözlü olan herkes öfkelidir" anlamı budur.

Bu, alma arzusunun, kendi gerçek formu içerisinde, olabildiğince açık ve net olan gerçek formudur. Ve tüm ıslahlar bunu ihsan etmek içine döndürmek içindir ki aşağıdakilerin tüm işi budur. Dünya yaratılmadan önce, "O ve O'nun Adı Birdir." formundaydı. Bu demektir ki, O'nun Adı'nın zaten O'ndan ayrılmış olmasına ve ifşa olmasına rağmen ve buna zaten **"O'nun Adı"** denmesine rağmen, O, hala birdir. "Biri almak üzere bir"in anlamı budur.

111. Nefes, Ses ve Konuşma
29 Sivan'da duydum, 2 Temmuz 1943, Kudüs

"Nefes", "ses" ve "konuşma" algısı vardır, "buz" algısı vardır ve "korkunç" algısı vardır. Nefes, Masah'tan (perdeden) çıkan *Ohr Hozer* [yansıyan ışık] anlamına gelir. Bu sınırlayıcı bir güçtür. "Aptallığa dönmesinler" ölçüsünde birikmedikçe buna "nefes" denir.

Ölçüsü tamamlandığında, bu sınırlamaya, yansıyan ışıkla beraber *Masah*'a "ses" denir. Ses, ona Tora'nın kanunlarını ihlal etmemesini söyleyen bir uyarı gibidir. Ve eğer ihlal ederse, ihlal ettiği anda tat alması duracaktır. Dolayısıyla, kişi ihlal ettiğinde sona ereceğini kesin olarak bildiğinde, sınırlamayı korur.

Ve sonra kişi, *Malhut* denilen "konuşma" durumuna gelir. O zaman, Yaradan ve O'nun *Şehina*'sının [Kutsallığının] *Zivug*'u [birleşmesi] gerçekleşebilir ve *Hohma*'nın [bilgeliğin] aydınlanması aşağıya doğru uzanır.

Bilinir ki, iki derece vardır: 1) Almadan ihsan etme, 2) İhsan etmek için alma.

O halde, kişi ihsan etmek için alabileceği bir dereceye geldiğini gördüğünde, sadece ihsan etmek için ihsan etme şeklinde olan esarete neden ihtiyaç duysun? Sonuçta Yaradan, ihsan etmek için almaktan daha fazla memnuniyet duyar, zira alma kaplarına giren bilgeliğin ışığı yaratılışın amacının ışığıdır. Öyleyse, kişi neden yaratılışın ıslahının ışığı olan ihsan etmek için ihsan etme çalışmasıyla meşgul olsun?

O anda kişinin tat alması hemen durur, çırılçıplak ve muhtaç kalır. Bunun sebebi *Hasadim* (merhamet) ışığının *Hohma* ışığını giyen ışık olmasıdır. Ve eğer bu örtü eksikse, kişi *Hohma* ışığına sahip olmasına rağmen, hala *Hohma*'yı giydirecek, kıyafetlendirecek hiçbir şeyi yoktur.

O esnada kişi "korkunç buz" denilen duruma gelir. Bunun sebebi, *Hohma*'yı veren, "*Hasadim*'in darlığı ve *Hohma*'nın uzunluğu" olarak adlandırılan *Yesod de Abba* buzdur. Bu kristalleşmiş su gibidir. Su olmasına rağmen aşağıya doğru genişlemez.

Yesod de İma, kısa ve geniş olarak kabul edilen "korkunç" olarak adlandırılır. "Kısa" olarak adlandırılır çünkü orada ikinci *Tzimtzum* [kısıtlama] nedeniyle, *Hohma*'nın yokluğundan dolayı, *Hohma* üzerinde blokaj vardır. Ve bu "korkunçtur". Bu nedenle, bu tam olarak her ikisi tarafındandır. *Hohma*, *Yesod de Abba* aracılığıyla, *Hasadim* ise *Yesod de İma* aracılığıyla uzanır.

112. Üç Melek

Vayera'da duydum, Ekim 1942

Anla:

1. Sünnet sırasında İbrahim'i ziyaret eden üç melek meselesi.
2. Yaradan'ın İbrahim'i ziyarete gelmesi ve ziyaret sırasında kendisine neler söylediği konusu.
3. Bilgelerimizin, misafir hastalığın altmışta birini alır, sözü.
4. Lut'tan ayrılma.
5. Sodom ve Gomora'nın yok edilmesi.
6. Sodom'un yok edilmemesi için İbrahim'in talebi.
7. Lut'un karısının geriye bakması ve bir tuz sütununa dönüşmesi.
8. Şimon ve Levi'nin, Şehem halkını sünnet konusunda kandırmaları ve "bu bizim için bir utançtır" demeleri meselesi.
9. Lut'tan çıkan ve birbirine zıt olan, Davut ve Süleyman zamanında silinmiş olan iki ayrılık meselesi.

Yukarıdakileri anlamak için ilk önce, *Nefeş* (ruh), *Şanna* (yıl), *Olam* (dünya) izlenimlerini her şeyde görüp bildiğimizi söylemeliyiz. Dolayısıyla da deri ile yapılan anlaşma olan sünnet konusunda da *Olam*, *Şana* ve *Nefeş* kavramları meselesi geçerlidir. (Dört anlaşma vardır: gözler, dil, kalp ve deri ve deri hepsini kapsar.)

Deri, sünnet derisi olarak kabul edilir yani *Behina Dalet*tir (dördüncü safha) ve bulunduğu yerden yani tozun içinden çıkarılması gerekir. Bu, *Malhut* onun yerindedir olarak kabul edilir yani *Malhut*'u tozun içinde koşuluna indirgemektir. Bunu şu sözler takip eder. "*Aba* (baba) saflık verir" yani *Malhut*'u otuz iki yoldan alçaltarak kendi yerine bırakır. Ve *Sefirot*'un, *Malhut*'un *Aviut*'unun (kalınlık) içinde oluşan yargı niteliklerinden arındırılmış olduğunu görürsünüz çünkü kırılma, *Malhut* sayesinde olur.

Daha sonra, *Bina*'da tatlandırılmış *Malhut*'u aldığı zaman,

İma (anne) toprak olarak adlandırılan kırmızı rengi verir, buna "toz" denmez "yeryüzü" denir. Bu böyledir çünkü *Malhut*'un içerisinden iki izlenim ediniriz: 1) yeryüzü 2) toz.

Yeryüzü, *Bina* içerisinde tatlandırılan *Malhut*'tur, "*Bina*'ya yükselmiş olan *Malhut*" olarak adlandırılır. Toza "*Malhut*'un *Malhut*'u" denir ki bu *Midat ha Din*'dir (yargı niteliği).

İbrahim, İsrail'in tümü olarak görülen İshak'ın babası olduğunda, kendisini sünnetle arındırması gerekiyordu ki İsrail arınmış doğsun. *Nefeş* (ruh) ile alakalı olan sünnete, "sünnet" denir ve sünnet derisinin çıkartılması ve tozun içine atılması ile ilişkilendirilir.

Sünnetteki *Olam* (dünya) "Sodom ve Gomora'nın yok edilişi" olarak adlandırılır.

Dünyadaki ruhların *Hitkalelut*'una (karışma/ birleşme) "Lut" denir. (dünya demek birçok ruhun *Hitkalelutu* demektir), dünyadaki sünnete ise "Sodom'un yok edilişi" denir. Sünnet acısının iyileşmesine "Lut'un kurtuluşu" denir. Lut, *Behina Dalet* adı verilen "lanetli toprak" kelimesinden gelir.

Kişi Yaradan ile *Dvekut*'la (bütünleşme), form eşitliği ile ödüllendirildiğinde ve tüm dileği ihsan etmek olduğunda ve kendisi için hiçbir şey almak istemediğinde, çalışacak hiçbir yeri olmadığı bir koşula gelir. Çünkü kişi ne kendisi ne de Yaradan için hiçbir şeye ihtiyacı olmadığını ve Yaradan'ın hiçbir eksikliğinin olmadığını görür. Bu nedenle kişi çalışamadan, olduğu yerde kalır. Bu, sünnetin kişiye büyük bir acı vermesine neden olur zira sünnet ona çalışmak için yer vermiştir çünkü sünnet, kişinin kendisi için alma arzusunun ortadan kaldırılmasıdır.

Kişi alma arzusunu ortadan kaldırdığında ve artık alma arzusu onu kontrol etmediğinde, kişinin bu çalışmaya ekleyecek bir şeyi kalmadığı ortaya çıkar. Bu koşulda bir ıslah vardır. Kişi kendisi için alma arzusundan kendisini sünnet etmekle ödüllendirildikten sonra bile, içinde hâlâ *Behina Dalet*'in kıvılcımları vardır ve onlar da ıslah edilmeyi beklerler. Onlar sadece *Gadlut* (büyüklük/yetişkinlik) ışıklarının yayılmasıyla tatlandırılır ve böylece kişinin çalışacak yeri olur.

Atamız İbrahim'in sünnet sonrası çektiği acıların ve Yaradan'ın onu ziyarete gelmesinin anlamı budur. Bu aynı zamanda melek Rafael'in, kişinin acısını dindirmesinin anlamıdır (ve dört melekle birlikte, sıralamada, Mikael'in sağda, Gabriel'in solda ve Uriel'in önde ve arkada olduğunu söyleyemeyiz, bu *Malhut*'tur yani batıyı kast eder, o da Rafael'dir. Bu böyledir çünkü sünnet derisinin çıkarılmasından sonra, kişi *Malhut*'u iyileştirir, böylece çalışma için daha fazla yeri olur.)

Ve ikinci melek Sodom'u yok etmek için geldi. Bu demektir ki, *Nefeş* niteliğinde sünnet derisinin çıkarılması "sünnet" ve *Olam* niteliğinde ise "Sodom'un yıkımı" olarak adlandırılır. Dedikleri gibi, sünnet derisi çıkarıldıktan sonra acı kalır ve o acıyı iyileştirmemiz gerekir. Benzer şekilde ortaya çıkacak olan iki iyi ayrılıktan dolayı Sodom'un yok edilişindeki şifa "Lut'un kurtarılması" olarak adlandırılır.

İyi ayrılık meselesini anlamak zor gibi görünür. Eğer ayrılık ise, nasıl iyi olabilir ki? Aksine, sünnet derisinin atılmasından sonra acı vardır. Bunun sebebi, kişinin çalışacak yerinin kalmamasıdır. Ve bu ayrılıklar, *Behina Dalet*'tan geriye kalan kıvılcımlarıdır, kişiye onları ıslah etmesi gereken bir çalışma yeri verir.

Sünnet derisi atılmadan önce ıslah olamazlar çünkü ilk önce 248 kıvılcım yükseltilmeli ve ıslah edilmelidir. Daha sonra, "taştan kalp" denen otuz iki kıvılcım ıslah edilir. Bu nedenle, önce sünnet derisisinin tamamen çıkarılması gerekir.

Kişinin vaktinden önce bilmemesi gereken bir sırra sahip olma zorunluluğunun anlamı budur, çünkü bunlar *Reşimo* (hatırlama) formunda kalmalıdır. Ve *Sod*'un (sırrın) anlamı şudur: "Yesod'un (temel) parçalanması yani *Yod*'un (Yesod'un içindeki ilk harf) parçalanması demek olan sünnetin ıslahı vasıtasıyla, daha sonra *Sod, Yesod* haline gelir."

Bu, "iyi ayrılıklar" sebebiyle daha sonra Lut'u kurtaracak

olan melek Rafael'in anlamıdır. Akıl ve kalp olarak kabul edilen *Ruth* ve *Naomi*'nin anlamı budur. Ruth, Alef telaffuz edilmediği zaman, *Re'uia* (değerli) kelimesinden gelir. Ve Naomi, Davut ve Süleyman'ın içinde tatlandırılmış olan, kalbe hoş gelen bir şey olan *Noam* (hoşluk) kelimesinden gelir

Ancak, daha önce, melek "arkana bakma" demişti çünkü "Lut", *Behina Dalet*'tir fakat halen İbrahim'e bağlıdır. Ancak "arkanızda" geçmiş *Behina Dalet* yani sadece çiğ *Behina Dalet* vardır ki bu da tatlandırılmamıştır. Bu, bilgelerimizin bahsettiği *Leviathan* (balina) ve onun eşi yani Nukva'yı öldüren ve onu gelecekteki haktan yana olanlar için tuzlayan, büyük deniz canavarlarının anlamıdır. Gelecek demek, tüm ıslahlardan sonra demektir.

Bu Lut'un karısının arkasına bakmasının anlamıdır; şöyle yazıldığı gibi, "Ancak karısı, kocasının arkasından baktı ve o bir tuz sütununa dönüştü." Ancak, o ilk önce öldürülmeliydi ki bu Sodom'un yok edilişidir. Fakat *Leviathan* (*Behina Dalet* ve İbrahim arasındaki bağlantı) olarak kabul edilen Lut'un kurtarılması gerekiyordu.

Bu, ortak bir soruyu açıklar: "İbrahim'i iyileştiren melek, Lut'u nasıl kurtarabilir? Sonuçta, bir meleğin, iki görevi yerine getirmeyeceğine dair bir kural vardır." Ancak bu aynı şeydir çünkü *Behina Dalet*'ten bir *Reşimo* kalması gerekir. Fakat bu bir sır olmalıdır.

Bu, kişinin kendisini sünnet etmeden önce bunun hakkında hiçbir şey bilmesine gerek olmadığı anlamına gelir. Daha doğrusu, ölmesi gerekir. Ve Yaradan, gelecekte *Sod, Yesod* durumuna geldiği zaman erdemli olanların kullanmaları için onu tuzladı.

İbrahim'in sığır çobanları ile Lut'un sığır çobanları arasındaki anlaşmazlığın anlamı budur (*Mikneh* (sığır) manevi *Kinyanim* (mal varlıkları) anlamına gelir. İbrahim'in sığırları İbrahim'in niteliğini yani inancını arttırmak içindir. Bu demektir ki, kişi bu şekilde mantık ötesi gitmek adına kendisi için daha büyük güçler aldı, zira özellikle mantık ötesi inanç yoluyla kişinin tüm mal varlığıyla ödüllendirildiğini gördü.

Dolayısıyla, kişinin mal varlıklarını istemiş olmasının sebebi, bu mal varlıklarının "mantık ötesi inancın" yolu olarak bilinen yola şahitlik etmesidir, buna "mantık ötesi inanç" denir, doğru yol da budur. Bunun kanıtı, kendisine yukarıdan mal mülk vasıtasıyla manevi mülkler verildiği için sadece mantık ötesi inanç yolunda gitmeye zorlanmasıdır. Fakat manevi malvarlığı, büyük dereceler ve edinimler olduğu için istemez.

Bu demektir ki, inanç sayesinde büyük edinimler elde etmek için Yaradan'a inanmaz. Aksine, doğru yolda yürüdüğünü bilmek için bu büyük edinimlere ihtiyacı vardır. Böylece, *Gadlut*'tan sonra, özellikle inanç yolunda yürümek ister, çünkü bunun vasıtasıyla bir şeyler yaptığını görür.

Ancak, Lut'un sığır çobanlarının tek niyeti, büyük malvarlıkları ve edinimler elde etmekti. Buna "Lut'un niteliğini arttırmak" denir. Lut'a, kişinin aklında veya kalbinde, "**lanetli toprak**" denir ki bu kişinin alma arzusu yani *Behina Dalet*'tir. Bu yüzden İbrahim "Lütfen benden ayrıl" dedi yani *Behina Dalet* ondan, *Olam-Şenna-Nefeş*'in *Behina*'sından ayrılacaktı.

Sünnet derisinin çıkarılmasının anlamı budur. *Nefeş*'in içindeki *Behina Dalet*'in atılmasına "sünnet" denir. *Olam*'ın Behina'sının içinde, sünnet derisinin atılmasına "Sodom'un yok edilişi" denir ve Şana'nın *Behina*'sından, bu birçok ruhun *Hitkalelut*'udur (karışımı) ve buna *Şana* (yıl) denir. Bu Lut niteliğidir, "lanet" kelimesinden gelir ve "lanetli toprak" olarak adlandırılır.

Bu nedenle İbrahim, Lut'a, "lütfen benden ayrıl," dediğinde, Lut henüz *Haran*'ın oğluydu ve "bahçesini sulamak için cennetten akan bir nehir" olarak adlandırılan ikinci kısıtlamadan bahsediyordu. Ve nehrin dışı olan "Nehrin ötesi" yani ilk *Tzimtzum* (kısıtlama) anlayışı vardır ve ilk *Tzimtzum* ile ikinci *Tzimtzum* arasında bir fark vardır.

İlk *Tzimtzum*'da, *Dinim* (yargılar) tüm *Keduşa* (Kutsallık) Sefirot'unun altında dururlar, çünkü dünyaların sarkıtılması sırasıyla, başlangıçta ortaya çıkmışlardı. Ancak ikinci *Tzimtzum*'da,

Keduşa'nın yerine yükseldiler ve zaten *Keduşa*'ya tutundular. Dolayısıyla, bu açıdan ilk *Tzimtzum*'dan daha kötü durumdalar; daha fazla genişlemediler.

"Kenan toprakları" ikinci *Tzimtzum*'dandır ve çok kötüdür çünkü *Keduşa*'da bir tutunma vardır. İşte bu yüzden onlar hakkında, "hiçbir ruh devam edemeyecek", diye yazılmıştır. Ancak Lut'un niteliği olan *Behina Dalet* kurtarılmalıdır. Dolayısıyla üç melek bir olarak geldi. Birisi tohumun kutsanması için, tüm İsrail olarak bilinir, ayrıca Tora'daki çoğalmayı da ima eder. *Havana* (anlayış) kelimesinden gelen Banim (oğullar) denilen Tora'nın sırlarını ifşa etmek anlamına gelir. Bütün bunları ancak sünnet ıslahından sonra elde etmek mümkündür.

Yaradan'ın şu sözlerinin anlamı budur: "Yapmakta olduğumu İbrahim'den mi gizleyeyim?" İbrahim, tüm alma kaplarını kaybetmekten korktuğu için Sodom'un yok edilmesinden korkuyordu. Bu yüzden dedi ki, "Belki de şehirde elli erdemli vardır!" çünkü tam bir *Partzuf* elli derecedir. Ve sonra dedi ki, "Belki de kırk beş erdemli vardır!" yani *Behina Gimel*'in *Aviut*'u ki bu kırktır ve *Dalet de Hitlabşut* (kıyafetlenme) ki bu *Vak*'tır, yarım derece yani beş Sefirottur, vb. Nihayetinde şunu sordu, "Belki de on erdemli var!" yani *Malhut*'un seviyesi, bu da sadece ondur. Dolayısıyla, İbrahim *Malhut* seviyesinin bile oradan çıkaramayacağını görünce, Sodom'un yok edilmesini kabul etti.

Görünüşe göre, Yaradan İbrahim'i ziyarete geldiği zaman, o Sodom için dua ediyormuş, şöyle yazıldığı gibi, "ağlamasına göre" yani onların hepsi alma arzularına batmışlardı. "Onların hepsi... ve öyle olmasaydı, bilirdim" Bu demektir ki, içlerinde ihsan etme anlayışı varsa bunu biliriz. Bu bir bağ kurma meselesidir, yani O, onları *Keduşa*'ya (kutsallığa) bağlayacaktır. İbrahim onlardan hiçbir iyilik gelmeyeceğini gördüğünden, Sodom'un yok edilmesini kabul etti.

İşte bu yüzden Lut'un İbrahim'den ayrılmasından sonra, "(o) çadırını Sodom'a kadar taşıdı" yani kendisine göre alma arzularının barındığı yere taşıdı şeklinde yazılmıştır.

Bu sadece İsrail topraklarındadır. Ancak, nehrin ötesinde yani *Behina Dalet*'in hâkimiyeti altında olan ilk *Tzimtzum*'da çalışacak hiçbir yer yoktur. Bunun sebebi kendi yerinde kurallarını işletmesi ve hüküm sürmesidir ve bütün işler sadece ikinci *Tzimtzum*olarak kabul edilen İsrail topraklarındadır. Bu, İbrahim'in, *Be Hey Bera'am* (onları Hey ile yarattı) isminin anlamıdır. Bu demektir ki, *Sarai*'nin *Yod*'u iki *Hey*'e bölünmüştür – alt *Hey* ve üst *Hey*– ve burada İbrahim üst *Hey* ile alt *Hey*'in *Hitkalelut* formunu oluşturur.

Şimdi, *Şehem*'in adamlarını aldatan Şimon ve Levi'yi anlayabiliriz. *Şehem Dina*'yı istediğinden, tüm niyeti alma arzusu olduğundan, onlara sünnet olmaları gerektiğini yani alma kaplarını iptal etmeleri gerektiğini söylediler. Ama onların tek amacı alma arzusu olduğundan, sünnet vasıtasıyla alma arzularını kaybetmeleri sonucu sünnet edilerek öldürülmüşlerdir. Onlar için bu ölüm olarak kabul edildi.

Dolayısı ile onlar kendi kendilerini kandırmış oldular çünkü onların tüm niyeti kız kardeşleri Dina'daydı. Onlar Dina'yı alma kaplarında alabileceklerini düşündüler. Dolayısıyla, Dina'yı almak istediler, ama sünnet edildikten sonra alma kaplarını kaybettikleri için, sadece ihsan etme kaplarını kullanabildiler. Ancak onlarda ihsan etme kıvılcımı olmadığından ve Şehem alma kabı dışında başka bir şey bilmeyen Hamor'un oğlu olduğundan, onlar Dina'yı ihsan etme kaplarına alamazlardı, çünkü bu onların köküne aykırıydı, çünkü onların kökü sadece Hamor yani alma arzusuydu. Bu nedenle, her iki şekilde de elleri boş çıktılar. Bu, Şimon ve Levi ölümlerine sebep oldular, olarak kabul edilir. Ancak aslında, bu Şimon ve Levi'nin değil, onların kendi hatasıydı.

Bilgelerimizin sözlerinin anlamı budur: "Eğer bir haine rastlarsan onu maneviyat öğretilen yere doğru çek." "Rastlarsan" ifadesinin ne anlama geldiğini anlamalıyız. Bu, alma arzusu anlamına gelen hainin her zaman bulunmadığı anlamına gelir. Daha doğrusu, birçok kişinin kendi alma arzularını "hain" olarak kabul etmediği anlamına gelir. Bunun yerine alma arzusunu hain olarak hisseden birileri varsa ondan kurtulmak isterler; şöyle yazıldığı gibi, "Kişi he zaman kötü elimi, iyi eğilimi üzerinden kızdırmalıdır." Eğer o kazanırsa, bu iyidir, yok eğer kazanamazsa, Tora'ya bağlanmalıdır; aksi takdirde, o *Şema* okuması yapmalıdır ve eğer okuyamazsa, kendine kendi ölüm gününü hatırlatmalıdır" (*Berachot*, sf. 5). Bu koşulda, kişi üç tavsiyeye sahiptir ve bunlardan biri olmaz ise diğerleri eksik kalır.

Artık, *Gimara*'nın sonuçlandırdığı şu ortak soruyu anlayabiliriz: Eğer ilk tavsiye olan, "Onu maneviyatı öğretilen yere çek" yardımcı olmazsa o zaman "*Şema* okuması yap". Ve bu da işe yaramaz ise, "ona kendi ölüm gününü hatırlat." O halde, eğer onların yardımından şüphe duyuyorsa, o zaman neden ilk iki tavsiyeye ihtiyaç duyar? Neden son tavsiyeyi hemen almasın yani ölüm gününü hatırlatmasın? Bunun bir tavsiyenin yardımcı olacağı anlamına gelmediğini ancak üç tavsiyenin birden olması gerektiğini söyler.

Ve bu şu anlama gelir:

1. Onu maneviyatın çalışıldığı yere yani Tora'ya çek.

2. Yaradan ve Yaradan'la *Dvekut* (bütünleşme) anlamına gelen *Şema* okuması yap.

3. Ona ölüm gününü yani bağlılığı hatırlat. Bu, boynunu uzatan bir güvercine benzetilen İsrail olarak kabul edilir. Başka bir değişle, bu üç anlayış "Tora, İsrail ve Yaradan birdir" adı verilen tek bir birliktir.

Kişi bir ravdan (yüce insan/öğretmen), *Şema* okuması ve Tora niteliği için yardım alabilir. Ancak bağlılık ve sünnet demek olan İsrail niteliği için, kişi kendi başına çalışmalıdır. Yukarıdan bunun için de yardım olmasına rağmen, bilgelerimizin dediği gibi "ve onunla bir anlaşma yaptı" yani Yaradan ona yardım etti, yine de önce insan başlamalıdır. Bu, "ona ölüm gününü hatırlat" sözünün anlamıdır. Daima hatırlamalı ve asla unutmamalıyız çünkü insanın çalışmasının özü budur.

Ve Lut'un kurtuluşu yolu ile bırakmamız gereken *Reşimot*'la ilgili olarak, bu, Haman ve Mordehay'ın anlamı olan iki iyi ayrılıktan kaynaklanır. Mordehay, sadece ihsan etmek ister; onun *Gadlut* ışıklarını genişletmesine gerek yoktur. Fakat tüm ışıkları kendi hükmüne almak isteyen Haman vasıtasıyla, onun sayesinde, o, *Gadlut* ışıklarını çekmesi için adamın uyanmasına sebep olandır.

Gerçi, ışıkları zaten genişlettikten sonra, onları "alma kapları" denen Haman'ın kaplarına alması yasaktır ancak sadece ihsan etme kaplarına alabilir. Bu, Kral, Haman'a "ve Yahudi Mordehay'a öyle yap" dedi, sözünün anlamıdır. Bu, Mordehay'ın kaplarında parlayan Haman'ın ışıkları olarak kabul edilir.

113. On Sekiz Dua

Kislev 15, Şabat'ta duydum

Şimon Esrei [on sekiz] Duasında, "Çünkü Sen, halkının, İsrail'in, her ağzın tüm dualarını merhametle duyarsın" yazar, ilk önce "çünkü her ağzın duasını duyarsın" yani hatta değersiz bir ağzın duasını bile duyar dediğimiz için, bu biraz kafa karıştırıcı görünüyor. "Her ağzın" diye yazılmıştır yani değersiz olanın bile. Daha sonra şöyle der, "Sen, halkının, İsrail'in, merhametle" yani özellikle merhamet içinde olan bir dua anlamındadır. Aksi halde işitilmez.

Gerçek şu ki, Yaradan çalışmasındaki tüm ağırlığın her adımda bulunan zıtlıktan kaynaklandığını bilmeliyiz. Örneğin, kişi alçak gönüllü olmalıdır diye bir kural vardır. Ancak biz bu amacı takip edersek, bilgelerimiz "çok ama çok alçakgönüllü ol" demiş olsalar da, bu sonuç yine de bunun bir kural olması gerektiği anlamına gelmez çünkü kişinin tüm dünyaya karşı çıkması ve dünyadaki birçok görüş tarafından iptal edilmemesi gerektiği bilinmektedir; şöyle yazıldığı gibi "Ve onun kalbi Efendi'nin yollarında yüksekti." Dolayısıyla bu kural eksiksiz, tam diyebileceğimiz bir kural değildir.

Ve eğer diğer uçtan gidersek ki bu gururdur, bu da yanlıştır, zira Yaradan "her kim gururlu ise" der, "o ve Ben aynı yerde barınamayız." Ve ayrıca acı konusunda da zıtlık görebiliriz. Gerçek şu ki, Yaradan kişiye ızdırap gönderiyor ve bizim de Yaradan'ın iyi ve iyilik yapan olduğuna inanmamız gerekiyorsa, bu durumda O'nun göndermiş olduğu ızdırap, mutlaka o kişinin yararınadır. Öyleyse, bu ızdırabın bizden kaldırılması için neden dua ediyoruz?

Ve ızdırapla ilgili olarak, ızdırabın yalnızca Yaradan'ın ışığını alacak nitelikte olmamız, almaya hak kazanmamız için bizleri ıslah etmek için geldiğini bilmeliyiz. Izdırabın görevi, bedeni arındırmaktır; bilgelerimizin şöyle söylediği gibi, "tuzun eti tatlandırdığı gibi, ızdırap da bedeni arındırır." Dua konusunda ise, onlar duayı ızdırap yerine seçeceklerini belirlediler. Nitekim dua da bedeni arındırır.

Ancak duaya "Tora'nın yolu" denir. İşte bu yüzden dua, bedeni tatlandırmada ızdıraptan daha etkilidir. Bu nedenle, ızdırap için dua etmek bir *Mitzva*'dır [emirdir] çünkü bundan, bireye ve bütüne ek fayda sağlanır.

Bu nedenle, zıtlık, kişide ağırlığa ve Yaradan çalışmasında duraklamalara sebep olur, kişi çalışmaya devam edemez ve kendini kötü hisseder. Kişiye, Cennetin Krallığının yükünü üstlenmeye layık değilmiş gibi görünür "tıpkı bir öküzün yükü çektiği, bir eşeğin yükü yüklendiği gibi." Bu nedenle, böyle bir zamanda kişi "istenmeyen" olarak adlandırılır.

Bununla birlikte, kişinin tek amacı *Malhut* denen inancı yaymak yani *Şehina*'yı [Kutsallığı] tozdan kaldırmaktır yani kişinin amacı, O'nun adını, yüceliğini dünyada yüceltmektir ki böylece *Şehina* yetersizlik ve yoksulluk formunu almasın. Bu nedenle Yaradan, o kadar da değerli olmayan yani kendisini hâla Yaradan çalışmasından uzak hisseden birinin bile yani "her ağzın duasını" duyar.

Bu, "Her ağzın duasını duyarsın" sözlerinin anlamıdır. O ne zaman her ağzın duasını duyar? Senin halkın, İsrail, merhametle dua ettiğinde yani basit bir şekilde, sadece merhametle Şehina'yı tozdan kaldırmak, inanç edinmek için dua ettiğinde.

Bu, üç gündür yemek yemeyen birine benzer. Bu durumda kişi başkasından yiyecek bir şeyler vermesini istediğinde, herhangi bir lüks ya da ihtiyacı olmayan bir şey talep etmez, sadece ruhunu canlandırmak için bir şey verilmesini ister.

Benzer şekilde, Yaradan çalışmasında da kişi kendisini cennet ve dünya arasında dururken bulduğunda, Yaradan'dan gereksiz bir şey istemez, sadece inancın ışığını talep eder, Yaradan'ın gözlerini açmasını ve böylece inanç niteliğini kendi üzerine alabilmeyi, üstlenebilmeyi ister. Buna "Şehina'yı tozdan kaldırmak" denir. Bu dua "her ağızdan" kabul olur. Demek ki, kişi hangi durumda olursa olsun inanç ile ruhunu canlandırmak isterse duası kabul olur.

Buna, kişinin duasına, canlılığını devam ettirebilsin diye, yalnızca yukarıdan acındığında "merhametle" denir. Bu, *Zohar*'da fakirler için yapılan duanın hemen kabul edildiğine dair yazılanların anlamıdır. Demek ki, Şehina için olduğunda hemen kabul edilir.

114. Dua

1942'de duydum

Bir duanın, neden "merhamet" olarak kabul edildiğini anlamalıyız. Ne de olsa bir kural vardır: "Çaba sarf etmedim ve buldum, inanma." Buradaki tavsiye, kişinin, daha sonra çabasını ekleyeceği konusunda, Yaradan'a söz vermesidir.

115. Cansız, Bitkisel, Hayvansal, Konuşan

1940'ta Kudüs'te duydum

Cansız, kendi otoritesi olmayan bir şeydir. Daha doğrusu, tümüyle mülk sahibinin kontrolü altındadır ve mülk sahibinin tüm istek ve arzularını yerine getirmek zorundadır. Bu yüzden Yaradan, yaratılanı kendi ihtişamı için yarattığından şöyle yazılmıştır: "Benim adımla çağrılan herkesi Ben Kendi ihtişamım için yarattım." bu, Yaradan'ın yaratılışı kendi ihtiyaçları için yarattığı anlamına gelir. Mülk sahibinin doğası yaratılanlara işlenmiştir, yani yaratılanlar başkalarının iyiliği için değil kendi iyilikleri için çalışabilirler.

Bitkisel, belli bir dereceye kadar hâlihazırda kendi otoritesine sahip olandır. Mülk sahibinin görüşüne aykırı bir şeyler yapabilir. Bu, bazı şeyleri kendisi menfaati için değil ihsan etmek için yapabileceği anlamına gelir. Bu, mülk sahibinin arzusunda var olanın tam tersidir, aşağıdakilerin yalnızca kendileri için alma arzusuyla çalışacaklarını içlerine işlemiştir.

Gerçi maddesel bitkilerde de gördüğümüz gibi yükseklik ve genişlik olarak büyümelerine rağmen yine de tüm bitkilerin tek bir özelliği vardır. Başka bir deyişle, bir bitki diğer hiçbir bitkinin yetişme metoduna aykırı davranamaz. Aksine bitkilerin kurallarına uymak zorundadır ve kendi nesillerine karşı hiçbir şey yapamazlar.

Dolayısıyla kendilerine ait bir hayatları yoktur, diğer tüm bitkilerin yaşamının bir parçasıdırlar. Bu, tüm bitkilerin tek bir yaşam biçimine sahip olduğu, yaşam biçiminin tüm bitkiler için aynı olduğu anlamına gelir. Tüm bitkiler tek bir canlı gibidir ve tek tek bitkiler, bu hayvanın özel organlarıdır.

Benzer şekilde, maneviyatta, bir dereceye kadar alma arzularının üstesinden gelme gücünü hâlihazırda elde etmiş, ancak çevrenin kölesi olmuş insanlar vardır. İçinde yaşadıkları çevreye karşı gelemezler ama alma arzularının istediği şeyin tam tersini yapabilirler. Bu, onların hâlihazırda ihsan etme arzusuyla çalıştıkları anlamına gelir.

Hayvansal derecede, her hayvanın kendine has bir özelliği olduğunu görüyoruz; onlar çevrelerinin kölesi değildirler ve her birinin kendilerine has hisleri ve karakter özellikleri vardır. Kesinlikle mülk sahibinin arzusuna karşı yani ihsan etmek üzere çalışabilirler aynı zamanda çevrelerine köle olmazlar. Daha doğrusu kendi hayatları vardır ve canlılıkları dostlarının hayatlarına bağlı değildir. Ancak kendi varlıklarından daha fazlasını hissedemezler. Başka bir deyişle diğerlerini hissedemezler. Doğal olarak başkaları ile ilgilenmezler.

Konuşan seviyenin erdemleri vardır. 1. Mülk sahibinin arzusuna karşı hareket eder 2. Bitkisel seviye gibi kendi nesilleriyle sınırlı değildir yani çevreden bağımsızdır. 3. Aynı zamanda başkalarını da hisseder, bu nedenle onlara bakar ve halkla birlikte hissederek ve pişmanlık duyarak, halkın rahata kavuşmasına sevinerek onları tamamlayabilir. Ayrıca, hayvanlar sadece şimdiyi ve kendi varlıklarını hissederken, geçmişten ve gelecekten alabilir.

116. "*Mitzvot* Niyet Gerektirmez" Diyen Kişi

Duydum

"*Mitzvot* (emirler), niyet gerektirmez." ve "Bir *Mitzva*'nın (*Mitzvot*'un tekili) ödülü, bu dünyada değildir." Bu demektir ki, *Mitzvot* niyet gerektirmez diyen kişi, *Mitzva*'nın ödülünün bu dünyada olmadığına inanır. Niyet, *Mitzva*'nın tadı ve sebebidir. Bu *Mitzva*'nın gerçek ödülüdür.

Eğer kişi *Mitzva*'nın tadını alır ve onun mantığını anlarsa, daha büyük bir ödüle ihtiyacı kalmaz. Dolayısıyla, eğer *Mitzvot* niyet gerektirmiyorsa *Mitzva*'nın ödülü hiçbir şekilde zaten bu dünyada değildir çünkü kişi, *Mitzva*'da bir tat hissetmez ve onda bir mantık bulamaz.

Öyle anlaşılıyor ki, kişi niyetinin olmadığı bir durumdaysa, o zaman kişi *Mitzva*'nın ödülünün bu dünyada olmadığı bir durumdadır. *Mitzva*nın ödülü, tadı ve sebebi olduğundan, eğer kişi buna sahip değilse, bu dünyada kişinin kesinlikle *Mitzva* için bir ödülü yoktur.

117. Çaba Sarf Ettim ve Bulamadım, İnanma

Duydum

Çabanın gerekliliği bir ihtiyaçtır. Yaradan insana bir hediye verdiği için, insanın bu hediyedeki faydayı hissetmesini ister. Aksi halde, bu kişi bir aptal olacaktır; bilgelerimizin şöyle dediği gibi, "Aptal kimdir? Kendine verileni kaybedendir." Kişi meselenin önemini takdir etmediğinden, bu hediyeyi korumaya da aldırış etmez.

Kişinin bir şeye ihtiyaç duymuyorsa, o şeyin önemini hissetmeyeceğine dair bir kural vardır. Kişi ihtiyacın ölçüsünde ve ulaşılamazsa o ızdırabın ölçüsünde, ihtiyacın giderilmesinden o ölçüde haz, doyum ve sevinç hisseder. Bu kendisine her türlü içecek verilmiş birine benzer, ancak susamamışsa, hiçbirinin tadına bakmaz; şöyle yazıldığı gibi "Baygın ruha verilen soğuk su gibi."

Bu yüzden, insanları memnun etmek için sofra kurulurken, et, balık ve her çeşit güzel şeyleri hazırladığımızda, acı ve yakıcı şeyleri, hardal, acı biber, ekşi ve tuzlu gibi yiyecekleri sunmaya dikkat etmeye dair bir gelenek vardır. Tüm bunlar açlığın acısını uyandırmak içindir, zira kalp yakıcı ve acı lezzetleri tattığı zaman, bu, açlık ve eksiklik uyandırır, kişi iyi bir şeyler yemekle tatmin olma ihtiyacı duyar.

Hiç kimse şunu sormaz: "Açlığı uyandırmak için neden bir şeylere ihtiyacım var? Ne de olsa ev sahibinin doyum için ihtiyacı uyandıracak şeyleri değil sadece ihtiyaca göre doyumu yani yemeği hazırlaması gerekmez mi?" Burada kesin olan cevap şudur ki, ev sahibi insanların yemekten haz almalarını istediğinden, onlar da yiyeceğe olan ihtiyaçları oranında yemekten haz alacaklardır. Sonuç olarak birçok güzel şey verirse, bu durum yukarıdaki nedenden dolayı onların yemekten haz almalarına yardımcı olmaz, zira bir eksiklik olmadan doyum olmaz.

Bu yüzden, Yaradan'ın ışığı ile ödüllendirilmek için de bir

ihtiyaç olmalıdır. Ve buna duyulan ihtiyaç, çabadır. Kişi en büyük gizlilik sırasında gösterdiği çaba ve Yaradan'dan talepte bulunma ölçüsüne göre, Yaradan'ın yolunda yürümek adına gözlerini açması için Yaradan'a muhtaç hale gelir. O zaman, kişi bir eksikliğin *Kli*'sine (kabına) sahip olduğunda, Yaradan ona yukarıdan bir miktar yardım ettiğinde, kişi bu hediyeyi nasıl koruması gerektiğini bilecektir. Dolayısıyla, çaba, *Ahoraim* (sırt, arka) olarak kabul edilir. Ve kişi *Ahoraim*'i aldığı zaman, *Panim* (yüz) ile ödüllendirilmek için bir yere sahip olur.

Bununla ilgili olarak şöyle söylenir: "Bir aptalın, bilgelik için arzusu yoktur." Bu demektir ki, kişinin bilgeliği edinmek üzere çaba sarf etmesi için güçlü bir ihtiyacı yoktur. Bu nedenle, *Ahoraim*'e sahip değildir ve doğal olarak *Panim* izlenimiyle ödüllendirilemeyecektir.

"Ödül kedere göredir" sözünün anlamı budur. Demek ki, "çaba" diye adlandırılan keder, *Kli*'yi (kabı) inşa eder, böylece kişi ödüllendirilebilir. Bu demektir ki, kişi pişmanlık duyduğu ölçüde, ileride haz ve sevinç ile ödüllendirilecektir.

118. Baal'a Diz Çökme Konusunu Anlamak

Duydum

Bir kadın ve bir koca anlayışı vardır. Kadının, "kocasının ona verdiğinden başka hiçbir şeye sahip olmadığı", kocanın ise bereketi kendi tarafından uzattığı kabul edilir. Dizler "eğilen" kabul edilir; şöyle yazıldığı gibi, "Her diz Sana eğilecektir."

Eğilmede iki anlayış vardır;

1. Daha yüce olanın önünde eğilen ve erdemini bilmese de onun yüce olduğuna inanan kişi, onun önünde bu nedenle eğilir.
2. O'nun yüceliğini ve erdemini tam bir açıklıkla bildiği zaman.

Ayrıca, üsttekinin yüceliğine olan inancı dikkate alan iki anlayış daha vardır:

3. Kişi onun yüceliğine inanır çünkü başka bir seçeneği yoktur, yani yüceliğini bilmenin bir yolu yoktur.
4. O'nun yüceliğini tam olarak bilmenin bir yolu vardır ancak kişi yine de inanç yolunu seçer çünkü "Bir şeyi gizlemek, Tanrı'nın yüceliğidir." Bu demektir ki, bedeninde özellikle O'nun yüceliğini bilmek isteyen kıvılcımlar olmasına rağmen, bir hayvan gibi kalmamak için kişi yine de mantık ötesi inancı seçer.

Öyle anlaşılıyor ki, bundan başka seçeneği olmayan ve inancı seçen kişi kadın, dişi, "o bir kadın kadar zayıf yetişti" olarak kabul edilir ve yalnızca kocasından alır. Ancak seçme şansı olmasına rağmen yine de inanç yolundan gitmeye çabalayan kişiye "savaşçı" denir. Dolayısıyla, bilmek yolu ile yürüme seçeneği varken inancı seçenlere *Baal* (koca/Kenan tanrısı) adı verilir, onlara "*Baal*'a boyun eğmeyenler" denir. Bu, "bilmek" olarak kabul edilen *Baal* çalışmasına teslim olmadıkları ve inanç yolunu seçtikleri anlamına gelir.

119. Gizlilikte Öğrenen Öğrenci
Tişri 5'te duydum, 16 Eylül 1942

Gizlilikte öğrenen o öğrenciyi, Brurya durdurdu ve şöyle dedi "her şey düzene girer," eğer 248 düzene girerse, var demektir. Gizli, **Haş-Mal** kelimesinden gelir, *Katnut* (küçüklük/bebeklik) demektir. *Haş*, *Kelim de Panim* (ön kaplar) anlamına gelir ve **Mal**, *Gadlut*'u (büyüklüğü/yetişkinliği) teşvik eden *Hazeh*'in (göğsün) altındaki *Kelim* olan *Kelim de Ahor* (arka kaplar) anlamına gelir.

Bir öğrenci, kendisine *Haş* koşulu, ihsan etme arzusu verilmişse ve tüm niyeti yalnızca ihsan etmekse, o zaman her şey ile ödüllendirildiğini düşünür. Ancak dünyaların yaratılmasının amacı, O'nun yarattıklarına iyilik yapmak, onların tüm yüce hazları almasını sağlamaktır, böylece insan 248'in tamamı anlamına gelen *Hazeh*'in altında bile tam bir bütünlük elde edebilecektir. Bu nedenle *Brurya* ona ayette **"her şey düzene girer,"** 248'in tamamında demiştir.

Bu demektir ki, kişi *Hazeh*'in altına doğru da büyümelidir yani *Gadlut*'u da genişletmelidir. Bu **Mal** yani konuşma, ortaya çıkarma olarak kabul edilen tam bir seviyeyi ifşa etmek anlamına gelir. Ancak, zayıflamaması, bozulmaması için kişinin önce *Haş* adı verilen ve henüz ortaya çıkmamış, gizli olan *Katnut*'u alması gerekir. Daha sonra kişinin *Mal*'ın ve de *Gadlut*'un anlayışını dikkatle incelemesi gerekir, işte o zaman tüm seviye ifşa olacaktır.

Katnut kişinin içinde güvenceye alındığında ve *Gadlut*'u korkusuzca büyütebildiğinde, buna "düzene girmiş... ve güvende" denir.

120. *Roş HaŞana*'da Kabuklu Yemiş Yememenin Sebebi

Roş HaŞana'nın Sonunda Duydum, 1942, Kudüs

Roş HaŞana'da (Yahudi yeni yılı) kabuklu yemiş yenmemesinin nedeni, *Gematriya*'da, Egoz'un (kabuklu yemişin), Het (günah) olmasıdır. Ve ordu: "Ama *Egoz, Gematriya*'da *Tov* (iyi) mu?" Ve o, *Egoz*'un, iyinin ve kötünün bilgelik ağacı anlamına geldiğini söyledi.

Ve kişi sevgiden tövbeye gelmeden önce, içindeki *Egoz* hâlâ bir günahtır. Ve sevgiden tövbe etmekle ödüllendirilmiş olanın, günahları erdemler haline gelir. Bundan günahın iyiye çevrildiği ve ardından kişinin kabuklu yemiş yemesine izin verildiği sonucu çıkar. Bu nedenle, "hayat ağacı" olarak kabul edilen ve günaha dair hiçbir iz taşımayan şeyler yemeye dikkat etmeliyiz. Böylece, *Het*'in *Gematriya*'sına sahip olan şeylerin, iyinin ve kötünün bilgelik ağacı anlamına geldiğini ima eder.

121. O, Ticaret Gemileri Gibidir

Duydum

Ayette "O, ticaret gemileri gibidir; ekmeğini uzaklardan getirir" diye yazar; kişi, "o tümüyle benimdir" diyerek tüm arzularının Yaradan'a adanmasını talep edip, bunda ısrar ettiğinde, Sitra Ahra (diğer taraf) ona karşı uyanır ve "o tümüyle benimdir de" diye iddia eder. Ve sonra takas başlar. Takas, kişi belli bir nesneyi almak ister, satıcı ve alıcı malın değeri ile ilgili tartışırlar anlamına gelir, yani her biri kendinin haklı olduğunu iddia eder.

Ve burada beden, kimin, alan gücün mü yoksa veren gücün mü dinlenmeye değer olduğunu sorgular. Her ikisi de açıkça "O tamamen bana ait" diye iddia eder. Kişi kendi bayağılığını görür, içinde Tora ve *Mitzvot*'u (emirleri) bir parçacık bile uygulamaya rıza göstermeyen kıvılcımlar da vardır fakat tüm beden "O tamamen bana ait" diye iddia etmektedir ve böylece "ekmeğini uzaktan getirir". Bu, uzaklaştırılmalarda iken kişi Yaradan'dan ne kadar uzak olduğunu gördüğünde ve pişman olup, Yaradan'dan kendisini yakınlaştırmasını istediğinde "ekmeğini getirir" demektir.

Ekmek, inanç anlamına gelir. Bu durumda kişi kalıcı inançla ödüllendirilir, zira "Tanrı, kendisinden korkulsun diye, öyle yaratmıştır." Bu, kişinin hissettiği tüm uzaklaştırılmaların Yaradan tarafından kendisine verildiği anlamına gelir ki, böylece kişi, cennet korkusunu üstlenme ihtiyacına sahip olur.

Bu, "İnsan sadece ekmekle değil, Efendi'nin ağzından çıkanla yaşayacak." sözünün anlamıdır. Bu, kişinin içide yaşayan *Keduşa*'nın (Kutsallık), tam olarak O'na yaklaşarak yani sadece *Keduşa*'ya kabul edilerek değil, aynı zamanda çıkışlar ve uzaklaşmalar yolu ile de, elde edilebilineceği anlamına gelir. Bu böyledir çünkü eğer kişi, "O tamamen bana ait" iddiası ile bedeninde kıyafetlenen, *Sitra Ahra* koşulun üstesinden gelebilirse, o zaman kalıcı inançla ödüllendirilir.

Bu, kişi her şeyi Yaradan'a adamalıdır yani uzaklaştırmalar bile Yaradan'dan kaynaklanır anlamında gelir. Kişi ödüllendirildiğinde hem uzaklaştırılmaların hem de yakınlaştırılmaların O'ndan geldiğini görür. Bu onu alçakgönüllü olmaya zorlar çünkü her şeyi, yakınlaştırmaları olduğu gibi, uzaklaştırmaları da Yaradan'ın yaptığını görür.

Musa hakkında, alçakgönüllü ve sabırlı denilmesinin anlamı budur; kişi bayağılığına tahammül etmek zorundadır yani kişi, her derecede alçaklığı korumak zorundadır. Kişi bayağılığını kaybettiği anda, elde etmiş olduğu tüm "Musa" derecelerini derhal kaybeder.

Sabrın anlamı budur. Bayağılık herkesin içinde vardır, fakat birçok insan bayağılığın iyi bir şey olduğunu hissetmez. Kişi acı çekmek istemez. Ancak, Musa alçakgönüllülüğe katlandı ve bayağılık onu mutlu etti, bu nedenle, ona "alçakgönüllü" denir.

Kural şudur: "Neşenin olmadığı yerde, *Şehina* (Kutsallık) olmaz." Bu nedenle arınma döneminde, arınma gerekli bir şey olmasına rağmen (tıpkı tuvalete gitmek gibi; kişi oraya gitmek zorundadır ama buranın, Kral'ın Sarayı olmadığından da emindir) *Şehina* olamaz.

Harfleri (İbranice'de) aynı olan, *Beracha* (kutsama) ve *Bechora*'nın (büyüklük) anlamı budur. Büyüklük GAR'dır ve kutsama *Mohin* üzerindeki giysi olduğundan, *Sitra Ahra* kutsamayı değil, GAR'ı ister. Esav örtünmeden büyüklüğü istedi, ancak örtünmeden *Mohin*'i edinmek yasaktır. Esav'ın "Sen benim için bir kutsama ayırmadın mı?" demesinin anlamı budur. "Bir kutsama" demek, kutsamanın zıttı yani lanet demektir. Bununla ilgili şöyle denir: "Lanet etmeyi sevdi ve lanet onun üzerine geldi ve onun kutsamaya dair hiçbir arzusu yoktu."

122. Şulhan Aruh'ta Yazılanların Anlaşılması

Şabat arifesinde duydum, Nitzavim, 22 Elul, 4 Eylül 1942

Şulhan Aruh'ta (Masa hazırlamak-Yahudi Kanunları) açıklananları anlayın. Kural, kişinin Korkunç Günlerin duaları üzerinde tekrar tekrar düşünmesidir ki böylece dua vakti geldiğinde, dua etmeye alışacaktır.

Mesele şu ki, dua kalpten olmalıdır. Kalpteki çalışmanın anlamı budur, kişinin ağzıyla söylediğini kalbin kabul etmesidir. (Aksi halde bu hilekârlık olur yani kişinin ağzı ve kalbi bir olmaz) Bu nedenle, kişi *Elul* ayında kendisini yüce çalışmaya alıştırmalıdır.

Ve en önemli şey de kişinin "Bizi hayata yaz." diyebilmesidir. Bu demektir ki, kişi "Bizi hayata yaz." dediğinde, kişinin ağzının ve kalbinin bir olacağını kalbi de kabul etmelidir (ki böylece bu dalkavukluk olmasın) "Çünkü insan gözlere ve Efendi ise kalbe bakar."

Dolayısıyla, kişi **"Bizi hayata yaz."** diye haykırdığında, "hayat", Yaşamların Yaşamı ile *Dvekut* (bütünleşme) anlamına gelir, bu özellikle tamamen ihsan etme formunda çalışmak isteyen ve kişinin kendisi için haz düşüncelerinin, kişi tarafından iptal edilmesidir. Akabinde, kişi söylediği şeyi hissettiğinde, kalbi duasının kabul edilmesinden yani kendisi için herhangi bir arzuya sahip olmayacağından korkabilir.

Ve kişisel hazza ilişkin olarak, sanki bu dünyanın tüm zevkleriyle birlikte tüm insanları, arkadaşlarını, ailesini ve tüm mal varlığını bırakıyormuş gibi bir durum ortaya çıkar ve vahşi hayvanlardan başka hiçbir şeyin olmadığı, hiç kimsenin onu tanımadığı ve varlığını bilmediği çöle çekilir. Ona tüm dünyasını birdenbire kaybediyormuş gibi gelir ve yaşam sevinciyle dolu bir dünyayı kaybediyor olduğunu hisseder ve bu dünyada ölümü üstlenir. Kişi, bu resmi deneyimlediğinde sanki intihar ediyormuş gibi hisseder.

Bazen, *Sitra Ahra* (diğer taraf) durumunu tüm karanlık renklerle canlandırması için kişiye yardım eder. Akabinde, beden bu duayı reddeder ve böyle bir durumda, kişinin kendisi duasının kabul edilmesini istemediği için duası kabul edilmez.

Bundan dolayı, sanki ağzı ve kalbi birmiş gibi kendisini dua etmeye alıştırmak için, dua için hazırlık olması şarttır. Ve alışkanlık vasıtasıyla kalp hemfikir olmaya gelebilir, böylece kişi almanın ayrılık demek olduğunu ve en önemlisinin ihsan etmek olan, Yaşamların Yaşamı ile *Dvekut* olduğunu anlayabilir.

Kişi her zaman "yazmak" denilen, "mürekkep" kabul edilen ve *Şaharit* (siyahlık) olarak adlandırılan *Malhut* çalışmasına dalmalıdır. Bu demektir ki, kişi çalışmasının "Libni ve Şimey[19]" formunda olmasını istememelidir ki böylece Tora ve *Mitzvot*'a (emirler) sadece beyazlık zamanında değil, koşulsuz olarak bağlı olsun. Beyaz ya da siyah, kişi için her zaman aynı olacak ve her ne olursa olsun Tora ve *Mitzvot*'un emirlerine bağlı kalacaktır.

---

[19] Libni aynı zamanda beyazlık anlamına gelir.

123. Onun Boşanması ve Eli Bir Olur

Duydum; Baal HaSulam'ın anıları

Eynaim'deki (gözlerdeki) aşağı Hey meselesinde, bu, gözlerin üzerine bir *Masah* (perde) ve bir örtü yerleştirildiği anlamına gelir. Gözler, İlahi Takdir'i gördüğünde, görmek ve İlahi Takdir anlamına gelir.

Deneyimlemek, kişinin her iki şekilde de karar veremeyeceği, Yaradan'ın iradesini ve Rav'ının niyetini netleştiremeyeceği anlamına gelir. Özveriyle çalışabilmesine rağmen, kişi bu özverili çalışmasının yerinde olup olmadığına ya da tam tersine bu zor çalışmanın, Rav'ının ve Yaradan'ın görüşüne aykırı olup olmadığına karar veremez.

Ve kişi, karara varmak için çaba ekleyecek eylemi seçer. Bu demektir ki, kişi, yapması gereken tek şeyin çaba göstermek olduğu ve başka bir şeyin olmadığı bir çizgide çalışmalıdır. Bu nedenle, kişinin eylemlerinden, düşüncelerinden ve sözlerinden şüphe etmesine yer yoktur ve daima çabasını arttırmalıdır.

124. Yaratılışın ve Altı Bin Yılın Şabat'ı
Duydum

Şabat'ın iki anlayışı vardır: 1) *Bereşit* (Yaratılış/Başlangıç) 2) Altı bin yıl. Aralarındaki fark şudur: Bilinir ki bir durak ve bir de dinlenme vardır. Durak, eklenecek başka bir şeyin olmadığı yerdir. Ancak dinlenme, "Ayakta durdu ve dinlendi" sözlerinden kaynaklanır yani kişi çalışmasının tam ortasındadır ve çalışmasına devam etme gücü olmadığından, ayakta durur ve kendini canlandırmak için dinlenir ve sonrasında çalışmasına devam eder.

Bereşit'in Şabat'ı, eklenecek başka bir şeyin olmaması koşuludur. Buna "durak" denir. Altı bin yılın Şabat'ı, kişinin hafta içi çalışmalarına devam edebilmek için, güç aldığı dinlenme olarak kabul edilir.

Şimdi bilgelerimizin şu sözlerini anlayabiliriz: "Şabat, 'Herkese bir eş verdin ama bana vermedin' dedi." Yaradan cevap verdi, "Senin eşin İsrail olacak." Eş, ZA demektir. Eğer bir *Nukva* varsa orada bir *Zivug* (birleşme/eşleşme) olabilir ve *Zivug*'dan yenilenme ve eklemeler anlamına gelen, yavrular meydana gelir.

Nukva eksikliktir. Eğer bir yerde bir eksiklik varsa, orada o eksikliğin ıslahı için bir yer vardır ve eksiklik olan yere üst ışık uzatılarak tüm ıslahlar yapılmış kabul edilir. Buradan, başlangıçta burada bir eksiklik olmadığı ancak daha önce eksiklik olarak düşündükleri tüm eksikliğin, başlangıçta ıslah formunda geldiği yani üst bolluğun, yukarıdan akacağı sonucu çıkar.

Bu, bir konunun derinlerine inen ve onu anlamak için çaba gösteren birine benzer. Kişi anlamını edindiğinde, durum tam tersidir. Konuyu anlamadığı zamanlarda, daha önce çektiği acıyı hissetmez Aksine mutludur çünkü şimdi bir sevinci vardır. Sevinç, konuyu anlamadan önce gösterdiği çabanın boyutuyla ölçülür.

Bu nedenle, derinlerine inme zamanına *Nukva*, bir eksiklik denir. Ve kişi eksiklikle birleştiğinde yavruları, yenilenmeyi meydana getirir. Şabat'ın savunduğu şey budur, "Şabat'ta çalışma olmadığından, yavrular ve yenilenmeler olmayacaktır."

125. Şabat'ı Hoşnut Eden Kişi

8 *Sivan*, 15 Haziran 1949'da, Tel-Aviv'de duydum

"Şabat'ı hoşnut edene sınırsız bir alan verilir; şöyle denildiği gibi, 'O zaman Efendi'den zevk alırsınız ve sizi yeryüzünün en yüksek yerlerine yükseltir ve atanız Yakup'un mirasıyla beslerim' vb. Hakkında 'Kalk, topraklar boyunca yürü' vb. yazılan İbrahim'in aksine. Ve 'Çünkü bütün bu toprakları sana ve senin soyuna vereceğim' diye yazılan İshak gibi değil ama 'Sen, batıdan doğuya, kuzeye ve güneye uzaklara yayılacaksın' diye yazılan Yakup gibi.'" (*Şabat* 118).

Gemara'yı olduğu haliyle anlamak zordur. İsrail'in her birine, tüm dünya, sınırsız bir alan verilmeli midir?

Bilgelerimizin şu sözleriyle başlamalıyız: "Gelecekte, Yaradan güneşi kılıfından çıkaracak ve onu karartacak. Günahkâr onunla yargılanır, erdemli onunla iyileşir; şöyle yazıldığı gibi, 'Çünkü bakın gün gelir, bir fırın gibi yanar ve tüm kötülük yapanlar ve günahkârlar anız (hasattan sonra yerde kalan bitki kökleri) olur ve gün geldiğinde onları tutuşturur,' der ev sahiplerinin Efendi'si, onlara ne kök ne dal ne bu dünyada bir kök ne de bir sonraki dünyada bir dal bırakacaktır.' Erdemli onunla iyileşir; şöyle yazıldığı gibi, '"Fakat Ben'im Adımdan korkanlar için erdemliliğin güneşi, kanatlarındaki şifayla beraber yükselecek.' Ve üstelik onunla arındırılırlar." (*Avoda Zarah* 3b).

Bilgelerimizin muammasını, güneşin ne olduğunu, kılıf nedir alegorisini, bu zıtlığın nereden geldiğini anlamalıyız. Ayrıca "ne bu dünyada bir kök ne de bir sonraki dünyada bir dal" nedir? Ve "Üstelik onunla arındırılırlar" nedir? "Bununla iyileşti ve arındı" demeliydi. Ayrıca dediği "üstelik" nedir?

Artık bilgelerimizin "İsrail aya ve dünya ulusları güneşe göre sayılır" (*Sukkah* 29) sözünü anlayabiliriz. Böylelikle güneş ışığı, "Güneş kadar net" şeklinde yazıldığı gibi, en net bilginin unvanıdır. Ve Tora ve *Mitzvot*'u (emirler) almayan dünya ulusları, Yaradan'ın onu her ulusa ve dile getirdiğinin yazıldığı üzere, Tora'nın ışığından haz almak istemedikleri için, O'nun ışığından alan, güneş ışığı yani ortak ışık olan 'ay' olarak kabul edilirler. Oysaki Yaradan'ı çalışmaya, O'nu, Kendisini bilmeye özlem duyarlar.

Ancak İsrail, içinde güneş ışığının kıyafetlendiği Tora ve *Mitzvot* olan ay ile tanımlanır. Bu nedenle Tora, Yaradan'ın kılıfıdır.

Zohar'da "Tora ve Yaradan birdir" diye yazılmıştır. Bu demektir ki, Yaradan'ın ışığı Tora ve *Mitzvot*'ta kıyafetlenmiştir ve O ve O'nun kılıfı birdir. Dolayısıyla İsrail, kendini Tora ve *Mitzvot*'la tamamlamak için ay ile tanımlanır. Bu nedenle onlar da doğal olarak Yaradan'la ödüllendirilmiştir. Ancak dünya ulusları Tora ve *Mitzvot*'u yani kılıfı izlemediklerinden, onlar güneş ışığına bile sahip değildirler.

Bu "Gelecekte, O, güneşi kılıfından çıkarır." sözünün anlamıdır. Onlar şöyle der: "Aşağıda olanlar için *Şehina* (Kutsallık) çok büyük bir gereksinim." Bu demektir ki, Yaradan bunu çok ister ve buna özlem duyar.

Bu, altı iş gününün yani Tora ve *Mitzvot*'taki çalışmanın anlamıdır, zira "Efendi her şeyi Kendi amacı için yaratmıştır." Ve hafta içi çalışma bile Yaradan çalışmasıdır; şöyle yazıldığı gibi, "O, onu boşuna yaratmadı, O, onu yaşanması için yarattı." Bu sebeple ona "kılıf" denir.

Şabat, güneş ışığıdır, ebedi yaşamdaki dinlenme günüdür. Demek ki, O, dünyayı iki aşamada hazırladı. 1) O'nun *Şehina*'sının (Kutsallık) altı günlük Tora ve *Mitzvot* aracılığıyla ifşa olacağı şekilde. 2) O'nun, Tora ve *Mitzvot* olmadan dünyada ifşa olacağı şekilde.

"Zamanında, onu hızlandıracağım." sözünün anlamı budur. Ödüllendirilmiş olanı hızlandıracağım yani Tora ve *Mitzvot* aracılığıyla hızlandıracağım. Ödüllendirilmemiş olanı zamanında çünkü yaratılışın evrimi, Yaradan *Şehina*'sını aşağıda olanlara indirene kadar, tüm ızdırabı ile birlikte insanlığa bir son ve kurtuluş getirir. Buna "zamanında", zaman içindeki evrim yoluyla denir.

126. Şehre Bir Bilge Gelir

Şavuot yemeği esnasında duydum, Mayıs 1974, Tel-Aviv

"Şehre bir bilge gelir." Yaradan'a "Bilge" denir. O şehre gelir, çünkü *Şavuot*'ta (Haftalar Bayramında) O, Kendini dünyaya gösterir.

"Tembel şöyle der: 'Yolda bir aslan var,' belki bilge evinde değildir. Belki kapı kilitlidir." Bilgelerimiz ise "Eğer çabaladıysan ve bulamadıysan, inanma." der. Bu nedenle, kişi Yaradan'ın yakınlığını bulamadığını görürse, o zaman ona yeterince çaba sarf etmediği söylenir. Bu nedenle ayette ona "tembel" denir.

Ve çaba sarf etmemesinin sebebi nedir? Eğer kişi Yaradan'ın yakınlığını arıyorsa, neden çaba sarf etmek istemez? Sonuçta, maddi bir şey elde etmek istediğiniz zaman bile, çaba olmadan onu elde edemezsiniz. Gerçekte, kişi çalışmak ister ve "Yolda bir aslan var" yani *Sitra Ahra* (diğer taraf) var demez; şöyle yazdığı gibi, "Aslan gizli yerlerde pusuya yatar." Bu, Yaradan'ın yoluna adım atan kişi, yolda aslanla karşılaşır anlamına gelir. Ve bunda başarısız olanlar iyileşemezler.

Bu sebeple, kişi başlamaktan korkar, çünkü aslanı kim yenebilir ki? Sonra ona "Yolda aslan yok" denir yani "O'ndan başkası yoktur" diye yazılmıştır. Çünkü O'ndan başka güç yoktur, çünkü "Tanrı, kendisinden korkulsun diye öyle yapmıştır."

Sonra kişi, başka bir bahane bulur: "Belki de bilge evde değildir!" O'nun evi *Nukva*, *Şehina*'dır (Kutsallıktır). İşte o zaman kişi, Keduşa (kutsallık) yolunda yürüyüp yürümediğini kesin olarak bilemez.

Bu yüzden "Belki de Bilge, yani Yaradan evinde değildir" der. Demek ki, bu O'nun değil, *Keduşa*'nın değildir, o halde kişi *Keduşa*'da ilerlediğini nasıl bilebilir? Sonra ona "Bilge evindedir" yani "Kişinin ruhu ona öğretecek" denir ve sonunda kişi, *Keduşa*'da ilerlediğini bilir.

Sonra, "Efendi'yi almak isteyen herkes gelip almayacak mı?" sözlerinde olduğu gibi, "Belki de kapı kilitlidir ve saraya girmek mümkün değildir" der. Ona "Kapı kilitli değil" denir. Sonuçta görürüz ki, pek çok insan saraya girmekle ödüllendirilmiştir.

Sonra, "Her iki şekilde de gitmeyeceğim." diye cevap verir. Bu demektir ki, kişi eğer tembelse ve çabalamak istemiyorsa kavgacı ve kurnaz biri haline gelir ve bunların sadece çalışmayı kendisi için daha da ağırlaştırdıklarını düşünür.

Oysa gerçekte çaba sarf etmek isteyen kişi, bunun tam tersini görür. Pek çoğunun başarılı olduğunu, bunu başardığını görür. Ve çabalamak istemeyenler ise başarılı olamayanları, bunu başaramayan insanlar olduğunu görür. Başaramamış olsalar bile bunun nedeni, çabalamak istemediklerini keşfetmeleridir. Fakat tembel biri olduğu ve sadece eylemlerini haklı çıkarmak istediği için bilge biri gibi vaaz verir. Gerçekte Tora ve *Mitzvot*'un (emirlerin) yükü hiçbir tartışma ve şikâyet olmaksızın kabul edilmelidir, o zaman başarılı olacaktır.

127. Çekirdek, Öz ve Artan Bereket Arasındaki Fark

Sukkot Inter 4, 30 Eylül 1942, Kudüs

Bilinir ki, *Mohin*'in ayrılışı ve *Zivug*'un durması, yalnızca *Mohin*'in eklentilerinde meydana gelir ve ZON derecesindeki çekirdek *Vav* ve bir *Nekuda*'dır (nokta). Bu, özünde Malhut'ta bir noktadan daha fazlası olmadığı, içinde beyaz barındırmayan siyah bir nokta olduğu anlamına gelir.

Eğer kişi, o noktayı özü gibi kabul ederse ve kurtulmak istediği gereksiz bir şey olarak değil, daha ziyade süsleme olarak kabul ederse, buna "kişinin kalbindeki güzel bir yer" denir. Bunun nedeni, kişinin bu hizmetkârlığı kınamayıp, onu kendisine vazgeçilmez yapmasıdır. Buna "*Şehina*'yı (Kutsallık) tozdan kaldırmak" denir. Kişi temeli, özü gibi devam ettirdiğinde, derecesinden hiçbir zaman düşemez çünkü özde ayrılma yoktur.

Kişi, dünyanın en kasvetli karanlığında bile, siyah bir nokta gibi çalışmayı üstlendiğinde, *Şehina* "Senden saklanacak hiçbir yer yok." der. Dolayısıyla, "Ben O'na bir düğümle bağlıyım", "ve asla çözülmez." Bu nedenle, *Dvekut*'ta (bütünleşme) bir kesinti yoktur.

Eğer yukarıdan ona "ek" denilen bir aydınlanma gelirse, bunu "kaçınılmaz ve kasıtsız" bir şekilde kabul eder çünkü bu, alttakinin uyanışı olmadan Kaynak'tan gelir. "Ben siyahım ama güzelim." ifadesinin anlamı budur çünkü eğer zifiri karanlığı kabul edebilirsen, güzel olduğumu görürsün.

Bu, "Kim ahmaksa buraya gelmesine izin ver." cümlesinin anlamıdır. Kişi tüm meşguliyetlerini bırakıp, yalnızca Yaradan'ın yararı için çalışmak istediğinde ve "Seninleyken çirkin bir yaratıktım," yoluyla çalıştığında, akabinde nihai mükemmelliği görmekle ödüllendirilir. Bu, "kalpsiz olan ona dedi." cümlesinin anlamıdır. Bu demektir ki, kalpsiz olduğu için düşüncesiz olması gerekiyordu, aksi takdirde yaklaşamayacaktı.

Ancak bazen, nokta ayrılmış BYA'ya düştüğünde, *Şehina*'nın sürgünde olduğu bir durumla karşılaşırız. O zaman, ona "Dikenler arasındaki zambak gibi," denir çünkü diken ve devedikeni şeklindedir. Bu durumda, kabul edilemez çünkü *Klipot*'un (kabuklar) otoritesi altındadır.

Bu, insanın eylemleri vasıtasıyla gelir çünkü insanın aşağıdaki eylemleri, Şehina'da, kişinin yukarıdaki ruhunun kökünü etkiler. Bu, eğer aşağıdaki bir kişi alma arzusunun kölesiyse, bu şekilde, *Keduşa* (Kutsallık) üzerinde *Klipa* (Klipot'un tekil hali) hüküm sürdürür anlamına gelir.

Bu, *Tikkun Hatzot*'un (geceyarısı ıslahı) anlamıdır. Bizler, Şehina'yı tozdan kaldırmak yani onu yükseltmek, önemli kılmak için dua ederiz çünkü yukarıda ve aşağıda, önemin hesaplamaları vardır. Ve sonra bu, bir siyah nokta olarak nitelendirilir.

Tikkun Hatzot'ta kişi galip gelir ve "Libni ve Şimey" ayetini tutmak istediğini söyler. Libni, siyah değil, *Lavan* (beyaz) ve Şimey ise Şmi'a (duymak) demektir yani cennet krallığının yükünü üstlenmek, onun için makul ve kabul edilebilir bir meseledir. Ve *Tikkun Hatzot*, *Keduşa*'yı *Klipa*'dan ayırmanın ıslahı, *Mehitza*'nın (bölünme) *Tikkun*'udur yani alma arzusunun içindeki kötü hissiyatı ıslah etmek ve ihsan etme arzusuna bağlanmaktır.

Golah (sürgün), Alef harfinin farklılığıyla, *Ge'ulah* (kurtuluş) harflerine sahiptir. Bu, dünyanın *Aluf*'unu (şampiyon), *Golah*'a doğru genişletmemiz gerektiği anlamına gelir ve hemen akabinde *Ge'ulah*'ı hissederiz. Bu, "Zararlı olanı koruyabilen, yapabileceği en iyi şekilde zararı telafi etmelidir." ifadesinin anlamıdır. "Aşağıda yargı olduğunda, yukarıda yargı yoktur." Sözlerinin anlamı budur.

128. *Galgalta*'dan Zer Anpin'e Çiy Damlar
Mişpatim 3'te duydum, 27 Şubat 1943

Galgata'dan *Zer Anpin*'e çiy damlar. Ve renksiz, solgun saçla ilgili olarak, her saçın altında bir göçük vardır ve bu, "Beni bir fırtına ile kıracak olan" sözlerinin anlamıdır. Ve bu, "Sonra Efendi Eyüp'e fırtınanın içinden cevap verdi." sözlerinin anlamıdır. "Aralarından geçen numaralandırılmış herkese, kutsallığın şekelinden sonra yarım şekel verecekler." sözlerinin anlamı budur. Ve bu, "bir Beka (göçük), bir baş" ve "ruhlarınıza kefaret etmek için" sözlerinin anlamıdır.

Saç konusunu anlamak için, o siyah ve mürekkeptir. Kişi yabancı düşüncelere sahip olduğu için, Yaradan'dan uzak olduğunu hissettiğinde, buna "saç" denir. Ve "solgun", beyazlık anlamına gelir. Bu demektir ki, Yaradan'ın ışığı ona yağdığında, bu onu Yaradan'a yakınlaştırır ve her ikisine birlikte "Işık ve *Kli* (Kap)" denir.

Çalışmanın düzeni şudur; kişi Yaradan çalışmasına uyandığında, bu kişiye solgunluk verilmesiyle olur. Bu sırada kişi, Yaradan çalışmasında canlılık ve ışık hisseder. Sonrasında aklına yabancı düşünceler gelir ve bunlarla derecesinden düşer ve çalışmadan uzaklaşır. Yabancı düşünceye *Se'ara* (fırtına/saç) denir. Ve saçın altında bir göçük vardır, bu bir göçük ve kafatasında bir eksikliktir.

Yabancı düşünceler gelmeden önce, kişi tam bir *Roş*'a (başa) sahiptir ve Yaradan'a yakındır fakat yabancı düşünceler vasıtasıyla Yaradan'dan uzaklaşmıştır. Bu, bir eksiklik olarak kabul edilir. Ve üzüntüden pişman olduğu zaman, bir su akıtır. Böylece, saç bolluğun aktarımı için bir boru hattı haline gelir ve bununla kişinin, beyazlıkla ödüllendirildiği kabul edilir.

Sonra yabancı düşünceler tekrar gelir ve böylece kişi bir kez daha Yaradan'dan uzaklaşır. Bu da tekrar bir göçük, bir delik, kafatasında bir eksiklik yaratır ve pişman olduğu için üzüntüyle bir kez daha suyu akıtır ve saç bereketi aktarmak için bir boru hattı olur.

Bu düzen, saçlar tam ölçüye gelene kadar, inişli çıkışlı olarak tekrar tekrar devam eder. Bu, kişi her bir ıslahı gerçekleştirdiğinde bolluğu yayar anlamına gelir. Bu bolluğa, "aklım çiy ile dolu" ifadesinde olduğu gibi "çiy" denir. Bu böyledir çünkü bereket, aralıklarla gelir ve her seferinde kişi sanki bir damla alıyormuş gibi olur. Kişinin çalışması tamamlanıp tam miktarına ulaştığında, "aptallığa geri dönmeyecek" olana kadar, o çiyden, ölülerin dirileceğine inanılır.

İşte göçük yani kafada delik açan yabancı düşüncelerin anlamı budur.

Ayrıca bu yarım şekel meselesiyle ilgili olarak, bu, kişinin yarı suçlu, yarı masum olduğu anlamına gelir. Ancak yarımların aynı anda olamadığını anlamalıyız. Aksine, her seferinde eksiksiz bir şey olmalıdır. Bunun nedeni, kişi eğer bir *Mitzva*'yı bozar ve yerine getirmezse, o artık yarım değil tam bir kötü olarak kabul edilmesidir.

Ancak bu iki seferdedir. Bir zaman kişi erdemlidir, Yaradan'a tamamen bağlıdır, o zaman tamamen masumdur. Düşüşteyken ise kişi kötüdür. Bu, "dünya ya tam erdemli ya da tam günahkâr için yaratıldı" sözlerinin anlamıdır. Ve bu yüzden iki katına sahip olmak "yarım" olarak adlandırılır.

Ve bu, "ruhlarınız için kefaret yapmaktır." Delik vasıtasıyla, yabancı düşünceler geldiğinde, kişi aklının eksik olduğunu hissettiğinde, zihni tamamen Yaradan ile birlikte değildir. Pişman olduğunda ise bu, kişinin ruhu için bir anlaşma yapmasını sağlar. Bu böyledir çünkü kişi eğer her seferinde tövbe ederse, ancak o zaman bereketi yayar ta ki bereket "aklım çiy dolu" yoluyla dolana kadar.

129. Şehina Tozun İçinde

Duydum

"Sen ızdırap çekmeyi seviyorsun. Sonra tozlar içinde yıpranan bu güzellik hakkında, 'ne onlar ne de onların ödülü'" dedi. Izdırap, öncelikle mantık ötesi bir yerdedir. Ve ızdırabın ölçüsü, onun hangi ölçüde mantıkla çeliştiğine bağlıdır. Bu mantık ötesi inanç olarak kabul edilir ve bu çalışma, Yaradan'a memnuniyet verir. Bundan da anlaşıldığı gibi ödül, kişinin bu çalışmayla Yaratıcı'sına verdiği memnuniyettir.

Ancak, aradayken yani kişi galip gelmeden ve O'nun rehberliğini haklı çıkarmadan önce, *Şehina* (Kutsallık) tozun içindedir. Bu, *Şehina* adı verilen, inanç yoluyla yapılan çalışmanın sürgünde, tozlar içinde iptal olduğu anlamına gelir. Ve bunun hakkında "ne onlar ne de ödülleri" dedi. Bu, o ara döneme kişinin tahammül edemediği anlamına gelir. Ve "Ben ona buna ağlıyorum" diye verdiği cevabın anlamı da budur.

130. Bilgelerimizin Tiberias'ı, Görüşün Ne Güzel

21 Şubat 1947'de Tiberias'a seyahat ederken, *Adar*'da duydum

"Bilgelerimizin Tiberias'ı, görüşün ne güzel." Görmek, bilgelik demektir. İyi, orada kişinin bilgelikle ödüllendirilebileceği anlamına gelir. Ve Rabbi Şimon Bar-Yochai, Tiberias pazarlarını arındırıyordu. Ölümün Tuma'sı (kirliliği) yani alma arzusu, "kötülere, yaşamlarında, 'ölü' denir." anlamına gelir. Ve tüm kirlilikler sadece *Hohma*'ya (bilgeliğe) aittir. Bu nedenle, *Hohma* niteliği olan Tiberias pazarının arındırılması gerekiyordu.

131. Arınmaya Gelen

1947'de duydum

"Arınmaya gelene yardım edilir." Bu, kişinin daima "gelme" durumunda olması gerektiği anlamına gelir. Ve böylece, her durumda, eğer kişi arındığını hissederse, artık ona yardım etmesine gerek yoktur çünkü O, arındırmış ve ayrılmıştır. Ancak kişi gelip gitme halinde olduğunu hissederse, o zaman muhakkak kendisine yardım edilir çünkü gerçeği aradığı için, arzunun önünde bir engel yoktur.

"Senin sevgin şaraptan daha iyidir." Bu demektir ki, şarap sarhoş edebilir ve bir sarhoş için, tüm dünya ona aittir çünkü altı bin yılda bile hiçbir eksikliği yoktur.

132. Ekmeğini Alnının Teriyle Yiyeceksin-1
Adar'ın 14'ünde duydum, 6 Mart 1947, Tel-Aviv

"Ekmeğini alnının teriyle yiyeceksin yiyeceksin." Ekmek, "Git, Benim ekmeğimle savaş" anlamına gelen, Tora demektir. Tora çalışması, bilgi ağacının günahını tatlandıracak olan korku, titreme ve ter içinde yapılmalıdır.

133. Şabat'ın Işıkları
1947'de duydum

Şabat'ın ışıkları, *Guf*'un (bedenin) anlayışına gelir. Bu nedenle, Şabat'ta şöyle deriz: "Davud'a. (Efendimiz) ruhumu ve içimdeki her şeyi kutsa" yani *Guf*'u kutsa. Bununla birlikte yeni bir baş *Guf*'a değil, yalnızca *Neşama* anlayışına gelen *Neşama* (ruh) olarak kabul edilir. Bu nedenle, yalnızca, "(Efendimiz) ruhumu kutsa" deriz "ve içimdeki her şeyi" demeyiz, zira onlar *Guf*'a ulaşmazlar. (bkz *Zohar* 1, 97).

134. Sarhoşluğa Neden Olan Şarap
1947'de duydum

Tora'nın tamamı ile ödüllendirilmek imkânsızdır. Kişi, Tora'nın şarabı ile sarhoş olmakla, tüm dünyanın kendisine ait olduğunu hissettiğinde, bilgeliğin tamamına sahip olmadığı halde, sahip olduğu her şeyin mükemmel olduğunu hisseder ve düşünür.

135. Temiz ve Erdemli Olan Öldürmez
Nisan 2, 23 Mart 1947'de Tel-Aviv'de duydum,

"Temiz ve erdemli olan öldürmez." Erdemli olan, Yaradan'ı haklı çıkarandır. Kişi, iyi ya da kötü, her ne hissederse hissetsin mantık ötesi değerlendirir. Bu "sağ" olarak kabul edilir. Temiz, meselenin temizliğini, kişinin gördüğü haliyle durumu ifade eder. Bu böyledir çünkü "yargıç, sadece gözlerinin gördüğüne sahiptir." Ve eğer kişi meseleyi anlamıyor ya da elde edemiyorsa, formları gözüne göründüğü şekilde bulanıklaştırmamalıdır. Bu "sol" olarak kabul edilir ve kişi her iki tarafı da beslemelidir.

136. İlk Mektuplar ve Son Mektuplar Arasındaki Fark

Purim'de duydum, 1947

İlk mektuplar ve son mektuplar arasındaki fark, sadece yazılı özette yani Kral'ın evinden verilmiş olan yazının içeriğindedir. Kralın yazarları, içeriği herkes için anlaşılır kılmak için detaylandırır.

İçerik basitçe, "o gün için hazır olmalarıdır" ve yazarlar bunu, uluslara uyguladıkları ve Yahudiler'in intikamlarını almaya yazgılı oldukları şeklinde yorumladılar. Ve bu güç, Haman'ın "Kral kimi benden daha fazla onurlandırmak ister?" diye düşünmesi içindir. Bu nedenle özellikle son mektuplarda Kral "Yahudiler hazır olmalıdır" diye yazmıştır. Oysa ilk mektuplarda, özellikle "Yahudiler" yazmadı. Bu yüzden şikâyet etmek için güçleri vardı.

Mesele şu ki, bu güç verilmiştir çünkü kişi tüm çalışma ihsan etmek olduğu için, ışıkların alımına, üst ışığı aşağı çekmeye dair hiçbir arzuyu haklı çıkarmamalıdır. Dolayısıyla kişi aşağıdan hiçbir şey veremez. Bu nedenle, *Agagite*'in *Haman*'ı adından da anlaşılacağı gibi derecenin *Gag*'ı (çatısı) olan GAR, daha büyük ışıkları kendine çekmek isteyen Haman'a güç verilmiştir.

137. Selofhat Odun Topluyordu
1947'de duydum

Selofhat odun topluyordu. *Zohar*, o hangi ağacın, yaşam ağacının mı yoksa bilgi ağacının mı daha büyük olduğunu ölçüyordu diye yorumlar. Tamamen ihsan eden erdemliye, "yaşam ağacı" denir ve bunda dışsal olanlara tutunma yoktur. Bununla birlikte, bütünlük bilgi ağacında, aşağıdaki *Hohma*'nın (bilgelik) uzantısında yatar. O'nun yarattıklarına iyilik yapmasının anlamı budur. Onlar ölçülmemelidirler, daha doğrusu onlar "senin elinde bir olsunlar" olmalıdır.

Bu, biri olmadan diğerinin eksik olduğu anlamına gelir. Ve Mordehay, yaşam ağacı niteliğindeydi, hiçbir eksiği olmadığı için, aşağıdaki hiçbir şeyi genişletmek istemiyordu. Bundan dolayı, Haman'nın niteliğini yükseltmesi gerekiyordu ki, böylece aşağıdaki ışıkları çekebilsin. Daha sonra, eksikliğini ifşa ettiği zaman, Mordehay onları ihsan etmek için alma formunda alacaktı.

Artık Mordahay'ın Kral hakkında daha sonra neden iyi şeyler söylediğini, O'nu ölümden kurtardığında, Kral'ın onun düşmanı olan Haman'ı neden terfi ettirdiğini anlayabiliriz. Bilgelerimizin dediği gibi, "her insanın dileğine göre" yani birbirinden nefret eden Haman ve Mordehay'ın arzusuna göre.

138. Bazen Kişiye Gelen Korkuya Dair
1942'de duydum

Korku kişiye geldiğinde, O'ndan başkasının olmadığını bilmelidir. Ve hatta büyücülük. Ve eğer kişi korkunun galip geldiğini görürse, tesadüf diye bir şeyin olmadığını, Yaradan'ın ona yukarıdan bir şans verdiğini söylemeli ve yukarıdan sonu çalışması için gönderilmiş olan bu korkuyu dikkatlice incelemelidir. Görünen o ki, üstesinden gelmesi ve "O'ndan başkası yok." demesi için bu böyledir.

Ancak, bütün bunlardan sonra korku onu terk etmediyse, bu korkuyu örnek almalı ve Yaradan'a olan hizmetinin korkuyla aynı ölçüde olması gerektiğini yani bir erdem olan cennet korkusunun, şu an sahip olduğu korku ile aynı şekilde olması gerektiğini söylemelidir. Demek ki, beden bu yüzeysel korkudan etkilenir ve beden bu yüzeysel korkudan tam olarak nasıl etkilenirse cennet korkusu da öyle olmalıdır.

139. Altı Çalışma Günü ve Şabat Arasındaki Fark

Duydum

Altı çalışma günü, ZA olarak kabul edilir ve Şabat, *Malhut* olarak kabul edilir. Ve şunu sordu: "Ancak ZA, *Malhut*'tan daha yüksek bir derece, öyleyse neden Şabat hafta içi günlerden daha önemlidir? Ve bunun yanı sıra, neden onlara *Yemey Hol*[20] (hafta içi günler/kutsallığın olmadığı günler) denir?"

Mesele şu ki, dünya yalnızca *Malhut* aracılığıyla beslenir. Bu nedenle *Malhut*'a "İsrail meclisi" denir çünkü İsrail üzerindeki bütün iyi etkiler, oradan gelir. Bu nedenle, bu altı gün ZA'ni ima etse de ZA ve *Malhut* arasında birleşme yoktur. Bundan dolayı ona *Hol* (kutsal olmayan) denir çünkü ZA'den *Malhut*'a hiçbir bolluk uzanmaz.

Ve *Malhut*'tan hiçbir Keduşa (kutsallık) uzanmadığı zaman, bundan dolayı ona *Yemey Hol* denir. Buna karşılık, Şabat'ta, ZA ve *Malhut*'un birleşmesi vardır ve sonra *Keduşa, Malhut*'tan uzanır. Bu yüzden Şabat olarak adlandırılır.

---

[20] Yemey—günler; Hol, Hulin kelimesinden gelir— kutsal olmayan, dünyevi.

140. Senin Tora'nı Nasıl Da Seviyorum

Pesah'ın 7. günü sonunda duydum, 1943

"Ah, senin Tora'nı nasıl da seviyorum! Gün boyunca ondan bahsederim." Kral Davud, zaten mükemmellikle ödüllendirilmiş olmasına rağmen, yine de Tora için özlem duyduğunu çünkü Tora'nın dünyadaki herhangi bir mükemmellikten daha yüce ve önemli olduğunu söyledi.

141. Pesah Bayramı

Duydum

Pesah bayramı, Mohin de Haya ile ve sayım *Mohin de Haya* ile ilgilidir. Bu nedenle, sayım esnasında, *Mohin*'in ayrılışı vardır çünkü sayım, MAN yükseltmek olarak kabul edilir. Bilindiği üzere, MAN yükseldiğinde ışıkların ayrılışı vardır. Ancak sayımdan sonra, *Mohin* kendi yerine döner. Bu böyledir çünkü sayım esnasındaki *Katnut* (küçüklük/bebeklik), *Yehida*'nın *Katnu*t'udur, ancak bununla birlikte YESHSUT olan hafta içi günlerin *Mohin*'i ve AVİ'nin *Mohin*'i olan Şabat'ın Mohin'i vardır.

142. Savaşın Özü

Duydum

Savaşın özü, izin verilen bir yerde olmalıdır. Ancak, *Mitzva* (emir) ve günah söz konusu olduğunda, kayıp yakın, ödül ise uzaktır. Bu nedenle, orada kişi herhangi bir değerlendirme yapmadan gözlem yapmalıdır.

Ancak, savaşı sürdürmek ve seçilen *Mitzva*'yı tutmaya devam etmek, eylemin kendisi zaten bir izin meselesi olduğundan, izin verilen bir yerde yapılmalıdır. Bu nedenle, kişi başarısız olsa bile, günah o kadar büyük olmayacaktır. Bu yüzden ödüle yakın kabul edilir çünkü kişi savaşı kazanırsa, *Keduşa* (Kutsallık) altına yeni bir otorite getirecektir.

143. Sadece İsrail'e İyidir

Baal HaSulam'dan duydum

"Tanrı, sadece İsrail'e iyidir, kalbi temiz olanlara." "Sadece" ve "yalnızca" kelimelerinin küçültme sıfatları olduğu bilinir. Bu, Tora'nın "sadece" ve "yalnızca" yazdığı her yerde azaltmayı, küçültmeyi ifade ettiği anlamına gelir.

Dolayısıyla, çalışmayla ilgili olarak, bunu kişinin kendini küçülttüğü ve alçalttığı zaman olarak yorumlamalıyız. Alçaltma, kişi gurur duymak istediğinde yani *Gadlut*'ta (büyüklükte/ yetişkinlikte) olmak istediğinde uygulanır. Bu demektir ki, kişi, ruhunun görmeyi ve duymayı arzuladığı her şeyi anlamak ister, ancak yine de kendini alçaltır ve gözleri kapalı gitmeyi, Tora ve *Mitzvot*'u mutlak bir sadelikle yerine getirmeyi kabul eder. Bu "İsrail'e iyidir." *Yaşar El* (İsrail) kelimesi, *Li Roş* (baş (akıl) benimdir) kelimesinin harfleridir.

Bu, kişi, "sadece" olarak algılanmasına yani bir küçülme ve alçaklık koşulunda olmasına rağmen, *Keduşa*'nın (kutsallık) aklına sahip olduğuna inanıyor anlamına gelir. Ve bu "sadece" ile ilgili olarak bunun mutlak iyi olduğunu söyler. O zaman "Tanrı, kalbi temiz olanlar içindir" ayeti onda gerçekleşir yani kişi temiz bir kalp ile ödüllendirilir. Bu "ve etinden taştan kalbi söküp alacağım ve sana etten bir kalp vereceğim" sözlerinin anlamıdır. Etten kalp, *Mohin* de VAK'tır, kıyafetlenmenin *Mohin*'i olarak adlandırılır, yukarıdan gelir. Ancak, *Mohin* de GAR, aşağıda olanın çabası, incelemesi yoluyla aşağıdakinden gelmelidir.

VAK *de Mohin* ve GAR *de Mohin* meselesi bir açıklama gerektirir. Her derecede, VAK ve GAR'ın birçok anlayışı vardır. Belki de birkaç yerde yazdığına yani "aşağıdakinin GE'si" olarak adlandırılan, *Katnut*'un, MAN'ı yükselten *Kli* aracılığıyla MAN'a yükseldiğine atıfta bulunuyordur, buna "Üsttekinin AHP'ı" denir. Buradan üsttekinin alttakini yükselttiği sonucu çıkar. Ve sonra, ışıkların GAR'ını ve *Kelim*'in AHP'ını almak için alttakinin kendi kendine yükselmesi gerekir.

144. Orada Belirli Bir Halk Var

Purim gecesinde, *Megilla*'yı okuduktan sonra duydum, 1950

"Orada, her tarafa ve halkların arasına dağılmış belirli bir halk var."

Haman, kendi görüşüne göre, birbirlerinden ayrı oldukları için, Yahudileri yok etmeyi başaracağımızı söyledi; bu, insan ve Yaradan arasında ayrılığa neden olduğundan, gücümüz onlara karşı kesinlikle galip gelecektir. Ve O'ndan ayrı oldukları için, Yaradan hiçbir şekilde onlara yardım etmeyecektir. Bu nedenle Mordehay, **"Yahudiler toplandı,"** vb., **"Bir araya gelmek ve yaşamları uğruna direnmek için"** ayetinde açıklandığı üzere, bu kusuru düzeltmeye gitti. Bu, birleşerek kendilerini kurtardıkları anlamına gelir.

145. Özellikle Bilgelere Bilgelik Verecektir Nedir?

Truma 5'te duydum, 11 Şubat 1943

"Bilgelere bilgelik verecektir." "Aslında 'Aptallara bilgelik verecektir.' demesi gerekmiyor muydu?" diye sordu.

Ve "Maneviyatta zorlama olmadığı bilinir." dedi. Daha doğrusu, herkese arzusuna göre verilir. Bunun nedeni, maneviyatın yaşam ve hazzın kaynağı olmasıdır. Peki, iyi bir şeyde nasıl zorlama olabilir? Dolayısıyla mecburen Tora ve *Mitzvot*'a bağlandığımızda yani bu çalışmadan haz almadığı için, hemfikir olmayan bedenin üstesinden gelmek zorunda olduğumuzu görürsek, bunun nedeni maneviyatı içinde hissetmemesi olmalıdır; daha önce maneviyatın yaşamın ve hazzın kaynağı olduğunu söylediğimiz gibi, *Zohar*'da "Çabanın olduğu yerde, *Sitra Ahra* (diğer taraf) vardır." diye yazılmıştır.

Aptallar bilgeliğe ihtiyaç duymadığı için, bilgeliğin sadece bilge olana verilebilmesinin sebebi budur. Daha doğrusu, doğaları gereği bilgelik yalnızca bilgelere verilir. Bu, bilge olanın bilgeliği sevdiği anlamına gelir ve bu onun **tek arzusudur**. "Arzunun önünde bir engel yoktur," kuralına göre, kişi bilgeliği edinmek için her türlü çabayı gösterir. Bu nedenle, sonunda kişi bilgelikle ödüllendirilir. Bu nedenle bilgeliği seven kişiye "bilge" denilebilir.

Fakat aptallarla ilgili "Bir aptalın anlama arzusu yoktur." yazılmıştır. "Bilgelik, bilgelere verilecektir." ayeti, bilgeliği sevenin, gösterdiği onca çabaya rağmen, bilgeliği edinememiş olmasından etkilenmeyeceğinden söz eder. Bilakis çalışmasına devam edecek ve bilgeliği sevdiği için mutlaka bilgeliğe ulaşacaktır. Bu nedenle "Bu yoldan git, mutlaka başaracaksın." derler.

Ancak, doğası gereği "Adam vahşi bir eşeğin sıpası olarak doğar" ise kişinin ne yapabileceğini anlamalıyız. Bilgeliğe özlem duyma arzusunu nereden alacak?

Bu nedenle bize "O'nun sözünü yerine getirenler" yoluyla çalışmak ve sonra "O'nun sözünün sesine kulak verme" tavsiyesi verilmiştir. Bu demektir ki, kişi istediği bir şeyi elde etmek için bir şeyler yapar. Dolayısıyla kişinin bilgelik için arzusu yoksa bu demektir ki, kişinin eksikliğini hissettiği şey bilgelik arzusudur. Bu yüzden çaba sarf eder ve bilgelik için arzu edinmek üzere harekete geçer çünkü ihtiyacı olan tek şey budur.

Düzen, hiçbir arzusu olmadığı halde, kişinin Tora ve çalışma için çaba sarf etmesidir. Buna "çaba" denir. Bu demektir ki, kişi yaptığı şey için arzusu olmamasına rağmen bir şeyler yapar. Bilgelerimizin şöyle dediği gibi, "Elinizin ve gücünüzün yapabileceği her şeyi yapın." Çaba göstermenin erdemi ile içinizde bilgelik için bir arzu ve özlem oluşacaktır.

O zaman **"Bilgelere bilgelik verecektir"** ayeti kişinin içinde gerçek olur ve kişi "O'nun sözünün sesini duymak" ile ödüllendirilir. Böylece, daha önce yapmak yoluyla, arzu olmadan yapılan bir eylem yoluyla kişi bunun için bir arzu ile ödüllendirilir.

Bu nedenle, bilgeliği kimin sevdiğini bilmek istiyorsak, bilgeliği sevenler arasında olmakla henüz ödüllendirilmemiş olmalarına rağmen, bilgelik için çaba harcayanlara bakmalıyız. Bunun sebebi, daha önce söylediğimiz üzere, onların çaba vasıtasıyla bilgeliği sevenler arasında olmakla ödüllendirilecek olmalarıdır.

Akabinde bilgelik için arzuları olduğunda, bilgelik ile ödüllendirileceklerdir. Bu nedenle bilgelik arzusu *Kap* (Kli), bilgelik ise ışıktır. "Maneviyatta zorlama yoktur." sözünün anlamı budur.

Bilgeliğin ışığı, yaşam ışığı demektir. Bilgeliği entelektüel bir kavram olarak değil, gerçek yaşam, hatta yaşamın özü olarak algılarız, öyle ki o olmadan, kişi ölü kabul edilir. (Dolayısıyla, diyebiliriz ki, bu yüzden bilgeliğe *Haya* (yaşayan) denir.)

146. Zohar Üzerine Bir Yorum

1938 yılında duydum

Zohar'da, "Kişi doğduğunda, ona saf hayvan tarafından bir ruh verilir." yazılmıştır. Ve hayvan ruhunun da Yaradan'ın hizmetkârı olmayı kabul ettiğini açıklar. "Daha fazla ödüllendirilirse, kişiye çarkların yanından bir ruh verilir." Bu, kişinin her daim özlem duyan ve bir yerden bir yere yuvarlanan bir ruha sahip olduğu anlamına gelir. Sürekli dönen bir tekerlek gibi döner ve yuvarlanarak *Keduşa*'ya (kutsallığa) tutunur.

147. Alma ve İhsan Etme Çalışması

Adar 21'de duydum, 8 Mart 1953

Alma ve ihsan etme içinde çalışma meselesi, kalbe bağlıdır. Bu VAK olarak kabul edilir. Ancak, inanç ve bilgiyle çalışmak, GAR olarak kabul edilir. Her ne kadar bunlar tek bir anlayış olsalar da yani inanç, kişi tarafından alma ve ihsan etmedeki çalışmanın değerine göre kabul edilse de, bunlar yine de iki farklı anlayıştır.

Bu böyledir çünkü kişi ihsan etmede çalışabiliyor olsa da, yine de kime ihsan ettiğini ve çalışmasını kimin kabul ettiğini görmek ister. Bu nedenle, kişinin *Mokha* (zihin/akıl) formunda çalışması yani aşağıdakilerin çalışmasını kabul eden bir Gözetmen olduğuna inanması gerekir.

148. Acı ve Tatlı, Doğru ve Yanlışın Dikkatle İncelenmesi

Duydum

"Acı ve tatlı" incelemesi, bir de "doğru ve yanlış" incelemesi vardır. "Doğru ve yanlış" incelemesi zihinde, "acı ve tatlı" incelemesi kalptedir. Bu nedenle, kalpteki çalışmanın alma şeklinde değil, ihsan etme formunda olmasına dikkat etmeliyiz.

Doğası gereği, insan için yalnızca almak tatlı, ihsan etmek ise acıdır. Almayı, ihsan etmeye dönüştürmek için yapılan çalışmaya "kalpteki çalışma" denir.

Akılda yapılan, "doğru ve yanlış" çalışmasıdır. Ve bu nedenle, inançla çalışmalı yani bilgelere inanmalıyız. Bu böyledir çünkü çalışan ,"doğru ve yanlış" meselesini kendisine açıklayamaz.

149. *Hohma*'yı Neden Yaymamız Gerekiyor
Adar 22, 9 Mart 1953, Tel-Aviv'de duydum

"Eğer bütün çalışmamız mantık ötesi inanç yoluyla ise, neden bilmek anlamına gelen, *Hohma* (bilgelik) anlayışını yaymamız gerekiyor?" diye sordu.

O da şöyle cevapladı, "Neslin erdemlileri eğer bilme formunda olmasaydı, o zaman İsrail halkı mantık ötesi inanç formunda çalışamazdı. Aksine, neslin erdemlileri tam olarak *Hohma*'nın aydınlanmasını genişlettiklerinde, onun aklı tüm İsrail'de parlar."

Örneğin, eğer kişinin zihni ne istediğini bilir ve anlarsa, organlar işlevlerini gerçekleştirir ve herhangi bir akla ihtiyaç duymaz. Daha doğrusu, el, bacak ve diğer organlar, yapmaları gerekeni yaparlar ve aklı başında hiçbir insan, elin ve bacağın beyini olsaydı, işlevlerinin daha iyi olacağını sormaz ya da düşünmez.

Dolayısıyla akıl, organları değiştirmez, ancak organlar, aklın büyüklüğüne göre ayarlanır. Bu demektir ki, eğer beyin mükemmel bir akla sahipse, bütün organlar da buna göre nitelendirilirler ve onlara "mükemmel organlar" denir.

Benzer şekilde, eğer kolektif, bilmek ile ödüllendirilmiş, gerçek bir erdemliye bağlı ise, kolektif inançla bir şeyler yapabilir. Onlar tam bir doyuma sahiptir ve herhangi bir bilgi anlayışına ihtiyaç duymazlar.

150. Kibir Yaptığı İçin Efendi'ni Buda

Shevat 14'te duydum

"Kibir yaptığı için Efendi'ni buda[21]" ayetiyle ilgili olarak öyle görünüyor ki, "budamak", "(Efendi) benim gücüm ve şarkım" gibi görünüyor. Bu, Yaradan'ın bağındaki dikenleri her zaman budamamız ve kesmemiz gerektiği anlamına gelir. Ve kişi bir bütünlük içinde olduğunu hissettiği ve dikenleri çoktan çıkardığını düşündüğünde bile, ayet "çünkü O, kibir yaptı" sonucuna varır.

Bu demektir ki, insan kendi gözünde doğru ve dürüst olmaktan hoşlanır, O ise görünüşte bu dünyada kibri yaratmıştır. Kişi kendisiyle ilgili olarak dikenleri çoktan çıkardığını ve tam bir insan olduğunu düşündüğünde, bu bir çeşit kibirdir.

Daha doğrusu, kişi daima eylemlerini incelemeli, on çeşit yöntemle eylemlerini kontrol etmeli ve geçici hislere güvenmemelidir çünkü onlar da bir çeşit kibirdir. Ayetin erdemli adına şöyle söylediği gibi, "Sen tembelsin, sen tembelsin; bu yüzden dersin ki: 'Hadi gidelim ve Efendimiz Tanrımız için kurban verelim.'"

Bu demektir ki, İsrail oğullarına, "Sen, 'hadi gidelim ve kurban verelim,' deyip, gitmeye istekli olup, kendini Efendi'nin önünde sunakta kurban etmeye hazır olduğunu hissettiğinde, artık çalışmak ve bu yüce çalışma adına hazır olmak için kendini sürekli incelemek istememen, aylaklık ve zayıflık gibidir. Bu nedenle ayetin sonunda 'Çünkü kibir yaptı' şeklinde yorumladıkları üzere, bu hizmette hâlihazırda mükemmel olduğunu düşünüyorsun."

---

[21] *Zamru*, İbranice'de hem şarkı söylemek hem de budamak anlamına gelir. Bu durumda ikincisine atıfta bulunuyor.

151. Ve İsrail Mısırlıları Gördü
BeŞalah'ta duydum

Ayette, "ve İsrail, Mısırlıların deniz kıyısında ölü olduğunu gördü", "...ve insanlar Efendi'den korktu ve Efendi'ye ve O'nun hizmetkârı Musa'ya inandılar." yazar. Buradaki "inandılar" ifadesinin konu ile ilgilisini anlamalıyız. Açıkça görülüyor ki, Mısır'dan çıkış ve denizin ikiye ayrılma mucizesi, İsrail'i daha önce sahip olduğu inançtan çok daha büyük bir inanca getirdi. Nihayetinde bilgelerimiz, deniz kenarındaki bir kız, peygamber Ezekiel'in gördüğünden daha fazlasını gördüğü ayet hakkında "Bu benim Tanrım ve O'nu yücelteceğim." dediler.

Dolayısıyla bu, Mısır'dan çıkış, mantık ötesi anlamına gelmediği için, "inanç" anlamının tam tersi olan, Efendi'nin bilgisini getiren açık bir mucize vakası olduğu anlamına gelir. Ve açık mucizeler görüldüğünde, inanç içinde olmak çok zordur çünkü ayrıca mantığın genişleme zamanıdır. Öyleyse "ve onlar Efendi'ye inandılar" sözlerinin anlamı nedir?

Bununla birlikte, "Hepsi, O'nun inancın Tanrısı olduğuna inanır." açıklamasına uygun olarak yorumlamalıyız. Ayet, ortaya çıkmış mucizeleri ve mantık ötesi inanç yoluyla Yaradan'a olan hizmetkârlıklarının azalmadığını gördükten sonra bile İsrail'in Yaradan'ı övmesini anlatır. Ve bir kez ödüllendirildiğinizde ve Yaradan'a mantık dâhilinde hizmet edebildiğinizde, inanç yoluna tutunmak, bunu hiç hafife almamak büyük bir çalışmadır.

152. Çünkü Rüşvet Bilgenin Gözlerini Kör Eder

24 *Tevet*'te duydum, 6 Ocak 1948

"Çünkü rüşvet, bilgenin gözlerini kör eder." Kişi çalışmayı ve çalışmanın şartlarını eleştirmeye başladığında, iki nedenden dolayı çalışmayı üstlenmesinin imkânsız olması ihtimali ile karşı karşıya kalır:

1. Çalışma için ödül yüzde yüz belli değildir. Kişi zaten ödüllendirilmiş olanları görmez ve çalışmanın ağırlığına katlanmak için emek sarf eden insanları ziyaret ettiğinde, onların çalışmaları için ödüllendirilip ödüllendirilmediklerini görmez. Ve kendi kendine "Neden almadılar?" diye sorar, en iyi cevabı vermeyi başarırsa, bunun sebebinin onların çalışmanın şartlarını harfiyen yerine getirmemeleri olduğunu anlar. Oysa emirleri harfiyen yerine getirenler, ödüllerinin tamamını alırlar.

Ve ardından ikinci soru gelir: Kişi bilir ki, çalışmanın şartları, çalışmanın tüm koşullarıyla başa çıkabilme konusunda arkadaşından daha yeteneklidir. Dolayısıyla, kişi, onu kaçındığı için kimsenin eleştiremeyeceğinden yüzde yüz emindir ve yüzde yüz haklıdır.

2. Bu nedenle, şu soru ortaya çıkar: "Çalışmaya başlayan kişi, kesinlikle tüm hesaplamaları deneyimlemiştir ve yine de çalışmayı üzerine almıştır. Öyleyse, tüm soruları kendisine nasıl cevapladı?" Mesele şu ki, gerçeği görmek için açık gözlerle bakmamız gerekiyor. Aksi halde, biz sadece kimin haklı olduğunu, doğruyu veya dünyayı gördüğümüzü düşünürüz. Ancak gerçekte, adaleti görmeyiz. Ve açık gözlere sahip olmak için, rüşvete karşı dikkatli olmalıyız "çünkü rüşvet, bilgenin gözünü kör eder ve erdemlinin sözlerini çarpıtır."

Ve rüşvetin özü, alma arzusundadır. Bu nedenle, kişinin öncelikle çalışmayı tüm şartlarıyla birlikte, hiçbir bilgisi olmadan ama yalnızca mantık ötesi inanç formunda kabul etmekten başka bir seçeneği yoktur. Akabinde, alma arzusundan arındığı zaman, eleştiri yaptığında, işin aslını görmeyi umabilir. Bu sebeple, mutlak garanti arayanlar hiçbir şey isteyemez çünkü gerçekte o haklıdır ve tartışmayı her zaman o kazanır çünkü hakikati göremez.

153. Düşünce Arzunun Sonucudur

Şevat 7, 18 Ocak 1948'de duydum, Tel-Aviv

Düşünce, arzunun bir sonucudur. İnsan ne istediğini düşünür. Arzulamadığı bir şeyi düşünmez. Örneğin, insan öleceği günü asla düşünmez. Tam tersine, her zaman sonsuzluğu üzerinde düşünmek ister çünkü arzusu budur. Dolayısıyla kişi, her zaman kendisine cazip geleni düşünür.

Ancak, düşüncenin özel bir fonksiyonu vardır. Arzuyu yoğunlaştırır. Arzu hareketsizdir; gelişip harekete geçme ve eylemini gerçekleştirme gücü yoktur. Ancak, insan bir şeyi düşünüp taşındığı zaman, arzu, isteğin yerine getirilebilmesi için düşünceden tavsiye ister. Dolayısıyla arzu genişler, büyür ve isteğin yerine getirilmesini sağlar.

Öyle görünüyor ki, düşünce arzuya hizmet etmektedir ve arzu, insanın "kendisi"dir. Bu durumda küçük benlik veya büyük benlik vardır. Büyük benlik, küçük benlikleri kontrol eder.

Küçük benlik ve hiçbir kontrolü olmayan kişi için tavsiye, benliği, arzu düşüncesinde ısrar yoluyla yüceltmesidir, zira düşünce, düşünüldüğü ölçüde büyür.

Ve böylece "O'nun kanunu üzerinde, gece ve gündüz tefekkür edecektir." çünkü onda ısrar ederek, gerçekten hükmeden oluncaya dek büyük bir benliğe dönüşür.

154. Dünyada Boş Bir Yer Olamaz
7 Şevat'da Duydum, 18 Ocak 1948, Tel Aviv

Dünyada boş bir yer olamaz. İnsanın özü arzusu olduğu, yaratılışın özü bu olduğu için, kişinin büyüklüğünün ve küçüklüğünün ölçüldüğü yer burasıdır. Dolayısıyla, kişi, dünyevi ya da manevi bir arzuya sahip olmalıdır. Bu arzulardan yoksun olan kişi, ölü kabul edilir çünkü yaratılışın tümü, yalnızca yoktan var oluş diye kabul edilen arzudan ibarettir. Ve kişi tüm yaratılışın özü olan bu içerikten yoksun olduğu için, doğal olarak başarısızlığa uğramış, devam edememiş kabul edilir.

Bu nedenle, kişi, yaratılışın tüm özü bu olduğundan, bir arzuya sahip olmak için çaba göstermelidir. Ama bu arzu arındırılmış olmalıdır çünkü her hayvanın kendisine neyin zarar verdiğini hissetmesi doğaldır. Benzer şekilde, bu arzunun bir şey için olacağını aklımızda tutmalıyız.

155. Bedenin Temizliği
Bir Şabat yemeği sırasında duydum, Şevat 13

Bedenin temizliği, zihnin temizliğine işaret eder. Zihnin temizliğine "hakikat" denir, orada hiçbir yalan yer almaz. Ve herkes bu konuda eşit değildir çünkü bazıları kısmen titizdir. Ancak bedenin temizliğinin korunması o kadar da önemli değildir çünkü kirden bu kadar nefret etmemizin sebebi, pisliğin zararlı kabul edilmesinden dolayıdır ve bedeni zarardan uzak tutmamız gerekir.

Bu nedenle, her ne kadar biz ona her türlü özeni göstersek de sonunda iptal olacağı için, beden konusunda titiz olmak o kadar da önemli değildir. Ancak ebedi olan ruh için, her türlü özeni ve titizliği göstermekte yarar vardır çünkü her türlü pislik zararlı kabul edilir.

156. Hayat Ağacından Almasın Diye
15 Şevat'ta duydum

"Hayat ağacından alıp yemesin ve sonsuza dek yaşasın diye." Baal HaSulam, kişinin belki de *Hazeh* (göğüs) ve üzeri olarak kabul edilen örtülü *Hasadim*'den (merhamet) alacağı şeklinde yorumladı. Çünkü bunda tam bir yeterlilik vardır ve bununla, *Hazeh*'den aşağısı olarak kabul edilen, bilgi ağacının günahı ıslah edilemeyecektir. Bundan, *Hasadim*'in örtülü olduğu yerde, hayat ağacına "*Hazeh*'ten yukarıya" dendiği sonucu çıkar. Ve bence "cennet korkusuna sahip bir hayat ve günah korkusu olan bir hayat" dediğimiz şeyi buna göre yorumlamalıyız.

Aralarındaki fark, Baal HaSulam'ın yorumladığı gibi, kişinin hayattan aldığı şeyin günah işlemekten korkması yani başka bir seçeneğinin olmamasıdır. Ancak cennet korkusu, kişinin başka seçenekleri olduğu anlamına gelir. Demek ki, kişi bu anlayışı edinmiş olmasa da yine de günah işlemeyecek ancak Yaradan korkusundan bunu seçecektir.

Ancak buna göre örtülü *Hasadim*'in, *Katnut* (küçüklük/bebeklik) olarak kabul edildiğini söyleyemeyiz. Bu, tam olarak kişinin başka hiçbir seçeneği olmadığı zaman böyledir. Ancak, kişi Rahel'in anlayışından ifşa olan Hasadim'i elde ettiğinde, o zaman, örtülü *Hasadim* olan Leah anlayışına GAR ve *Gadlut* (büyüklük/yetişkinlik) denir.

Ve buna "cennet korkusu" denir, kişi *Hasadim*'i ifşa eder ancak yine de örtülü *Hasadim*'i seçer. Dolayısıyla iki çeşit örtülü *Hasadim* vardır: 1) Kişi Rahel niteliğine sahip olmadığında ve kendisine VAK denildiğinde; 2) Kişi Rahel niteliğine sahip olduğunda ve ona "Leah", GAR denildiğinde.

157. Ben Uyumaktayım Ama Kalbim Uyanık
9 Nisan'da duydum, 18 Nisan 1948

Zohar'da (Emor 95a kısmında) şöyle yazılmıştır: "İsrail topluluğu, 'Çocuklarımın sert bir şekilde köleleştirildiği yerde, Mısır'da sürgünde uyuyorum' dedi." *Mohin* uyku halindeydi, ayet hakkında şöyle yazıldığı üzere, "vardır" onların Tanrı'sı uyuyor.

"Ancak sürgünde yok olmayacakları korumak için, kalbim uyanık." Bu, *Ahoraim*'in *Mohin*'ini edindiklerinde, bunlar hala onda parlamasalar ve hala sürgünde olsalar da, yine de bununla korundukları anlamına gelir. Ancak, bu yine de "kalpten ağza ifşa olmaz" yoluyla, uyanık kabul edilir.

Kalp, VAK'tır çünkü orada VAK *de Hohma* vardır. Bu yüzden *Gadlut* zamanında bile orada, onun burada aldığından başka *Hohma* yoktur.

"Sevgilim kapıyı çalıyor." Bu vuruştur, ZA'daki Masah [perde] de Hirik'tir [Hirik'in-bir noktalama işaretidir]. "Ve antlaşmamı hatırladım." *Nukva*'nın *Dinim*'i [yargıları] olan sünnet budur, bu *Dehura*'nın [erkeğin] *Dinim*'ini iptal eder. *Dinim*, GAR'ı iptal eden bir niteliktir ve bu, "kesmek" olarak kabul edilir.

"Ortaya çıkarma" adı verilen başka ıslahlar da vardır. "Bana iğne deliği kadar bir yer aç ki ben de sana üst kapıları açayım." Bu hafif aralığın anlamı, minik ışıklardır çünkü *Hasadim* olmadan, *Hohma* çok zayıf bir şekilde parlar.

Ancak daha sonra, *Hasadim* çekildiğinde, Hohma *Hasadim*'e, VAK'a, büyük konvoylara dâhil edilir. Ve üst kapıların anlamı, "saf hava" olarak adlandırılan AVİ perspektifinden, *Hasadim* ile ilgilidir. Bunun nedeni, kişinin yalnızca bir kez *Hohma*'ya sahip olduğunda ancak *Hasadim*'i çektiğinde, bu *Hasadim*'e "saf hava" denmesidir çünkü kişi, *Hasadim*'i Hohma'ya tercih eder.

Ancak, kişi *Hohma*'sız *Hasadim*'e sahip olduğunda, bu, *Katnut* [küçüklük/bebeklik] olarak kabul edilir. "Benim için aç" yani ZA ve kız kardeşi *Malhut, Hohma* formunda, *Hohma*'yı çekecektir. "Bana gireceğin kapı, senin içindedir." Bu yüzden, yalnızca *Hohma*'ya sahip olduğunuzda, içeriye, AVİ'den aldığım "saf hava" olarak adlandırılan, *Hasadim* formunda girebilmek için bir açıklığa sahip olacağım.

"Gel ve Gör: Yaradan, Mısır'ın ilk doğanlarını öldürürken ve dereceleri yukarıdan aşağıya indirirken," Mısır sol çizgidir. Ancak bunlar sağ ile herhangi bir bütünleşme olmaksızın *Klipa* [kabuk] şeklindedirler. Ve İsrail Mısır'dayken onların kontrolü altındadır ve onlar da solu almak zorunda kalırlar.

Ve ilk doğanların felaketi yani solun GAR'ının egemenliğinin iptali "ve dereceleri yukarıdan aşağıya indirdi. İşte o zaman İsrail, kutsal işaret antlaşmasına girdi." demektir.

Sünnet, *Dinim de Dehura*'yı iptal eden, *Hirik*'in Masah'ı olan *Dinim de Nukva* ile ilgilidir. Böyle yaparak solun GAR'ını iptal eder ve yalnızca VAK parlar. Böylece, Yaradan'ın ilk doğanlarını çarpması yoluyla, "kapıda gösterilen kan gibi", antlaşmayı sürdürecek güce sahip oldular.

"Ve onlar iki kandı; biri Pesah, diğeri sünnet." Pesah kanı, sol çizginin bütünleşmesinin ıslahıdır ve sünnet kanı, *Hirik* olan *Dinim de Nukva*'nın ıslahıdır. Ve Pesah kanı...

158. Pesah Bayramında Birbirinizin Evinde Yemek Yememenizin Nedeni

Pesah'da *Şaharit* (sabah) yemeği sırasında duydum, 1948

Kaşrut (Yahudi Beslenme Yasaları) gereğince, neden Pesah'ta birbirinin evinde yemek yememenin bir gelenek olduğunu ve neden yılın diğer zamanlarında böyle bir gelenek olmadığını açıkladı. Ayrıca tamamen *Koşer* olduğu bilinen biri bile olsa ve hatta kişinin kendi evindekilerden daha iyi olsa dahi, gelenek yine de orada yemek yememektir. Bu böyledir çünkü *Hametz* (mayalı ekmek) yasağı her şeydedir ve kişinin kendisini her şeyden koruması imkânsızdır. Daha doğrusu bu yasağı çiğnememesini, ancak Yaradan sağlayabilir.

Bu nedenle mayalı ekmek ile her şeye dikkat etmeniz gerektiği yazılıdır. Kişiye dikkatli olması emredilmiştir ve bir şeyin içinde mayalanmış herhangi bir şey olup olmadığı konusunda tavsiye almalıdır.

Ancak, kişi kendini koruyamaz. Dolayısıyla kişiyi yalnızca Yaradan korur. Ve şüphesiz bu korunmada herkes eşit değildir. Kişinin ihtiyacına bağlı olarak, bazıları Yaradan tarafından daha çok ve bazıları da daha az korunur. Bu böyledir çünkü bazı kişiler çok fazla bakıma ve korunmaya ihtiyaç duyduklarını bilirler ve böylece onlar, büyük bir bakım ve korunma çekerler ve ayrıca yukarıdan gelecek böyle bir korunmaya ihtiyaç duymadıklarını hisseden insanlar da vardır. Ayrıca, hissiyata bağlı olduğu için şu söylenemez: Bazıları kendini eksik ve yetersiz hisseder ve daha fazla bakım ve korunmaya ihtiyaç duyar.

159. Ve O Günlerde Gerçekleşti

Duydum

"Ve Mısırda geçen o günlerin ardından, Mısır Kralı öldü ve İsrailoğulları esaretleri nedeniyle iç çekip, ağladılar, yakarışları Yaradan'a doğru yükseldi. Ve Yaradan onların yakarışlarını duydu." (Mısırdan Çıkış 2: 23-4). Bu, onların dayanamayacakları kadar çok acı çektikleri anlamına gelir. Ve dualarında öyle yalvardılar ki, "Haykırışları Yaradan'a kadar yükseldi."

Ancak şunu söylediklerini görüyoruz, "Ah bizim olanlar... et çömleklerinin yanında otururduk, doyana kadar ekmek yerdik." Ayrıca "Mısır'da bedava yediğimiz balıkları hatırlıyoruz ve kabakları ve kavunları ve otları ve soğanları ve sarımsakları."

Gerçek şudur ki, aslında, Mısır'da yaptıkları çalışmayı gerçekten çok seviyorlardı. "Ve uluslar birbiri ile kaynaştılar ve yaptıkları eylemlerden dersler aldılar." sözünün anlamı budur. Bu, eğer İsrail bir ulusun egemenliği altındaysa, bu ulus, onları kontrol eder ve onun egemenliğinden kurtulamazlar anlamına gelir. Bu şekilde çalışmaktan tat aldıkları için, esaretten kurtulmaları mümkün olmamıştır.

Peki, Yaradan ne yaptı? "Mısır kralı öldü." yani bu esareti kaybettiler. Böylece artık daha fazla çalışamazlardı; eğer *Mohin*'in mükemmelliği yoksa köleliğin de eksik olduğunu anladılar. Bu nedenle "İsrail oğulları çalışmadan dolayı iç çekti." Çalışma için yeterli olamadıklarını anladılar ve köleliğe dayanma güçleri kalmadı.

"Mısır kralı öldü." sözü, onlara bakan ve besleyen Mısır Kralı'nın tüm hâkimiyetinin öldüğü anlamına gelir. Bu nedenle dua edecek yerleri vardı. Ve hemen kurtarıldılar. Ve sonra çölde yürüdüklerinde ve *Katnut* (küçüklük) koşuluna ulaştıklarında, Mısır Kralı'nın ölümünden önce sahip oldukları kölelik koşuluna özlem duydular.

160. Matzot'u Gizlemenin Nedeni

Duydum

Matzot'un [mayasız ekmeğin] her zaman saklı bir yere konulmasının, matzo-tabağına ya da üzeri örtülü başka bir şeyin içine konulmasının neden gelenek olduğunu açıklar. Şöyle yazılmıştır: "Ve insanlar hamurlarını mayalanmadan aldılar, yoğurma tekneleri, giysilerinin içinde omuzlarında bağlıydı." Burada ipucu, "giysilerine bağlı" sözündedir.

Mesele şu ki, Pesah'da, *Kelim* [kaplar] henüz olması gerektiği gibi ıslah edilmemiştir. *Kelim*'in ıslahı için sayım meselesi işte bu nedenle vardır. "Bir gül damlasının suretini gördüm" sözünün anlamı budur. Bu, Pesah gecesi bir mucize olduğu anlamına gelir, bir kavrayış, bir idrak olabilecekken yine de olmamıştır çünkü üzeri örtülüdür ve dışarıdan hiçbir şey görünmez.

161. Tora'nın Verilişine Dair - 2

Şavuot yemeğinde duydum

Tora'nın, Sina Dağı'nda verilmesi konusu, Tora'nın o zaman verildiği, bugün verilmediği anlamına gelmez. Aksine, Tora'nın verilmesi sonsuz bir şeydir –Yaradan her zaman verir. Ancak, bizler almak için uygun değiliz. Fakat sonra, Sina Dağı'nda, Tora'yı alan bizlerdik. Ve o zamanlar, sahip olduğumuz tek erdem "tek kalpte tek adam" olmamızdı. Bu, hepimizin yalnızca tek bir düşüncesi olduğu anlamına gelir: "Tora'yı almak."

Ancak Yaradan'ın bakış açısından, O daima verir, RİBAŞ (Rav Isaac ben Sheshet) adına yazıldığı gibi, "Kişi, her gün Sina Dağı'nda on emri duymalı." der.

Tora, "yaşam iksiri" ve "ölüm iksiri" olarak adlandırılır. "Tek bir konu içinde, iki zıt nasıl olabilir?" diye sormalıyız. Gözlerimizle gördüğümüz her şey duyulardan ibarettir, ancak gerçeğin kendisi bizi pek ilgilendirmez. Dolayısıyla, kişi Tora'yı çalıştığında, Tora onu Yaradan sevgisinden uzaklaştırdığında, bu Tora'ya kesinlikle "ölüm iksiri" denir. Ve eğer Tora onu Yaradan'a yaklaştırıyorsa, bu kesinlikle "yaşam iksiri" olarak adlandırılır.

Ancak Tora'nın kendisi yani içindeki gerçeklik, dikkate alınmaz. Daha ziyade buradaki, aşağıdaki gerçekliği, duyular belirler. Görünüşe göre alıcılar olmadığında Tora'yı, kendi içinde ve kendi başına edinemediğimiz, *Kli*'siz [kapsız] ışık olarak yorumlamalıyız. Bu, "maddesiz öz" olarak kabul edilir. Ve öz ile ilgili olarak hiçbir edinime sahip değiliz, manevi özü edinmek bir yana, maddesel olanda bile hiçbir edinime sahip değiliz.

Kişi kendisi için çalıştığında, bu *Lo Lişma* [O'nun rızası için değil] olarak kabul edilir ve *Lo Lişma*'dan *Lişma*'ya [O'nun rızası için] geliriz. Dolayısıyla, kişi Tora'nın edinimi ile ödüllendirilmemişse, onu gelecek yıl almayı umar. Ve bütün *Lişma*'yı edindiğinde ise bu dünyada yapması gereken başka bir şey kalmaz.

Bu nedenle, her yıl Tora'nın alındığı bir zaman vardır, zira aşağıdan bir uyanış için zaman olgunlaşmıştır çünkü ancak o zaman, Tora'nın verilişinin, aşağıdakilere ifşa olduğu zamanın uyanışıdır.

Bu nedenle her zaman yukarıdan bir uyanış olur, böylece aşağıdakiler, o zamanda yaptıkları gibi hareket edebilirler. Dolayısıyla eğer kişi, *Lo Lişma*'nın kendisine *Lişma*'yı getireceği yolda devam ederse, doğru bir şekilde ilerler ve sonunda Tora *Lişma*'nın edinimi ile ödüllendirileceğini umar. Ama hedef her zaman gözlerinin önünde değilse, "yaşam ağacı" olarak adlandırılan, Tora'nın tam tersi bir çizgide ilerlemektedir, bu nedenle, onu sürekli olarak hayat çizgisinden uzaklaştırdığı için "ölüm iksiri" olarak kabul edilir.

"Çaba sarf ettim ve bulamadım, inanma." "Buldum" un anlamını anlamamız gerekir. Orada bulunacak ne var? "Bulmak" Yaradan'ın bizi uygun bulması ile ilgilidir.

"Çaba sarf etmedim ve buldum, inanma." Aslında onun yalan söylemediğini anlamamız gerekir; bu, bir birey olarak kişinin kendisi ile ilgili değildir. Aksine, bütün için kural aynıdır. Kişi, Yaradan'ın kendisini uygun bulduğunu görürse, neden "inanmasın"? Mesele şu ki, bazen Yaradan kişiyi dua ederken uygun bulur. Çünkü bu duanın gücüdür -çaba yerine geçebilir. (Ayrıca, bu maddesel dünyada gördüğümüz gibi, kimileri vardır ihtiyaçlarını çabalarıyla tedarik ederler, kimileri ise duayla tedarik ederler. Ve izin istediği takdirde, kişinin kendi geçimini sağlamasına izin verilir.)

Ancak maneviyatta, lütuf görerek ödüllendirilse de, yine de daha sonra tam bedeli yani herkesin verdiği çaba ölçüsünde, bunu ödemesi gerekir. Aksi takdirde *Kli*'yi kaybeder. Bu nedenle, her şeyini kaybedeceği için "Çaba sarf etmedim ve buldum, inanma" demiştir. Bu yüzden, kişi daha sonra çabanın tamamını ödemelidir.

162. Seriyi Tamamlandıktan Sonra Okuduğumuz *Hazak* Hakkında

Tel-Aviv'de, *Av* 2, Şabat'ta bir *Şaharit* (sabah) yemeği sırasında duydum

Seriyi tamamladıktan sonra okuduğumuz *Hazak*[22], tamamlamanın, bize tüm dereceleri tamamlama gücü vermesi gerektiği anlamına gelir. Bedenin 248 organı ve 365 tendonu olduğu gibi, ruhun da bolluğu yaydığı 613 kanalı vardır. Ve bu kanallar, Tora aracılığı ile açılır. Hepsi açılmadığı takdirde, belirli bir derecede eksiklik görülse bile bu derece bütüne dâhildir.

Bu nedenle, eğer herhangi bir parça bütünde eksikse, aynı idrak bireylerde de eksiktir ve bunlar kademeli olarak, derecelerine göre enkarne olurlar. Ve hepsi tamamlandığında, bu ıslahın sonu olur. Bundan önce ortaya çıkarlar ve teker teker ıslah edilirler.

Artık bilgelerimizin neden, "Tora dünyadan önce geldi." dediklerini anlayabiliriz. Bu, dünyanın kısıtlaması ortaya çıkmadan önce de Tora'nın var olduğu anlamına gelir.

Peki, o zaman nasıl olur da bir sınır olan, bu dünyanın içinde parlayabilir? Daha doğrusu, Tora, birinin ardından öbürü şeklinde parlar. Ve tüm bu anlayışlar tamamlandığında, kişi bu dünyayı terk etmek zorundadır çünkü kişi, Tora'nın tüm anlayışını edinmiştir. Bu nedenle, her bitiş, devam etmek için bize güç vermelidir. Ve Tora'nın beş kitabı, esasen beş tane olan yedi *Sefirot*'a karşılık gelir çünkü *Yesod* ve *Malhut* öz değildir, sadece geneldir.

---

[22] *Hazak* güçlü demektir; Musa'nın Beş Kitabından (Tevrat) her bir kitabı bitirdikten sonra söylenen bir kutsamadır.

163. Zohar'ın Yazarlarının Söyledikleri

Şabat'tan Sonra Duydum, *Masa'ei* kısmı, 7 Ağustos 1948, Tel-Aviv

Sözlerini kıssadan hisse gibi bildiren, *Zohar*'ın yazarları hakkında, buna gerek yoktu. Sırlarını başka yollarla da ifşa edebilirlerdi. Ancak onlar, asıl önemli olanın, Tora'nın içindeki bilgelik değil, Tora'yı Veren olduğunu ve Tora ve *Mitzvot*'un (emirler) özünün sadece Tora'yı Veren'e bağlanmak olduğunu, okuyucunun açıkça anlamasını istedikleri için, sırlarını kıssadan hisse şeklinde kıyafetlendirmek istediler.

Dolayısıyla, onu en çok hatırlatan kıssadan hisse kıyafeti olduğundan, onu bu kıyafetin içine yerleştirdiler. Okuyanlar, yanılgıya düşüp bu kıssadan hisseden başka bir şey değildir, orada hiçbir bilgelik gizlenmemiştir ve yalnızca basit kıssadan hisselerdir demesinler diye, yazdıklarını birçok kez bilgelik ile kıyafetlendirmişlerdir. Bu nedenle, yazdıklarını biri diğerine işaret eden iki kıyafetin içinde yazdılar.

164. Maddesellik ve Maneviyat Arasında Bir Fark Vardır

Av 3'te duydum, 8 Ağustos 1948

Maddesellik ve maneviyat arasında bir fark vardır. Maddesellikte, güç eylemden önce gelir; şöyle yazıldığı gibi, "Onlar çağırmadan önce, Ben cevap vereceğim." Orada, düzen son ıslaha göredir, onu yapacak güç bulunmadan, hiçbir şey yapılamaz. Bunun, henüz sona göre düzenlenmediği ancak incelemelerin sırasına göre düzenlendiği maneviyatta çalışma, güce ulaşmadan önce başlamalıdır; şöyle yazıldığı gibi, "O'nun sözünü yerine getirenler, O'nun sözünün sesini işitsinler."

165. Elişa'nın İlyas'tan Talebine Bir Açıklama

Duydum

Elişa ona "Senin için ne yapacağım?" diye sordu. Ve o, "ruhunun iki katı" diye cevap verdi. Şöyle yanıtladı, "Zor bir şey istedin."

Mesele şu ki, burada 288'in tasnifi ve bir de incelenmesi mümkün olmayan, taştan kalp var. Ancak, 288'i tasnif ederken, kendisine dokunmak yasak olsa dahi, bu vesile ile taştan kalp de tasnif edilir. Bu 288'i inceleyen kişi, böylelikle taştan kalbi de dikkatle inceler.

166. Edinimdeki İki Anlayış

Duydum

İki anlayış vardır. 1) Dünyaların kademeli olarak yukarıdan aşağıya inişi. 2) Aşağıdan yukarıya doğru açılışı.

İlk anlayış, "Tanrı'nın yapmak için yarattığı"dır. Bu, Yaradan'ın bize çalışmamız için bir yer hazırladığı anlamına gelir.

İkinci anlayış, aşağıdan yukarıya doğru bağlanmaya ve kıyafetlenmeye başladığımızdadır. Ancak, dereceyi tamamlamadan önce, kesin olarak hiçbir şey bilemeyiz. Buna "önce öğrenmek, sonra anlamak" denir.

Ekmek yemeye başlayan küçük bir çocuk, henüz hiçbir bilgiye sahip değildir, yalnızca ekmeği bilir. Ve büyümeye başladığında, gözümüze göründüğü şekliyle ekmeği şekillendiren bir neden olduğunu anlamaya başlar. Beyaz, yumuşak, lezzetli, vb.

Kişi, ancak fırından çıkarıldıktan sonra ekmeğin şeklini edinir. Ekmek, yemeye uygun olamayacak kadar yumuşak ve sıcaktır. Burada eksik bir eylem vardır; havanın zamanla ekmeği soğutup kurutması, ekmeğe, masaya geldiği zaman göründüğü gibi ekmeğin şeklini vermesi.

Fakat sonra, daha fazla araştırmaya başlar ve ekmeğin başka bir şeklini, fırına yerleştirilmeden önceki şeklini görür. Benzer bir şekle sahip olmalarına rağmen, arada büyük farklılıklar vardır. Yani fırının ısısı, ekmeğin daha büyük ve katı hale gelmesini sağlar ve yüzeyini kabuklandırır. Daha önce beyazdır, şimdi ise farklı bir renge sahiptir. Araştırmaya başladığında, ekmeğin, daha fırına girmeden kendi şeklini ve ağırlığını aldığını görür.

Böylece, kişi, buğdayın alınıp toprağa ekildiği duruma gelinceye kadar devam eder. O zamana kadar, sadece ekmekten alabilir yani dünyada var olan ekmeği azaltabilir. Ancak daha sonra, nasıl ekleyeceğini de bilebilir.

Benzer şekilde, maneviyatta da ilk önce aşağıdan yukarıya almak gerekir. Bu süreçte sadece alabilir ve ekleyemez. Ancak daha sonra, ikinci durumda da ekleme yapılabilir.

167. Şabat Teşuva Denmesinin Sebebi

Şabat Teşuva'da duydum, 9 Ekim 1948, Tel-Aviv

"Şabat Teşuva" (Tövbenin Şabat'ı) denmesinin nedeni, (on pişmanlık gününün sonunda, Kefaret Günü'nde), **"günah içindeyim"** dememizdir. Ve "günah içindeyim" koşulunu inceleyen kişiler, bu koşulda yerini bulamaz, en azından yüzde altmışı için yerini bulamaz ve yüzde kırkı için açıklanabilir ve mazur görülebilir sebepler öne sürebilir, belki de hissetmediğine dair bir şüphesi vardır. Fakat kişi, yüzde altmışında, kesinlikle kendini bulamaz.

Bu yüzden Şabat'ın Segula'sı (güç/erdem/şifa) vardır. Şabat'ın ışığı parlayabilir ve gösterebilir, böylece kişi kendini tamamen yüzde yüz **"günah içinde"** bulabilir ki bu sadece kişi içindir, başkaları için değildir. Ama ışık olmadan bunu hissetmeyiz.

Bu nedenle buna *"Şabat Teşuva* (tövbe)" denir. Şabat, *Teşuva* için iyidir, böylece günahlarımızı hissedebiliriz. Çünkü önce günahı itiraf etmeli, sonra bağışlanmayı talep etmeliyiz. Ama günahı hissetmeden "günah içindeyim" dersek, bu nasıl bir itiraf olur? Sonuçta kişi, kalpten günah işlemediğini söylüyor. Ve kişinin kalbi hem fikir değil iken ağzı ile söylediği şey, böyle bir itiraf kesinlikle değersizdir.

168. İsrail'in Gelenekleri

Duydum

İsrail'in gelenekleri o kadar önemlidir ki, kişiye *Mitzvot*'un (emirler) kendisinden daha fazla maneviyat verdiği rahatlıkla söylenebilir. Bu böyle olmasına rağmen, geleneği bozmak cezalandırılmaz ve yasayı çiğnemek cezalandırılır. Yine de cennet korkusunu yaratmak için, gelenekler maneviyatta kazanç sağlar çünkü gelenekleri belirlemiş olan yüce kişiler, maneviyatın gelenekler yolu ile parlayacağı şekilde gelenekleri düzenlemişlerdir.

Şabat'ta et ve balık yeme geleneğini yerine getirmekten kaçınan kişi, kendini maneviyattan mahrum eder denmesinin nedeni budur. Ancak bu, bütünlüğe ulaşamamış, yani ne yaptığını görmeyen kişiler için böyledir. Bu onun henüz *Mitzvot*'un tatlarıyla ödüllendirilmediği anlamına gelir, bu nedenle de geleneklere uyması gerekir.

Çürümeden önce bozulan bir elma gibidir, ancak bozulduğunda, çürüme kesindir. Benzer şekilde, bir kişi özgür olduğunda, gelenekleri reddeder ve reddedişin ardından ya o özgürleşir ya da oğulları özgürleşir.

169. Erdemi Tam Olana Dair

Duydum

Günah işlememiş "tam erdemli" hakkında. "Yeryüzünde hep iyilik yapmış ve hiç günah işlememiş erdemli bir insan yoktur." diye yazılmıştır. O, her derecede, günahın olmadığı bir "tam erdemli" anlayışının var olduğunu söyledi. Ve kişi, o derecede asla günah işlemedi. Bu, "hayat ağacı" ve "örtülü *Hasadim* (merhamet)" olarak kabul edilen, her derecede, *Hazeh*'den (göğüsten) yukarıya doğru olanın idrakidir.

Hazeh ve aşağısının idrakinde, günah ve tövbe vardır. Bu ıslah edildiğinde, daha yüksek bir dereceye ulaşırız. Ve orada da "tam erdemli" anlamına gelen "Yeryüzünde hep iyilik yapmış ve hiç günah işlememiş erdemli bir insan yoktur." düzeni işlemeye başlar.

170. Cebinde Büyük Bir Taş Olmayacak

Duydum

"Cebinde büyük ve küçük bir taş olmayacak." *Even* [taş], "inanç" (tartı taşı) olarak adlandırılır. Bu, küçük olarak kabul edilir ve mantık ötesidir. Ancak, aynı zamanda "büyük bir taşınız" yani mantığınız olduğunu da söylemelisiniz. Bu, yaptığınız şeyin dünyanın geri kalanı gibi olmadığı, sağlam bir temelinizin olduğu anlamına gelir, buna *Gadlut* [büyüklük, yetişkinlik] denir, temelsiz ve tam bir *Even* olmayan *Katnut* [küçüklük, çocukluk] değildir.

"Küçük bir taş" olmalı, ancak bu "tam" olmalıdır yani Tora ve *Mitzvot*'un tamamını, "küçük taş" temelinde tutmak için yeterli olmalıdır, ancak o zaman ona "tam" denir.

Ancak "küçük" ise ve size sadece küçük şeyler yaptırıyorsa, "tam bir taş" olarak kabul edilmez. Nerede büyük, nerede küçüktür? Küçük bir temeliniz varsa, kendisine göre küçük kabul edilir. Ama "büyük bir taşa", büyük bir temele sahip olduğunuzda, kendinizi büyük addedersiniz yani bu büyük olduğunuz anlamına gelir. Ve "tam bir taş", kişinin İlahi Takdir'le ödüllendirildiği zamandır.

171. Zohar'da, Emor - 1

18 Nisan 1949'da Pesah'da duydum

Zohar, Emor bölümünde şöyle yazılmıştır: "İsrail topluluğu şöyle söyledi, 'Mısır'da sürgünde uyuyorum.'" (*Zohar*, Emor, s. 43)

Mohin'in ayrılışına "uyku" denir. "Ve kalbim uyanık." "Kalp", bilgeliğin otuz iki yolu olarak kabul edilir. Bu, *Hohma*'nın [bilgeliğin] onların içlerinde parladığı, ancak *Hasadim* [merhamet] giysisi olmadan parladığı anlamına gelir ve buna "Mısır'daki sürgün" denir. Bu nedenle "uyku" olarak adlandırılır. Fakat aynı zamanda onlar, *Mohin de Hohma*'yı almaya layıktılar ama bu Ahoraim (arka) formundadır.

"Dinle! Sevgilim kapıyı çalıyor" yani *Hassadim* olarak kabul edilen ZA'nın sesi. Ve Yaradan şöyle dedi: "Benim için bir iğne ucu kadar bir delik açın." Bu, kurtuluş esnasında onlara, *Hohma*'nın niteliğini bir kez daha çekmelerini söylediği anlamına gelir. Ve *Hassadim*'siz olduğunda, *Hassadim* olmadan parlamadığı için, bu deliğe "iğne ucu" denir.

"Ve ben size üst kapıları açacağım." yani ona Hasadim anlayışını bahşedecek, ancak o zaman bolluk ve berekete, *Hohma* ve *Hassadim*'e sahip olacaktır.

"Benim için aç... Çünkü Bana geleceğin kapı, senin içindedir, benim çocuklarım sadece senin aracılığınla Bana geleceklerdir." Bu demektir ki O, *Mohin de Hohma*'ya ihtiyacı olan çocuklarına bunu veremeyecektir çünkü O'nun niteliği, sadece Hasadim'dir. Ancak, o *Hohma*'yı çektiğinde, çocukların da *Hohma*'yı alması mümkün olacaktır. Bu nedenle, "Beni bulamasınlar diye kapalıyım" yani "Beni bütünlük içinde bulmasınlar diye" buna rağmen, bu deliği yalnızca onun açabileceği düşünülür.

ZA, sadece *Hassadim*'e sahip olduğunda, sadece VAK'a sahiptir ve ona "sadece hava" denir. Ancak, aynı zamanda *Hohma*'ya da sahip olursa, o zaman sadece *Hassadim*'i alsa dahi, *Hassadim*'ine "saf hava" denir. Bunun nedeni, o zaman *Hassadim*'inin *Hohma*'dan daha iyi olmasıdır ancak *Hohma* olmadan, o bütünlük içinde bulunmayacaktır.

Sözlerinin anlamı şudur: "Seninle eşleşmek ve seninle her zaman barış içinde olmak. Gelin ve görün, Yaradan'ın, Mısır'ın ilk doğanını öldürdüğünü, tüm o gece yarısı öldürdüklerini ve o derecelerini yukarıdan aşağıya indirdiği herkesi." Bu, iki anlayışa neden olan *Masah de Hirik*'in ıslahı yolu ile yapılır. GAR'ın ayrılması ve *Hassadim*'in genişlemesi, burada, bu *Hitkalelut* [bütünleşme] vasıtasıyla, *Mohin*'in yukarıdan aşağıya doğru genişleme imkânı vardır.

"Kutsal işaret antlaşmasına girdiğinde, İsrail sünnet edildi." "İlk doğan felaketi", "Pesah kanı" ve "sünnet kanı", tek bir anlayıştır. Mısır Tanrısı'nın bir kuzu olduğu, bilinen bir sırdır. Bu, Pesah sunusunun, onların Tanrı'sına yönelik olduğu anlamına gelir.

Mısır'ın *Klipa*'sı [kabuğu], ıslahın sonundan uzatmak istedikleriydi, bilgi ağacının günahı gibi, GAR'ın ışığını yukarıdan aşağıya çekmek istediler. Ve Pesah katliamı yoluyla, GAR *de Hohma*'yı katlettiler ve bununla ilk doğan felaketi meydana geldi.

İlk doğan, GAR olarak kabul edilir ve onlar GAR'ı iptal ettiler. Bu, kilidi yükseltmek olarak kabul edilen ve GAR'ın iptaline neden olan, *Masah de Hirik* kullanılarak gerçekleşti.

Dam [kan], GAR'ı ölüme götüren **Dmamah** [sessizlik] kelimesinden gelir. Sünnet kanının anlamı budur. Keski, *Dinim de Nukva*'dır ve Dinim, *Dinim de Dehura*'yı iptal eder, yazıldığı üzere, "Bunlar iki kandı. Pesah kanı ve sünnet kanı." Pesah kanının atılması ile GAR iptal edildi ve çizgilerin *Tikun*'unda [ıslahında] *Hitkalelut* vardı. *Lento* ve iki *Mezuza*'nın anlamı budur.

"Ve dördüncüde… Ve İsrail diğer otoriteden ayrıldı ve bir Matza kutsal düğümü ile birleştiler." Mayalı ekmek, Hazeh'den aşağıya doğru genişleyen ve bu sırada yukarıdan aşağıya doğru parıldayan *Mohin*'dir. Matza, *Hazeh*'den yukarıya doğru parlayan *Mohin*'dir. Bu anlayışta, Pesah gecesinde ortaya çıkan, Pesah katliamının ve ilk doğan felaketinin yapıldığı kilit, yalnızca kendisinden aşağıya doğru hareket ettiğinden, dışsal olanlara tutunamaz. Bu, onun *Hazeh*'de ifşa edildiği anlamına gelir.

Buradan, yukarıdaki her şeyin, içindeki yargı ile çalışmadığı sonucu çıkar. Ancak, *Hazeh*'den aşağısı için durum böyle değildir çünkü bütün genişleme, kendi anlayışının altındadır. Bu yüzden, içindeki yargı hissedilir ve bu nedenle İsrail, Pesah gecesinde mayalı ekmek yerine *Matza* yemeye dikkat etmiştir.

Matza'nın, mayalı ekmekte olmayan bir erdemi ve mayalı ekmeğin de *Matza*'da bulunmayan bir erdemi vardır. *Matza*'da bulunan erdem, onların, hala "iki büyük ışık" olarak kabul edilen, eksiksiz *Mohin*, GAR *de Hohma* olmalarıdır. Ancak, *Hassadim*'in eksikliğinden dolayı parlayamadıklarından, *Ahoraim* formundadırlar.

Ve bir de mayalı ekmeğin bir erdemi vardır. Yalnızca VAK olmasına rağmen çoktan *Hasadim* ile kıyafetlenmiştir. *Mohin de Hohma*'nın bulunduğu tapınakta, onlar da *Matza* olarak kabul edilen, *Hazeh*'den ve yukarısından formundaydılar. Bu nedenle, "Sunak olarak ne maya ne bal ne de tütsü yapmayacaksınız." denmiştir.

172. Engeller ve Gecikmeler Konusu

Pesah 7'de duydum, 20 Nisan 1949, Tel-Aviv

Önümüze çıkan tüm engeller ve gecikmeler, bir nevi yaklaştırmadır, Yaradan bizleri yakınlaştırmak ister ve tüm bu engeller sadece bizleri yakınlaştırır, zira bunlar olmasaydı, Yaradan'a yakınlaşma imkânımız olmazdı. Bu böyledir çünkü doğamız gereği, Yaradan yücelerin yücesi iken bizler saf maddeden yaratıldık, bundan daha büyük bir mesafe yoktur. Ancak kişi yaklaşmaya başladığında, aramızdaki mesafeyi hissetmeye başlar. Dolayısıyla, üstesinden gelinen her engel, o kişi için, yolu daha da yakınlaştırır.

(Bu böyledir çünkü kişi, uzaklaşan bir çizgide ilerlemeye alışır. Dolayısıyla, kişi her ne zaman uzak olduğunu hissetse, bu, süreçte herhangi bir değişikliğe neden olmaz çünkü uzaklaşan bir çizgide ilerlediğini baştan biliyordur çünkü gerçek budur, Yaradan ile aramızdaki mesafeyi tarif edecek kelime yoktur. Bu nedenle, bu mesafeyi düşündüğünden daha fazla hissettiği her seferinde, bu, kişide hiçbir tartışma yaratmaz.)

173. Neden *Lehaym* Diyoruz

Şabat yemeği sırasında şarap içerken duydum,
Acharei-Kedoshim kısmı, Omer Sayımı 23,
7 Mayıs 1949

Şarap içerken *Lehaym* (kadeh kaldırırken "hayata-şerefe") denmesi hakkında, bilgelerimiz şöyle dedi: "Şarap ve hayat bilgelere ve onların öğrencilerine göredir." Bu kafa karıştırıcıdır. Neden özellikle bilgelerimize göre? Neden eğitimsizlere göre değil?

Mesele şudur ki, *Lehaym* daha yüksek bir yaşam anlamına gelir. Şarap içtiğimizde, şarabın "Tora'nın şarabı" anlamına geldiğini hatırlamalıyız, bu da "yaşam" denilen, Tora'nın ışığını yaymamız gerektiğine dair bir hatırlatmadır. Bununla birlikte dünyevi hayat, bilgelerimiz tarafından şöyle adlandırılır: "Günahkârlara hayattayken 'ölü' denir."

Dolayısıyla "şarap ve hayat" diyebilecek olanlar, özellikle bilgelerimizdir. Bu, sadece onların, manevi hayatı yaymak ile yetkilendirilmiş oldukları anlamına gelir. Ancak eğitimsiz insanlar, bunu yayabilecek hiçbir araca sahip değildir. (Ve belki, "bilgelerimize göre" demek, bilgelerimizin görüşüne göre demektir. Bunun anlamı, onların "hayat" dedikleri şeyin, manevi hayat anlamına geldiğidir.)

174. Gizlilik

Duydum

Bir ıslah olan gizlilikle ilgili, eğer öyle olmasaydı, insan, bu meselenin önemini edinmeye layık olmayacağı için, bütünlüğe erişemezdi. Ancak gizlilik olduğunda, bu şey kişi için önemli hale gelir. Kişi gerçekte olduğu gibi, bunun önemini takdir edemese de gizlilik ona değer katar. Bu, gizliliği hissettiği ölçüde kişinin içindeki önem verme hissine yer açar.

Bu, tıpkı basamak gibidir. Kişi, kendisi için belirlenen yere ulaşana kadar, basamak basamak tırmanır. Bu, O'nun gerçek önemi ve yüceliği ölçülemez olmasına rağmen, en azından kişinin katlanabilmesine, devam edebilmesine yetecek belirli bir önem derecesini edindiği anlamına gelir.

Bununla birlikte, kendi içinde gizlilik, gizlilik olarak kabul edilmez. Gizlilik, talebe göre ölçülür. Bir şey için talep arttıkça, gizlilik de belirginleşir. Ve şimdi, "Bütün dünya O'nun görkemiyle doludur." ifadesinin ne anlama geldiğini anlayabiliriz. Buna inanmamıza rağmen, gizlilik yine de tüm dünyayı doldurur.

Gelecek hakkında şöyle yazılmıştır: "Çünkü ben, ... Onun için çevresinde ateşten bir duvar ve tam onun ortasında ihtişam olacağım." Ateş, gizlilik demektir. Ama yine de tam ortasında ihtişam olacağım yani o zaman ihtişam ifşa olacak. Bunun nedeni o zaman gizlilik olmasına rağmen, talebin çok büyük olmasıdır. Ve fark, o zaman gizliliğin olması ancak talebin olmamasıdır. Bu nedenle bu, "sürgün" olarak kabul edilir. Ancak o zaman gizlilik olsa da talep de olacaktır ve önemli olan da budur, sadece talep.

175. Ve Eğer Yol Size Çok Uzaksa

Şevat yemeğinde duydum, *Behar-BeHukotai* kısmı, İyar 22,
21 Mayıs 1949

"Ve eğer yol size çok uzaksa; onu taşıyamadığınızdandır."
Yol neden bu kadar uzak? Çünkü "Sen onu taşıyamıyorsun." şeklinde yorumladı. Çünkü kişi Tora ve *Mitzvot*'un (emirler) yükünü taşıyamaz ve bu yüzden yol ona çok uzak görünür. Bunun için tavsiye, ayetin "Elindeki parayı sıkı tut." demesidir. *Kesef* (gümüş, para), bu çalışmaya katması gereken *Kisufin* (özlem) demektir. Böylelikle Yaradan'a yönelik arzunun, özlemin gücüyle kişi Tora ve *Mitzvot*'un yükünü taşıyabilecektir. *Kesef* aynı zamanda utanç ile ilgilidir. Bunun nedeni, kişinin cenneti yüceltmek amacıyla yaratılmış olmasıdır, şöyle yazıldığı gibi, "Kutsanmış olan… Bizi, O'nun ihtişamı için yaratan."*Matza*

Genel olarak Tora ve *Mitzvot,* kişinin, O'nun lütfunu kazanmak için yaptığı şeylerdir. Bunun nedeni, hizmetkârın doğası gereği, efendisi tarafından sevilmeyi istemesidir çünkü o zaman, efendisinin kalbi ona doğru döner. Burada da aynıdır; kişinin ustalaştığı pek çok eylem ve titizliği, sadece O'nun gözünde ayrıcalık kazanmak için bir araçtır ve o zaman, O'nun arzu ettiği hedefe ulaşacaktır.

Ve kişi Tora ve *Mitzvot*'u insanlar tarafından beğenilmek için yerine getirir. Ve kişi cennetin ihtiyaçlarını bir araca dönüştürür. Yani kişi bu sayede insanlar tarafından sevilecektir. Ve kişi Tora *Lişma* (O'nun rızası için) ile ödüllendirilmediği sürece, insanlar için çalışır.

Ve kişinin diğer insanlar için çalışmaktan başka seçeneği olmamasına rağmen, yine de böyle bir kölelikten utanması gerekir. Bu durumda, bu *Kesef* vasıtasıyla, *Keduşa*'nın (kutsallık) *Kesef*'i yani *Keduşa*'yı istemekle ödüllendirilecektir.

"Parayı elinde sıkı tut." Bu demektir ki, özlem duymak, kişinin elinde olmasa da eğer onun için arzusu yoksa hiçbir şey yapamaz. Hal böyleyken *Kisufin*, isteme arzusu için kişi arzu göstermelidir. (ya da belki de *VeTzarta* (bağlanma), *Ratzita* (arzulanan) sözcüğünden gelir.) Kişi bunun için arzu göstermeli, Yaradan'ı istemeye özlem duymalıdır yani cennetin ihtişamını arttırmayı, O'nun gözüne girmeyi ve O'na memnuniyet vermeyi istemelidir.

Bir Zahav (altın) anlayışı ve bir de *Kesef* anlayışı vardır. *Kesef*, genel olarak *Kisufin*'e (özlem) sahip olmak anlamına gelir ve Zahav (altın, "bunu ver" sözcüklerinden türemiştir) bu kişinin tek bir şey istediği, pek çok şeye olan özlem ve arzusunun bu bir tek özlem içinde iptal olduğu anlamına gelir. Ve o sadece "bunu ver" der yani *Şehina*'yı (Kutsallık) tozdan kaldırmak dışında, başka hiçbir şey istemez. Tek arzusu budur.

Dolayısıyla kişi, uygun bir arzu ve özleme sahip olmadığını görse bile, arzusunun olmadığını görse bile yine de bu arzuyu elde etmek için eylem ve düşüncelerinde çaba göstermelidir. Buna "Ve parayı elinde sıkı tut." denir. Kişi, bunun elinde olup olmadığını düşünmemelidir, bu küçük bir şeydir. Aksine, "öküzler için (merhamet ile) veya koyunlar için" vb., çünkü kişi ancak bununla en yüce ışıklar ile ödüllendirilecektir.

176. Havdala[23] Sonrası Konyak İçerken

Yom Kipur'dan sonra duydum, 21 Eylül 1950

"Ve kutsallıktan çıktığında iyi bir gün geçirecekti." Kutsallık, bilgelik ve *Dinim* [yargılar] korkusunun olduğu, sol çizgi olarak kabul edilir. Bu nedenle, orada iyi bir gün için yer yoktur. Daha ziyade, "bilgelik" ve "sol çizgi" olarak adlandırılan "kutsallıktan çıktığı zaman", *Hasadim*'in ışığı olarak kabul edilen iyi bir gün geçirecektir.

---

[23] Şabat'ın sonunu işaret eden bir tören.

177. Kefaretler

Duydum

"Günahların kefareti", *Hohma* [bilgelik] ışığının tezahürü ile yapılır. İtiraf, *Hohma*'nın çekilmesidir. Kişi ne kadar çok itiraf ederse, *Hohma*, onun üzerinde o kadar çok görünür. Bunun hakkında: "O gün, ... Yakup'un günahı aranacak ve hiçbir şey bulunmayacak." denmiştir. Bunun nedeni, tüm günahlar için affedildiklerinde, *Hohma* üzerlerine çekilinceye dek bunların affedilmemesidir. Bu nedenle, üzerine bilgelik ışığını çekmek için günahları arıyorlardı.

"Solun kucaklaması", sol çizginin uzantısı anlamına gelir. On kefaret gününün her birinde, "sol çizgi" olarak adlandırılan, *Mohin de Hohma*'nın on *Sefirot*'unun bir niteliği uzatılır. Ve *Yom Kipur*'da [Kefaret Günü'nde), *Zivug* [eşleşme/çiftleşme] vardır.

Sağın kucaklaması, *Hohma*'nın tezahür ettiği, hâlihazırda *Hasadim*'de [merhamette] tatlandırıldığı yere, *Hazeh*'in (göğsün) altına çekilmesidir. Bu, öncelikle *Hasadim*'in genişlemesi olarak kabul edilir. *Nukva*'nın kendisi, "toplantının sekizinci gününe" [*Sukot*'un son gününe] kadar devam eder ve sekizinci gün *Zivug*'dur.

178. İnsandaki Üç Ortak

Zohar'ın dokuzuncu bölümünün tamamlanmasının kutlandığı bir yemek esnasında duydum, *İyar* 3, 9 Mayıs 1951

İnsandaki üç ortakla ilgili olarak: Yaradan, baba ve anne.

Ve orada dördüncü bir ortak olduğunu söyledi: yeryüzü. Eğer kişi yeryüzünden beslenmezse ayakta kalamaz. Dünya, *Malhut* olarak kabul edilir. Genel olarak, HB TM olarak adlandırılan dört anlayış olduğu kabul edilir. Kişinin yeryüzünden aldığı besin, incelemelerdir, burada beslenme yoluyla yiyecekler, Klipa'dan [kabuktan] ayrılır.

Malhut'ta iki anlayış vardır: 1) *Keduşa* [kutsallık], 2) Kötü Lilit. Bu nedenle, kişi yemek yerken ilk ve son kutsamaları yaptığında, bununla yemek, *Sitra Ahra*'nın [diğer tarafın] egemenliğinden çıkar. Yiyecek kana dönüştüğünden ve kan ruh olarak kabul edildiğinden, kişinin ruhu, *Sitra Ahra*'da olmaktan çıkar ve seküler hale gelir.

Bununla birlikte, kişi *Mitzva* [emir] yemeğinden yediğinde, yemek *Keduşa* [kutsallık] olarak kabul edildiğinde, eğer bu yemeği niyet ile yerse, yemek kan olur ve kan da ruh olur. Ve sonra *"Keduşa'nın ruhu"* koşuluna gelir. Bu nedenle, kötü eğilim her zaman kişiye gelir ve çeşitli nedenlerle bir *Mitzva* yemeği yemenin değerli olmadığını düşünmesine neden olur. Ancak asıl amacı, yukarıdaki nedenden dolayı bir *Mitzva* yemeğinde yemek yemek değildir çünkü o *Keduşa*'nın bir parçasıdır.

179. Üç Çizgi

Pesah'ta Duydum, 23 Nisan 1951

Üç çizgi meselesi ve İsrail'in, Kral'ın bedenine tutunma meselesi vardır. İsrail halkı, Mısır'a inmek zorunda kaldığı zaman, Mısır sürgünü meselesi vardır ve Mısır'dan çıkış meselesi vardır. Ve bir de "bir kadınla evlenmek üzere olan, beraberinde eğitimsiz bir adam da getirir" meselesi vardır. Ve İbrahim'in şu sorusu vardır: "Onu miras alacağımı nereden bileceğim?" Ve Yaradan'ın ona cevabı şudur: "Kesin olarak bil ki, senin soyun kendisine ait olmayan bir ülkede yabancı olacak ve onlar dört yüz yıl boyunca acı çekecek ve sonra büyük bir servetle dışarı çıkacaklar." Burada GAR meselesi, VAK meselesi ve VAK de GAR meselesi vardır.

Yaratılış düşüncesi, O'nun yaratıklarını memnun etmektir ve *Tzimtzum* (kısıtlama) ve *Masah* (perde) sadece utanç ekmeğinden kaçınmak içindir. Bununla, çalışma için bir yer açılır ve bundan üç çizgi uzanır. İlk çizgi, *Roş*'suz (baş) VAK olarak kabul edilen ve "inanç" olarak da addedilen, sağ çizgidir. İkinci çizgi ise, sol olarak kabul edilendir ve bu edinimdir. Ve sonra bunlar anlaşmazlığa düşerler çünkü inanç, edinimle ve edinim, inançla çelişir.

Sonra orta çizgi anlayışı vardır. Bu, VAK de GAR veya Hohma ve *Hasadim* ya da birbiri ile bütünleşmiş olan sağ ve sol çizgiler olarak kabul edilir. Bu, kişinin inancı ölçüsünde edinimi aldığı anlamına gelir. Böylece, inancı olduğu ölçüde, edinim elde eder. İnancının olmadığı yerde onu tamamlayacak olan edinimi çekmez, her zaman durur ve biri diğerine üstün gelmesin diye bu çizgileri tartar.

Ve (önünde beliren) GAR'a "inançsız edinim" denir. Bu "inançsızların çalışması" diye adlandırılır. Ve İsrail'in çalışması, inanç olarak kabul edilir, buraya edinim dâhildir. Buna "Kral'ın bedeni" denir; bu inanç ve edinim demektir.

İbrahim, "inancın babası" yani *Hasadim* olarak adlandırılır. O zaman, O'na yaklaşmak isteyen herkesin, önce inanç anlamına gelen "sağ" anlayışını üstlenmesi gerekir.

Fakat inanç edinimle çelişir. O halde onlar için gerekli *Kelim*'e (kaplar) sahip değilken, edinimi nasıl çekebilirler? Bu yüzden O, "Senin soyun kendisinin olmayan bir ülkede yabancı olacak," demiştir. Ve bu, "Diğer uluslarla karıştılar ve onların eylemlerinden öğrendiler" anlamına gelir yani diğer ulusların hâkimiyetine girdiler ve diğer uluslar da onların hâkimiyetine girdi ve böylece GAR de *Hohma*'yı çektiler.

İsrail'in de, GAR de Hohma'yı genişlettiği Mısır sürgünün anlamı budur. Ve bu onların karanlık algısının genişlediği sürgünleridir.

Mısır'dan çıkış, ilk doğan felaketi yoluyla olur. İlk doğan, GAR de *Hohma* anlamındadır, bu, Efendi'nin Mısır'ın ilk doğanlarına vurmasıdır. Pesah kanının ve sünnet kanının anlamı budur; *Zohar*'da yazılan şey şudur (Amor, 43): "Yaradan, Mısır'ın ilk doğanlarını katlettiği zaman, İsrail kutsal işaretin anlaşmasını yaptı, sünnet oldular ve İsrail topluluğuna bağlandılar."

Sol çizgi, ışıkları engellediği için "sünnet derisi" olarak adlandırılır. Dolayısıyla O, ilk doğanları öldürdüğünde yani GAR'ı iptal ettiğinde, aşağıdaki İsrail sünnet edildi yani sünnet derileri kesildi. Buna ışıkları engelleyen, *Dinim de Dehura* (erkek yargılar) denir. Böylece sünnet yoluyla, *Dinim de Nukva* (kadın yargılar) olarak adlandırılan, demirden sünnet bıçağı ile *Dinim De Dehura* iptal edilir. Ve böylece VAK *de Hohma* onlara uzanır.

Bu demektir ki, başlangıçta mükemmellik yani GAR *de Hohma* çekilmelidir. Yarım bir derece çekmek mümkün değildir. Ve bu özellikle de Mısırlılar yoluyla olmalıdır ve Yahudiler onların hükmü altında olması gerektiğinde, buna "sürgün" denir. Daha sonra, Mısır sürgününden çıkarak yani *Masah de Hirik*'in ıslah edilmesi ile onların egemenliğinden çıkarlar yani Mısırlıların kendisi "Kalkın ve çıkın" diye bağırır.

Ve bu, "Benim, bir elçi değil". "Ben" yani *Malhut*, GAR'ı iptal eden kilit anlamına gelir ve bu yolla sol sağın ve sağ solun içine karışır.

Ve bu, "Bir kadınla evlenmek isteyen" anlamına gelen "sol" olarak adlandırılan *Hohma*'dır. "Beraberinde eğitimsiz bir adam getirecektir." çünkü o "sağ" konumundadır ve bu inançtır. Fakat o, edinim istemektedir. Böylece, özellikle bu eğitimsiz adam aracılığıyla *Hohma*'yı çekebilir çünkü pişmandır, ancak inanç için değil edinim için.

"Sevgilime açılmak için kalktım ve ellerimden mür ve parmaklarımdan akan mür çubuğun kulplarına damladı." Mür, "Öğretmenin artık kendisini gizlemeyecek, gözlerin öğretmenini görecek." anlamına gelir. "Ellerim" edinim ve "parmaklar" görmek demektir; "her biri 'bu bizim Tanrımız'dır' diyerek parmağı ile gösterdi." sözünde olduğu gibi. "Çubuğun üzerinde" ise kilit anlamındadır.

180. Zohar'da, Emor -2

Pesah İnter 2'de duydum, 23 Nisan 1951, Tel-Aviv

Zohar'da (Emor 43): "Rabi Hiyah açtı, 'Uyuyorum, ama kalbim uyanık' vb. İsrail topluluğu şöyle söyledi, 'Çocuklarımın ağır kölelik altında olduğu Mısır'da, sürgünde uyuyorum ve onları sürgünde mahvolmaktan korumak için, kalbim uyanık. Sevgilimin sesi kapıyı çalar', bu 'Ve Benim antlaşmamı hatırlayacağım' diyen Yaradan'dır."

Uykunun ne demek olduğunu anlamalıyız. İsrail, Mısır'dayken onların hâkimiyeti altındaydı ve onlar da *GAR de Hohma*'yı genişlettiler. *Hohma* [bilgelik], *Hasadim* [merhamet] olmadan parlamadığından, buna "uyku" denir. Bu "Mısır'daki ağır kölelik" yani çok çalışmakla, *Dinim de Dehura* olarak adlandırılır.

"Ve bu sahadaki her türlü hizmet", *Dinim de Nukva* olarak kabul edilir.

"**Ama kalbim uyanık**" demek, sol çizginin perspektifinden uykuda olmasına rağmen, o zaman *Malhut* "iki büyük ışık" olarak kabul edilir, o zaman *Malhut* "dördüncü bacak" olarak adlandırılır demektir. O, *Hazeh*'in üzerinde, *Tiferet* olarak kabul edilir. "Ama kalbim uyanık", *Man'ula*'nın [kilidin] noktası zaten orada demektir, bu da orta çizginin belirlenmesine, sürgünde yok olmayacakları, Panim olarak kabul edilen, noktaya dönüşe neden olur.

"Bana iğne ucu kadar bir delik aç" sözlerinin anlamı budur. Bu, ZA'nın, *Malhut*'a *Hohma*'yı çekmesini söylediği anlamına gelir. Ve *Hohma*, *Hasadim* olmadan parlayamasa da bu nedenle, ona sadece "iğne ucu kadar" denir "ve Ben size üst kapıları açacağım". Demek ki, daha sonra ona *Hasadim*'i verecek ve böylece ona bolluk verilmiş olacaktır. Ancak, eğer *Hohma,*'yı çekmezse, bu durumda *Hohma*, değil *Hesed* çekilmiş olur ve buna "Bana aç, kız kardeşim" denir. Bu nedenle, *Hohma,*'nın bakış açısından, *Malhut*'a "kız kardeş" denir.

181. Onur

Nisan 25'te duydum, 1 Mayıs 1951

Onur, bedeni durduran bir şeydir ve o ölçüde ruha da zarar verir. Dolayısıyla, ünlü ve saygın olan tüm erdemliler için, bu bir cezaydı. Ancak yüce erdemliler, Yaradan onların erdemli olarak ünlenerek kaybetmelerini istemediğinde, ruhlarına zarar vermemek için, onları onurlandırılmaktan korur.

Bu nedenle, bir yandan onurlandırıldıkları ölçüde, diğer yandan, kendilerini her türlü alçaltma ile düşüren muhaliflerle karşı karşıya kalmaktadırlar. Erdemliye verilen onura eşit bir ağırlık yaratacak ölçüde, tam olarak o ölçüde, diğer taraf tarafından utanç verilir.

182. Musa ve Süleyman

İyar 3'te duydum, 10 Mayıs 1951

Musa ve Süleyman, *Panim* [ön/yüz] ve *Ahorayim* [arka] olarak kabul edilir. Musa hakkında şöyle yazılmıştır: "Ve sen Benim arkamı göreceksin." Ancak Süleyman, *Panim* olarak kabul edilir. Ve yalnızca Süleyman Musa'nın *Ahorayim*'ini kullandı, bu nedenle *Shlomo*'nun [Süleyman'ın] harfleri *LeMoşe*'deki [Musa'ya] harflerle aynıdır.

183. Mesih Anlayışı

Duydum

Yusuf'un Oğlu Mesih'in ve Davut'un Oğlu Mesih'in anlayışı vardır. Her ikisi de birleşmelidir ve ancak o zaman içlerinde gerçek bir bütünlük olacaktır.

184. İnanç ve Akıl Arasındaki Fark

Şevat 15, 14 Şubat 1949, *Tiberias*'ta duydum.

İnanç ve akıl arasındaki fark. İnancın bir avantajı vardır, bedene daha yakın olduğu için bedeni akıldan daha fazla etkiler. İnanç, *Malhut* olarak kabul edilir ve beden *Malhut*'la ilişkilidir, dolayısıyla onu etkiler.

Akıl ise, üst dokuza atfedilir ve bu nedenle bedeni etkin bir biçimde etkileyemez. Yine de bedene atfedilen inanç ile karşılaştırıldığında, akıl, manevi kabul edildiği için, aklın bir avantajı vardır.

Maneviyatta bir kural vardır: "Maneviyatta eksiklik yoktur." ve "Her kuruş büyük bir miktara eklenir ve birikir." Fakat inanç, ayrılık olarak kabul edilen, bedensellik olarak kabul edilir. Bedensellikte hiçbir ekleme yoktur ve giden gitmiştir. Geçmişte yaşananlar, şimdiyi ve geleceği birleştiremez.

Dolayısıyla, bir şeye inanmak, kişiyi eylem sırasında aklın etkisinden yüzde yüz daha fazla etkilese de, bu etki kısa sürer. Ancak akıl, yüzde bir oranında etkili olmasına rağmen, yine de bu yüzde sabittir ve mevcut kalır. Dolayısıyla yüz defadan sonra, bu miktar eklenir ve inancın tek seferde etkileyebildiği miktara erişir. Kişi inanç koşulunda yüz kere de çalışsa, yine de aynı durumda kalacaktır. Fakat akılla birlikte, bu daimî olarak onda var olmaya devam edecektir.

Bu, aklımızla bir şeyler öğrenirken olduğu gibidir. Unutmamıza rağmen hatıralar beyinde kalır. Bu, kişi ne kadar çok bilgi öğrenirse buna bağlı olarak, kişinin beyni o kadar gelişir anlamına gelir. Ancak maddesel şeyler, zamana ve mekâna yayıldığında, doğudaki bir yer asla batıya, ya da geçmiş zaman şimdiki zamana gelmeyecektir. Ama maneviyatta, her şey aynı anda, eşzamanlı olabilir.

185. Eğitimsiz, Şabat'ın Korkusu Onun Üzerindedir

Duydum

Bilgelerimiz "Eğitimsiz bir adam, Şabat'ın korkusu onun üzerindedir" derler. Bilge bir öğrenci Şabat olarak kabul edilir ve Şabat, *Gimar Tikun* (son ıslah) olarak kabul edilir. Bu nedenle, *Gimar Tikun*'da olduğu gibi, *Kelim* (kaplar) ıslah olacak ve üst ışıkla kıyafetlenmeye uygun hale gelecektir; ayrıca, Şabat "son" olarak kabul edilir. Bu, üst ışık ortaya çıkıp aşağıda olanda kıyafetlenebilir anlamına gelir, ancak bu sadece yukarıdan bir uyanış olarak kabul edilir.

186. Şabat'ınızı Hafta İçi Yapın Ve İnsanlara İhtiyaç Duymayın

Duydum

Şabat (Sebt) gününde iş yapmak yani aşağıdan uyanış yasaktır. Ve "Bilge" olarak adlandırılan, Yaradan'ın öğrencisi olmakla ödüllendirilmiş olan bilge bir öğrenci de Tora'nın sırlarını ifşa etmekle, yukarıdan bir uyanış olarak kabul edilir.

Bu nedenle, yukarıdan bir uyanış geldiğinde, buna da "Şabat" denir. O zaman, eğitimsiz olan yani beden, korku içindedir ve bu durumda ne olursa olsun çalışmaya yer kalmaz.

187. Çaba Göstermeyi Seçmek

Duydum

Eynaim'deki [gözlerdeki] aşağı Hey meselesi, bir *Masah* [perde] ve gözlerin üzerinde bir örtü olduğu anlamına gelir. Kişi, gizli İlahi Takdir'i gördüğünde, gözler, İlahi Takdir anlamına gelir.

Muhakeme, kişi Yaradan'ın iradesini ve öğretmeninin iradesini belirleyemediğinde, her iki şekilde de karar veremez anlamına gelir. Her ne kadar özveriyle çalışsa da bu özverili çalışmanın uygun olup olmadığını, bu sıkı çalışmanın öğretmeninin görüşüne ve Yaradan'ın görüşüne aykırı olup olmadığını belirleyemez.

Bunu belirlemek için, daha çok çaba ekleyeni seçer. Bu, kişinin öğretmenine göre hareket etmesi gerektiği anlamına gelir. İnsanın yapması gereken tek şey çaba göstermektir, başka hiçbir şey değil. Bu nedenle, kişinin eylemlerinde, düşüncelerinde ve sözlerinde şüpheye yer yoktur. Bunun yerine, kişi her zaman çabasını arttırmalıdır.

188. Tüm Çalışma Sadece İki Yolun Olduğu Yerdedir - 2

Şabat *Beşalah*'tan sonra *Şevat* 14'te duydum, 25 Ocak 1948

Tüm çalışma, yalnızca iki yolun olduğu yerdedir, bulmuş olduğumuz üzere "Ve onların içinde yaşayacak, onların içinde ölmeyecek." Ve "öldürülecek ama ihlal etmeyecek" sözleri, sadece üç *Mitzvot* [emir] için geçerlidir. Ancak yine de ilk *Hassidim*'i [Mitzvot] yapmak için hayatını verdiğini de görüyoruz.

Ama gerçekte, çalışmanın tümü budur. Kişi, Tora'yı tutması gerektiğinde, bu ağır yükün zamanıdır. Ve Tora kişiyi tuttuğunda, "kişinin ruhu ona öğretir" yoluyla, bu hiç de zor değildir. Bu, Tora'nın kişiyi tutması olarak kabul edilir.

189. Eylem Düşünceyi Etkiler

Tishrei 27'de duydum

Tüm organlar tam hızla, koordineli bir şekilde çalıştığında ve kişi maddi varlıklarını düşündüğünde, keskinliğin, heyecanın ve açıkgözlülüğün nedenini anlayın. Ancak ruh ile ilgili konularda, kişi, beden ve tüm duyular, ruhun ihtiyaçlarını ilgilendiren her şeyle, ağır bir şekilde çalışır.

Mesele şu ki, insanın aklı ve düşüncesi, kişinin eylemlerinin izdüşümlerinden başka bir şey değildir. Sanki bir aynadan yansıyor gibidirler. Dolayısıyla, eğer kişinin eylemlerinin çoğu bedensel ihtiyaçlarla ilgiliyse, bu zihnin aynasına yansır. Bu, zihinde yeterince algılandıkları anlamına gelir ve bu durumda aklını istediği her şey için kullanabilir çünkü zihin, besinini maddesel şeylerden alır.

Böylece akıl, besin aldığı yere hizmet eder. Ve beyinde, ruhun ihtiyaçlarından besin ve izlenim almak için yeterince *Reşimot* [izlenim/hatırlama] olmadığından zihin, ruhun ihtiyaçları için ona hizmet etmeye isteksizdir.

Bu nedenle kişi, onlar zihne kayıt edilene kadar, birçok şey yapmalı ve birçok şeyin üstesinden gelmelidir. Ve böylece bilgi kesinlikle artacak ve akıl ona bedensel ihtiyaçları için olandan, çok daha fazla zekilik ve hız ile hizmet edecektir çünkü akıl, ruh için kapalı bir giysidir.

190. Her Eylem Bir İz Bırakır

Yemek esnasında duydum, Pesah 1, 15 Nisan, 1949

Topraklarımızın zalimlerden kurtarılmasının, bizi etkileyip etkilemediğini sordu. Bizler, ulusların yükünden kurtuluşla ödüllendirildik ve birinin diğerine köle olmadığı tüm uluslar gibi olduk. Ve eğer bu özgürlük bize, Yaradan'a kulluğu bir nebze olsun hissedebilelim diye etki etmişse ve bunun bizi etkilemediğini, o özgürlükten, bu kulluğa dair herhangi bir değişiklik ortaya çıkmayacağını düşünmememiz gerektiğini söyledi.

Bu imkânsızdır çünkü Yaradan, boş yere hareket etmez. Aksine, O'nun yaptığı her şey bizi iyi veya daha kötü yönde etkiler. Bu, O'nun gerçekleştirdiği her eylemden bize olumlu ya da olumsuz, aydınlık ya da karanlık, ek bir güç yayıldığı anlamına gelir. Maneviyatta her zaman izin ve güç olmadığı, bu güç altında devam etmemiz gerektiği için, bu eylemle yükselişe de gelebiliriz.

Dolayısıyla, elde ettiği özgürlüğün onda hiçbir değişiklik yaratmadığı söylenemez. Ancak daha iyiye doğru bir değişiklik hissetmiyorsak, o zaman, bunu hissetmesek dahi, bu değişikliğin daha kötüye doğru olduğunu söylemeliyiz.

Ve bunu güzel bir günün ardından, *Havdala*'dan sonra [bayram kutsamalarının sonunda] açıkladı. Bu, maddesel hazların kök ve dal yoluyla manevi hazları uyandırdığı bir Şabat yemeği veya iyi bir gün gibidir. Bu, bir nevi "sonraki dünyadır." Ve kesinlikle, öbür dünyadan tatmak, altı iş günü boyunca büyük bir hazırlık gerektirir. Kişinin hisleri, yaptığı hazırlık ölçüsünde olur.

Ancak, Şabat'ın manevi hazzını genişletmek için uygun bir hazırlık yapılmadığında, bunun tam tersi olur. Kişi maddesel hazlar nedeniyle daha da kötüleşir. Bu böyledir çünkü bedensel yemeklerden sonra, insan uykuya çekilir başka bir şeye değil, zira yemekten sonra insanın uykusu gelir. Dolayısıyla, yemek yemesi onu alçaltmış olur.

Ancak, Kral'ın isteği bu olduğundan, maddesel hazlar yoluyla maneviyata ulaşmak, çok büyük bir çaba gerektirir. Birbirine zıt olmalarına rağmen, maneviyat ihsan etme çizgisinin, maddesellik almanın altına yerleştirildiğinden ve bu Kral'ın arzusu olduğundan, maneviyat, O'nun *Mitzvot*'u altına yerleştirilmiş olan, maddesel hazlara çekilir, bunlar Şabat ve iyi bir günün hazlarıdır.

Bize bahşedilen bu özgürlükle bile, "ölüm meleğinden özgürlük" olarak adlandırılan, manevi özgürlüğü genişletmek için büyük bir hazırlık ve niyete ihtiyacımız olduğunu da görmeliyiz. Ancak o zaman *Mohin de AVİ* denilen, "Bütün dünya O'nun ihtişamıyla dolu." ile ödüllendiriliriz. Bu demektir ki, Yaradan'ın kıyafetlenemeyeceği bir zaman ve bir mekân görmeyiz, o anda ya da o mekânda "O kıyafetlenemez" diyemeyiz, bunun yerine "Bütün dünya O'nun ihtişamıyla doludur." deriz.

Fakat ondan önce, "ışık ile karanlık ve İsrail ile uluslar arasında" bir fark vardır. Aydınlık yerde Yaradan mevcuttur, karanlıkta bu böyle değildir.

Ayrıca İsrail'de, İsrail'in Tanrısal ışığının var olması için bir yer vardır. Bu, dünya milletlerinde böyle değildir. Yaradan onların içinde kıyafetlenmez. "Ve yedinci gün ile altı iş günü arasında." Dahası, *Mohin de AVİ* ile ödüllendirildiğimiz zaman, "Tüm dünya O'nun ihtişamıyla doludur." ile ödüllendirilmiş oluruz. Bu durumda, bir zaman farkı yoktur ve tüm zamanlarda ve mekânlarda O'nun ışığı vardır.

Pesah'ın anlamı budur, İsrail özgürlük yani *Mohin de AVİ* ile ödüllendirildiğinde bu "Tüm dünya O'nun ihtişamı ile doludur." olarak kabul edilir. Doğal olarak, eylemleriyle Yaradan çalışmasından uzaklaşmadığından, kötü eğilime de yer yoktur. Aksine, yalnızca yukarıdan bir uyanış yoluyla olsa da, bunun insanı O'nun çalışmasına nasıl yaklaştırdığını görürüz.

Bu yüzden *Şehina*'nın [Kutsallığın] "Bir damla kırmızı gülün suretini gördüm" dediğini söylediler. Bu, kişinin, hala ıslah edilmesi gereken bir yeri olduğu, O'nun burada parlayamadığını gördüğü anlamına gelir. Bu nedenle, *Ömer* sayımının yedi haftasını saymaları, o yerleri ıslah etmeleri gerekiyordu ki, *"Tüm dünya O'nun ihtişamı ile doludur."* olduğunu görebilelim.

Tıpkı kulesi bollukla dolu ama misafiri olmayan bir krala benzer. Bunun için, gelip O'nun bolluğunu alsınlar diye insanları yaratmıştır.

Ancak, biz kulenin güzel şeylerle dolu olduğunu görmeyiz. Aksine, tüm dünya acılarla doludur. Ve bunun gerekçesi "ve bolluk içinde kraliyet şarabı" yani *Malhut*'un bakış açısından şaraba, şaraba benzer hazlara ihtiyaç olmamasıdır. Aksine, eksiklik sadece *Kelim* [kaplar] perspektifindendir, bolluğu almak için uygun olan *Kelim*'e sahip değiliz çünkü özellikle ihsan etme kaplarına alabiliyoruz.

Bolluğun büyüklüğünün ölçüsü, *Kelim*'in büyüklüğünün değerine göredir. Dolayısıyla, tüm değişiklikler ışıklarda değil, sadece kaplardadır. Metnin bize söylediği şudur: "Altın kaplar – kaplar birbirinden farklıydı – ve kraliyet şarabı boldur" yani yaratılış düşüncesinde olduğu gibi, O'nun, kudreti ölçüsünde yarattıklarına iyilik yapmasıdır.

191. Düşüş Zamanı

Sivan 14'te duydum, Haziran 1938

Çalışmanın başlangıcından düşüş zamanına kadar yapılan tüm çalışmaların ve emeklerin boşa gittiği, düşüş zamanını tasvir etmek zordur. Yaradan'ın hizmetinde olmanın tadını hiç tatmamış bir kişiye, sanki bu kendisinin dışındaymış gibi gelir yani sanki bu, yalnızca yüksek derecelerde olanların başına gelirmiş gibi görünür. Ancak sıradan insanların Yaradan'a hizmet etmekle hiçbir bağlantıları yoktur, onlar yalnız dünyevi şeyleri elde etmek için özlem duyarlar, bu dünyanın akışı içinde, tüm dünyayı bu arzu ile aşındırırlar.

Ancak, neden böyle bir duruma geldiklerini anlamalıyız. Nihayetinde, kişinin rızası olsun ya da olmasın, göğün ve yerin Yaratıcısı'nda hiçbir değişiklik yoktur; İyi ve iyilik yapan şeklinde davranır. O halde, bu durumdan ortaya çıkan nedir?

Bunun, O'nun yüceliğini duyurmak için geldiğini söylemeliyiz. Kişinin, O'nu istemiyormuş gibi davranmasına gerek yoktur. Aksine kişi, erdemi ve kendisi ile Yaradan arasındaki mesafeyi bilmek için, yücelikten korkarak hareket etmelidir. Bunu yüzeysel bir akılla anlaması ya da Yaradan ve yaratılış ile arasında herhangi bir bağ ihtimaline sahip olmak zordur.

Düşüş esnasında kişi, *Dvekut* [bütünleşme] yoluyla Yaradan'a bağlanmanın veya O'na ait olmanın imkânsız olduğunu hisseder çünkü kulluğun ve hizmet etmenin tüm dünyaya yabancı bir şey olduğunu hisseder.

Bu, gerçekten de böyledir. Ama "O'nun yüceliğini bulduğun yerde, O'nun alçakgönüllülüğünü de bulursun." Bu, bunun doğaüstü bir mesele olduğu anlamına gelir, Yaradan bu armağanı yaratılışa, O'na bağlanmalarını ve bağlı kalmalarını sağlamak için vermiştir.

Bu nedenle, kişi yeniden bağ kurduğunda, *Dvekut* zamanını bilmek, anlamak, takdir etmek ve değer vermek için daima düşüş zamanını hatırlamalıdır, böylece kişi kurtuluşa, doğal yolun üzerinde bir yolla sahip olacağını bilecektir.

192. Kura

1949 senesinde duydum, Tel-Aviv

Kura demek, onların ikisi de eşittir ve akıl yolu ile onların arasındaki farkı incelemek imkânsızdır demektir. Bu nedenle kura gereklidir. *Zohar* Emor'da, "Efendi'nin keçisi ve *Azazel*'in keçisi nasıl eşit olabilir?" diye sorar.

Mesele şu ki, *GAR de Hohma*'nın olduğu yerde, Efendi'nin keçisi "sağ" olarak ve *Azazel*'in keçisi "sol" olarak nitelendirilir. Bununla ilgili, "ödüllendirilmiş–iyi; ödüllendirilmemiş–kötü." denir. Bu, Din (yargı) niteliğindeki *Malhut*'un ortaya çıktığı anlamına gelir. Ve bu, bir kilit ve ışıkların engellenmesi olarak kabul edilir. Kilit, her *Partzuf*'ta *Hazeh*'in yerindedir; bu nedenle *Hohma*, kilit olan yere kadar parlayabilir ama *Hazeh*'nin olduğu yerde durur, zira her *Tzimtzum* (kısıtlama) kendinden yukarıya doğru değil, yalnızca aşağıya doğru çalışır.

Ve Efendi'nin keçisi, *Azazel*'in keçisinin solu ile yani *Hohma* ile bütünleşir. Ancak, bu *Azazel*'in solu gibi yani yukarıdan aşağı doğru değildir. Bu nedenle ışık durur, zira kilit devreye girer, ancak bu aşağıdan yukarıya doğru olduğu zaman kilit gizlenir ve anahtar ortaya çıkar.

Hohma ile ilgili olarak, *Azazel*'in keçisi, *GAR*'dan *Hohma*'ya sahipken, Efendi'nin keçisi, VAK olarak kabul edilir. Ancak, *Azazel*'in keçisi koşulunda VAK parlayabilir ama GAR'ın durdurulması gerekir, böylece şeytan şikâyet etmeyecektir.

Şeytan şikâyet eder çünkü tek isteği, başka bir derece ile tamamlanmayan ve kaynağı *Behina Dalet* olan ve *Hohma*'e ait olan, *Hohma* ışığını yaymaktır. Bu nedenle eğer kendi derecesine almaz ise tamamlanamaz.

Bu yüzden her zaman, insanı *Behina Dalet*'e uzanmaya ikna eder ve eğer kişi buna isteksiz ise, o zaman her türlü hile ile kişiyi genişletmesi için zorlar. Dolayısıyla, kendisine *Hohma* niteliğinin bir kısmı verildiğinde, artık İsrail'den şikâyetçi olmaz, zira elindeki bolluğun durdurulmasından korkar.

Ancak, o, *GAR de Hohma*'yı genişlettiğinde, o zaman İsrail de *VAK de Hohma*'yı genişletir. *Hohma* ışığı, günahların erdem haline geldiği, kişinin sevgiden tövbe ile ödüllendirildiği "bağışlanma ışığı" olarak adlandırılır. *Azazel*'in keçisi, İsrail çocuklarının günahlarını sırtında taşıyor, sözünün anlamı budur yani İsrail'in tüm günahları, artık erdem haline dönüşmüştür.

Zohar'da, Kral'ın soytarısı hakkında alegorik bir kıssa vardır. Ona şarap verilip, yapmış olduğu her şey, hatta yaptığı kötülükler anlatıldığında, yaptığı kötü eylemler için bile, o eylemlerin iyi eylemler olduğunu ve dünyada onun bir benzerinin bulunmadığını söyler. Başka bir deyişle, şeytana "budala" denir. Ona şarap yani *Hohma* (bilgelik) verildiği ve o, bu ışığı çektiği zaman, buna bağışlanma ışığı denir ve böylece tüm günahlar erdem haline dönüşür.

Dolayısıyla günahları erdem haline dönüştüğü için, tüm kötü eylemleri hakkında, bu eylemlerin aslında iyi eylemler olduğunu söyler. Ve şeytan, kendi payına düşeni almak istediği için, İsrail'den şikâyetçi olmaz.

Mısır'daki şikâyetlerin anlamı şudur: "Bunların onlardan farkı ne? Ya İsrail Mısırlılar gibi ölecek ya da İsrail Mısır'a geri dönecek." diye sordu. Mesele şu ki, Mısır, *Hohma* (bilgelik) uzantısının kaynağıdır ama orada GAR formunda *Hohma* vardır ve İsrail Mısır'dayken, onların kontrolü altındaydılar.

193. Tek Duvar Her İkisine De Hizmet Eder

Ahorayim (arka) meselesi, öncelikle canlılığın özü olan, "direkt ışık" denilen bilgelik ışığının yokluğu ile ilgilidir. Ve bu ışık, form eşitsizliği olmasın diye kısıtlanmıştır. Bu yüzden onlar ıslah olmadıkça, ZON'da, GAR yoktur ve böylece *Sitra Ahra* (diğer taraf) ışığı çekmez.

Ancak GAR eksikliği olduğu için, dışsal olanın tutunacağına dair bir korku vardır, zira *Keduşa*'da (kutsallık) bir eksikliğin olduğu her yerde haz alırlar çünkü gelir ve "nerede" sorusunu sorarlar ve bu soruya *Hohma* (bilgelik) olmadan cevap vermek gerçek dışıdır.

Dolayısıyla ZON'da bir ıslah vardır. Onlar yükselir ve *Bina*'ya dâhil olurlar, "çünkü kişi merhamet ister" olarak kabul edilirler ve *Hohma*'yı reddederler; *Bina*'nın *Hohma*'ya ihtiyacı yoktur" çünkü onun özü, *Hohma*'dır.

Buna, her konuda ravının görüşüne güvenmek denir; temelleri kökleridir yani ravlarının görüşü, onların köküdür. Ve "O'nu onurlandırmak nerede?" sorusu orada önemsizdir.

Ve gayret ve çabaları ile MAN'ı yükseltmek yoluyla ıslah olana yani sadece kendileri için almaktan arınana kadar, Bina'nın içindedirler. Ancak o zaman *Hohma*'yı almaya uygun hale gelirler ve yalnız o zaman *Hohma* ışığına sahip olmadıkları için, eksik oldukları için, dolayısı ile kendi niteliklerini ifşa etmelerine ve tüm cevapları kabul etmelerine ve *Hohma* ışığının aydınlığının içlerinde parlamasına ve onları aydınlatarak yayılmasına izin verilir. Bu koşulda onlar, bilgelik ışığına sahip oldukları için, *Hohma*'nın otoritesinde değildir, kendi otoriteleri altındadırlar ve ışık dışsal olanları temizler ve dışarı atar. Ve belki de "İnançsızlara ne cevap vermeniz gerektiğini bilin" sözünün anlamı budur.

Buna, 'tek duvar' yani her ikisi için de yeterli olan ve *Sitra Ahra*'dan bir kalkan olan *Bina*'nın *Ahorayim*'i denir. Başka bir deyişle, kişi ravının görüşlerine bel bağlayarak, ravı yani ravının sahip olduğu duvar ile bir olarak, "merhamet dilemesi" onun için de yeterli demektir. Ancak, daha sonra *Hohma*'nın aydınlığı genişlediğinde ve *Sitra Ahra*'nın sorularına kendi kendine cevap verebilir koşula geldiğinde ayrılırlar.

194. Tamamlanmış Yedi

Baal HaSulam'ın bir el yazmasından kopyalanmıştır.

Yeni Ay'ın Kutsanmasının yedi dolunayı konusunda, yedi dolunayı ve de Şabat'ın sonunu beklemek bir gelenektir. Bu, yedi günün ortasında Şabat sona ererse, ayı kutsamamız veya yedi gün tamamlandığında, Şabat'ın sonunu beklememeleri âdetine benzemez. Bu, özellikle Şabat'ın sonunda, yedinin tamamını beklememiz gerektiği için böyle değildir.

Mesele şu ki, ay, *Malhut* olarak kabul edilir, "yedinci" olarak adlandırılır, bu da "O benim içimdedir." Bu, "O" olarak adlandırılan altı iş günü ile dolduğunda, Şabat'ın, "O benim içimdedir" dediği anlamına gelir. "O", güneştir ve "ben" ise tüm ışığını güneşten alan ve kendine ait hiçbir şeyi olmayan aydır.

Bununla beraber, *Malhut*'un kendisi HB ve TM olarak bilinen dört anlayış olarak kabul edildiğinden, içinde "Şabat" ve "Ay" olarak adlandırılan, iki *Behinot* [anlayış] vardır. İlk üç *Behinot (Hohma, Bina* ve *Tiferet)*, Şabat'tır. Bunlar, Tora'da üç vakitte "bugün" denilen ve ima edilen üç öğündür. Gerçekten de onun içindeki *Behina Dalet*, Şabat'ın veya ayın sonudur ve "bugün" e dâhil değildir çünkü o, gündüz değil gecedir.

"Şabat'ın ilk yemeği de gecedir, o halde Tora ona neden 'bugün' diyor?" diye sorabiliriz. Ancak Şabat arifesi şöyledir: "Ve Efendi'nin günü olarak bilinecek bir gün olacak, ne gündüz ne de gece ancak öyle olacak ki akşam vakti ışık olacak."

Ancak, Şabat'ın bitiş gecesi hala karanlıktır, aydınlık değildir. Bu nedenle, bilgelerimiz sözlü Tora'da bize, hala ıslah edilmemiş olan bu karanlık ve geceyi düzeltmek için, Şabat'ın sonunda da bir sofra kurmamız talimatını verdiler. Buna, Şabat'ın üç öğününden hiçbir şey almayan Behina Dalet olan, Luz kemiğini destekleyen ve tamamlayan *"Melaveh Malkah"* [Kraliçeye eşlik eden] denir. Ancak bu *Behina Dalet*, "ay ve gün" vasıtasıyla yavaş yavaş tamamlanır. İsrail'in vakitleri kutsamasının yani Şabat yemeğiyle beslenmemiş olan artıkların kutsandığı, ayın kutsamasının anlamı budur.

Dolayısıyla, *Keduşa*'da [Kutsallıkta] daha yüksek olmayan rahipler arasında en yüce olanı bile, akrabaları arasından herhangi bir ölüyü kirletmemeye dikkat etmesi konusunda uyarılır. Metin onu uyarır: "akrabası dışında... onun için kendini kirletsin." Yukarılardakilerin hepsinden, herhangi bir üst Keduşa'nın, Şabat'tan geldiğini anlayabilirsiniz. Ve "akrabası" olarak adlandırılan, Behina Dalet anlamına gelen o Luz kemiği, Şabat yemeğinden almadığından, büyük rahip onun tarafından kirletilmekten muaf değildir.

Gerçekten de ayın kutsanmasındaki ıslahın anlamı, Şabat'tan ve onun ışıklarından uzanır. "Musa şaşkındı, ta ki Yaradan ona ateşten bir madeni paranın benzerini gösterip, 'Böylece bak ve kutsa diyene kadar.'" sözlerinin anlamı budur. Bu demektir ki, Musa'nın kafası çok karışıktı çünkü onu kutsallaştıramıyordu, zira Musa'nın tüm gücü Şabat'tı çünkü Tora, Şabat'ta verilmişti.

Dolayısıyla, Tora'nın tüm ışıkları içinde bu artığa bir ıslah bulamadı, zira artakalanlar bunların hiçbiri ile beslenmedi. Ve bu yüzden Musa şaşırmıştı.

Ve Yaradan ne yaptı? Onu aldı ve içinde ateşten madeni bir paraya benzeyen bir şekil içinde şekil verdi, bir yüzüne basılan şekil, diğer taraftakine benzemiyordu. Bu, bilgilerimizin, bir tarafında merhamet niteliğini, *Behina Bet*'i temsil eden yaşlı bir adam ve yaşlı bir kadın olan, diğer tarafında ise yargının sert niteliği, *Behina Dalet*'in olduğu genç bir adam ve "hiçbir erkek onu tanımıyordu" sözüyle belirtilen bir bakire bulunan, İbrahim'in madeni parası hakkında söylediklerine benzer,

Bu iki form öyle bir şekilde birleştirildi ki, Yaradan orada Şabat ışıklarının ıslahını, erdemlilerin çalışması aracılığı ile genişletmek istediğinde, erdemlilere *Malhut*'un ilk üç niteliğinden uzanan o şekli gösterir, biz buna erdemlilerin Şabat ışıklarıyla kutsayabildiği *Behina Bet* deriz. Anlamı budur...

195. Ödüllendirildi - Hızlandıracağım

1938 yılında duydum

"Ödüllendirildi - onu hızlandıracağım" yani Tora'nın yolu; "ödüllendirilmedi - ızdırap yoluyla" sonunda her şeyi mutlak mükemmelliğe götürecek olan evrimsel bir yol. Tora'nın yolu, sıradan bir kişiye, kendisi için hazır olan *Kelim*'i [kapları] yapabilmesi için, erdemlerin verilmesi anlamına gelir. Ve Kelim, ışığın yayılması ve ayrılması yoluyla yapılır.

Bir *Kli* [kap], özellikle "alma arzusu" olarak adlandırılır. Bu, kişinin bir şeyden yoksun olduğu anlamına gelir ve "*Kli* olmadan ışık olmaz." çünkü ışık, bir *Kli* içinde yakalanmalıdır ancak böylece tutulabilir.

Ancak, sıradan bir insanın yüce şeyler için arzuları olamaz çünkü dolumdan önce, bir ihtiyaca sahip olmak imkânsızdır; şöyle yazıldığı gibi, "ışığın genişlemesi vb." Örneğin, kişinin bin lirası olduğunda zengin ve halinden memnundur. Ancak, daha sonra beş bin liraya kadar daha fazla kazanır ve sonra iki bin lira kalana kadar bunu kaybederse, o zaman noksandır. Şimdi, zaten sahip olmuş olduğundan, üç bin liralık *Kelim*'i [kapları] vardır. Böylece, aslında iptal edilmiştir.

Ve bunun için, bir Tora yolu vardır. Kişi, Tora yoluna alıştığında, ediniminin azlığından pişmanlık duyduğunda, biraz olsun aydınlanmaya sahip olduğunda ve bunlar bölündüğünde, bunlar daha çok kedere ve daha çok *Kelim*'e sahip olmasına neden olur.

Işığa ihtiyaç duyan her *Kli*'nin anlamı, dolmamış olması, ışığının eksik olmasıdır. Böylece her eksiklik, inanç için bir yer haline gelir. Ancak doldurulsaydı, *Kli* var olmaz, inancın var olması için de bir yer olmazdı.

196. Dışsal Olanlar İçin Bir Tutuş

1938 yılında duydum

Bilmeliyiz ki, Klipot yalnızca eksikliğin olduğu yere tutunabilir. Bütünlüğün olduğu bir yerde, kaçar ve dokunamazlar.

Artık kırılma meselesini anlayabiliriz. Birkaç yerde yazılmış olduğu üzere bu, bilgelik ışığının merhamet ışığından ayrılması ile ilgilidir. Demek ki, *Atzilut* ile BYA arasında bir Parsa (bölme/ayırma) yapıldığından, bilgelik ışığı aşağıya inemez. Sadece daha önce bilgelik ışığını içeren *Hasadim* ışığı, şimdi bilgelik ışığından ayrılmış ve aşağıya inmiştir. Bu nedenle, daha önce sahip oldukları güçlere hala sahiptirler. Buna, "*Keduşa*'yı (kutsallık) *Klipa*'ya (kabuk) indirmek" denir.

197. Kitap, Yazar ve Hikâye

1938 yılında duydum

Kitap, yazar ve hikâye. Kitap, yaratılıştan öncesi olarak kabul edilir. Yazar, kitabın sahibidir. Yazar, bir hikâye formunu alması gereken kitabın ve yazarın yani Tora ve Tora'yı Veren'in bir birleşimidir.

198. Özgürlük

1938'de duydum

Harut (işlenmiş, oyulmuş), onu *Harut* olarak değil, *Herut* (özgürlük) olarak telaffuz edin. Bu yazılmış olan "onları kalbinin tabletine yaz" anlamına gelir. Yazı, karanlık olarak kabul edilen mürekkeple yazılır. Kişi ne zaman yazsa, bu, nasıl davranacağıyla ilgili karar verir anlamına gelir ve sonra kötü yollarına geri döner çünkü yazı silinmiştir. Bu nedenle, kişi sürekli yazmalıdır ki *Harut* gibi olsun, kalbindeki *Harut* olsun ki silemesin.

Ve sonra kişi derhal *Herut* ile ödüllendirilir. Dolayısıyla *Herut* için *Kli* (kap), kalbinde yazılmış olanın ölçüsündedir. Oymanın ölçüsü neyse, kurtuluş da o kadardır. Bunun nedeni ise *Kli*'nin özünün oyuk, boş olmasıdır; şöyle yazıldığı gibi, "Kalbim içimde Halal'dir (boş/öldürüldü)" ve sonra kişi ölüm meleğinden özgür olmakla ödüllendirilir zira alçaklık, SAM'ın kendisidir ve kişi bunu tamamen fark etmeli ve Yaradan ona yardım edene kadar, bunun üstesinden gelmelidir.

199. İsrail'in Her Adamına

Duydum, Inter 3

İsrail'in her adamının kalbinde, basit inanç olarak kabul edilen içsel bir nokta vardır. Bu Sina Dağı'nda durmuş olan atalarımızdan bir mirastır. Ancak *Lo Lişma*'nın (O'nun rızası için değil) her türlü kıyafeti olan pek çok *Klipot*'la (kabuklar) örtülüdür ve *Klipot* kaldırılmalıdır. Ancak o zaman kişinin temeli, hiçbir destek ve dış yardım olmaksızın, "saf inanç" olarak adlandırılacaktır.

200. Masah'ın Hizdakhut'u

Kislev 1, Taberiye'de duydum, Şabat

Partzuf'da meydana gelen *Masah*'ın (perdenin) *Hizdakhut*'u (arındırması/inceltmesi), ışığın da ayrılmasına neden olur. Ve bunun nedeni, *Tzimtzum*'dan (kısıtlama) sonra, ışığın sadece reddeden, geri yansıyan güç olan *Masah*'ın Kli'sinde (kap) yakalanmasıdır. Ve bu, *Kli*'nin özüdür.

Ve *Kli* ayrıldığında, ışık da ayrılır. Bu, *Kli*'nin mantık ötesi inanç olarak kabul edildiği anlamına gelir. Böylece ışık ortaya çıkar. Işık ortaya çıktığında, ışığın doğası *Kli*'yi inceltmek, inancın *Kli*'sini iptal etmektir. Böyle olduğu için yani kişinin içinde bilme formuna dönüştüğü için, ışık kişiyi derhal terk eder. Bu nedenle, kişi inancın *Kli*'sini yani bilmenin üzerindeki *Masah*'ı güçlendirdiğini görmelidir ve o zaman bolluk ondan ayrılmaz.

Her *Kli*'nin ışıktan yoksun olmasının, eksik olan ışıkla dolmamasının anlamı budur. Dolayısıyla, eksiklik olan her yer, inanç için bir yer haline gelir. Eğer doldurulsaydı, *Kli*'de inanç için bir yer olması ihtimali olmazdı.

201. Maneviyat ve Maddesellik

Hanuka'da duydum, 18 Aralık 1938

Neden yaşamı tehdit eden yerlerde bile, maddiyat için, özenle ve sebat ederek çalışan birçok insan olduğunu görüyoruz da maneviyat söz konusu olduğunda, herkes ruhunu büyük bir dikkatle inceliyor? Dahası, kişiye yaptığı iş için büyük bir ödül verilmese dahi maddesellikte çaba harcayabiliyor. Ancak maneviyatta, kişi çalışması için iyi bir ödül alacağından emin olmadan çalışmayı kabul edemez.

Mesele şu ki, bedenin hiçbir değerinin olmadığı biliniyor. Sonuçta herkes, onun gelip geçici olduğunu ve hiçbir iz bırakmadan ayrıldığını ve bu yüzden, zaten değersiz olduğu için onu terk etmenin kolay olduğunu görüyor.

Ama maneviyatta, bedeni koruyan ve ona güç veren *Klipot* (kabuklar) vardır. Bu yüzden ondan vazgeçmek zordur. Bu yüzden laik anlayıştaki insanların bedenlerinde ağırlık hissetmediklerini ve bedenlerini terk etmelerinin daha kolay olduğunu görürüz.

Ancak maneviyatta bu böyle değildir. Bu "bağlılık, adanmışlık" denilen, *Keduşa*'nın (kutsallık) *Ahoraim*'idir (arka). Kişinin ışıkla ödüllendirilmesi özellikle bunun aracığı ile olur. Ve kişi eğer kendini tamamen adamaz ise herhangi bir dereceye ulaşamaz.

202. Ekmeğini Alnının Teri İle Yiyeceksin - 2

Duydum

Işığı azaltmak, onun ıslahıdır. Demek ki, çaba olmadan hiçbir şeyin elde edilemez. Tüm ışığı tam bir berraklıkta elde etmek imkânsız olduğundan, bunun için tavsiye, ışığı azaltmaktır. Bu sayede, alttakinin sarf edeceği az bir çaba ile onu elde etmek mümkün olur.

Bu, büyük bir binayı taşımak isteyen birinin durumuna benzer; elbette bu imkânsızdır. Peki, ne yapar? Binayı küçük tuğlalara ayırır ve böylece her bir parçayı taşıyabilir. Burada da kişi, ışığı azaltarak küçük bir çaba gösterebilir.

203. İnsanın Gururu Onu Alçaltır

Sukkot'ta duydum, Inter 2, 12 Ekim 1938

"İnsanın gururu, onu alçaltır." Bilinir ki, insan mutlak bir alçaklık içinde doğmuştur. Ancak, aşağıda olan yerini bilirse, o zaman burası kendi yeri olduğundan, alçakta olmanın acısını çekmez. Örneğin, bacaklar her daim çer çöp içinde yürüdükleri ve vücudun tüm ağırlığını taşımak zorunda oldukları için, hiç bozulmazlar, oysa baş her zaman yukarıdadır çünkü yerlerini bilirler. Dolayısıyla, bacaklar buna hiç bozulmaz ve daha düşük derecede oldukları için acı çekmezler.

Ancak, eğer yukarıda olmak isteseler ve aşağıda olmaya zorlansalardı, acıyı hissedeceklerdi. "İnsanın gururu onu alçaltır" sözlerinin anlamı budur. Kişi kendi alçaklığında kalmak istiyorsa, hiçbir aşağılık hissetmez yani "İnsan yabani bir eşeğin sıpası olarak doğar." diye bir acı çekmez. Ama gururlanmak istedikleri zaman, alçaklığı hissederler ve sonra acı çekerler.

Acı ve alçaklık el ele gider. Bir kimse acı hissetmiyorsa, alçaklığı olmadığı kabul edilir. Bu, tam olarak kişinin gururunun veya olmak isteyip de olamadığının ölçüsüne göredir; bu yüzden alçaklığı hisseder. Bu alçaklık daha sonra gurur için bir *Kli* (kap) haline gelir; şöyle yazıldığı gibi, "Efendi hüküm sürer; O gururu taşır." Onlar, Yaradan'a bağlı kalırlarsa, bir gurur giysisine sahip olurlar; şöyle yazıldığı gibi, "Gurur ve yücelik, sonsuza dek Yaşayan'a mahsustur." Sonsuza dek Yaşayan'a bağlı olanlar, çok gururludur. Ve alçaklığı hissettiği ölçüde ve çektiği acının ölçüsüne göre, Yaradan'ın kıyafeti ile ödüllendirilir.

204. Çalışmanın Amacı - 2

1938'de duydum

Hazırlık döneminde, tüm çalışma hayırda yani "hayır"ın içindedir; şöyle yazıldığı gibi, "ve olmayan bir ülkede onlar acı çekecekler" Ancak, "ben" olarak kabul edilen dil meselelerinde, kişinin öncelikle sevgi anlayışıyla ödüllendirilmesi gerekir.

Ancak hazırlık sürecinde, yalnızca "sahip olmayacaksın" olarak kabul edilen, hayır formunda çalışma vardır ve hayırların bolluğu aracılığıyla *Hesed*'in [merhamet] Tanrısı[24] noktasına geliriz. Fakat bundan önce, diğer tanrılar olan birçok hayır vardır, çok miktarda hayır. Bu böyledir çünkü *Lo Lişma*'dan [O'nun rızası için değil] *Lişma*'ya [O'nun rızası için] geliriz.

Sitra Ahra [diğer taraf] destek sağladığından, daha sonraları çalıştığımızda ve *Keduşa*'yı [kutsallık] genişlettiğimizde bile, yine de *Sitra Ahra* desteğini geri çektiğinde, dereceden düşeriz ve ardından Sitra Ahra onların genişlettiği tüm bolluğu alır. Bununla, Sitra Ahra kişiyi kontrol etme gücüne sahiptir, bu nedenle kişi onun isteklerini yerine getirmeye zorlanır. Ve kişinin kendisini daha üst dereceye yükseltmekten başka seçeneği yoktur.

Ardından süreç Tuma'a'nın [saf olmayan] kırk dokuz kapısı ile yeniden başlar, önceki gibi. Bu demektir ki, kişi kırk dokuzuncu kapıya kadar Keduşa'nın derecelerinde yürür. Ancak orada, kişi her seferinde Tuma'a'nın daha üst bir kapısına düşene kadar, Sitra Ahra'nın tüm canlılığı ve bolluğu almak için kontrolü vardır çünkü "Tanrı onları birbirine zıt yarattı."

Kişi 49. kapıya geldiğinde, Yaradan gelip onu kurtarana dek artık kendisini yükseltemez. Ve sonra "Zenginliği yuttu ve onları

---

[24] İbranice'de Tanrı (El) ve 'hayır' kelimesi aynı harflerle ancak zıt sırada yazılır.

tekrar kusacak; Yaradan onları karnından dışarı atacak." Bu demektir ki, *Klipa*'nın [kabuk] almış olduğu, *Keduşa*'nın kırk dokuz kapısındaki tüm bolluğu ve canlılığı şimdi kişi alır. Bu, "denizin yağmalanması"nın anlamıdır.

Fakat, sürgünü hissetmeden önce kurtarılmamız imkânsızdır. Ve kırk dokuzda yürüdüğümüzde, sürgünü hissederiz ve Yaradan 50. kapıda kurtarır. *Gola* [sürgün] ve *Ge'ula* [kurtarılma] arasındaki tek fark, *Alufo Şel Olam* [Dünyanın şampiyonu] olan, *Alef*'tedir. Bu nedenle, eğer kişi sürgüne de tam olarak ulaşamazsa, derecede eksiktir.

205. Bilgelik Sokaklarda Haykırır

1938'de duydum

"Bilgelik sokaklarda haykırır, sesini geniş çaplı yerlerde duyurur. Budala olan bırakın buraya gelsin; ona 'Kalpsiz!' dedi." Bu demektir ki, kişi Yaradan'la *Dvekut* [bütünleşme] ile ödüllendirildiğinde, *Şehina* [Kutsallık] ona önce bir budala olması gerektiği gerçeğinin, gerçekten öyle olduğu için olmadığını söyler. Bunun nedeni kişinin kalpsiz olmasıydı. Bu yüzden "Ve hepsi inanır ki, O, inancın Tanrısı'dır." deriz.

Bu demektir ki, daha sonra, gerçek *Dvekut* [bütünleşme] ile ödüllendirildiğimizde, bir budala olmak olarak nitelendirilmez, bunun mantık ötesi olduğunu söylemeliyim. Dahası, kişinin hisleri ona çalışmasının mantık dâhilinde olduğunu söylese bile, kişi çalışmalı ve çalışmasının mantık ötesi olduğuna inanmalıdır. Tam tersine, daha önce, mantığının onu hizmetkârlığa zorlamadığını görmüş ve sonra mantık ötesi çalışıp, bunun içinde gerçek bir mantık olduğunu söylemek zorunda kalmıştır. Bu, kişinin hizmetkârlığın asıl realite olduğuna inanması anlamına gelir.

Akabinde, tam tersidir. Kişinin tüm çalışması onu, mantığını zorlar. Diğer bir deyişle, *Dvekut* onu çalışmaya yöneltir. Ancak, kişi mantık dâhilinde gördüğü her şeyin mantık ötesi olduğuna inanır. Ve bu, mantık ötesi formda olan her şeyin mantık dâhilinde olmasıdır, daha önce böyle değildir.

206. İnanç ve Haz

1938'de duydum

Kişi, haz hakkında "Bu hazzın amacı nedir?" diye asla sormaz. Eğer kişinin aklında bunun amacı hakkında en küçük bir düşünce bile belirirse, bu, bunun gerçek bir haz olmadığının göstergesidir çünkü haz, bütün boşlukları doldurur ve akabinde elbette bunun amacını sormak için boş bir yer olmaz. Eğer kişi bunun amacı hakkında soruyorsa, bu hazzın eksik olduğunun göstergesidir çünkü haz, her yeri doldurmamıştır.

Bu, inanç hakkında da böyledir. İnanç, bilmenin tüm yerlerini doldurmalıdır. Bu nedenle, bilgimiz olsaydı nasıl olacağını hayal etmeliyiz ve orada bu ölçüde inanç olmalıdır.

207. İhsan Etmek İçin Almak

Şabat'ta duydum, Tevet 13

Bu dünyada insanlar "haz" ve "acı" diye adlandırılan, iki ayak üzerinde yürürler. Daima haz peşinde koşarlar ve ızdıraptan kaçarlar. Bu nedenle, kişi Tora ve *Mitzvot*'un [emirlerin] tadını almakla ödüllendiridiği zaman, yazıldığı üzere, "Tadın ve görün, Efrendi iyidir", o zaman kişi Yaradan'a hizmetin peşinden koşar. Bunun sonucu, kişinin daima Tora ve *Mitzvot*'un dereceleriyle ödüllendirilmesidir; şöyle yazıldığı gibi "Ve gece ve gündüz, O'nun kanunu üzerinde düşünür."

Ancak kişi aklını tek bir şey ile nasıl sınırlayabilir? Aksine, sevgi ve haz her zaman kişinin düşüncelerini bağlar ki *Kli* böylece, zihni ve bedeni maddesel aşkta gördüğümüz gibi sevgi ve hazza bağlansın. Bu, tam olarak kişinin, sevgiyi getiren zihnin genişlemesi ile ödüllendirildiği zamandır. Bu anlayışa "mantık dâhilinde" denir. Ancak, kişi daima mantık ötesi çalışmalıdır çünkü buna "inanç ve ihsan etmek" denir.

Mantık dâhinde ise bu böyle değildir çünkü o zaman tüm organlar, kişinin çalışması ile hemfikir olur zira onlar da haz ve mutluluk duyarlar, bu nedenle buna "mantık dâhilinde" denir.

Böyle bir anda, kişi zor durumda kalır. İlahi bir aydınlanma olduğu için, bu anlayışı bozmak yasaktır zira bu, yukarıdan gelen bir bolluktur. Bunun yerine kişi, her ikisini de yani inancı ve mantığı ıslah etmelidir.

Ve sonra, bunu düzenlemelidir; şimdiye kadar elde ettiği her şeyin yani şu an elde ettiği Tora ve şu anda sahip olduğu bolluğun, bunların onunla ne ilgisi vardır? Bunun nedeni, kişinin mantık ötesini üstlenerek, önceden hazırlık yapmış olmasıdır.

Bu, kişinin *Dvekut* [bütünleşme] yoluyla, kendisini köke bağladığı anlamına gelir. Bununla, mantık ile ödüllendirilir yani inanç anlayışı vasıtasıyla edindiği mantık, gerçek bir ifşadır. Dolayısıyla kişi öncelikle mantık ötesini ve ayrıca mantığı takdir eder ve artık bolluğu yaymak için, O'nun isimlerinin ifşasıyla ödüllendirilir.

Bu nedenle, şimdi kişi, mantık yoluyla daha da güçlenmeli ve kökteki *Dvekut*, öncelikle inanç yolu ile gerçekleştiği için, daha büyük bir mantık ötesini üstlenmelidir ve bütün amacı da budur. Buna "almak" denir, mantık, ihsan etmek için genişler ve bununla kişi, nicelik ve nitelik bakımından büyük ölçüde mantık ötesindeki inancı üstlenebilir.

208. Emek

Duydum

Kişinin gösterdiği çaba, bağlılığa, adanmışlığa erişmek için yapılan hazırlıktan başka bir şey değildir. Bu nedenle, kişinin tüm derecelerle ödüllendirilmesine hak kazandıran tek araç bu olduğundan, bağlılığa alışmalıdır, zira bağlılık olmadan hiçbir derece elde edilemez.

209. Duadaki Üç Koşul

Duydum

Duada şu üç koşul vardır:

1. O'nun kurtarabileceğine inanmak. Kişi tüm çağdaşlarının arasında en kötü koşullara sahip olmasına rağmen, yine de "Efendi'nin eli onu kurtarmak için çok mu kısa kalacaktır?" Eğer öyle değilse, o zaman "Mülk sahibi Kendi kaplarını kurtaramaz."

2. Kişinin artık başka seçeneği yoktur çünkü elinden gelen her şeyi yapmış ancak içinde bulunduğu kötü duruma çare bulamamıştır.

3. Eğer O yardım etmezse, ölmesi, hayatta kalmasından daha iyi olacaktır. Dua, "kalpte kaybolmak" anlamına gelir. Kişi ne kadar kaybolursa, duasının ölçüsü de o kadar olur. Açıkça görülüyor ki, lüksten yoksun olan biri, idama mahkûm edilmiş biriyle aynı değildir, sadece infaz eksiktir ve kişi zaten demir zincirlerle bağlıdır ve hayatı için ayakta kalır ve yalvarır. Kesinlikle dinlenmeyecek, uyumayacak ya da hayatı için dua etmekten bir an bile ayrılmayacaktır.

210. İçindeki Dikkate Değer Kusur

Duydum

Talmud'da şöyle yazılmıştır: "Ona, karısına, 'Sende dikkate değer bir kusur görene kadar' dedi. Rabbi Yosi'nin oğlu Rabbi İsmail, Yaradan'ın, sen içinde gözle görülür bir kusur görmedikçe onun (dişi), ona (erkek) bağlanamayacağını söylediğini söyledi." (*Nedarim* 66b) *Tosfot*'un ilk yorumu, dikkate değer bir şey bulana kadar, onun haz almasının yasak olduğu anlamına gelir.

Bu demektir ki, kişi, birbirlerine bağlanabilsinler diye kendisinin de Yaradan'a yardım ettiği, güzel şeylere sahip olduğunu söyleyebiliyorsa, öyleyse neden O, bir diğerine yardım etmedi? Bu, kişinin içinde bir şeyler olduğu, iyi bir inanca veya iyi niteliklere sahip olduğu, dua edebileceği iyi bir kalbi olduğu için böyle olmalıdır.

Yorumunun anlamı şudur: "Onlara, 'Belki bir kadın olmak gibi!' dedi." Bu, tüm çağdaşlarından daha iyi olan, bir dışsal akıl vardır anlamına gelir. Veya "Belki de saçları güzeldir!" Bu demektir ki, kendisi hakkında bir saç teli kadar titizdir. Veya "Belki de gözleri güzeldir!" Bu, onun tüm çağdaşlarından daha fazla kutsallık lütfuna sahip olduğu anlamına gelir. Ya da "Belki kulakları güzeldir!" Bu, herhangi bir iftirayı duyamayacağı anlamına gelir.

211. Kral'ın Huzurunda Duruyormuş Gibi
Elul 1'de duydum, 28 Ağustos 1938

Evinde oturan birisi, Kral'ın huzurunda duran bir kişi gibi değildir. Bu, tüm gün Kral'ın huzurunda duruyormuş gibi hissedeceğine dair bir inanca sahip olması gerektiği anlamına gelir. O zaman, sevgisi ve korkusu mutlaka tamamlanacaktır. Kişi, böyle bir inanca ulaşmadıkça dinlenmemelidir, "çünkü bu bizim hayatımız ve günlerimizin uzunluğudur" ve hiçbir karşılık kabul etmeyeceğiz.

Ve inanç eksikliği, alışkanlık ikinci bir doğa haline gelene kadar, kişinin uzuvlarına dokunmalıdır, öyle ki "O'nu andığım zaman, uyumama izin vermez." Ancak tüm dünyevi meseleler, bu eksikliği giderir çünkü kişi kendisine haz veren her şeyin, hazzın eksikliğini ve acıyı ortadan kaldırdığını görür.

Aksine, kişi hiçbir teselli istememeli ve aldığı herhangi bir dünyevi şeye dikkat etmelidir ki bu şey arzusunu dindirmesin. Bu, bu hazla, *Keduşa*'nın [kutsallığın] *Kelim*'inin [kaplarının] kıvılcımlarının ve güçlerinin yani *Keduşa*'ya yönelik arzuların, onda eksik olmasından pişmanlık duymasıyla olur. Keder sayesinde kişi, *Keduşa*'nın *Kelim*'ini kaybetmekten kurtulabilir.

212. Sağın Benimsenmesi, Solun Benimsenmesi
Kislev 8'de duydum, 28 Kasım 1941

Sağın benimsenmesi ve solun benimsenmesi vardır ve her ikisi de sonsuz olmalıdır. Bu demektir ki, kişi "sağ" koşulundayken, dünyada "sol" diye bir niteliğin olmadığını düşünmelidir. Ve ayrıca, kişi solda olduğunda, dünyada "sağ" diye bir niteliğin olmadığını düşünmelidir.

"Sağ", İlahi Takdir anlamına gelir ve "sol", ödül ve cezanın rehberliği anlamına gelir. Sağ ve solun bir arada olması gibi bir şeyin söz konusu olmadığını söyleyen bir aklı olmasına rağmen, kişi mantık ötesi çalışmalı yani akıl onu durdurmamalıdır.

En önemlisi mantık ötesidir. Bu, kişinin tüm çalışmasının, mantık ötesinde yaptığı çalışma ile ölçüldüğü anlamına gelir. Daha sonra mantık içine girse bile bu önemli değildir çünkü onun temeli, artık mantık ötesidir, bu nedenle daima kökünden çeker.

Bununla birlikte, mantığın içine girdiğinde, özellikle mantık içinde beslenmek isterse, o zaman ışık derhal ayrılır. Eğer kişi genişlemek istiyorsa, tüm kökü bu olduğundan, mantık ötesi ile başlamalıdır. Daha sonra, *Keduşa*'nın [kutsallığın] mantığına gelir.

213. Arzunun Tanınması

Duydum

En temel, birinci prensip ihtiyacı arttırmaktır çünkü tüm yapının, üstüne inşa edildiği temel budur. Ve binanın gücü, temelinin gücüyle ölçülür.

Birçok şey kişiyi çalışmaya zorlar, ancak bunlar asıl amacı hedeflemez. Bu yüzden temel, tüm yapıya zarar verir. Kişi, *Lo Lişma* (O'nun rızası için değil) koşulundan, *Lişma* (O'nun rızası için) koşuluna gelse bile, bu durum kişinin hedefe geri dönme süresini uzatır.

Dolayısıyla, kişi hedefi her zaman göz önünde tutmalıdır, *Şulhan Aruh*'ta [Sofra Kurmak (Yahudi Yasaları)] şöyle yazılmıştır: "Efendi'yi her zaman önümde görürüm." Ve evinde kalan birisi, kralın huzurunda duran birisine benzemez. Yaradan'ın varlığına ve tüm dünyanın O'nun ihtişamı ile dolu olduğuna inanan birisi, korku ve sevgi ile doludur ve hiçbir hazırlığa veya gözleme ihtiyaç duymaz, sadece Kral'ın huzurunda kendi doğasını iptal etmesi yeterlidir.

Maddesellikte de gördüğümüz gibi, dostunu gerçekten seven birisi, sadece dostunun iyiliğini düşünür ve dostuna yarar vermeyen şeylerden kaçınır. Bütün bunlar hesapsız yapılır ve büyük bir zekâya da gerek yoktur çünkü bu, bir annenin yalnız çocuğunun iyiliğini düşünmesi gibi, çocuğuna gösterdiği sevgi gibi doğaldır. Bir anne, çocuğunu sevmek için hazırlanmaya veya akla ihtiyaç duymaz, zira doğal bir şey zekâ gerektirmez, ancak sezgilerle yapılır. Sezgiler zaten sadıktır çünkü doğada böyledir, kişi bir şeye olan sevgisi nedeniyle, hedefine ulaşana kadar ruhunu verir. Ve başaramadığı sürece yaşamı, yaşam değildir.

Bu nedenle, *Şulhan Aruh*'ta yazıldığı üzere, her kim bunu hissederse, O'na benzerdir vb. ve bu kişi kesinlikle tam ve tamamdır yani inanca sahiptir. Kişi, kendinin kralın huzurunda durduğunu hissetmediği sürece, bu tam tersidir.

Dolayısıyla kişi hizmetkârlığı her şeyden önemli görmelidir. İnanç eksikliği, onun temeli olduğu için kişi yeteri kadar inancı olmadığına pişman olmalı ve çaba için dua etmeli ve arzuyu hissetmeyi istemelidir çünkü eksikliği yoksa bu, doyumu alacak Kli'si de yoktur demektir. Kişi, Yaradan'ın her ağzın duasını duyduğuna ve kendisinin de kurtarılacağına tam bir inançla inanmalıdır.

214. Kapılarda Bilinen

Şavuot'ta [Haftaların Bayramı] duydum, 1939, Kudüs

"Ben Efendiniz, Tanrınızım." Ayrıca *Zohar*'da "kapılarda bilinen." yazılmıştır. Soru şudur: Bilgelerimiz neden yazılı meclis bayramının ismini "Tora'mızın verilmesi" olarak değiştirdi? Tora'da, bu bayram "ayrıca ilk meyvelerin gününde" yazıldığı üzere, "ilk meyvelerin sunumu" adıyla belirtilir. Bilgelerimiz geldi ve ona "Tora'nın verilişi" adını verdiler.

Mesele şu ki, bilgelerimiz hiçbir şeyi değiştirmedi; onlar yalnızca ilk meyvenin sunulması konusunu yorumladılar. Şöyle yazılmıştır: *"Bırakın tarla ve içindeki her şey coşsun; o zaman ormanın ağaçları neşeyle şarkı söyleyecek."* Tarla ve orman arasındaki fark, tarlanın meyve vermesi ve ormanın verimsiz, meyve vermeyen ağaçlar olmasıdır.

Bu, bir tarlanın, *Malhut* olarak algılandığı anlamına gelir, bu da mantık ötesi inanç olan cennetin krallığının yükünün kabulü olarak algılanır.

Ancak, inancın ölçüsü nedir? Bunun bir ölçüsü vardır yani bilgiyle aynı ölçüde doldurulmalıdır. O zaman, meyve veren anlamına gelen "Efendi'nin kutsadığı bir tarla" olarak adlandırılır. Bu mantık ötesi olduğundan, ona herhangi bir sınır koymadığından, O'na bağlanmanın tek yolu budur.

Ancak, bilgi sınırlıdır. Büyüklüğün ölçüsü, bilginin ölçüsüne göredir. Ve buna, *"Diğer Tanrı kısırdır ve meyve vermez."* denir. Bu nedenle ona "ağaç" denir. Buna rağmen, her durumda, ikisine de "sınırlar" denir. Ancak, orada orta çizgi anlayışı olmalıdır yani kişinin mantık ötesi inancı bozmamak şartıyla, bilgiye de ihtiyacı vardır.

Gerçi, kişi inançla çalışmak yerine, bilgiyle biraz daha iyi çalışırsa, her şeyi anında kaybeder. Bunun yerine, bilgi onun için hiçbir şey fark etmeksizin olmalıdır. O zaman, "Tarla coşacak, vs, ormanın ağaçları neşeyle şarkı söyleyecektir" çünkü o zaman, "orman" olarak algılanan "başka bir Tanrı" için bile ıslah vardır çünkü o, inançla güçlenecektir.

İbrahim hakkında yazılanların anlamı budur, "Önümde yürü ve içten ol." RAŞİ bunu, desteğe ihtiyacı olmadığı şeklinde yorumlar. Nuh hakkında şöyle yazılmıştır: "Nuh, Yaradan ile birlikte yürüdü." ki desteğe ihtiyacı vardı, ancak her halükârda bu, Yaradan'ın desteğidir. Ancak olabilecek en kötü şey, insanların desteğine ihtiyaç duymaktır.

İki mesele vardır:
1. Bir hediye,
2. Bir borç.

Hediye, kişinin insanlardan aldığı destektir ve onu geri vermek yerine, hayatının geri kalanında kullanmak ister.

Ve bir borç, şimdilik aldığı zamandır yani kendi gücü veya kuvveti olmadığı sürece aldığıdır, ancak kişi kutsallık ve arılık içinde çalışma ve çaba sarf etme sayesinde, kendi gücünü edineceğini umar. O zaman, aldığı desteği geri verecektir. Ancak bu da iyi değildir çünkü gücünü elde etmeyle ödüllendirilmezse, düşecektir.

"Tora'yı almak" konusuna değil de "Tora'yı vermek" konusuna dönelim çünkü o zaman, onlar Tora'yı Veren ile ödüllendirildiler; şöyle yazıldığı gibi, "Kralımızı görmek istiyoruz." Dolayısıyla, ödüllendirildiği asıl şey, "Tora'yı Veren"dir. Ve ardından buna, meyve veren bir tarla anlamına gelen "Efendi'nin kutsadığı bir tarla." denir.

İlk meyvenin yani tarlanın ilk meyvesinin anlamı budur. Bu, "Tora'yı Veren" ile ödüllendirilmenin ve tam bir farkındalığın işaretidir. Bu yüzden "Arami, benim göçebe babamdır" der. Daha önce, düşüşleri ve kurnazlıkları vardı ama şimdi bu, sürdürülebilir bir bağ olmuştur. Bu nedenle bilgelerimiz "Tora'yı Veren" ile ödüllendirildiklerinde, ilk meyve meselesini "Tora'nın verilişi" olarak yorumlarlar.

215. İnanca Dair

Duydum

Alma arzusu bu çalışmaya dâhil edilmediği için, özellikle inanç, saf bir çalışmadır. Dahası, alma arzusu bu çalışmaya direnir. Bu arzunun doğası, yalnızca gördüğü ve bildiği bir yerde çalışmaktır. Ama mantık ötesi böyle değildir. Dolayısıyla bu şekilde *Dvekut* (bütünleşme) tamamlanabilir çünkü burada eşitlik unsuru vardır yani aslında bu, ihsan etmektir.

Bu nedenle, bu temel sabit olduğunda ve kişinin içinde var olduğunda, iyi etkiler aldığında dahi, bunu *Gematria*'da Tora olan bir *Atreia* (Aramice: uyarı) olarak kabul eder. Ve Tora'da korku olmalı yani kişi aldığı desteği veya yardımı, Tora'dan almadığını, bu yardım veya desteği inançtan aldığını anlamalıdır. Ve kişi zaten "haz diyarı" niteliğinden aldığı için, bunu gereksiz gördüğünde dahi, bunun doğru olduğuna inanmalıdır. "Ve herkes, O'nun inancın Tanrısı olduğuna inanır." sözünün anlamı budur, zira kişi özellikle inanç yoluyla bu dereceyi koruyabilir.

216. Sağ ve Sol

Tevet 6'da duydum

"Sağ" anlayışı ve "sol" anlayışı vardır. "Sağda" *Hohma, Hesed, Netzah* ve "solda" *Bina, Gevura* ve *Hod* vardır. Sağ, "İlahi Takdir" sol ise "ödül ve ceza" olarak kabul edilir.

Sağ ile çalışırken, her şeyin İlahi Takdir içinde olduğunu ve o zaman kişinin hiçbir şekilde, hiçbir şey yapmadığını söylemeliyiz. Bu nedenle kişinin hiçbir günahı yoktur. Bununla birlikte kişinin yerine getirdiği *Mitzvot* (emirler) da kişinin kendisine ait değildir; bunlar yukarıdan hediyedir, bu nedenle kişi hem bu hediyeler için hem de O'nun yaptığı dünyevi yardımlar için minnettar olmalıdır.

Kişi, *Sitra Ahra*'yı (diğer tarafı) yendiğinde (Nitzah), bu *Netzah* olarak adlandırılır ve bundan sevgi olan *Hesed* (merhamet) genişler. Böylece kişi, *Reisha de Lo Etyada* (Bilinmeyen Baş) olarak adlandırılan *Hohma*'ya gelir. Daha sonra *Hod* olarak kabul edilen, sol çizgiye geçilmelidir.

217. Ben Kendim İçin Değilsem, Kim Benim İçin?

Adar Aleph 27'de duydum

"Eğer ben kendim için değilsem, kim benim için ve ben kendim için olduğumda, ben neyim?" Bu doğuştan gelen bir çelişkidir. Mesele şu ki, kişi tüm çalışmasını "Ben kendim için değilsem, kim benim için" üzerinden yapmalıdır, onu kimse kurtaramaz, ancak "bunu ağzınla ve kalbinle yap" yani ödül ve ceza anlayışıyla yap. Ancak kişi, kendisi ile yalnız kaldığında şunu bilmelidir: "Ben kendim için olduğumda, ben neyim?" Bu, her şeyin İlahi Takdir'de olduğu ve hiç kimsenin hiçbir şey yapamayacağı anlamına gelir.

Madem her şey İlahi Takdir diyorsanız, neden "Ben kendim için değilsem, kim benim için?" formunda çalışma meselesi var? Gerçi, kişi "Ben kendim için değilsem, kim benim için?" formunda çalışarak, İlahi Takdir ile ödüllendirilir yani onu edinir. Böylece her şey, ıslah yolunu izler ve "Yaradan'ın çocukları" olarak adlandırılan, tamamlayıcı sevginin dağıtımı, çalışmada "Ben kendim için değilsem, kim benim için?" koşuluna gelmedikçe ifşa olmaz.

218. Tora ve Yaradan Birdir

Duydum

"Tora ve Yaradan birdir." Elbette çalışma sırasında bunlar iki şeydir. Ancak, birbirleriyle çelişirler. Yaradan anlayışı, *Dvekut*'tur [bütünleşme] ve *Dvekut*, eşitlik, gerçeklikten iptal edilme anlamına gelir. (Ve kişi daima, az bir miktar da olsa *Dvekut*'a sahip olduğu zamanın nasıl olduğunu, nasıl canlılık ve hazla dolduğunu ve her zaman *Dvekut*'ta olmak için can attığını tasvir etmelidir çünkü manevi bir konu, ikiye bölünemez. Dahası, bu tatmin edici bir şeyse, her zaman iyi olana sahip olmalıdır. Ve kişi, beden olumsuzu değil, var olanı yani hâlihazırda sahip olduğu koşulları hissettiğinden, sahip olduğu zamanı tasvir etmelidir. Ve beden bu koşulları örnek olarak alabilir.)

Tora, içindeki "ışık" olarak adlandırılır. Bu, çalışma sırasında ışığı hissettiğimizde ve bu ışıkla Yaradan'a vermek istediğimizde, yazıldığı üzere, "Emri bilen, Efendi O'na hizmet edecektir." anlamına gelir. Dolayısıyla, kişi var olduğunu, Yaradan'a ihsan etmek istediğini hisseder ve bu, kendisinin var olduğunun hissiyatıdır.

Bununla birlikte, kişi "Tora ve Yaradan birdir." anlayışı ile ödüllendiğinde, her şeyin bir olduğunu görür. O zaman kişi, Yaradan'ı Tora'da hisseder. Kişi, bu ışığı Kabala sözlerinde bulmak daha kolay olsa bile, daima içindeki ışığa, öğrendiklerimizle alabileceğimiz ışığa özlem duymalıdır.

Çalışma sırasında, iki uç vardır. Kişi, Yaradan anlayışına çekilir, bu sırada Tora'yı çalışamaz ve *Hasidim* kitaplarına özlem duyar. Sonrasında Tora'ya, Yaradan'ın yollarını, dünyaları, onların süreçlerini ve rehberlik meselelerini bilmek için özlem duyan biri vardır. Bunlar iki uçtur. Fakat gelecekte, "Moab'ın köşelerini vuracaktır" yani her ikisi de bu ağaca dâhil olacaktır.

219. Adanmışlık

Duydum

Çalışma, sevgi ve korku ile yapılmalıdır. Sevgi söz konusu olduğunda, karşımızdakine kendimizi adamamız gerektiğini söylemek anlamsızdır çünkü bu doğaldır, sevgi ölüm kadar şiddetlidir; şöyle yazılmıştır, "çünkü sevgi ölüm kadar kuvvetlidir." Daha doğrusu, adanmışlık, öncelikle kişi henüz hizmet etmekteki sevginin tadını almadığında ve bu hizmet onun için zorlayıcı olduğunda, korkuyla ilgili olmalıdır.

Beden ıslah yoluyla inşa edildiğinden, zorla yapılan şeyden herhangi bir şey hissetmez diye bir kural vardır. Ve ıslah, hizmet etmenin de sevgi formunda olması gerektiğidir çünkü *Dvekut*'un [bütünleşme] amacı budur; şöyle yazıldığı gibi, "Emek olan yerde, *Sitra Ahra* [diğer taraf] vardır."

Bu hizmet, öncelikle korku anlayışına dayanan bir sadakatle olmalıdır. O zaman, hizmet etmekten tat almadığı için tüm beden, kişinin çalışmasına karşı çıkar. Ve beden, yaptığı her şeyle bu hizmetin tam olmadığını hesaplar. Dolayısıyla bu çalışma ile ne elde edeceksin?

O zaman, bu hizmetin bir geçerliliği ve tadı olmadığından, ancak adanmışlıkla üstesinden gelinebilir. Bu demektir ki, hizmet acıdır ve beden boşuna çalışmaya alışık olmadığı için, her hareket ona korkunç bir ızdırap verir; çalışma ya kendisine ya da başkalarına fayda sağlamalıdır.

Ancak *Katnut* [küçüklük/bebeklik] döneminde, kişi hizmet etmenin kendisi için bir faydasını hissetmez çünkü halen bu hizmetten keyif almıyordur. Ayrıca kendisi için önemli olmadığından, başkalarına da bir yararı olacağına inanmaz; o halde başkaları bundan ne zevk alır? O zaman acı ağırdır. Ve ne kadar çok çalışırsa, ızdırabı da o oranda artar. Sonunda, Yaradan'ın ona merhamet ettiği ve ona, Yaradan'a hizmet etmekten tat verdiği yerde, acı ve emek belirli bir miktarda birikir, şöyle yazıldığı gibi, "Ruh üzerimize yukarıdan dökülene kadar."

220. Izdırap

Duydum

Kişinin hissettiği şiddetli ızdırap, sadece canlılığın yokluğundan kaynaklanır. Ancak, kişi ne yapabilir? Canlılığı almak, kişinin gücü dâhilinde değildir. Böyle bir zamanda kişi, sıkıntı koşuluna gelir. Ve özellikle böyle bir zamanda, kişinin büyük bir güçlenmeye ihtiyacı vardır ama almıyordur.

221. Çoklu Otorite

Duydum

Kli (kap), başka bir şeyle dolmadığı sürece kendi otoritesini bırakmaz. Ama boş kalamaz. Dolayısıyla, *Sitra Ahra*'nın (diğer tarafın) otoritesi altında olduğu için, elbette çıkarılması gerekir. Bu yüzden, onu başka şeylerle doldurmaya çalışmalıyız. Bu nedenle sevgiyle doldurulmalıdır. Şöyle yazılmıştır; "Ve o zaman kendini sevmekten kurtarılacak."

222. *Sitra Ahra*'ya Onu *Keduşa*'dan Ayırmak İçin Verilen Parça

Duydum

"Başlangıçta, O, dünyayı Din (yargı) niteliği ile yarattı. Dünyanın var olmadığını gördü." Yorum: Din (yargı) niteliği, *Malhut*'tur, *Tzimtzum*'un (kısıtlamanın) yeridir. Buradan aşağısı dışsal olanların durduğu yerdir.

Üst dokuzda, hiçbir korku olmadan bolluk alınabiliyor olmasına rağmen, dünya yani *Behina Dalet* yoktu. Dünya ıslah edilemez çünkü burası onun yeridir ve değiştirmek yani alma kaplarını iptal etmek imkânsızdır çünkü bu doğadır ve değiştirmek mümkün değildir. Doğa, alma arzusunun bütünlük içinde olması ve iptal edilmesinin imkânsız olmasıdır, bu üst güçtür ve O'nun arzusudur.

Ayrıca, aşağıdaki adamın doğasının değişmesi de imkânsızdır. Bunun için verilen tavsiye, merhamet niteliği ile birleşmesi yani *Bina*'nın yerindeki *Malhut*'ta, doğasını sınırlandırmasıdır. Bu demektir ki, O, bunu sanki almakta bir kısıtlama varmış gibi yapmıştır ve böylece burada çalışmak yani ihsan etmek için almak mümkün olur. Çünkü burası *Behina Dalet*'in yeri değildir, bu nedenle de iptal edilebilir.

Bundan, *Behina Dalet*'in aşağı indirilerek gerçekten ıslah olduğu sonucu çıkar. Bu, burasının kendi yeri olmadığını keşfettiği anlamına gelir. Ve bu, *Mitzvot* (emirler) ve iyi işler aracılığı ile yapılır. *Behina Bet*'teki *Behina Dalet*'i keşfettiğinde, dikkatle inceler ve bu ona yerinin aşağıda olduğunu gösterir.

O zaman, *Zivug* (çiftleşme) ile yükselir ve *Mohin* (ışık) aşağıya uzanır. Sonra aşağı *Hey, Eynaim*'e (gözler) yükselir ve alma kaplarını dönüştürme çalışması yeniden başlar.

Ve ıslahın özü, *Sitra Ahra*'ya pay vermesidir. Demek ki, daha önce, onun emzirilme yeri sadece *Behina Dalet*'tedir çünkü sadece burada, Bina da olmayan Din (yargı) niteliği vardır. Ancak şimdi Bina da küçülme koşuluna gelir çünkü Din (yargı) niteliğiyle karışmıştır. Böylece, Din niteliği büyümüş olur. Yine de bu kısım sayesinde, çalışmak ve reddetme yeteneği için artık bir yer vardır çünkü burası, onun gerçek yeri değildir. Ve artık, mümkün olduğu her yerde, reddetmeye alıştıktan sonra, daha önce reddetmenin imkânsız olduğu yerlerde dahi, reddetme yeteneği edinmekle sonuçlanır.

"Zenginlikleri yuttu ve onları geri kusacak" ile ifade edilen de budur. Böylece sınırını genişleterek ve büyük zenginlikleri yutarak, kendisi de tamamen ıslah olur. "*Azazel* için bir keçi" sözünün anlamı şudur: Ona bir hisse verilir, bu hisse ile daha sonra O'nun ona verdiği yerde, ki bu onun kendi yeri değildir, ıslah olduğunda *Keduşa*'dan (kutsallıktan) ayrılır.

223. Kıyafet, Çuval, Yalan, Badem

Duydum

"Hiç kimse, Kral'ın kapısına çuval bezinden yapılmış bir kıyafet ile gelemez." Bu demektir ki, kişi Yaradan'dan ne kadar uzak olduğunun, günahla, suçla dolu olduğunun farkına vardığında, Yaradan'a tutunamaz ve Yaradan'dan herhangi bir kurtuluş alamaz. Çünkü çuval bezinden bir kıyafeti vardır ve Kral'ın sarayına giremez.

Dolayısıyla, kişinin kendi gerçek durumunu, olduğu gibi, üstünü örtmeden görmesi gerekir. Öte yandan, *Klipo*t'un (kabukların) bütün amacı örtmektir ama eğer kişi yukarıdan ödüllendirilmiş ise ancak o zaman, kendi gerçek durumunu görüp keşfedebilir. Ancak kişi, bu koşulun bütünlük değil, zorunluluk olduğunu bilmelidir. Ve acı dolu zamana, *Dalet* (İbrani harfi) denir. Onlar *Sak*'a (İbranice çuval demek) konduğunda, kurtuluşa koşan *Şaked* (badem) formunu alırlar.

Ancak, kişi çalışmadaki acılığı kendi kendine yaptığında yani kişi kendisini detaylı bir şekilde incelediğinde, en azından gerçeği gördüğü için mutlu olur. Bu, bunu *Roş* (baş) haline getirmek yani önemli kılmak olarak kabul edilir. Buna *Reyş* denir, *Sak* (çuval) ile birleşir ve bu *Şeker*'i (yalanı) yaratır. Ancak, bu çalışma göz açıp kapayıncaya kadar, çabucak yapılmalı ve kişi her şeyin ıslah olacağına dair tam bir inançla kendisini güçlendirmelidir.

224. Yesod de Nukva ve Yesod de Dehura

Duydum

Malhut'un, *Eynaim*'in [gözlerin] yerine yükselişi meselesine, *Yesod de Nukva* denir. Bunun nedeni, azalma bir eksiklik olarak kabul edildiğinden, Nukva'nın eksiklik anlamına gelmesidir. *Hohma* olan *Eynaim*'de olduğundan, yine de dört *Behinot*'un *Behina Alef*'i olarak adlandırılır. Ancak, alttaki *Hey, Keter*'de olduğunda ve *Keter* bir ihsan etme arzusu olduğundan, orada herhangi bir azalma olmaz çünkü ihsan etme arzusunda bir kısıtlama yoktur. Bu nedenle *Yesod de Dehura* olarak adlandırılır.

225. Kendini Yükseltmek

Duydum

Kişi, kendini çevresinin üzerine yükseltemez. Dolayısıyla, kişi çevresinden beslenmek zorundadır ve kişinin Tora ve çok çalışmaktan başka yolu yoktur. Bu nedenle, kişi kendisi için iyi bir çevre seçerse, çevresine doğru çekileceğinden, zamandan ve çabadan tasarruf eder.

226. Yazılı Tora ve Sözlü Tora - 2

Mişpatim 3'te duydum, 2 Şubat 1943, Tel-Aviv

Yazılı Tora, yukarıdan bir uyanış ve sözlü Tora, aşağıdan bir uyanış olarak kabul edilir. Birlikte, "Altı yıl çalışacak ve yedinci yılda özgür olacak" olarak kabul edilirler. Çalışma meselesi, tam olarak direncin olduğu yerde geçerlidir ve *He'elem* [İbranice: gizlilik] kelimesinden gelen *Alma* [Aramice: dünya] olarak adlandırılır. O halde, gizlilik sırasında direnç vardır ve ancak o zaman çalışmak için yer olur. Bilgelerimizin sözlerinin anlamı budur: "Dünya **6000** yıldır var ve bir tanesi yok edilecek" yani gizlilik yok edilecek ve o zaman artık yapılacak çalışma kalmayacak. Bunun yerine, Yaradan kişi için kanatlar yapar, bu kanatlar, biz çalışalım diye yapılmış birer örtüdür.

227. *Mitzva* İçin Bir Ödül - *Mitzva*

Duydum

Kişi, bir *Mitzva* [emir] ödülü ile ödüllendirilmiş olmaya özlem duymalıdır. Bu, *Mitzvot*'u [*Mitzva* kelimesinin çoğulu] yerine getirmekle, *Metzaveh*'e [emreden/buyuran] bağlanmakla ödüllendirilecek demektir.

228. Etten Önce Balık

1 *Adar*'da duydum, 21 Şubat 1947, Tiberya

Bir öğünde, önce balık yememizin nedeni, balığın herhangi bir hazırlık gerektirmeksizin, bedava verilmesidir. Bu nedenle, herhangi bir hazırlığa gerek olmadığından, ilk önce yenirler; şöyle yazıldığı gibi, "Mısır'da boşuna yediğimiz balıkları hatırlıyoruz." Ve *Zohar*, "boşuna, hiçbir şey için" sözlerini, *Mitzvot* [emirler] olmadan yani hazırlıksız olarak şeklinde yorumlar.

Peki, balık neden hazırlık gerektirmez? Mesele şu ki, balığın sadece *Roş* [baş] olarak değerlendirildiğini görüyoruz; elleri, ayakları yoktur. Bir balık, "Yusuf bir balığı ikiye böldü ve etinde bir *Margalit* [değerli bir taş] buldu" olarak algılanır.

Margalit, Meragel [casus] demektir ve balık, orada pazarlık olmadığı anlamına gelir. Ellerin ve ayakların yokluğunun anlamı budur. Ve "yarıya" demek, *Malhut*'un *Bina*'ya yükselişi yoluyla, her derecenin yarıya bölündüğü ve bu bölünme ile *Meragelim* için bir yer açıldığı anlamına gelir. Bu nedenle, tüm Tora buradan uzandığından, tüm müzakere sadece *Meragelim* üzerineydi. Boynunda asılı olan *Margalit*'in anlamı budur ve hasta olan herkes ona bakar ve hemen iyileşirdi.

Ancak, "Mısır'da boşuna yediğimiz" sözlerinde yazıldığı üzere, bedava olması dışında, tek başına balık anlayışından gelen herhangi bir ödül yoktur. "Hiç uyumayan açık bir gözün korunmaya ihtiyacı yoktur" çünkü balık konusu, Tora'dan önce gelen, *Hohma* [bilgelik] ve *Şabat* (Sebt) olarak kabul edilir.

Tora, müzakere demektir. "Ellerimi ve ayaklarımı okulda bulamadım" sözlerinin anlamı budur, yani pazarlık yapılmamıştır. "Boşuna, hiçbir şey için" pazarlıksız anlamına gelir ve "Tora'ya", "sonraki dünya" denir, "doymuş ve memnun" olarak algılanır ve doygunluk, ruhun hazzı olduğundan hazzı söndürmez. Ancak, *Hohma* olarak bilinen, "Tora'dan önce gelen Şabat" anlayışında, bir *Guf* [beden] durumuna gelir ve *Guf*, doygunluğun hazzı söndürdüğü bir sınırdır.

229. Haman'ın Cepleri

Purim gecesinde Megilla okunmasından sonra duydum. 3 Mart 1950

Haman'ın cepleri[25] olarak bilinen, *Hamantaşen* kurabiyesinin yenmesi ile ilgili olarak, "İnsan Purim'de, lanetli Haman ile mübarek Mordehay'ı ayırt edemeyecek kadar sarhoş olmalıdır." dedi ve Hamantaşenleri yiyoruz ki böylece Haman'ın bize içselliği olmayan *Kelim* (kaplar) denilen, ceplerden fazlasını vermediğini hatırlayalım. Bu demektir ki, kişinin "içsellik" diye adlandırılan ışıkları değil, sadece Haman'ın Kelim'ini alması mümkün olur zira almanın büyük kapları Haman'ın alanındadır ve ondan almamız gereken şey budur.

Ancak *Haman'ın Kelim'i* ile ışığı çekmek imkânsızdır. Bu, sadece ihsan etme kapları olan Mordehay'ın *Kelim'i* aracılığı ile gerçekleşir. Ama alma kaplarında bir *Tzimtzum* (kısıtlama) vardır. Bu durum, şu ayette açıklanmıştır: "Ve Haman kalbinden şöyle dedi: 'Kral benden başka kimi onurlandırmayı ister?'"

Buna "gerçek alma arzusu" denir. Bu nedenle, "Kralın giydiği kraliyet elbiselerini ve Kralın bindiği atı getirsin" v.s dedi. Ancak, gerçekte, alma kapları diye adlandırılan, Haman'ın *Kelim'*i, *Tzimtzum'*dan dolayı hiçbir şey alamaz. Sahip olduğu tek şey, arzu ve eksikliktir yani ne isteyeceğini biliyordur. Bu nedenle şöyle yazılmıştır "Ve Kral Haman'a, 'Acele et, daha önce söylediğin gibi elbiseyi ve atı al ve Yahudi Mordehay'a bunu yap' dedi".

Buna, "Mordehay *Kelim*'inin içindeki yani ihsan etme kaplarının içindeki, Haman ışıkları" denir.

---

[25] Haman'ın Cepleri, geleneksel bir Purim hamur işi olan "Haman'ın Kulakları" olarak da bilinir.

230. Efendi Yücedir Ve Alçakta Olan Görecektir - 2

Şabat Teruma'da duydum, 5 Mart 1949, Tel Aviv

"Efendi yücedir ve alçakta olan görecektir". İnsan alan ve Yaradan veren ise, Yaradan'la nasıl form eşitliği olabilir? Ayet bununla ilgili şöyle der: "Yaradan yücedir ve alçakta olan görecek." Eğer kişi kendini iptal ederse, o zaman hiçbir otorite kişiyi Yaradan'dan ayıramaz ve o zaman kişi "görecektir" yani o, *Hohma*'nın (bilgelik) *Mohin*'i (ışıklar) ile ödüllendirilecektir.

"Ve Yüce olan, uzaktan bilecek." Gururlu olan -kendi otoritesine sahip olan- form eşitliğinden yoksun olduğu için uzaktır.

Ve alçaklık, kendini başkaları önünde alçaltmak anlamına gelmez; bu tevazudur ve kişi bu çalışmada bütünlük hisseder. Alçaklık, dünyanın kişiyi hor gördüğü anlamına gelir. Tam da insanlar onu hor gördüğünde, bu alçaklık olarak kabul edilir ve o zaman kişi bütünlük hissetmez çünkü insanların düşündüğü şeylerin kişiyi etkilediğine dair bir yasa vardır. Bu nedenle, eğer insanlar onu takdir ederse, kişi kendini tam ve tamam hisseder ama insanlar tarafından hor görülen kişiler kendilerini alçak görürler.

231. Alma Kaplarının Arılığı

Ocak 1928'de, *Tevet*'te duydum. Givat Shaul (Kudüs)

Bedenin zevk aldığı her şeye karşı dikkatli olmalıyız. Kişi bundan pişmanlık duymalıdır, zira almakla Yaradan'dan uzaklaşır çünkü Yaradan Veren'dir ve kişi şimdi alan olacaksa böylece form eşitsizliğine gelir. Maneviyatta form eşitsizliği uzaklıktır ve o zaman kişinin Yaradan ile Dvekut'u (bütünleşme) olmaz.

Bu "ve O'na bağlı kalmak" sözünün anlamıdır. Kişi haz aldıktan sonra hissettiği keder aracılığıyla keder hazzı iptal eder. Bu sanki kafasında oluşan kabuk tutmuş yaradan acı çeken bir kişiye benzer. Kafasını kaşımalıdır ve bu ona zevk verir. Ancak aynı zamanda kişi bu davranışının kabuk tutmuş olan yarasını daha kötüleştireceğini ve iyileşmesini engelleyeceğini bilir. Bu nedenle de bu haz süresince, gerçek bir hazza sahip olamaz ama buna rağmen kaşımadan aldığı hazdan da vazgeçemez.

Ayrıca kişi, bir şeyden haz aldığında, kederi hazzın üzerine yayması gerektiğini de görmelidir çünkü kişi aldığı haz ölçüsünde, Yaradan'dan uzaklaşır ve bu hazzın, daha sonra kendisine getireceği kayba kıyasla, değerli olmadığını hisseder. Bu kalpteki çalışmadır.

Keduşa (Kutsallık): Kişiyi Yaradan çalışmasına yaklaştıran şeye Keduşa denir.

Tuma'a (kirlilik): Kişiyi Yaradan çalışmasından uzaklaştıran şeye Tuma'a denir.

232. Çabayı Tamamlamak

Duydum

"Çaba sarf ettim ve bulamadım, inanma." "Buldum" ifadesinin anlamını anlamalıyız. Bulunacak ne var? Bulmak, Yaradan'ın bizi onunla hemfikir bulması ile ilgilidir. "Çaba sarf etmedim ve buldum, inanmayın."

Sonuç olarak o yalan söylemiyor diye sormalıyız, bu bir kişinin kendisini birey olarak ele alması ile ilgili değildir. Aksine bu, bütün için aynı kuraldır. Ve kişi, O'nun kendisine lütufta bulunduğunu görürse, neden "inanmasın" ki? Mesele şu ki, bazen kişi dua yoluyla iyilik ile ödüllendirilir. Bunun nedeni, duanın gücüdür – bu çaba gibi etki edebilir. (Maddesellikte de görürüz, kimileri çaba ile kimileri dua ile karşılığını alır. Karşılık talep ederek, geçimini sağlar.)

Fakat maneviyatta, lütufla ödüllendirilmiş olsa bile, daha sonra her şeyin bedelini-herkesin verdiği çaba ölçüsünde- ödemek zorundadır. Aksi takdirde, Kli'yi (kabı) kaybeder. Bu yüzden, her şeyini kaybedeceği için, "çaba sarf etmedim ve buldum, inanma" demiştir. Bu nedenle, kişi daha sonra tüm çabasını ödemelidir.

233. Af, Bağışlama ve Kefaret

Duydum

Mehila [af], yıkımdan övgüye kadar da olduğu gibidir. Bu, günahların, özellikle sevgiden tövbe yoluyla, kişi için erdemler haline geldiği anlamına gelir. Böylece, günahları övgüye, erdemlere dönüştürür.

Sliha [bağışlama], *VeŞalah Et Be'iro*'dan gelir ["ve onun hayvanını serbest bırakacak", [İbranice harf] Sameh'i bir Şin ile değiştirerek]. Bu, kişi günahları kendisinden uzaklaştırır ve bundan böyle yalnızca sevap işleyeceğini söyler demektir. Bu, günahlar kişinin kendisine hata gibi geldiğinde, korkudan gelen tövbe olarak nitelendirilir.

Kapara [kefaret], *VeKipper Et HaMizbe*'ah'tan ["ve o sunak için kefaret verecek], "ellerinin kefaretini bu adamda dilemekten" gelir. Bu nedenle, kişi kirli olduğunu bildiğinde, Kral'ın sarayına girmeye cesareti ve cüreti yoktur. Dolayısıyla, kişi Kral'ın arzusuna karşı olan kötü eylemlerini gördüğünde ve hatırladığında, Kral'dan O'na bağlı kalmayı ve O'nunla bir olmayı istemek bir yana, Tora ve *Mitzvot*'u [emirleri] yerine getirmek bile onun için zordur.

İşte bu yüzden kefarete muhtaçtır, böylece kendi zavallı halini, tam bir alçaklık içinde olduğunu görmez ve bu halini hatırlamaz, böylece Tora ve çalışma ile meşgul olmak suretiyle neşe ve mutluluk alacak yeri olur. Ve sonra sevinç ve mutluluk duyduğunda, "*Şehina* [Kutsallık] yalnızca sevinç ve mutluluğun olduğu yerde yaşadığı için" Kral ile bağ kurmayı istemek için yeri olacaktır. Bu nedenle, önce kefarete ihtiyacımız var, sonra korkudan tövbe ettiğimizde, pişmanlık duyduğumuzda, bağışlanma ile ödüllendiriliriz. Ve ardından, sevgiden tövbe ettiğimizde, af ile ödüllendiriliriz.

Dünyamızda cereyan eden her şeyin, yönlendirildiğine ve tesadüflerin olmadığına inanmalıyız. Ayrıca şunu da bilmeliyiz ki, uyarı olarak yazılan her şey yani lanetler, "eğer kulak vermezsen" korkunç bir azaptır ve herkesin zannettiği gibi değildir. Bazıları, onların lanet değil, nimet olduklarını söyler. Onlar, sözlerine kanıt olarak Kuznitz'li Sayer'i getirirler. O, her zaman, *Paraşat Toçhaçot*'ta [Tora'nın "Uyarı" olarak adlandırılan belirli bir kısmı], *Aliyah la Tora*'yı [hizmet sırasında Tora'nın törensel okumasını] yapardı. O, bunların gerçek lanetler ve sıkıntılar olduğunu söyler.

Lanetlerin gerçekte var olduğunu kendi gözlerimizle gördüğümüz gibi, onlar da bu dünyada dayanılmaz eziyetler hissederler. Ancak, bütün bu eziyetleri İlahi Takdir'e atfetmemiz gerektiğine, her şeyi O'nun yaptığına inanmalıyız. Musa bu lanetleri aldı ve onları Yaradan'a atfetti. Bu, "ve tüm bu büyük dehşet içinde" sözlerinin anlamıdır.

Buna inandığınızda, aynı zamanda "yargı vardır ve bir de yargıç vardır" sözlerine de inanmış olursunuz. Bu nedenle, "yargı var ve yargıç var" olduğuna inandığından, sadece o lanetleri ve ızdırabı Yaradan'a isnat edebileceğinden, bunu söyleyen kişi, *Paraşat Toçhaçot*'ta, *Aliya* yapardı. Ve böylece, gerçek kutsamalar, bu lanetlerden gelir çünkü "Tanrı Kendisinden korkulsun diye yaratmıştır."

Bu, "sargı, darbenin kendisinden yapılır" sözlerinin anlamıdır. Bu, tam da kötülerin başarısız olduğu yerden, erdemlilerin yürüyeceği anlamına gelir. Bunun nedeni, destek bulunmayan bir yere gelindiğinde, *Sitra Ahra*'nın [diğer taraf] tutunacağı bir yerin olmasıdır. İşte o zaman kötüler başarısız olur. Mantık ötesi gidemeyen bu kötü, desteği olmadığı için düşer. Bu durumda cennet ve yeryüzü arasında kalır çünkü onlar kötüdür ve işleri ancak "kem göz, kibirli göz" yoluyla, mantık dâhilinde yapabilirler.

Ancak erdemliler, "gözlerim kibirli, kalbim mağrur değildir" olarak kabul edilir ve orada yürürler. Buradan, bunun lütufa dönüştüğü sonucu çıkar. Böylece, tüm bu ızdırabı İlahi Takdir'e atfederek ve her şeyi mantık ötesinde alarak, onda kutsanma almaya uygun *Kelim*'i [kapları] yaratır.

234. Tora'nın Sözlerini Bırakan Ve Çene Çalmakla Meşgul Olan

Adar Alef, 1940, Gazze Yolunda

"Tora'nın sözlerini kesip sohbet edene, çalı ateşinin koru yedirilir." Bu demektir ki, kişi Tora ile meşgul olduğunda ve bunu bırakmadığında, Tora, onun için kötü eğilimi yakan alevli bir ateş olarak kabul edilir ve böylece çalışmasına devam edebilir. Ancak, çalışmanın ortasında durursa, ardından hemen yeniden çalışmaya başlasa bile, kişi için Tora, artık kömür közleri gibidir. Bu, artık kötü eğilimi yakamaz demektir ve Tora'nın tadı kişi için bozulur ve çalışmayı bırakması gerekir. Dolayısıyla, çalışmasına tekrar başladığında, çalışmanın ortasında asla durmamayı kendine görev edinmelidir. Ve gelecek için vereceği bu kararla, Tora'nın ateşi yeniden alevlenecektir.

235. Kitaba Tekrar Bakmak

Kişi, Tora'nın bazı sözlerini bir kitapta görüp ezberledikten sonra, zihne girenler hâlihazırda kusurlu olduğundan, kitaba tekrar baktığında, o an gördüklerinden aydınlanma almak için, ışığı ortaya çıkarabilir. Bu zaten yeni ve kusursuz olarak kabul edilir.

236. Düşmanlarım Bütün Gün Beni Lanetler

Tişrey 6, 17 Eylül 1942

"Çünkü senin evin için duyduğum heves beni yedi; düşmanlarım beni lanetler, ...tüm gün" (Mezmurlar 69). Sövme ve lanetleme çeşitli biçimlerde ortaya çıkar.

Çalışma sırasında, kişi bir *Mitzva* [emir] eylemi gerçekleştirdiğinde, beden ona, "Bundan ne elde edeceksin, ne faydası olacak?" der. Bu nedenle, kişi galip gelse ve bunu zorla yerine getirse bile, bu Mitzva, hala bir yük ve sorumluluk olarak kabul edilir. Bu da şu soruyu gündeme getiriyor; gerçekten Kral'ın emrini yerine getiriyor ve Krala hizmet ediyorsa, mutlu olmalıydı, çünkü Kral'a hizmet eden birinin sevinç içinde olması doğaldır. Ancak burada tam tersidir. Buradan, bir lanet ve bir sövme hali hissettiği sonucu çıkar ve bu zorlama onun Kral'a hizmet ettiğine inanmadığını kanıtlar ve bundan daha büyük bir lanetleme yoktur.

Ya da gerçek bir şey hissetmediği için bütün gün Yaradan'a bağlı kalmadığını görür ve boş bir şeye tutunmak imkânsızdır. Bu nedenle, zihnini Yaradan'dan uzaklaştırır (oysa hazzın bulunduğu gerçek bir şeyi unutmak zordur. Ve eğer fikrini değiştirmek istiyorsa, bu konuyu aklından çıkarmak için çok çaba sarf etmelidir). Bu, "düşmanlarım beni lanetler, ...tüm gün." anlamındadır.

Bu, her insan için geçerlidir, ancak fark hissiyattadır. Yine de kişi bunu hissetmese bile, durumu gerçekte olduğu gibi görme dikkatinden yoksun olduğu içindir. Bu, cebinde delik olan bir kişiye benzer, para delikten düşer ve kişi tüm parasını kaybeder. Cebinde bir delik olduğunu bilip bilmemesi önemli değildir. Tek fark, eğer bir delik olduğunu biliyorsa, kişi bunu tamir edebilir. Fakat bu, paranın fiilen kaybı açısından hiçbir fark yaratmaz. Dolayısıyla, kişi "düşmanlarım" olarak adlandırılan bedenin Yaradan'a nasıl lanet ettiğini hissettiğinde, "Çünkü senin evin için duyduğum heves beni yedi" der ve bunu ıslah etmek ister.

237. Çünkü İnsan Beni Görmeyecek ve Yaşamayacak

Duydum

"Çünkü insan Beni görmeyecek ve yaşamayacak." (Mısır'dan Çıkış 33:20). Bu demektir ki, eğer kişi görmeye hazır olduğundan daha büyük bir ölçüde, Tanrısallığın ifşa olduğunu görürse, Hayatların Hayatı'na zıt olarak kabul edilen alma koşuluna düşebilir ve bu durumda ölüme gider. O halde kişi, inanç yolunda ilerlemelidir.

238. Ne Mutlu Seni Unutmayan Ve Oğlu Senin İçin Çabalayan Adama

Elül 10

"Ne mutlu Seni unutmayan ve oğlu Senin için çabalayan adama" (*Roş Haşana* duasına ek). Kişi beyazlık yolunda ilerlediği zaman, kendisine bağışlanan her şeyin, yalnız siyahlığın farkındalığını üstlenmesi nedeniyle olduğunu hatırlamalıdır. Ve kişi, her şey kendisine ifşa olduğu için, halen inançla çalışması gereken hiçbir yer görmese de tam olarak "ve herkes O'nun inancın Tanrısı olduğuna inanır" yoluyla, "Siz" de çaba göstermelidir. Yine de kişi, inanç yoluyla inanması için daha fazla yer olduğuna, mantık ötesinde inanmalıdır.

"Ve İsrail bu muazzam çalışmayı gördü… ve Efendi'ye inandı." sözlerinin anlamı budur. Böylece, görmek anlamına gelen "gördü" anlayışı ile ödüllendirilmiş olmalarına rağmen, inanç yoluyla inanma gücüne sahip oldular.

Ve bu büyük bir çaba gerektirir; aksi halde kişi, Libni ve Şimei gibi derecesini kaybeder. Bu demektir ki, eğer böyle değilse, bu, kişinin Tora ve *Mitzvot*'u tam olarak beyazlık zamanında dinleyebileceği anlamına gelir; bu bir koşul gibidir. Ancak kişi koşulsuz dinlemelidir. Bu nedenle kişi, beyazlık zamanında, siyahlığı lekelememeye dikkat etmelidir.

239. Şavuot'un Mohin'i İle Minha'daki Şabat Arasındaki Fark

Minha [öğle duası] sırasında, ZA'nın Arih Anpin'e, *Behinat Dikna*'ya yükselişi olarak kabul edilen Şavuot [Haftalar Bayramı] ile Arih Anpin'e yükseliş olarak kabul edilen Şabat arasında bir fark vardır. Şavuot, YEŞSUT'dan *Mohin* de *Hohma*'ya yani *Bina*'dan *Hohma*'ya döner anlamındadır. Bununla birlikte, (Şabat), gerçek *Hohma* olarak addedilen *GAR de Bina* olarak düşünülür. *Roş*'tan ayrılmamış ve Moha Stima'a'nın, onun içinde kıyafetlenmiş olduğu kabul edilir ve bu VAK değil *GAR de Hohma*'dır.

O, GAR olduğu için, aşağıdan yukarıya doğru, aşağı doğru, herhangi bir genişleme olmadan yapamaz. Bu nedenle, dişi ışık olarak kabul edilir zira aşağıda bir genişleme yoktur. Bu yüzden Şabat, Nukva olarak kabul edilir.

Bununla birlikte, iyi bir gün, VAK olarak adlandırılan ZAT de Bina olarak kabul edilir; aşağıya doğru genişlemeye sahiptir. Bu nedenle, gerçekte tüm yükselişlerden sonra bile, derecelerin basamakları yine de değişmez.

Şabat, daha yüksek bir derece olmasına rağmen, insanların iyi bir güne, Şabat'tan daha fazla saygı duymasının nedeninin, iyi bir günün, aşağıda ifşa edilen *ZAT de Bina* olması, Şabat'ın ise aşağıda herhangi bir ifşası olmayan, *GAR de Bina* olarak kabul edilmesi olduğunu söyledi. Ancak şüphesiz Şabat'ın derecesi, iyi bir günden çok daha yüksektir.

240. Senin Yüzünü Aradıklarında Seni Arayanları Ara

Slihot 1, Baal HaSulam'dan

"Senin yüzünü aradıklarında seni arayanları ara, onlara cennetteki ikametgâhından cevap ver ve kulaklarını onların yakarışlarına kapatma." (ilk gün için Slihot). Dünyanın yaratılışının amacı, O'nun yarattıklarına iyilik yapmaktı. Fakat ıslahın tamamlanabilmesi için, yargı niteliğinin merhamet içinde tatlandırılması gerekir.

Yargı, *Gadlut* [büyüklük/yetişkinlik] olarak algılanır. Ancak, bununla form eşitsizliğine düşmekten kaçınmak için, bir nevi uzlaşma anlayışında olmalıdır. Yargı, daha fazlasını alması gerektiğini söyler ancak hala form eşitsizliği tehlikesiyle karşı karşıyadır. Oysa merhamet niteliği ile karıştırıldığında, ışığın *Gadlut*'unu almaz ve böylelikle form eşitliğine gelebilir. Ve ıslah, alma kaplarını, ihsan etmek için almak haline getirerek yapılır.

Bu nedenle, kişi Yaradan'ı aramaya geldiğinde, halen almaya bağlıdır ve alma niteliği olan kişi eksik ve lanetli kabul edilir ve lanetli, Kutsanmış'a bağlanamaz. Ancak, ihsan etmek için alan kişiye "kutsanmış" denir çünkü hiçbir eksiği yoktur ve kendisi için hiçbir şeye ihtiyaç duymaz. Dolayısıyla, kişi için tek zorluk, kutsanmış koşulunda olmaktır çünkü yalnızca Tora ve *Mitzvot* [emirler] sayesinde, alma kapları ihsan etme kaplarına dönüştürülebilir. Bu nedenle, "Seni arayanları ara" diye dua ederiz.

Arayanlar iki çeşittir. Bazıları sadece Senin Yüzünü arar, yalnızca ihsan etmeye çalışır. Bu nedenle, kurtuluşa ermek istediklerinde, bu yalnızca Senin Yüzün içindir. Bununla ilgili olarak "Yüzünü aradıklarında" dedi. Yüzünü arayanlara, "Onlara cennetteki ikametgâhından cevap ver" yani cennetteki kametgâhın, onlar almaktan arındıkları ve artık yukarıyı kirletmeyecekleri için ifşa olacaktır. "Yalvarmaları", tüm dua ve isteklerinin hala kendi çıkarları için olduğunu, Yaradan'a yakın olmak istediklerini yani hala almaktan arınmadıklarını gösterir.

Bu böyledir çünkü Yaradan çalışmasında, iki nitelik vardır. Bazıları vardır ki, Yaradan'ın bu dünyada ifşa olmasını ve böylece herkesin bu dünyada Tanrısallığın var olduğunu bilmesini ister. Bu durumda, ortada değildirler, sadece isterler. Bu durumda, kişi Yaradan'a yakın olmak için değil, sadece Cennetin ihtişamının bu dünyada ifşa olması için dua ettiğinden, alma niteliğine sahip olduğu söylenemez.

Ve bazıları da vardır ki, Yaradan'a yakın olmak için dua ederler. O zaman, bu kişi ortadadır. Burada, kişi Yaradan'a daha yakın olmak için bolluğu almak istediğinden, artık kendisi için almaktan söz edilebilir. Buna "yalvarma" ve aynı zamanda "yakarış" da denir. Ve hala yakarış yani daha yakın olma koşulunda olanlar, ağlayabilirler ve onlara "Kulaklarını kapatma" çünkü yalnızca eksikliğe sahip olan kişi ağlar. Fakat bir başkası için bu, bir yakarış değil yalnızca "saygılarımı ilet"[26] cümlesinde olduğu şekilde, bir taleptir. Dolayısıyla, yüz ile ilgili olarak sadece tek bir talep vardır.

"Cennetteki ikametgâhından", bilgelik ışığı, *Eynaim* [gözler] anlamına gelir ve onların *Kelim*'i [kapları] zaten ihsan etmek için almak formunda olduğundan, bolluğun özünü alacaklardır. Ancak hala yakarış halinde olanlara "Kulaklarını kapatma." Kulak, Bina demektir; güçlerini artırmaları gerekir ki böylece ihsan edebilsinler... merhamet ışığı üzerine.

---

[26] İbranice'deki asıl ifade "saygılarımı talep et..." şeklindedir.

241. Yakın Olduğu Zaman O'nu Çağır

"Yakın olduğu zaman O'nu çağır." (*Isaiah* 55:6) "Bütün dünya O'nun ihtişamıyla dolu" olduğuna göre, "O, yakın olduğunda" ifadesinin ne anlama geldiğini anlamalıyız! Demek ki, O, her zaman yakındır, o halde "yakın olduğunda" ne anlama gelir? Görünüşe göre, O'nun yakın olmadığı zamanlar da var.

Mesele şu ki, koşullar daima bireyin edinime ve hislerine göre değerlendirilir. Eğer kişi, O'nun yakınlığını hissetmezse, bundan hiçbir şey ortaya çıkmaz çünkü her şey, kişinin hissiyatına göre ölçülür. Biri dünyayı bereket dolu hissedebilir, bir diğeri ise bu dünyada hiç iyilik hissetmeyebilir, dolayısıyla bu dünyada iyilik var diyemez. Bunun yerine, kişi hissettiği şekilde, dünyanın acı ile dolu olduğunu belirtir.

Ve bununla ilgili olarak peygamber şöyle uyarır: "Yakın olduğu zaman O'nu çağır." O gelir ve der ki, "Bilin ki Yaradan'ı çağırıyor olmanızın sebebi, O'nun size yakın olmasıdır." Bu, artık bir fırsatınız olduğu anlamına gelir. Eğer dikkat ederseniz, Yaradan'ın size yakın olduğunu hissedersiniz ve bu Yaradan'ın yakınlığının bir işaretidir.

Bunun kanıtı şudur ki, doğası gereği kişi, Yaradan ile *Dvekut* (bütünleşme) konusunda yeterli değildir, zira bu insanın doğasına aykırıdır. Yaratılışı gereği, kişide sadece alma arzusu vardır; *Dvekut* ise yalnızca ihsan etme arzusudur. Ancak Yaradan'ın kişiyi çağırmasıyla birlikte, bu kişide ikinci bir doğa yaratır, böylece kişi kendi doğasını iptal etmek ve Yaradan ile bağ kurmak ister.

Dolayısıyla, kişi bilmelidir ki, kişinin Tora ve dua ile ilgili söylediği sözler, sadece Yaradan'dan gelir. Kişi asla "Benim gücüm ve bileğimin gücü" demeyi aklına getirmemelidir çünkü bu kişinin gücünün tam tersidir. Bu, balta girmemiş bir ormanda kaybolup, yaşadığı yere ulaşmak için bir yol bulamamış, bu yüzden de umutsuzluğa kapılıp, bir daha asla evine dönemeyeceğini zanneden birine benzer. Fakat bu kişi, uzakta birisinin olduğunu görürse ya da bir insan sesi duyarsa, köküne duyduğu arzu ve özlem kişiyi hızlı bir şekilde uyandıracak ve kişi haykırmaya ve birisinin gelip kendisini kurtarmasını istemeye başlayacaktır.

Aynı şekilde, iyi yolu kaybetmiş ve kötü bir yolun içine girip, kendisini hayvanların arasında yaşamaya çoktan alıştırmış olan kişinin aklının ucundan dahi, *Keduşa*'nın (kutsallık) olduğu yere dönmek geçmez. Kişi ancak kendisini çağıran sesi duyduğunda, uyanır ve tövbe eder.

Ancak bu, kişinin kendi sesi değil, Yaradan'ın sesidir. Fakat eğer kişi ıslahlara yönelik eylemlerini henüz tamamlamadıysa, bunun Yaradan'ın sesi olduğunu hissedip, buna inanamaz ve bunun kendi kuvveti ve bileğinin gücü olduğunu düşünür. Bu kişinin kendi görüş ve düşüncelerinin üstesinden gelmesi ve bunun Yaradan'ın sesi olduğuna tam bir inançla inanması gerektiğine dair, peygamberin uyardığı şeydir.

Bu yüzden, Yaradan kişiyi balta girmemiş ormandan çıkarmak istediğinde, ona uzaktan bir ışık gösterir ve kişi, ışığın gösterdiği yolda yürümeye başlar ve O'na ulaşmak için geri kalan gücünü de toplar.

Fakat kişi, bu ışığı Yaradan ile ilişkilendirmez ve Yaradan'ın kendisini çağırdığını söylemez ise, ışık kişiden ayrılır ve kişi ormanda öylece kalır. Böylece, gelip kötülüğün olduğu yerden kişiyi alması, onu koruması, kendisi için alma koşulundan çıkarıp, tıpkı *Adameh la Elyon* (Ben en yukarıdaki gibi olacağım) sözünde olduğu gibi yani *Dvekut*'ta ihsan etmek için, Âdem'in çocuklarının olduğu yer diye bilinen, aklın olduğu yere kişiyi getirmesi için, kalbini Yaradan'a açabilirdi. Bunun yerine, kişi bu fırsatı kullanmaz ve bir kez daha eskisi gibi kalır.

242. Çalışmada, İyi Günde Fakirin Hoşnut Edilmesi Meselesi Nedir?

Sukot Inter 3

Zohar'da şöyle yazar: "Yaradan'ın payı, fakiri hoşnut etmektir." v.b. Sulam'da (*Zohar*'ın Merdiven Yorumunda), Yaradan, Lo Lişma'nın (O'nun rızası için değil) kişiyi *Lişma*'ya (O'nun rızası için) getirmediğini gördüğünden, O dünyayı yok etmek için ayağa kalktı yani bolluk ve bereketi durduruldu, diye yorumlar. ("*Zohar* Kitabına Giriş" Madde 175).

Diyebiliriz ki, kişi yukarıdan bir aydınlanma aldığında, arınmamış olmasına rağmen, bu aydınlanmayı kendi alçaklığından yükselmek ve ihsan etmeye yaklaşmak için alırsa, *Lo Lişma*'nın kişiyi *Lişma*'ya getirdiği kabul edilir yani kişi Tora'nın yolunda yürür.

Bu "Bayramlarda mutlu olan kişi" diye adlandırılır. Bayram, iyi bir gündür. Ve şüphesiz kişiyi yukarıdan aydınlatan ve onu Yaradan'a yaklaştıran bir aydınlanmadan daha güzel bir gün yoktur.

243. Hoşana Raba Gecesinde Gölgenin İncelenmesi

Adar Alef, 24, 1 Mart 1943, Tel-Aviv

Gölge hakkında. Hoşana Raba akşamında, (Çadırlar bayramının yedinci günü), geleneklere göre, herkes kendi kendine, gölgesi olup olmadığını sorgular ve sonra bolluğu ve bereketi edineceğinden emin olur. (*Shaar Ha Kavanot* 'Niyetler Kapısı' Sukkot Yorumları 6-7). Gölge, kıyafeti, ışığın kıyafetlenmiş halini ima eder.

Kıyafetlenmemiş ışık yoktur çünkü *Kli* (kap) olmadan ışık olmaz. Kıyafetlerin ölçüsüne göre ışıklar artar ve çoğalır. Ve kişi bu kıyafeti kaybettiğinde, bu kıyafete ait olan ışıktan bu oranda mahrum kalır.

Gerçeğin ve inancın anlamı budur. Gerçeğe "Işık" denir, inanca ise "*Kli*" denir. Bu, "Yaradan ve *Şehina*'sı (kutsallık)", "İnsanı kendi suretimizde yapalım" ve "şüphesiz ki insan, bu surete göre yürür" sözlerinin anlamıdır. İnsanın yürüyüşü, bu Tzelem'e (görüntüye) yani inanca bağlıdır. Ve bu nedenle kişi, Hoşana Raba'da inancının tam olup olmadığını görmelidir.

Ama neden üst dünyalara **Tzelem** diyoruz? Sonuçta, yukarıda, inancın hiçbir ağırlığı yoktur. Ancak, bize kuruluk gibi görünen, yüce üst ışıktır, bu ışık, bize gölge gibi göründüğü için bu ışığı "üst" diye adlandırırız çünkü biz aşağıdakine göre yukarıdakini adlandırılırız.

Bina'ya "inanç" denir ve bu, duymak manasına gelen *Ozen*'in (kulağın) ışığıdır. *Hohma*'ya (bilgeliğe) "görmek" denir, alma kabına giren ışıktır ve bu göz olarak kabul edilir.

244. Tüm Dünyalar

Adar'ın 12'sinde, 17 Şubat 1943'te Tel-Aviv'de duydum

İçinde birçok derece ve örtü gördüğümüz tüm dünyalar, tamamı bu dünyalardan alıcılar olan, ruhların bakış açısındandır. Buna göre, "Edinmediğimiz hiçbir şeyi adlandırmayız" kuralını anlayacağız, zira isim edinmeyi ifade eder. Bu, tüm isimlerin, Sefirot ve sayıların, hepsinin, alıcıların bakış açısından olduğu anlamına gelir.

Bu nedenle, şu üç anlayışa sahibiz:

1) Konuşmaya başladığımız yer, potansiyel olarak içine dâhil olduğumuz yaratılış düşüncesinden itibaren olduğu için, "Eylemin sonu, başlangıçtaki ilk düşüncededir." ifadesinde olduğu üzere, Atzmuto'dan [O'nun Kendisinden] hiç söz etmeyiz.

2) Yaratılış düşüncesi. Biz buna *Ein Sof* [sonsuzluk] deriz ve bu, *Atzmuto* ile ruhlar arasındaki bağlantıdır. Biz bu bağlantıyı, O'nun yarattıklarına iyilik yapma arzusu olarak anlarız ve bu iyilik yapma arzusu dışında, söyleyecek hiçbir sözümüz yoktur. Bu nedenle, herhangi bir algı veya edinim yoktur.

Dünyadaki tüm anlayışlar, yalnızca ruhların bakış açısından olduğu için, bundan, dünyalara ve onların kendilerine dair hiçbir edinimimiz olmadığı sonucu çıkar. Bu nedenle, onlar da *Atzmut* olarak kabul edilir ve onlarda da hiçbir edinim yoktur. Dünyalardan alan ruhlarla ilgili olarak, dünyalar *Ein Sof* olarak kabul edilir.

Bunun nedeni, dünyalar ve ruhlar arasındaki bu bağın, dünyaların ruhlara aktardığı şey olmasıdır. Bu, O'nun yarattıklarına iyilik yapma arzusundan yani *Atzmuto* ile yaratılmış varlık arasındaki bağa kadar uzanır ve bu bağa, *Ein Sof* denir. Demek ki, üst ışıktan bahsetmeye başladığımızda, iki anlayıştan, edinmekten ve edinilmiş olandan yani edinmenin, edinilenden nasıl etkilendiğinden birlikte söz eder.

Ancak, bireysel olarak Ein Sof adı altında geçmezler. Bunun yerine, edinilene Atzmuto denir ve edinmek "ruhlar" olarak adlandırılır ve bu ruhların içine yerleştirilmiş, "yoktan varoluş" olarak adlandırılan alma arzusu ile ilgili bütünün bir parçası olarak kabul edilen bir anlayıştır. (Ve Yaradan, bizim de böyle hissedeceğimiz bir gerçeklik yarattı.)

Dolayısıyla, kendileriyle ilgili olarak, tüm dünyalar basit bir birlik olarak kabul edilir ve *"Ben Efendiniz değişmedim."* ifadesinde olduğu gibi, Tanrısallıkta hiçbir değişiklik yoktur. Tanrısallıkta, *Sefirot* veya *Behinot* [anlayışlar] yoktur ve her şey Atzmuto olarak kabul edildiğinden, en güzel kelimeler bile onlarda yoktur. Bunun yerine, tüm *Sefirot* ve anlayışlar, üst ışığı elde eden kişiyle birlikte gelir çünkü Yaradan, bolluğu, "O'nun yarattıklarına iyilik yapma arzusu" olarak edinmemizi ve anlamamızı istedi ve bize bu hisleri verdi.

Bu, hislerimizin üst ışıktan nasıl etkilendiğine bağlı olarak, o ölçüde birçok anlayış edindiğimiz anlamına gelir. Genel olarak tüm duyularımız "alma arzusu" olarak adlandırılır ve almanın ölçüsüne göre birçok parça ve ayrıntıyı, yükselişleri ve düşüşleri, ilerlemeleri ve gerilemeleri fark ederiz çünkü alma arzusu, zaten "yaratılan" olarak adlandırılır ve yoktan var olan bir muhakeme olarak başlatılmıştır.

Bu nedenle, tam da alma arzusunun etkilenmeye başladığı bir yerden, bu izlenimin boyutu ölçüsünde, bu parçalardan söz edilmeye başlanır. Tüm bunlar hâlihazırda "üst ışık ile alma arzusu arasındaki ilişki" olarak adlandırılır ve buna "ışık ve *Kli* [kap]" denir. Diğer taraftan, *Kli*'siz ışık ile ilgili söylenecek bir şey yoktur, zira *Kli* olarak adlandırılan, edinenin olmadığı ışık, hala *Atzmuto* olarak kabul edilir, O edinilemediğinden, hakkında konuşulması yasaklanmıştır ve ayrıca edinimin olmadığı yerde, edinmediğimiz bir şey hakkında nasıl konuşabiliriz?

Dolayısıyla, maneviyatta, "ışık ve *Kli*" dediğimiz şey, bunlar henüz potansiyelde iken, dünyanın Tzimtzum'undan [kısıtlanmasından] önce, *Ein Sof* denir ve bu kök yani aslına özlem duyan potansiyel olarak kabul edilir. *Tzimtzum*'dan, her şeyin potansiyele dâhil olduğu Asiya dünyasına kadar pek çok dünyalar ve anlayışlar vardır ve edinen kişi bunları pratikte edinir çünkü edinimde, bu pek çok ayrıntı fiilen belirlenir.

Buradan, Yaradan'ın bize yardım edeceğini veya Yaradan'ın bize şifa ya da kurtuluş göndereceğini ya da Yaradan'ın bize bir hediye verdiğini neden söylediğimizi anlayacağız; Efendimiz, bana iyi işler gönder, vb. Bununla ilgili iki anlayış vardır: 1) Yaradan, 2) O'ndan uzanan bir şey.

İlki, O'nu edinmediğimiz için, söz etmenin yasak olduğu Atzmuto olarak kabul edilir.

İkincisi, O'ndan uzanan idraktir. Bu, *Kelim*'imize yani alma arzumuza giren, genişleyen ışık olarak kabul edilir. Bu, *Ein Sof* olarak kabul edilir yani Yaradan'ın memnun etmek istediği, alttaki insan ile olan bağı anlamına gelir. Haz alma arzusu, O'ndan yayılan ve sonunda alma arzusuna ulaşan ışık olarak kabul edilir yani alma arzusu yayılan ışığı alır.

Yayılan ışığa *Ein Sof* denir ve bu ışık, alttakilerin onları alabileceği birçok örtü vasıtasıyla alttakilere gelir. Bu demektir ki, tüm bu farkındalıklar ve değişiklikler, kurtuluştan etkilendiği ölçüde, alıcıda özel olarak yapılmıştır ve dünyadaki birçok isim ve sezginin tümü aşağıdakilerin izlenimlerine göredir. Bu durumda, potansiyelde birçok muhakeme yapılır ve alttakiler bunlardan pratikte etkilenir.

Başka bir deyişle, edinim ve edinen bir araya gelir, zira edinen olmadığında, edinilenin bir formu olmaz çünkü o formu kime, neye göre edinir? Edinene göre alacaktır. Neticede, O dünyada yoktur ve Kendisini edinenle ve edindiği biçimle ilgili olarak, bu edinilemez. Bu nedenle, O'nun Kendisi ile ilgili hiçbir edinimimiz yoksa ve oraya dair herhangi bir his betimleyemiyorsak, *Atzmuto*'da herhangi bir edinimimiz yoksa o zaman edinilenin kendi içinde bir form kazanacağını nasıl söyleyebiliriz? Bu nedenle, yayılan ışıktan etkilendiğimiz ölçüde kendi duyularımız dışında konuşacak bir şeyimiz yoktur.

Bu, bir masaya bakmaya benzer. Sonra duyularımıza göre, dokunma duyumuz aracılığıyla bunun sert bir nesne olduğunu hissederiz. Ayrıca uzunluk ve genişlik benzeri özelliklerini de belirleyebiliriz ve hepsi duyularımıza göredir.

Bununla birlikte, bu, masanın, farklı duyulara sahip birinin gözlerine yani bir meleğin gözlerine, bizim gördüğümüz şekilde görüneceği anlamına gelmez. Elbette, masaya baktığında masada bu formlar yoktur. Bunun yerine, kendi duyularına göre görür. Dolayısıyla, meleğin duyularını bilmediğimizden, meleğin bakış açısından, masanın şekli hakkında herhangi bir şey söyleyemeyiz veya belirleyemeyiz.

Dolayısıyla O'nda herhangi bir edinimimiz olmadığından, O'nun bakış açısından dünyaların hangi forma sahip olduğunu söyleyemeyiz. Dünyada, yalnızca kendi his ve algılarımız aracılığı ile elde edilene ulaşırız. Ve bu, bizim üst dünyalarda bu yolla edineceğimiz şey, Yaradan'ın iradesiydi ve bu, ışıkta hiçbir değişiklik olmadığı, ancak tüm değişikliklerin *Kelim*'de olduğu anlamına gelir yani hissettiğimiz her şey, duyularımıza ve hayal gücümüze göre ölçülür.

Bu nedenle, birçok insan tek bir manevi şeye baktığında bile, her biri kendi hayal gücüne ve duyularına göre farklı bir şekilde edinecektir. Aynı şekilde tek bir kişide de manevi olan şey, onun koşuluna göre değişecektir.

Bu nedenle, kişinin kendisi her seferinde farklı bir form hisseder ve bunun nedeni ışığın basit ve formsuz olması ve tüm şekillerin alıcıların bakış açısına göre olmasıdır.

245. Yeni Doğanın Yaratılışından Önce

Kudüs'te duydum, İyar 21, Nisan-Mayıs

"Yeni doğanın yaratılmasından önce, bu damlanın bir budala mı yoksa bir bilge mi olacağı vb. bildirildi, ancak erdemli mi yoksa günahkâr mı olacağını söylemedi."

Buna göre şunu sormalıyız: Ne de olsa bir budala erdemli olamaz çünkü "İnsan, içine ahmaklık ruhu girmediği sürece, günah işlemez." Ayrıca, "Tüm ömrü boyunca aptallık içinde olan bir kişinin kaderinde bu varsa, nasıl bir seçimi olabilir?" diye yazılmıştır.

Ve ayrıca şu yazılanları da anlamalıyız, "Erdemlileri gördüm ve onlar pek azlar, O, onları her neslin içine ekti." "Az" kelimesini, daha az sayıda yetiştikleri ve onları ekerek çoğalttığı anlamında yorumlamalıyız. "Onları ekmek" alegorisini ve ayrıca "az" kelimesinin şimdiki zamanda olduğunu anlamalıyız, peki bitkiler nasıl çoğalır?

Aptal ya da bilgenin, "bilgelere bilgelik verecek" örneğinde olduğu gibi, yalnızca hazırlığa atıfta bulunması şeklinde yorumlamalıyız. Bu, güçlü bir irade, açık bir kalp ve keskin bir akılla dünyaya gelen insanlar olduğu anlamına gelir ve kişi, O'nun bilgeliğini almaya muktedir olduğundan, buna "bilge" deriz. Diğer taraftan, doğuştan budala olan insanlar vardır yani düşünceleri ve arzuları sadece kendileriyle ilgili olan, dar ve kısıtlı insanlar. Başkalarına ihsan etmenin ne demek olduğunu anlamadıklarından, başkalarını hissetmenin ne demek olduğunu bilmezler, öyleyse erdemlilik derecesine nasıl ulaşabilirler? Yaradan sevgisine ulaşana kadar, erdemli olmak imkânsızdır ve eğer kişinin diğerlerine karşı sevgisi yoksa Yaradan'ı sevemez, **Rabbi Akiva**'nın şu sözlerinde açıklandığı gibi, "Dostunu kendin gibi sev, Tora'da büyük bir kuraldır." Buna göre, bu tür insanların başka bir seçenekleri yoktur. Ve hatta "O, 'erdemli ya da günahkâr' demedi", bu da onların bir seçeneği olduğu anlamına gelir.

Bunu, bilgelerimizin söylediği şekilde anlamalıyız, "Erdemlileri gördüm, onlar pek azlar." Erdemli, yetenekli ve O'nunla *Dvekut*'a [bütünleşmeye] hazır olan insanlar anlamına gelir; bunlar az sayıdadır. Bu yüzden O, onları her nesilde ekmiştir. Bu nedenle, aptalların hâlihazırda bir seçeneği vardır – gidip birleşmek ve neslin erdemlilerine bağlanmak. Bu sayede, cennetin krallığının yükünü üzerlerine alacak gücü ve yeteneği elde ederler. Erdemliler, onlara düşüncelerini ve arzularını bahşedeceğinden, kutsal çalışmayı yapabilirler. Doğuştan bu niteliklere sahip olmasalar bile, onlar da neslin erdemlilerinden alacakları yardım sayesinde, erdemlilerin derecesine yükselebilirler. Hatta erdemlilerle *Dvekut* vasıtasıyla, onlar da farklı nitelikler edinirler.

Dolayısıyla, onların her nesilde ekilmesiyle, erdemliler, çağdaşlarını derecelerin yüksekliğine yükseltebilirler. Eğer erdemli tek bir nesilde olsaydı, aptalların, kutsallık yoluna yükselebilmeleri için hiçbir yolları olmazdı.

Bununla, onları ekmenin ıslahını anlayacağız çünkü ekmek, erdemlileri çoğaltır. Aynı şekilde, toprağa bir bitki yerleştirmek de birçok dalın büyümesine neden olur.

Ayrıca, seçim meselesini de anlayabiliriz. Kişi bir aptal olarak doğmuşsa yani başkalarına ihsan etme meselelerinden uzaksa, erdemliler ile kurduğu bağ vasıtasıyla, erdemlilerden yeni nitelikler edinecektir, bu kişiler bir seçim yaptıklarında, aptalları etkileyecek yani onlar kendilerini, erdemlilerin rehberliğini kabul etmeye teslim edeceklerdir. Bu olmadığında, Tora'ları onlar için bir ölüm iksiri olacaktır. Sadece erdemlilerle *Dvekut* yoluyla, Yaradan'la *Dvekut* ile ödüllendirilirler.

Bilinir ki, iki kişi karşı karşıya durduğunda, birinin sağı diğerinin solunda, ötekinin solu diğerinin sağındadır. Bu nedenle, iki yoldan bahsedildiğinde, 1) sağın yani ilgisi sadece ihsan etmek olan erdemlilerin yolu ve solun yolu günahkârların yoludur çünkü onların ilgileri sadece kendi menfaatleridir, bunun için Hayatların Hayatı'ndan ayrılırlar ve bilgelerimizin şöyle dediği gibi ölü kabul edilirler, "Yaşamlarında günahkârlara 'ölü' denir."

Dolayısıyla, kişi, sağın yolunu öğrendiğinde bile, hala Yaradan'ın sol tarafının karşısında durmaktadır. Bundan, Tora'sının, o kişi için bir ölüm iksiri haline geldiği sonucu çıkar, zira Tora ve *Mitzvot* [emirler] aracılığıyla, eğer solun tutumu içindeyse, o zaman niyeti, bedenini büyütmektir. Bu demektir ki, daha önce sadece bedenini bu dünyanın zevkleriyle tatmin etmek istiyordu. Şimdi ise Tora ve *Mitzvot*'a uyarak, Yaradan'dan kendisine, bir sonraki dünyanın hazlarını da vermesini ister. Bunu, Tora aracılığıyla, kişinin alma kaplarının büyümesi izler. Demek ki, daha önce sadece bu dünyanın zenginliğini istiyordu; daha sonra Tora ve *Mitzvot*'a bağlanmak yoluyla, bir sonraki dünyanın zenginliğini de ister. Böylece, Tora ölüme neden olur çünkü kişi bununla, gerçek bir alma arzusuyla tamamlanır.

Tora ve *Mitzvot*'la, sol tarafından meşgul olduğunda, bu daha da fazladır yani başlangıçtaki niyeti yalnızca almaktır ve bu sol olarak kabul edilir. Bu kesinlikle yanlıştır. Doğrusu, Dvekut'a, Yaradan'la bir olarak ulaşmaya çalışmaktır ve işte o zaman, ne sağ ne de sol kalır; kişi Yaradan ile form eşitliğine ulaşır. O zaman kişinin sağı, Yaradan'ın sağıdır. Bunu, bedeninin, ruhu için bir giysi haline gelmesi izler. İşte o zaman, bedensel meselelerle ilgilenmesi gerektiğinde bile, bedeninin ihtiyaçlarıyla, ruhuna gerekli olandan daha fazla meşgul olmayacaktır. Benzer şekilde, bir kimse bedeni için bir kıyafet diktiğinde, giysiyi bedeninden daha uzun veya daha geniş yapmayacaktır. Bunun yerine, giysiyi bedenine tam olarak uydurmaya çalışacaktır. Aksi halde, o giysiyi giymez.

Bu, bir erkeğe takım elbise getiren bir terziye benzer. Adam elbiseyi bedenine giydiğinde, giysi çok uzun veya çok genişse, elbiseyi terziye iade edecektir. Aynı şekilde, insanın bedeni de ruhunu giydirmelidir, beden ruhtan büyük olmamalı yani bedeninin ihtiyaçları, ruhu için ihtiyaç duyduğundan fazla olmamalıdır.

Ancak, O'nunla *Dvekut*'a ulaşmanın kolay olmadığını bilmeliyiz ve "Efendi'yi almak isteyen herkes gelip alamaz." Bu yüzden neslin erdemlilerine ihtiyacımız var. Arzusu sadece ihsan etmek olan gerçek bir öğretmene bağlı kalarak kişi, öğretmeninin sevdiği şeyleri yapmalı yani öğretmeninin nefret ettiği şeyden nefret etmeli ve öğretmeninin sevdiğini sevmelidir, ancak ondan sonra kişi bir ölüm iksiri olmayacak biçimde Tora'yı öğrenebilir.

"Her nesilde onları dikti ve ekti" sözlerinin anlamı budur, böylelikle, bu sayede erdemlilerle bağ kurabilecekler ve onlar da O'nunla gerçek *Dvekut*'a ulaşabilecekler.

Bu dünyada aptallara ihtiyaç olması, sizi şaşırtmasın. Sonuçta, herkes akıllı olabilirdi. Ancak, her şeyin bir taşıyıcısı olmalıdır. Bu nedenle, alma arzusunun taşıyıcıları olmaları için, aptallara ihtiyaç vardır. Bu sayede, Yaradan'ın yolunda yürümek isteyenler, onlardan yardım alabilirler; şöyle yazıldığı gibi "Daha sonra ileriye gidecekler ve Bana karşı günah işleyenlerin cesetlerine bakacaklar çünkü solucanları ölmeyecek, ateşleri söndürülmeyecek ve bütün bedenler için tiksinti olacaklar." Bilgelerimizin dediği gibi, onlar, erdemlilerin ayakları altında kül olacaklar çünkü bu sayede, erdemliler ayırt edilecek, böylece kendilerini O'na yakınlaştırdığı için Yaradan'ı övebilecek ve O'na şükredebilecekler. Buna "ayaklarının altındaki kül" denir, bu da günahkârların sonu görerek ilerleyebilecekleri anlamına gelir.

246. Şans Hakkında Bir Açıklama

7 Sivan'da duydum

"Şans" kelimesi, aklın üstünde olan bir şey anlamına gelir. Demek ki, bir olay mantıken falanca şekilde olması gerekirken, kişinin şansı buna sebep olmuştur.

Bu sayede, "Oğullar, yaşam ve beslenme erdemlere değil şansa bağlıdır" sözünün anlamını anlayacağız. Tüm etkilerin esasen "sol çizgi" diye adlandırılan *Hohma*'dan geldiği bilinmektedir. Bu nedenle, özellikle sol çizgiden genişlemelidir. Buna "erdem yoluyla" denir. Ancak yine de buradan genişleyen tek şey karanlıktır.

Daha doğrusu, bu, tam olarak *Hohma*'nın GAR'dan VAK'a düştüğü yerden, orta çizgiden gelir ve orada zaten Hirik noktası vardır. *Hohma*'nın sol çizgiden genişlemesi gerektiği mantıklı olmasına rağmen, *Hohma* tam olarak buradan genişler. Yine de sırası bu değildir. Bunun yerine, *Hohma*, özellikle *Hohma*'nın azaldığı yerden, orta çizgiden genişler.

247. Düşünce, Besin Olarak Kabul Edilir

Adar 24'te duydum, 19 Mart 1944, Kudüs

İnsan şu üç bedene sahip olarak algılanır:

A. *Keduşa*'nın (kutsallığın) ruhu için kıyafet olan, içsel beden.

B. *Klipat Noga* (kabuğu).

C. Yılanın derisi.

Bu iki bedenden kurtulmak ve sadece içsel bedeni kullanabilmek için, *Segula* (şifa/güç) olan şey, sadece içsel bedeni ilgilendiren şeyleri düşünmektir. Bu, kişinin düşüncelerinin her zaman tek bir otoritede yani "O'ndan başkası yok" koşulunda kalması gerektiği anlamına gelir, tüm eylemleri O yapar ve O yapacaktır ve dünyada O'nu *Keduşa*'dan ayırabilecek hiçbir yaratım yoktur.

Kişi, sahip olduğu üç bedenden ikisini, beslemeyerek ve güç vermeyerek öldürür. Bu nedenle bilgi ağacının günahından sonra, Yaradan ona "Ekmeğini, alnının teriyle yiyeceksin" dedi çünkü günahtan önce, yaşam gücü, ekmeğe bağlı değildi.

Ancak, günahtan sonra, insan yılanın derisinin bedenine yapıştı, yaşam ekmeğe yani beslenmeye bağlı hale geldi ve eğer beden beslenmez ise ölür. Bu, o iki bedenden kurtulmak için büyük bir ıslahtır çünkü düşünceler, bu iki bedenin besini olduğundan, kişi, bu iki bedeni güçlendirecek düşünceleri düşünmemeye çalışmalı ve çabalamalıdır.

Bu nedenle, kişi sadece içsel bedeni düşünmelidir çünkü o, *Keduşa*'nın ruhu için bir kıyafettir. Demek ki kişi, derisinin dışında olan düşünceleri düşünmelidir. Bu, onlar derilerinin dışına yani alma arzusunun dışına fayda sağlarlar anlamına gelir.

Kişinin derisinin dışında, *Klipot*'a (Klipa'nın çoğulu) hiçbir tutunma yoktur, zira *Klipot*, kişinin derisinin dışındakine değil, yalnız derisinin içindekine tutunur. Bu, onlar kıyafetlenmiş her şeye tutunurlar ve kıyafetlenmemiş hiçbir şeye tutunamazlar anlamına gelir.

Kişi, derisinin dışında olan düşüncelerde kararlılık ile devam ederse, şu yazılanla ödüllendirilir "Ve derimin dışında bunu kırdılar." "Bu", kişinin derisinin dışında duran *Şehina*'dır (Kutsallık). "Kırdı", yalnızca derisinin dışında var olduğu anlamına gelir. O zaman kişi, "Etimden Tanrı'mı göreceğim." koşulu ile ödüllendirilir. O zaman, bu etten, Tanrısını görür yani *Keduşa* gelir ve bedenin içini kıyafetlendirir. Ancak bu, özellikle kişinin herhangi bir kıyafetlenme olmadan, derisinin dışında çalışmayı kabul etmesiyle gerçekleşir ve ardından bu kıyafetlenme ile ödüllendirilir. Kıyafetlemenin olduğu yerde yani derinin içinde çalışmak isteyen günahkârlar ise, bu bilgeliği edinmeden öleceklerdir. Bunun nedeni, hiçbir kıyafetlenmeye sahip olmamaları ve hiçbir şeyle ödüllendirilmemeleridir.

www.ingramcontent.com/pod-product-compliance
Lightning Source LLC
Chambersburg PA
CBHW071214080526
44587CB00013BA/1366